国外教育科学基本文献讲读丛书

丛 书 主 编　石中英
丛书副主编　蒋　凯
丛书编委会　（以姓氏笔画为序）
　　　　　　邓　猛　　石中英　　朱志勇　　伍新春
　　　　　　刘云杉　　刘复兴　　杜育红　　陈洪捷
　　　　　　陈晓端　　张　华　　项贤明　　胡劲松
　　　　　　施晓光　　姜　勇　　高益民　　蒋　凯
　　　　　　褚宏启

国外教育科学基本文献讲读丛书

丛 书 主 编　石中英
丛书副主编　蒋　凯

国外特殊教育学基本文献讲读

主　编　邓　猛
副主编　彭兴蓬

北京大学出版社
PEKING UNIVERSITY PRESS

图书在版编目(CIP)数据

国外特殊教育学基本文献讲读/邓猛主编. —北京：北京大学出版社，2015.3
（国外教育科学基本文献讲读丛书）
ISBN 978-7-301-25477-6

Ⅰ.①国… Ⅱ.①邓… Ⅲ.①特殊教育 – 国外 – 高等学校 – 教学参考资料 Ⅳ.①G760

中国版本图书馆 CIP 数据核字（2015）第 026214 号

书　　名	国外特殊教育学基本文献讲读
著作责任者	邓　猛　主编　彭兴蓬　副主编
丛书策划	周雁翎
丛书主持	刘军　于娜
责任编辑	于娜
标准书号	ISBN 978-7-301-25477-6
出版发行	北京大学出版社
地　　址	北京市海淀区成府路 205 号　100871
网　　址	http://www.pup.cn　新浪微博：@北京大学出版社
电子信箱	zyl@pup.pku.edu.cn
电　　话	邮购部 62752015　发行部 62750672　编辑部 62767857
印刷者	北京鑫海金澳胶印有限公司
经销者	新华书店
	787 毫米×1020 毫米　16 开本　23.5 印张　450 千字
	2015 年 3 月第 1 版　2015 年 3 月第 1 次印刷
定　　价	49.00 元

未经许可，不得以任何方式复制或抄袭本书之部分或全部内容。
版权所有，侵权必究
举报电话：010-62752024　电子信箱：fd@pup.pku.edu.cn
图书如有印装质量问题，请与出版部联系，电话：010-62756370

总　　序

　　为了进一步整理国外教育科学的知识传统，丰富教育科研人员、教育决策者和教育实践者的阅读，提高教育学科人才培养质量，服务于我国不断深化的教育改革事业，北京大学出版社决定编辑出版"国外教育科学基本文献讲读丛书"。

　　遴选和出版一个学科的基本文献，为学习者和研究者提供快速进入一个学科领域的文献指引，对于该学科的学习、研究和知识传播都具有重要意义。国内外众多知识领域都编写过这样的基本文献。就教育学科而言，1986年北京师范大学出版社出版的《教育哲学教学参考资料》、1989年华东师范大学出版社出版的《国外教育社会学基本文选》、20世纪90年代初期人民教育出版社出版的《教育学文集》丛书以及1998年伦敦和纽约Routledge出版社出版的《教育哲学：分析传统中的重要主题》(*Philosophy of Education：Major Themes in the Analytic Tradition*)一书，均属于这类读物。数年前，北京大学出版社决定编辑出版"国外教育科学基本文献讲读丛书"也有同样的考虑。此外，选编者编辑这套丛书还有一些新的考虑。第一，目前国内还没有一个比较全面地反映国外教育学科基本文献的丛书，仅有教育社会学、教育经济学等少数几个学科编辑了这样的基本文献。第二，目前国内已经编撰的少数教育学科基本文献选文时间大都截止到20世纪80年代左右，对于最近30年国外教育学科研究的新进展反映不够。第三，特别重要的是，在我国目前教育学科本科生、研究生的培养中，学生对于基本文献的学习和研读比较薄弱，一些教师由于种种原因也比较忽视基本文献的遴选和指导阅读，这极大地影响了教育学科人才培养的质量。

　　遴选和出版教育学科的基本文献，就像编辑和出版任何一个学科的基本文献一样，是一件极其重要但也有相当难度的学术工作。教育学科作为一个专门的知识领域出现，是一个近代的事件。若从夸美纽斯时代算起，有380年左右的历史；若从康德和赫尔巴特时代算起，有200多年的历史。两三百年间，世界各国学者们积累的有关教育问题论述的文献可谓汗牛充栋、数不胜数。在众多的文献当中，究竟哪些文献算是教育学科的基本文献，是一个需要费力思索的问题。这套丛书在各卷选篇内容和范围的问题上，主要基于以下四项原则。第一，主编负责制。出版社根据编委会的意见，先聘请各卷的主编，然后由各卷主编确定本卷的基本文献目录。第二，学科共识。各卷主编在确定基本文献目录过程中，广泛征求相关学科领域国内外有影响力专家的意见，力求对基本文献的遴选反映该学科权威学者的共识。当然，从国外一些教育科学基本文献的选编情况来看，完全重叠的认识是没有的。第三，内容标准。所谓内容标准是指，那些堪称学科基本文献的文献，理应是提出了学科的基本问题或概念，建构了有影响力的理论主张，或奠定了学科研究的基本范式的一些文献。第四，影响力标准。各卷选择的文献，理应是相关学科领域内反复阅读、讨论、引述或评论的文献，是学习和研究一个学科领域问题不能忽视或绕过的文献。

  这套丛书涵盖目前我国教育学科的主要分支学科。在各卷的结构安排上，有两种体例：一是按照有关学科的主要问题领域分专题或流派来选编；二是按照学科的历史发展脉络分主要阶段来选编。各卷具体选择何种体例由各卷主编来确定。各卷主编为所负责的一卷撰写前言，并对本卷选编工作进行概要说明。每一卷大概分为3～6个专题，每个专题之前主编撰写"专题导论"来介绍本专题的情况，结合该专题选取的文献，对该专题理论、知识和方法的概况进行评析，体现导读的作用。每一专题文献之后附10～20篇专题拓展阅读文献，供学习者和研究者进一步阅读时参考。

  选编国外教育科学基本文献是一项高难度的学术工程，也不可能毕其功于一役。由于丛书组织者和选编者的水平有限，在丛书选编过程中难免会出现疏漏，恳请诸位读者提出宝贵的意见和建议，以便我们在后续工作中及时改进或提高。

石中英
2012年12月10日

前言

自有人类社会就有残疾人,残疾永远与人类如影随形,相伴而生。无论过去先民们如何乞求上苍赐福人类,保佑人类平安、健康,无论现代社会医学如何发达,能治愈人类多种疾病,但是,人类的健康仍不时要受到来自天灾、人祸等各方面的威胁。据统计,世界上有六亿五千万残疾人。无论他们生活在世界上的什么地方,他们的生活常常由于身体上的或社会上的障碍而受到限制。他们是世界上最大的少数群体,其中80%生活在发展中国家。残疾人常常由于众人的偏见和无知而遭到歧视,而且往往难以获得基本的生活设施。这不仅影响到残疾人自己和他们的家庭,而且影响到整个社会的经济和社会发展,因为在这样的社会中,人类潜能的一个重要的资源库被忽视了。

人类社会既然无法避免残疾现象的发生,善待残疾就是善待人类自身。当人类社会摆脱愚昧,摒弃对残疾的遗弃、绝育与杀戮状态,开始对残疾人萌生同情与怜悯之时,对残疾人的收容、训练和教育的机构即应运而生;当健全人的社会认为应该以平等的态度接纳残疾人,残疾人重返主流学校、有尊严地参与社会生活的思想就成为社会主流。可见,作为弱势群体中的一员,残疾人必须和其他社会成员站在同一起跑线上,获得平等的发展空间,才能在人类社会获得真正的平等。一个国家或社会对待残疾人的生活、学习、就业、医疗和社会服务水平如何,已成为衡量一个国家政治、经济、文化和道德文明发展程度的标准,它直接影响到一个国家、民族的威信。随着现代社会政治、经济的发展与文化、文明的进步,科学地认识残疾现象,正确地对待和帮助残疾人回归主流社会,已成为全社会的共识。

特殊教育是人类教育活动较晚出现的篇章。然而,特殊教育一旦出现就表现出国际化的倾向,人们通过一次次的全球学术争辩和剧烈的文化碰撞,推动着特殊教育理论的发展与成熟,同时也在实践教育公平的理念。但是,长期以来,人们似乎倾向于认为特殊教育研究与实践更多地停留在操作与技术层面,关注的是教育与训练残疾人士、改进其学习的效率与生活的质量。学术界从来就缺乏对于特殊教育与社会特别是社会科学发展关系的系统研究。从人类社会思想与理论发展、社会科学范式发展与变迁的角度,对特殊教育的基本概念框架与假定进行的哲学反思与探索也不丰富,因此特殊教育理论的匮乏几乎是全球性的。特殊教育理论的缺乏需要更多的探索和创新,需要进一步注重学科知识的积累,需要确立特殊教育学科核心概念、范畴的内涵与其中的逻辑关系,建构公认的专门术语与话语体系,从而构建坚实的学科基础知识体系,使特殊教育学真正成长为体系严谨、具有独特价值的独立学科。

这本《国外特殊教育学基本文献讲读》，主要分为三个部分——特殊教育基本理论、各类残疾教育以及融合教育，共选取了二十八篇文章。本书选文对于特殊教育领域中的理论问题、热点问题都有广泛涉猎，比如特殊教育的基本概念以及残疾模式的争论、残疾政策的讨论、各类残疾教育和干预的理论与实践、融合教育的理想与现实、特殊教育的后现代主义、融合教育的批判等，所选取的文章倾向于价值性的观点，并有着多元化的声音，以帮助读者理智、客观地看待特殊教育的未来发展状况。尤为重要的是，所选取文章的作者多数为西方特殊教育领域中有重要影响的学者，他们的研究成果、研究范式与方法以及独特的学术观点丰富了特殊教育的理论话语体系，为构建坚实的特殊教育学科知识体系作出了重要贡献。他们的批判性的理论视角与严谨、规范的研究方法也为我们提供了重要的借鉴，使我们的研究视野突破狭义的特殊教育领域，更多地运用多学科的理论与社会文化的视野与立场分析特殊教育的本质与规律。同时，这些学者独具匠心的研究选题，以及对这些问题的深入研究，也为特殊教育未来的实践发展以及研究方向指明了道路，使我们得以更好地把握国际特殊教育领域最前沿的研究话题与结论。

在我国特殊教育亟须发展的今天，我们需要将视角延伸到域外，以"拿来主义"的方式审视国外特殊教育的理论与实践，这对于国内特殊教育的发展会起到良好的借鉴作用。显然，我国特殊教育理论的生成与发展应扎根于我国传统的历史文化背景之上，并体现我国当今特有的时代要求以及政治、教育的理念。我们应该结合国际特殊教育发展的趋势，尤其是融合教育模式的发展经验与教训，对我国特殊教育实践进行深入的思考，探索适合我国国情的特殊教育理论与实践模式。

本书从翻译到定稿，前后历时约四年之久。参与翻译工作的人员有彭兴蓬（华中师范大学）、孙玉梅（华中师范大学）、熊絮茸（徐州医学院）、景时（辽宁师范大学特殊教育系）、刘慧丽（赤峰学院特殊教育系）、亢飞飞（河北师范大学汇华学院）、邓乾辉（珠海特殊学校）、闫燕（青岛盲校）、苏慧（昆士兰科技大学）、汪斯斯（南京特殊教育职业技术学院）、陈曦（重庆大学出版社）、赵梅菊（北京师范大学博士生）、徐添喜（纽卡斯尔大学）、徐超莉（广东省中山特殊学校）、常卓（山西阳泉师范专科学校）、滕春玉（潍坊特殊学校）、蒋邓鏊（湖北少儿出版社）、俞丹、卢茜。全书由邓猛和彭兴蓬完成统稿工作。

尽管本书内容可能因为中西方文化差异或者翻译不确切等原因导致理解方面的问题，我们仍希望这些文章能够对从事特殊教育的学者、教师、学生、特殊儿童的家长以及关心特殊教育事业的人们起到启发、帮助的作用。

邓猛
2015 年 1 月

目　录

总序 ……………………………………………………………… (1)

前言 ……………………………………………………………… (1)

第一编　特殊教育基本理论 …………………………………… (1)
　　特殊教育中的后现代主义思潮 ………………………………… (5)
　　当代特殊教育的激进改革及启示 ……………………………… (15)
　　特殊教育中的"特殊"是指什么？ ……………………………… (28)
　　残疾青少年的家长对学校教育的认知和理解 ………………… (40)
　　历史的视角：对处于轻度障碍和不利地位的
　　　　儿童进行特殊教育 ………………………………………… (54)
　　残疾模式的作用 ………………………………………………… (62)
　　合作计划与教学的多重面貌 …………………………………… (74)
　　个别化教育计划：广阔背景下的改革 ………………………… (84)
　　以实践为导向的特殊教育研究 ………………………………… (97)
　　国家政策与残疾学生的教育：进展与出路 …………………… (105)

第二编　各类残疾教育 ………………………………………… (125)
　　视觉障碍儿童及青少年的动作技能研究综述 ………………… (129)
　　手语双语教学的情境变迁：语言与读写能力发展 …………… (142)
　　生活质量的概念：已知的和未知的 …………………………… (152)
　　肢体残疾儿童管理的哲学视角改变——对电动
　　　　设备应用的影响 …………………………………………… (167)
　　开启的潘多拉宝盒之光 ………………………………………… (175)
　　特定性学习障碍 ………………………………………………… (184)
　　情绪行为障碍学生的特殊教育有什么特殊性？ ……………… (191)
　　关于超常儿童概念的探究 ……………………………………… (202)

第三编　融合教育 ……………………………………………………（221）

　　融合教育对残疾学生、普通学生及其教师的影响 ……………（225）
　　融合教育：理想与现实之间 ……………………………………（242）
　　有效教学法与融合教育的挑战 …………………………………（260）
　　另一种视角：融合教育主义有可能实现吗？ …………………（267）
　　理解与发展学校融合教育实践：协同行动研究网络 …………（277）
　　"最少受限制环境"原则的批判性分析 …………………………（290）
　　融合、学校重构和美国社会的重组 ……………………………（305）
　　历史、口号与现实：对融合教育之争的分析 …………………（327）
　　论融合与残疾人积极的自我认同感的形成 ……………………（346）
　　融合教育：一种批判性的观点 …………………………………（352）

第一编
特殊教育基本理论

> 在认识论和科学研究范式的引导下,特殊教育工作者也许已经开始放弃部分阵地,开始对自身的理论与实践进行怀疑与反思,并逐步采用后现代主义的方式回应社会科学发展的节拍。
> ——《特殊教育中的后现代主义思潮》

> 特殊教育是有效的,并且它在许多方面是独特的,普通教育绝不可能代替。
> ——《特殊教育中的"特殊"是指什么?》

专题导论

特殊教育理论是建立在特定社会的政治、经济、文化基础之上的,当某一社会对"残疾"、平等等观念发生变化时,特殊教育的基本理论与教育形式也会随之变化。然而,学术界从来就缺乏对特殊教育与社会——特别是与社会科学发展关系——的系统研究。从人类社会发展的宏观视野、哲学范式与社会科学理论变迁的角度对特殊教育的基本概念与实践方式进行系统的哲学反思与探索还很少。本专题集中介绍国外近几十年以来在特殊教育领域产生重要影响的学者对于特殊教育基本理论与实践进行的深入探索。

迈克尔·M.格伯撰写的《特殊教育中的后现代主义思潮》从后现代主义的哲学视角探讨后现代主义对特殊教育理论和实践上的影响,在此基础上,对当前特殊教育改革过程中如何结合后现代主义思潮和特殊教育中实证科学研究与教育干预等问题进行了理论反思与探索。

詹姆斯·M.考夫曼撰写的《当代特殊教育的激进改革及启示》从保守、怀疑主义的态度和犀利的反思精神出发,从社会文化的角度审视西方特殊教育的本质特征,将人们从激进的特殊教育的理想中拉回到特殊教育的现实中来。

道格拉斯·富克斯等撰写的《特殊教育中的"特殊"是指什么?》以批判主义的视角,从特殊教育投入和产出的角度分析特殊教育的有效性与存在的合理性,运用经济学的投资效益理论对特殊教育的本质进行了深入的探讨,为特殊教育理论研究提供了新的理论视角,阐明了特殊教育的特殊性,为特殊教育学科理论的发展提供了强有力的佐证。

托马斯·C.洛维特等撰写的《残疾青少年的家长对学校教育的认知和理解》将人们从对学校教育的关注转移到对残疾学生家长的权利和参与的现实考量。该文通过质的研究视角,以身临其境的直观、深入的方式,从微观的角度使我们理解家长的心态与对学校的不同看法,为家长有效地参与特殊教育提出了有价值的建议。

梅纳德·C.雷诺兹撰写的《历史的视角:对处于轻度障碍和不利地位的儿童进行特殊教育》从历史分析的视角,结合西方社会文化发展的宏观背景,对特殊教育的发展趋势和规律进行了深刻的归纳与反思。该文给我们一个深刻的启示就是:尽管人类社会特殊教育发展有着共性,但是各国特殊教育的发展有着自己特定的社会文化基础与发展轨迹;各个国家需要根据本国的国情探索适合自己的特殊教育服务模式,并在此基础上形成本土化的特殊教育理论与学科基础。

朱莉·F.斯马特撰写的《残疾模式的作用》从学科范式及范式变迁的角度厘清特殊教育学科的基本概念与范畴并确立其中逻辑关系,有利于确立特殊教育的学科与方法论基础;通过分析残疾的本质及其独特的含义,揭示了西方关于残疾的生物医疗模式与社会政治模式之间的转换,并提倡多元、交叉的残疾模式,为残疾政策制定和特殊教育康复实践奠定理论基础。

杰奎琳·S.桑珍德等撰写的《合作计划与教学的多重面貌》通过对文献的系统分析与反思,对合作计划与教学的模式进行了梳理与探索。作者回答了一些有关合作计划与教学常见的问题,描述了评估教学团队成效的方法,并揭示了如何使合作计划与教学富有成效的秘诀。

斯蒂芬·W.史密斯等撰写的《个别化教育计划:广阔背景下的改革》将个别化教学这一特殊教育领域中的重要实践方式置于宏观的社会与教育变革的背景下进行深入、微观的分析与思考。该文认为西方个别化教育计划是残疾儿童教学与相关服务的学校计划与蓝图,但是,如何将设计完美、程序精确的立项计划付诸实施却富于挑战性。因此,我们需要对个别化教育计划的实践过程进行严厉的监督与评估。

葆拉·J.斯坦洛维奇等撰写的《以实践为导向的特殊教育研究》从方法论的角度探讨特殊教育研究所面临的挑战与解决之道,认为特殊教育较好地遵循了实证科学研究的精神与经验研究的规范与传统;特殊教育研究者与实践者享有共同的"实用主义"认识论基础,应该在二者之间架起桥梁。

简·E.韦斯特等撰写的《国家政策与残疾学生的教育:进展与出路》从政策分析的角度回顾了美国联邦政策与残疾学生教育的关系,分析了美国联邦政策对于改善残疾学生的生活与教育的重要作用,并对未来政策的发展提出了建议。

总的来看,以上文章从人类社会科学发展的主要范式变迁的宏大背景出发,运用不同的学科与理论视野,厘清特殊教育这一具体的学科领域所秉持的基本理论范式、概念体系、价值理念、方法论、实践模式的特征与变化趋势。选文从多元范式的角度为我们提供了理解特殊教育的新的学术视野,也为我们理解特殊教育基本理论与发展趋势、确立特殊教育的学科与方法论奠定了基础。这些选文给我们提供了重要的启示:特殊教育不仅是一门具有较强实践性的学科,更是一门理论缺乏且需要理论建设的学科。我国特殊教育学科的发展需要形成具有本土化的理论,需要通过纳入社会批判的视角促带有浓厚文化气息的理论的发展。以上选文正是从现象到本质,对特殊教育的理论与学科特性进行了深入而广泛的探索。

特殊教育中的后现代主义思潮[①]

迈克尔·M.格伯

作者简介

迈克尔·M.格伯(Michael M. Gerber),美国加利福尼亚大学圣塔芭芭拉分校教授。长期从事特殊教育政策、残疾儿童认知等方面的研究。从1995年开始,任职于社会、行为、经济研究机构(ISBER)的特殊儿童学习发展中心的主任。1999年开始任"特殊儿童委员会"[②]学习障碍部主任。主要著作有《特殊教育的激进变革》(Achieving the Radical Reform of Special Education,2007)等。

选文简介、点评

学术界从来就缺乏对特殊教育与社会——特别是与社会科学发展关系——的系统研究。从人类社会思想与理论发展、社会科学范式发展与变迁的角度对特殊教育的基本概念框架与假定进行的哲学反思与探索也不丰富,因此特殊教育理论的匮乏几乎是全球性的。人们习惯性地认为,特殊教育研究与实践更多地停留在操作与技术层面,关注的是教育与训练残疾人士、改进其学习的效率与生活的质量,从来没有与社会科学理论的发展有实质性的关联。事实上,特殊教育理论是建立在特定社会的政治、经济、文化基础之上的,当某一社会对"残疾"、平等等观念发生变化时,特殊教育的基本理论与教育形式也会随之变化。

选文从后现代主义的哲学视角探讨后现代主义对特殊教育理论和实践的影响,在此基础上,对当前特殊教育改革过程中如何结合后现代主义思潮和特殊教育中实证科学研究与教育干预等问题进行了理论反思与探索。如果说文艺复兴、启蒙运动、美国20世纪50年代以来的民权运动等西方对平等、自由的追求的一系列社会运动奠定了融合教育的社会文化基础,建构主义以及后现代主义思潮的发展则孕育了融合教育的哲学理论基础。文章讨论了个人发展与社会、课程与教学改革对于特殊教育理论的影响、对标准化考试的追求、后现代主义和平等多元理念之间的复杂关系等。文章指出:后现代主义是西方哲学最

---

① Michael M. Gerber. Postmodernism in Special Education[J]. The Journal of Special Education,1994,28(3):368-378.

② 特殊儿童委员会(Council for Exceptional Children,简称CEC):美国最大的特殊教育组织,也是全球特殊教育最有影响力的特殊教育专业组织。

新发展的几个思潮的总称,特殊教育发展遵循了西方社会科学发展过程中科学与人文、客观与主观主义、实证与建构主义之间的对立与转换的脉搏;认为后现代主义哲学对现代教育尤其是课程论有着重大影响,为课程研究提供了新的视野和广阔的前景;主张以建构主义为理论基础,强调反思与批判现代性;反对中心主义,提升非理性主义;倡导多视角、多元化的方法在特殊教育理论与实践中的运用。该文认为近代很多关于特殊教育的见解和理论并不容易被掌握并且运用到特殊教育的实践中去,采用后现代主义理论的特殊教育工作者只有在理顺相关建构理论及其价值观的基础上,才能借鉴后现代主义来规范特殊教育的发展,改革教学课程,并结合美国重视标准化的统一大考的趋势具体分析了特殊学生的教育问题。该文将建构主义的社会性与特殊教育的现代性传统结合起来,得出在学校改革背景下的课程与建构主义的发展趋势与特征,并认为特殊教育最终将从富有挑战性的新思想的灌输下受益。特殊教育与普通教育虽然不同,但存在着很大的共性,将后现代主义引入特殊教育是非常富有创新和前瞻性的。但该文对建构主义及后现代主义理论体系的讨论并不十分严密,将其作为特殊教育课程策略的基本原理框架缺乏足够的根据。

建构主义对于社会科学的发展有着深刻影响,且与后现代主义哲学范式相互交织;实证主义与建构主义之间以及相对应的科学主义与人文主义的争论也似乎远没有结束,这些思想为特殊教育提供了宏观的认识论范式基础。心理—医学、社会学以及组织学的视角转换体现了特殊教育的学科范式变迁。然而,哲学范式与学科视野需要进一步整合到特殊教育具体的理论与实践领域来。特殊教育的实践长期以来有着注重心理学、行为技术以及科学实证研究法应用的传统,新的范式的接受与应用总是慢半拍;建构主义以及其他相关的理论与范式如后现代主义思想只是近来才成为特殊教育领域讨论的话题。带有浓重后现代主义色彩的特殊教育理论在特殊教育领域似乎成功地成为垄断式话语,顺利地成为各国特殊教育政策制定、实施的依据与动力。然而,我们必须注意到,后现代主义哲学对现代性的反叛与充满理想主义的价值追求并未被广泛认同。我们应该以理性的态度反思特殊教育理论发展的轨迹、范式变迁及其和社会科学一般理论之间的互动。特殊教育目前所追求的理想主义与后现代式的激进教育观点只是特殊教育发展理论范式众多选择中的一种,它的存在不应取消、禁止传统的实证科学研究范式。在社会科学中,理论范式只有是否受欢迎的变化,范式本身并没有对错之分,它们只有用处多少的区别。心理—医疗、社会学以及组织学等以现代性为特征的理论模式应该在特殊教育研究与实践中得到综合应用而非彼此的排斥与取代。

西方特殊教育理论与范式是建立在西方社会的政治、经济、文化基础之上的。我国特殊教育基础还比较薄弱,理论与实践方式还不够多样化,并没有发展后现代主义的社会文化土壤,科学主义与人文主义、实证主义与建构主义之间的冲突与交融也没有西方那么剧烈。建构主义与后现代主义强调的平等、个性自由、多元等西方的哲学观念在我国没有或很少得到强调。显然，我国特殊教育范式的生成与发展应扎根于我国传统的历史文化背景之中，并体现社会主义的政治与教育理念。我们应该结合国际特殊教育发展的趋势，尤其是国外融合教育模式的发展经验与教训，对我国特殊教育模式进行思考，探索适合我国国情的特殊教育模式。

选文正文

作为理论的基础，虽然建构主义从皮亚杰理论或者维果茨基的相关理论中吸取了建构的概念，但与他们的理论并非完全一致。特殊教育工作者应懂得只有理顺相关建构理论及价值观才能很好地借鉴"后现代主义"这一流行术语，并以此规范特殊教育的发展或者改革教学课程。在本文中，我认为将建构主义作为发展特殊学生的教学课程策略的基本原理或框架，对特殊教育的发展，尤其是在国家课程与考试改革上大有裨益。

"任何事物是由光波粒子、混乱与不同模式的亚原子通量构成，边界是动态的、不断流动的，有着无穷的可能性。任何互不相干的独立体都是不存在的。现实状态就是：事物都是互相联系的。过程就是一切，因此人们需要随着时间的推移，相应地改变知觉、事物的概念以及生活方式。你对此有什么疑问吗？"(Spretnak，1991)

上述引用中的关于新世纪的"宣言"意在讽刺。对斯普瑞特奈克(Spretnak)来说，这代表着顽固的、落伍的"现代"精神试图控制与后现代主义相连的应已改变的现实。此文幽默之处在于，当它指出一个改变现实这一概念时，不得不以一种权威式的、违背其后现代主义特征的肤浅的论断来表述自己的观点，这充分说明后现代主义在遭遇现实生活时是如何的脆弱和多么的局限。如同斯普瑞特奈克的空洞理论所言，特殊教育工作者也可以宣称已经找到了希望的天堂。但我们长期遭遇的所谓特殊教育中"经验性的问题"——它们是否可以被克服，还是需要时间来证明的。

斯普瑞特奈克所提到的无数的观念转变在教育学术研究上也有许多的讨论和演绎。我们正在见证人们在关于学校教育目的、实施过程等基本议题上进行的学术或政治的讨论与思想转变。以"建构主义"作为检验特殊教育实践的镜头为例，仅是我们所经历过的更宽泛的理论变迁的一个微小指标。当这些宏大的改变影响学校时，不难看出它们对于特殊教育潜在的深远影响。

尽管近代历史上对于特殊教育的性质和目标有一些社会学的批判与实证研究，直到现在并没有就特殊教育的信念与假设作深入系统的哲学反思与挖掘。仅有少数学者对此议题进行粗浅的探讨。但是他们所提供的关于特殊教育本质的探索，包括特殊教育的起源、目的、运作、限制、道德和责任等，晦涩难懂,并不容易被掌握,更不容易运用到实践中。部分原因是他们从"外来的"学术领域出发,从哲学和政治等其他学科的角度,跨越学科的距离来审视特殊教育,当然有较大的风险性。

然而,在认识论和科学研究范式的引导下,特殊教育工作者也许已经开始放弃部分阵地,开始对自身的理论与实践进行怀疑与反思,并逐步采用后现代主义的方式回应社会科学发展的节拍。这样做,我们就可能犹如斯普瑞特奈克那样天助的现代主义者,在这样的错误信念下举步维艰:放弃现代主义就意味着所有著述拥有同样的重要性、合理性和力量。在没有参考或者客观现实证明下,对各种观点进行热烈争论。事实上客观现实本身也被不断地质疑着。有秩序的讨论被尖锐的声音所代替,声音掩盖了思考。但是只有从峡谷另一边传来的回声才是合理的。如果发言者只是随声附和他人,那他只能是在简单地"腹语",我们将被断定为说谎者。华而不实的言辞取代理智的推理。但是,推理是科学、实证主义和我们知道(曾经知道)的"真实世界"不可缺少的部分。我们应该整体地把握、领会现实而不是简单地论断"牛顿的宇宙学说已经死了",尽管我们不得不相信牛顿力学在一场精彩的台球赛中得到充分的证明与应用。

一、个人和社会协商的意义

把"建构主义"单独地看成儿童学习的绝对理论,并以此为基础探索课程以及针对残疾儿童进行融合教育的方法,其最终结果将会令人失望。试图从建构主义者的儿童认知中找到教学或课程的指导只会引发更加恶劣的错误。这种错误来源于一个持久的、有影响力的信念,即只要对特殊儿童进行充分的心理特点描述与评估,我们就立即能建立起优化的教育、课程、学校或社会政策。另一种观点指出,在特殊教育实践正式得到特殊教育公共政策保障之前,人们很少关注到教学、课程以及儿童难以捉摸的心理教育特点。

在讨论建构主义对特殊教育课程的影响中,观念与理论的变革会遇到传统势力的阻碍。然而,在课堂上孩子们可能并没有在进行个人知识的建构,皮亚杰理论认为这是缺少社会内容或影响的原因,维果茨基理论认为这是缺少社会建构的原因。对于学生来说,教学中的议题、活动或者过程总是被其他人如监护人、教师、同龄人和陌生人等来决定的。学生不能从中获得收益,课程也没有提供这样的机会。而且,教师本身关于课程、教学以及学习间的连通性知识,也是通过专业训练项目、课程认证委员会、管理人员、同事和社区建构起来的。尽管有些作者会使用"建构主义"这一术语来唤醒皮亚杰理论中的个人心智表征(personal mental representation),但是他们对于"建构"的使用常常与相关但又不同的"社会建构主义"的概念框架相混淆。社会建构主义起源于对社会和文化背景的基本定位,不仅试图定位认知,而且以详细的历史形式反应认知。社会建构主义者明确追求推进政治和观念的理想,试图在社会交往中遵循定位

"认知"或者"公共认知"。多元文化、女权主义和其他解放运动,包括"融合主义"已经发现特殊教育是一个吸引人的批判目标。它们给阶层或群体主导的知识和理论体系设下的障碍远比给社会结构设下的障碍多,而正是这些知识和理论体系定义和证明了社会结构。这些知识体系的物质基础往往随着社会文化模式的变化而变化。占据统治地位的群体通过控制语言、标准和科学本身的逻辑,完全有系统地抑制了自然的"声音"和其他权力相对较为薄弱的群体的种种可能性(例如少数民族、妇女、严重残疾儿童)。因此,建构主义不可能独立于特定的社会历史环境而存在,这种环境正是知识的产生、迁移和运用以及儿童的智力活动产生的温床。此种学术观点不可避免地被一些"后现代的"关于特殊教育实践的批判所物化,也会被我们寄予希望的代表特殊儿童的人们所忽视。

二、特殊教育的现代主义

如果有什么能作为 20 世纪以来摩登年代的最佳象征,那么,通过使用科学、医疗仪器或者类似的方法来检测明显偏离社会准则和期待的各种行为,并通过此种方式检测社会的各项功能是否正常的进步主义,显然能够当之无愧。

出生于这个最激情和乐观的年代,特殊教育、公共卫生护理、社会福利工作和青少年法律处理方式等都拥有相同的"父母"——进步主义和实用主义。1975年颁布的《教育所有残疾儿童法》(*Education for All Handicapped Children Act*,也称 94-142 公法,以下简称 EHA)意味着这种激情的进步主义达到顶峰。

如果有什么能成为后现代特殊教育的标志并作为 20 世纪特殊教育实践的终点的话,那么就应该认可社会和历史的力量影响、塑造但并没有决定特殊教育事业发展的方向。特殊教育并非残疾儿童的简单组合或者特殊教育工作者在教室授课经验的机械总结。影响特殊儿童的社会与文化差异的力量正趋于下降,但是将这些儿童带入他们的家庭、教师、同学以及公共资源的管理者的生活中所带来的干扰却正在上升。特殊教育就是处于这两者间的交叉口。

残疾与其说是一种个体自身能力的限制,倒不如说是一种特殊的发展状态。我们长期以来受制于心理学的某些观点,这使得残疾儿童的情景的复杂性不能被清楚地认识到。当遇到一个特殊儿童时,其情景特征离我们越远,心理学家就会越倾向于将他们看成背景噪声,就越不会为"我们的"(即心理学的)调查模式所涵盖并得到有效的解释(Torgesen,1987)。尽管有人辩称从很古老的年代开始"残疾"已经是一种社会结构,但是毫无异议 94-142 公法已建立了清晰的方针,即经济、政治、现代文明发展和文化可以塑造一个残疾儿童教育生活的"事实"。残疾内部的复杂性和多样性特性使残疾经常以不真实的状态呈现在人们面前,在没有简化有效的启发式训练条件下残疾的干预变得更加复杂,人们对此很难达成一致的观点。

在这个知识建构的年代,我们应该去哪儿寻找建构主义的里程碑呢?在学生的心理倾向中,还是在教师的教学策略中?在教师的信念与思想中,还是在想要提供——有人会说"强迫提供"——教师信念的学者和研究者的信念与思想中?我们关于儿童的知识、儿童如何获取知识的知识、教师如何使用他们的知识去帮助儿童获得知识的知识,存在着争议。这三种复杂绕口的知识能够被同步建构并可构成一堂实际的教学课吗?在设计或使用一门课程时哪种知识应该优先选择?这是令人头疼的问题,但也是不可回避的关键问题。

直到现在,我们关于这些问题的争论在某种程度上仍然是在特殊教育工作者之间的"内部"进行,一些批评家甚至暗示人们对于经验主义本身的信仰逐步缺失或丧失。很少有人能够大胆地主张我们应该彻底地抛弃建立在实证基础之上的特殊教育应用科学的尝试;很少有人能够质疑在20世纪末作为社会和文化资产的特殊教育研究者从事的工作和已经取得的成就,以及建立在这些研究与工作基础之上的认识论基础。世界似乎发生了改变。

三、在学校改革背景下的课程与建构主义

如果我们能停止试图征服自然,那么所有事物将各归各位。但是在教育中后现代主义思想仍是非常激进的。这样的激进主义对于学校改革直接表达了自己的建议。为一个年级、一所学校、一个地区甚至一个国家设置课程就是他们经常采取的发展和实践新观念及宣传其价值的一种有效方法。因为课程是跟学习和学习者的信念息息相关的,它永远不可能保持中立,也不可能与为特殊儿童提供平等的学习机会的目标无关联。课程指导教师的行为,提供一套分配他们注意力和教学努力的隐蔽性权衡指标。

课程还能通过增加或减少学习各种特定知识与技能的机会来规定和按顺序排列教学活动。如果特殊教育工作者试图约定俗成地运用皮亚杰的建构主义理论,而不对学校课程本身进行批判性的分析,那么他们在应对学习困难方面就仍然会处于非常被动的状态。归根结底,课程是一种社会性的架构,是学习和学习者的共同理论,它限制了所有学生建构自己知识的机会。仅仅出于这个原因,传统的知识领域简单叠加(例如,阅读、写作、数学)的课程模式就应该得到严格的批判性分析与超越。

例如,加利福尼亚州教育部门采取措施促进语言艺术课、数学课、社会科学课等各个主要领域的循环发展机会。这些框架并不能构成有法律效力的国家课程,而是使得专业人员和社区达成共识,使他们的努力趋于一致。当然,州政府也会资助或报销很多本地的开支,例如教科书等。因为州政府有权采用"合适"的课程框架所要求的课本,也因为州政府是教学资料强有力的固定消费者,所以州政府能对跟这些框架相关的地方学区的行为产生强烈影响。由于加利福尼亚是一个很大的州,所以其改革深深影响着其他州及其地方学区从事和课程相关专业商业行为的市场。总而言之,虽然也许并没有一个政府强加的课

程,但是毫无疑问,对于每个地方的课程来说,政府都是以一种强烈的、明显的和普遍的状态存在着。此外,由于政治和市场的影响,这种存在远远超出了加利福尼亚州的边界。

根据许多权威的专业文件或报告,比如英语、数学教师的国家委员会的观点,加利福尼亚州最新的语言艺术学科和数学学科框架的内容,在建构思想与写作上被明确证明为合理的。技能的传统范围和教学序列已经被宽泛的与更高级的思维、问题解决和阅读写作中的自然语言使用相关的结果与目标所替代。策略性的方法重点强调学习经验的整体性和真实性、群组互动和学习合作、所有学生(无关能力或背景)的集体参与。尽管框架具体规定了高标准而不是最低能力作为所有学生的合理目标,但在此种课程背景下如何灵活运用以满足不同学生的学习需要仍是没有被提及或只是模糊的表达。事实上,整个基调似乎要么否认了个别差异的存在而需要调整与修改教学目标,要么否认了个别化教学的必要性。

四、大考测验与课程

如果州课程是路标,那么州水平的测验和测试项目则为人们提供了旅行的奖励机制。测验甚至比课程框架更能刺激地区、学校和教师行为的改变。测验结果不仅代表州和地方学区的成绩报告单,也代表着公众对具体改革方案评估的焦点。标准化测验结果当然与课程相关,但是它们在形式或内容上都不足以作为不管是正在执行的课程还是现存教学实践支持课程的惩罚或奖励。然而,改革者清醒地认识到测验给学校教职人员带来公众压力,使他们参与到也许能够提高或维持分数的各种实践中去。

当测验作为州、学校、地区或师生制定重要的政策时的依据时,它便会被认为是"大考"。之所以它会被认为是"大考",因为依靠它所做出的决定常常导致稀缺资源(包括教学努力)分配给少数人。它不仅对做出的决定以及产生的后果会造成巨大影响,而且对资源的主要分配,包括学校建设、管理和教学重新安置的费用,也产生重大影响。

表面上,大考测验对于特殊教育或者个别特殊儿童的潜在影响并不明显。然而,因为大考测验是为激励教师层面的教学工作的具体类型而设计的,特殊教育和特殊儿童都会被深刻地影响到。最近研究显示,特殊儿童往往被排除在国家和州的大考测验项目之外(McGrew,1992;州特殊教育主管协会,1992;国家教育结果研究中心,1992)。大量地排除他们在统计学意义上并不会产生非常具有偏向性的结果,但肯定对这些方法的说明和政策的效用会有倾向性的支持与结论。如果大考测验旨在为学校生产力的各个方面作一个排名与索引,那么它在这个层面上就是失败的,因为它没有为特殊儿童提供各种机会和取得成功的可能。当社会及课程的融合被广泛地作为一个教育政策目标时,这方面的失败尤为明显。特殊儿童的一体化或融合意味着资源的重新组合和教学努力的调整。因此,特殊儿童的地位和改变是地方、州和国家教育进步的指标。如果评估的项目排除了针对特殊儿童的努力与策略,政策制定者和专家会失去对选择那些更具有融合性质的实践和程序的监管。这些程序与实践对制定和实施更长远的教育改革目标是有效和可持续发展的。

依据课程改革,加利福尼亚州开发了崭新的基于绩效的测验系统。加利福尼亚学习和评估制度(CLAS),旨在评价处于标准测试的环境下,通过开放式的、形成性的以及合作的小组讨论为从现有各种文献中挑选出来的各种问题提供回答。1993年,加利福尼亚州在阅读、写作和数学三方面测试了4年级、8年级和10年级的100万个学生。该测验由许多专门为此次任务招募和训练的教师手工评分。全州范围内参加此次测验的学生中,超过20%的学生表示对他们阅读的内容只有"表面"的理解,11%的学生反映他们在阅读方面有严重的障碍,38%的学生在数学方面被评定为最低能力水平。就读于普通学校的轻度残疾和在普通学校资源教室学习的学生被要求不能使用特殊设备参加测试。自足式特殊班[①]或资源教室[②]的学生以及英语能力有限的学生——总计占所有学生的15%,他们免于测验。残疾学生的分数不会被单独公布,人们就不清楚残疾学生的测试内容与结果究竟如何。显然,判断残疾学生可能的表现范围以及相应的教学条件和测验环境的机会也就被浪费了。

五、参与和学习机会的对比

课程和测验改革方案的主要压力来源于如何让所有学习者有效地参与。学生对于同样学习经历的全面参与(例如高层次思考、问题解决、真实语言运用),对每个学生有着特别的意义和必要性。因此,特殊儿童对学校教学活动的全面参与同样被认为是必需的重要目标。然而,"参与"的概念明显不同于"机会"。特别是当学生在特定的教学环境下如何简单有效地学习知识过程中,表现出许多的不同之处时,"参与"和"机会"的可能性也将有所不同。加利福尼亚州的课程框架与其他地区的指导方针在是否应该为处于正常范围以外的学生采取教学调整方面保持沉默。事实上,好像确实没有指定特别标准。这就使得大家误以为,学生无论他们的能力有多低,或者与父母的期望相差有多远,工作和独立生活的客观需要有多大的差异,或者自身的欲望和野心有多么的不同,他们在学习的数量或质量上都会自然地随着这些差异而变化。然而,我们都知道,如果我们不有意识地调整课程与教学来满足学生独特的、多样化的需求,他们就很难取得较好的学业与社会方面的表现。

---

① 特殊班多指在普通学校为残疾学生单独设立的班级。学生全天或大部分时间单独集体上课或活动。
② 资源教室多指在普通学校为残疾学生设立的辅导性质的专用教室。由具有资质的资源教师配合普通班级教师对残疾学生进行部分教学时间的指导。

如果特殊儿童的融合目标只是满足他们参与的需求而不是满足他们独立学习的机会,特殊教育,包括融合教育的目标就会渐趋减弱,甚至不能实现。在联邦政策中已经形成和发展的特殊教育体系试图通过适当的、个别化教育计划(Individualized Education Plan,简称为 IEP)①满足儿童独特的个别化需要。近年来许多拥护者和其他特殊教育改革者都认为许多特殊学生仍然被社会所隔离,尽管 1975 年的 EHA 制定了明确的各项残疾"准入"的标准。尽管这个论断作为总结性结论是有争议的,但在特定情况下毋庸置疑是对的。那些要求进一步融合的尖锐声音很清楚地表明,我们仍然处在现代主义特殊教育的游说传统中。然而,在选择何种特殊需要儿童的教育原则应该拥有优先权——社会融合抑或特别设计的教学——方面仍然有很大的分歧与压力。大家把大量注意力都投入到"环境"的改变上,而忽略了对以改革为目的的课程或使用新型教育测试策略和方法的适当发展。

许多改革者尽管接受了普通教育教室环境下的教师需要接受额外的学习资源来对特殊儿童进行融合教育,很少有人认识到需要改变教师的基本教育信念、知识和教学方法来帮助残疾学生。有人认为,所有学生都能在有着相同课程的普通的、融合课堂里学习,这一论点缺乏有效的证据,是没有实证研究证明的主观论断。所有儿童"能够学习"(can learn)这一短语是融合教育者应对反驳与批评的语言,其实践结果还没有充分证明这一点。

无论多么可靠,对孩子来说多么有个人意义或者要求思维水平有多高,对良好学习活动的"参与"都不会自动赋予各类特殊需要儿童在社会与学习发展方面的各种"机会"。教师无法让所有孩子都适应在课堂内提供的同一课程的形式与内容,无论这些课程是多么的"优质"和"丰富"。

特殊学生和他们的家长都真切地希望学校教育最终能为他们的孩子带来物质上的和精神上的利益与幸福。对特殊学生来说,充满竞争的成人世界是艰难的,这是不可改变的事实。因此,要么必须用各种规范约束针对儿童的教育与教学组织,要么忽略这个事实,期待着一个更好更富于热情的世界的出现。主张建构主义的改革者展示了"所有儿童都有同等的学习机会"这一论断的必要范围与内容。但是,这种短期的学习机会的获得在质量方面是有着高风险的,其代价极有可能就是放弃了学生对更多艰难的、面对竞争激烈的成人世界的知识与技能这一长期目标的教学和学习。改革者将焦点集中于知识的建构,回避了整个学习生涯所累积起来的真正知识所赋予的社会价值。当改革者试图提供"差异性"教学来适应学生长远目标的变化的时候,他们在为这些学生的未来失败承担着风险。

---

① 根据美国 1975 年的 EHA 的规定,IEP 是指由地方教育部门的代表、学校教师、心理学工作者、医生、社会工作者以及家长或监护人组成的小组为残疾障碍儿童制订的一份满足其个别化的学习需要而设计的特殊教育及服务书面计划,这个计划既是儿童教育和身心全面发展的总体构想,又是对儿童实施教育与相关服务的具体方案。

六、思想、理想和意识形态

在批评以课程为本的评估和直接教学法的过程中,赫舒修斯(Heshusius,1991)写下了他们的基本假设。就如许多人欢呼着后现代的新世界的到来一样,赫舒修斯认为牛顿时代形成的科学范式是当代特殊教育理论的主要基础。令人奇怪的是,事实上大部分物理学家都愿意承认牛顿宇宙和量子宇宙是共存的,不同的解释系统或者范式在不同的问题领域发挥着不同但有效的作用。海森堡关于亚原子世界的严密结论也经常被教育领域的学者们用来争辩学习、个别差异、教育和学校体制等方面实证研究的不足之处。我们并不确定也不能在我们的工作中离开人的主观判断,但这并不能揭示真相,而是希望能够通过采纳不同的理论系统进行解释和预测。那种认为我们能掌握绝对真理的观点不仅对我们的学问的效用产生危险,也对特殊教育每天都在尽力帮助的特殊儿童产生负面的效应。

特殊教育最终将从富有挑战性的新思想的灌输下受益,从历史角度来说这似乎能肯定。在一个不断变化的世界里的思想同质性,犹如生物学中的适应性潜能的同质性一样,趋向于消亡。但是看上去确实好像在特殊教育的理论和实践之间打开了一条宽广深邃的哲学鸿沟。现在一个根本的认识论上的差异似乎存在于两者之间,一派赞成经验假设的观点,即将一些新思想作为假设并期望通过实证的方式来验证或者反驳;另一派则认为某些重要的思想,例如,融合教育,具备不言自明的有效性和特别超自然的品质以至于无须经验科学的检验与证明。怀疑论者和唯物主义者把自己列在哲学大峡谷的这一边,理想主义者及其忠实信徒列在另一边,两者之间不可跨越的鸿沟越来越大。

建构主义,作为教育中的新理想主义而不是认知的假设模型,似乎植根于一套更加脱离于现实的信念体系,即我们感官的物质世界是永恒的,但也是一个虚假而苍白的感官的反映。它出现在我们的学科研究中、政策声明中、教室里,并戏剧性地转向新黑格尔主义。它是一个思想体系,无论其自身作出何种努力,总是招来不可检测的、非理性的要求。它是没有经过客观现实检验的知识论断。

特殊教育的历史就是这样,无所谓好坏,反而是贯穿一系列不可预知的意外事件的不同的动机、意图和行为的产物。如果在此期间我们没有恰当地测度人类,这并不是因为我们在推理、动机或价值上有基本错误;如果我们容易出错,不是因为我们曾经试图检测建立于残疾研究的难以捉摸的各种结构,而是因为我们不愿意省察潜在的思想和信念。关于学习、教学和课程的思想和信念的自由表述和考查使我们徐徐前进,虽然是缓慢的。但是批准或检查某种信念以获得社会和政治变革是一种修辞策略,它并不需要揭露经验主义的弱点,也不需要背离意识形态的核心观点。

(俞 丹 译)

当代特殊教育的激进改革及启示[①]

詹姆斯·M.考夫曼

作者简介

詹姆斯·M.考夫曼(James M. Kauffman,1940—),美国弗吉尼亚大学教育学院终身教授,他在教育界特别是特殊教育领域取得了巨大的学术成就,出版了很多关于特殊教育和儿童心理的书籍。从20世纪60年代开始对特殊教育进行研究,考夫曼的主要研究领域是关于行为异常、学习困难和智力落后等方面。考夫曼从事特殊教育事业已经四十多年,著述很多。代表作包括《学习障碍:基础、特点与有效教学》(Learning Disabilities: Foundations, Characteristics, and Effective Teaching,2005),该书已经出版了3版,是学习障碍研究的重要著作;《情绪行为障碍儿童少年的特点》(Characteristics of Emotional and Behavioral Disorders of Children and Youth,2009),该书已经出版了9版;与丹尼尔(Daniel P. Hallahan)合著的《异常的学习者:特殊教育概述》(Exceptional Learners: An Introduction to Special Education,2012)出版了12版。这些著作在特殊教育领域产生了广泛的影响。

选文简介、点评

《当代特殊教育的激进改革及启示》是美国特殊教育家考夫曼1992年在澳大利亚特殊教育联合会所写的主题文章,并被 The Australasian Journal of Special Education 杂志收录。考夫曼是一个有着犀利学术眼光和批判性思维的学者,也是一个冷静的思想家,从20世纪60年代就开始对特殊教育的基本理论问题进行严肃的批判与冷静的思考。当全球范围内的特殊教育学者和实践者都极力倡导回归主流的时候,他以其保守、严谨的学者视角对特殊教育的本质和回归主流的思潮进行理性的分析与批判,使人们不为改革的激情所左右,更加关注特殊教育的实际运作方式和效果本身。在全球范围内融合教育大行其道的时候,他又同样以怀疑主义的态度和犀利的反思精神,从社会文化的角度审视融合教育的本质特征,将人们从融合教育的理想拉回特殊教育的现实中来。

[①] James M. Kauffman. How We Might Achieve the Radical Reform of Special Education[J]. Exceptional Children,1993,60 (1):6-16.

选文首先对当前特殊教育改革存在的巨大压力进行了阐述，提出特殊教育应当也必须进行改革，而当前的核心问题是如何对特殊教育进行改革。文章认为面对特殊教育急需解决的问题，应当做到对问题进行仔细的逻辑分析进而提出解决问题的措施。他认为特殊教育面临着三个亟待解决的、关键的和相互关联的任务：适当保留对安置方式的思考，选择思想而非表象，避免狂热主义。在特殊教育改革中，安置问题已经成为主要的议题，作出安置的决定就要求考虑现有的教学技巧在特定环境下的优点与缺点。对学生的安置应该与特殊教育所坚持的基本理念相一致，即排除仅仅为了"让所有的学生都能在普通学校接受教育"的狂热与激情而使学生不能够接受到适合他们特点与需要的教育。

随后，作者对特殊教育实行改革提出了长远的措施。文章指出，在特殊教育中可以通过三种适当的方法来实现特殊教育的进步，即分散特殊教育的人口、修订和提升特殊教育的相关概念的基础以及加强特殊教育的实证研究基础。这些策略需要我们仔细考虑并且要在行动过程中坚持下去，即使面对复杂的和技术的问题。作者告诫我们，进步是来源于那些每天的活动，这些日常的活动也许有时看起来是非常无趣的，但是它们恰恰是我们获得长期的发展所需要的。在特殊教育中最好的保障进步的方法也许就是去实践我们学到的东西。只有改变这些习以为常的反应，我们也许才会实现对特殊教育的彻底的改革。

作者在文章中强调了特殊教育理论的发展应该建立在日常的教学、专业实践活动以及实证研究的基础之上，而不能仅仅依赖伦理上的追求、道德上的宣传。特殊教育改革的激进口号与理想难以解决实际的问题，课堂教学的质量不能依靠修辞与激情来实现。特殊教育理论的改革要透过改革的口号来看现实，要检验特殊教育改革中的失败和成功的证据，并在此基础上找出问题的答案，而非仅仅依赖华丽的辞藻与修辞。

该文对我国特殊教育研究与实践有着重要的启发意义。在我国，特殊教育近年来也随着国际特殊教育发展的趋势大力提倡融合教育。但是，我国特殊教育基础比较薄弱的现实还没有改变，还需要更长时间的努力与实践来培育我国特殊教育的理论，建构具有中国特色的特殊教育学科及其理论基础。在特殊教育研究领域，科学的训练与范式还远未建立，即特殊教育研究的科学主义还未形成，尽管以"心理—医学"为特点的实证主义风格与干预传统为我国特殊教育所重视，"实证"还没有成为特殊教育研究中的"显学"，其规范与逻辑还没有得到很好的把握。因此，在西方特殊教育激进的改革者宣称当前全球范围内盛行的融合教育超越任何经验或实证研究的时候，我国特殊教育研究需要克服研究方法中个体经验式和纯哲学思辨式的两种流弊，加强实证研究的规范与传统，以问题研究为取向，使特殊教育学科体系建立在科学经验研究的基础上，生成富有本土化特征的特殊教育理论。

选文正文

特殊教育在改革中正经历着极大的压力,在这种压力下,我们就面临着三个亟待解决的任务,即适当保留对安置方式的思考,选择思想而非表象,以及避免狂热。为了对特殊教育实现实质性的改革,我们必须分散有特殊教育需要的人口,改变和提升我们的观念,并且要加强我们的实证研究基础。通过对特殊教育坚持不懈的改革,我们才能够坚定地进行下去,认真选择对特殊教育有效的方法,而不是选择那些在激进的改革中"流行"的活动和方式。

一、当前特殊教育改革的现状

现代社会正在经历着剧烈的社会机构和习俗的改革,对于特殊教育而言,它也面临着改革带来的巨大的压力。对于特殊教育本身,同时也包括特殊教育对象的未来,都将在很大程度上受制于这种改革带来的压力及其反应。显然,特殊教育应该也必须进行改革,但我们面临的核心问题是我们应该如何对特殊教育进行有效的改革。

那些对改革措施持怀疑态度的人们是特殊教育现状的保卫者。从另一个视角上说,特殊教育的现状也是过去一系列改革下得到的结果,但是,这些改革大多没有对教学策略及相关政策问题进行仔细的分析。这就导致了在大多数教育改革运动中,不仅没有导致进步,反而直接导致人们对教育的失望以及可以预见到的相反的发展方向,这种情况经常被比喻为一种恶性循环的模式。

在普通教育和特殊教育目前正在进行的改革运动中,很少与严谨的实证研究相联系,并且很少关注历史的经验与教训。特殊教育在实践中,的确需要实质性的改革措施以推进教育实践的质量。特殊教育的实践过程中存在着大量的问题,需要持续的改革,但目前这样的改革非常激进,其成败难以预测。

对特殊教育改革的评论大多数要么大唱高调,要么充满敌意,以此来吸引人们的注意力。拉斯伯里(Raspberry)在1992年提到了将批评中的敌意和问题分析区分开来的重要性。因为问题得不到解决的话,即使消灭了不同的意见也无济于事;而且人们经常会陷入真实的或者想象的战斗中去,这样往往会阻止或延缓问题的解决。

大多数特殊教育家、研究者以及投身于为了残疾学生受到适当教育而斗争的家长很容易对当代教育改革达成共识。几乎所有的关于残疾学生的倡议都是希望他们在最少受限制的环境以及在能够为他们的特殊需要做出调整的公共教育体系中接受教育;并且在学业和社会技能方面得到有效的指导;尽量降低标签带来的社会负面影响,提高家长对孩子教育的参与程度以及所有服务提供者共同合作为残疾学生服务。也许会有更多别的相同的观点,这些观点可能会给我们的特殊教育改革起到一个杠杆的作用。

许多关于特殊教育的问题将继续存在,无论这些问题是否被回答了或者被忽视了。目前一个核心的问题是,有太多特殊教育的学生未能接受适合他们特点的高质量的教育,这是因为针对他们的教育计划不符合他们的特殊需要,更不用说目前的普通教育体系不能做出相应的调整来满足他们的需要。因此,当前对他们所进行的特殊教育对提高他们的学业和社会技能以及为以后适应社会生活没有起到应有的作用。这些问题很大程度上是因为不充分的训练以及缺乏特殊教育教师的支持所导致的,而不是由于别的结构或者管理方面的缺陷所致。除非提高教师与学生之间在学业指导和行为控制方面的有效互动,否则教育管理与结构方面的变化将不会起到明显的作用。但是改革支持者引用的很多问题是相对表面化的,这些被提出的变化不过是对表象、安置和管理结构的简单变化,并没有重视学习者与教师之间的互动。

萨拉森(Sarason)在1990年建议,除非改革者理解学校对于教师和学生同等重要,否则试图去改革教育将没有任何作用。换句话说,学校既促进学生的学业、社会和道德的发展,也同样促进教师在这些领域的发展,这样的学校将是成功的学校。对学生有好处也必然对教师有好处的观念将不仅应用到教师对待工作条件的态度,同时也将应用到他们解决问题的方法上。这就是萨拉森关于特殊教育工作者解决学生各种问题的基本前提。这些问题解决策略是:对问题进行仔细的逻辑分析,提出问题解决的措施,对数据要细致的评价,承认并欣赏学生特点的多样复杂性,对必要的模糊不清要有耐性,对历史要专注,观点得到清晰的交流,有着明确的伦理道德标准。如果对当前或是长期的问题进行解决时我们能够忠实地运用上述的策略,也许特殊教育将取得彻底的改革。

二、特殊教育改革中三个亟待解决的问题

面对当前教育改革提出的建议,特殊教育面临着三个亟待解决的、关键的和相互关联的任务:适当保留对安置方式的思考,选择思想而非表象,以及避免狂热主义。安置方式、表象和狂热对人们非常有吸引力。在特殊教育改革中,安置问题已经成为最为主要的议题,这个议题很大程度上是因为人们在表象而非思考的基础上,并与狂热的情感追求相联系,所以说这三个问题是相互影响的。

(一)适当保留对安置方式的思考

"位置"在字面和隐喻方面可以是变化的,它包括位置、视角、地位和权力等方面的特征。关于学生在哪里受教育的问题已经成为重构特殊教育的核心问题。由于位置问题可以清楚地限定具备某种特征的同龄学生在空间方面的接近度,所以物理环境的安置问题成为特殊教育争论的核心问题。学生们在同样的环境里接受均等的教育成为公平的必要要求。物理环境的位置是容易被测量的,可以减少到简单的"表象"层面的问题,可以有立刻的或是深层的感情的意义,这样就为狂热的追求打下坚实的基础。

物理环境,指空间的位置,即事情是在哪里的,事情就在哪里发生。对于这个问题的认识,是人类思想的基础。在物理世界中,位置仅仅是一个调节器;在人类身份认同和归属问题上,则是一个核心的问题。在很多民族的、种族的、国家的和宗教的冲突中,位置问题是基本问题。每一个社会是由特定的假设和规则构成的,那什么样的行为是适当的行为,通过观察可以发现某个行为在一个地方是恰当的,而在另一个地方则完全不恰当(Goffman,1973)。由于实证研究的发现或社会价值观的改变,或者这二者同时发生改变,这就导致了对于一些地方我们认为是合适的、可能的、被希望的或者是被允许的,在另一些地方则会发生变化。那么我们可以假定:在教育领域,物理环境的问题是一个普遍的和很重要的议题。

也许有人假设在一个地方可以发生社会的和学业上的变化,但是在别的地方可能不会发生同样的变化。然而,我们对于学生的安置是如何指导学生的学习及其效果以及二者之间的关联方面知之甚少。人们对于安置问题有很多不同的声音和观点。现有的研究认为观点不同的原因也许是由于对学生测量结果的不同导致的。不同的安置模式下实际发生的教学、社会技能发展以及学生的特征异质分布等因素相互联系导致研究结果与观点迥异。

加特纳(Gartner)等提出,残疾学生的学习环境在很大程度上将是我们决定对于残疾学生应该学习什么以及残疾学生是怎样看待自己的重要因素。在这种观念的影响下,他们宣布,在教学中关键是要把学生的安置问题放在首要地位;他们认为在现有的条件下我们有能力把所有的残疾学生安置在普通学校和普通班级,以适应回归主流的教育思想。

布莱克曼(Blackman)在1992年表达了他的观点:

目前在特殊教育中并没有普遍的错误观点。问题的关键之处并不在于对特殊教育的训练和研究中所要求的干预和知识,而是在于对残疾学生的安置问题上,以及对他们提供相应的支持。

我们需要对特殊教育进行重新定义,以此来适应作为对普通班级教育的支持,而不是要把残疾学生安置在其他隔离的环境中去。最近的研究表明,特殊教育发展之所以落后是因为特殊教育把残疾学生从普通班级中隔离出来时间过久,以至于人们形成了对有特殊教育需要的学生必须进行隔离教育的思维定式。现在我们应该做的事情是采取有效措施把残疾学生带到环境资源更加丰富的普通班级中来,以帮助他们接受高质量的教育。

对有特殊教育需要学生有效的安置是特殊教育发展的一个关键问题,但没有证据证明在普通班级对所有学生进行教学会导致更有效的、可靠的教学与学习效果。此外,根据残疾学生的社会地位的研究表明,他们被歧视和排斥并非是因为他们被隔离在普通环境之外接受教育所导致的,并不是所有的残疾学生都希望在普通班级接受特殊教育。

现代的特殊教育是以"去另一个地方"为特征的,那么这种看法是关于特殊教育的理论基础出现错误的代表性观点;同时,这些看法是与1990年的《教育所有残疾人法》(*Individuals with Disabilities Education Act*,以下简称为IDEA)相冲突的。该法案是以现行特殊教育所包含的概念体系为主要编纂内容,它认为特殊教育可以在普通教室里进行,但并不只是在普通教室内实施。

社会和个人关系的问题是非常复杂的。古德曼在1992年提出,当思考单身母亲的道德问题时,指出"我们对生命的体悟需要逐渐进行",不可能一下子理解它所有的含义。关于学生应该在什么地方接受教育的问题,要求我们同时应该关注学生个人的生命价值。学生与学生之间的关于安置问题的决定需要我们更多的关注那些微妙的、模糊的、现实的不同观点以及它们之间的内在关系。作出安置的决定就要求考虑选择与理解现有的教学技巧在特定环境下的优点与缺点。对学生的安置应该与特殊教育所坚持的基本理念相一致,即排除仅仅为了让所有的学生都能在普通学校接受教育而使学生不能够接受到适合他们特点与需要的教育。有一种观点从新西兰向其他国家进行传播:"对于那些有学习困难的学生,他们的需要是很少被满足的,因此在回归主流的融合教育的理念下,对于这些学生来说,似乎是从补偿性的相关服务体系中被排斥出来。"(Chapman,1992)。

总之,无论在普通教育还是在特殊教育领域,安置问题是一个关键的问题,需要我们考虑。也许它并不是唯一的或是最重要的应当考虑的问题,但确是我们应当认真考虑的问题,使学生能够在适当的环境中接受到高质量的、符合他们独特学习需要的教育。

(二)选择思想而非表象

教育的安置问题总是与教育的内容和结果的问题相互联系在一起,这就要求我们对这两个问题以及它们的相互关系进行仔细分析。但不幸的是,当前的教育改革是以华而不实的修辞和为了传递引人注目的表象为特征,忽视了复杂的和一系列的重要观念的问题。比如说,各州的州长和布什总统起草的国家教育目标中,是以大量的华而不实的语言来修饰这个国家的教育目标的——这是一种误导,是极端爱国主义的表现。这些语言不能解决美国面临的真正问题,也不能提升美国作为世界大国的地位,反而给民众带来了怀疑和恐惧。教育的目标和计划不应当成为简约化的概念和表象,不应当忽视许多学生的能力和需要的具体需求。比如说,"到2000年时,所有的美国的成人都要成为有文化的人,并掌握必要的知识和技能来适应经济全球化,享受作为一个公民应该拥有的权利和义务"。正如艾斯纳(Eisner)1992年所说的,很多政策决定者们关心的是如何将严重的教育问题转换为口号,却缺乏对这些口号的具体分析。

通过查看对特殊教育进行改革的提案的语言水平,可以看出其叙述并没有高于对普通教育进行改革的叙述。富克斯等认为,许多特殊教育的改革者背离了对各种修辞与语言进行小心检验和解释的做法。学习困难儿童国家联合委员会指出,那些支持对特殊教育进行改革的人们甚至不能明确指出通过改革所提出的那些建议对学习困难儿童会取得哪些明显的成效。

科恩(Cohen)在1993年指出,"语言的通俗化是简化复杂的思想、消除歧义和建立表象的一种有效的方法"。特殊教育就是通过一系列与安置相关的、负面的语言及其表象,例如"隔离"等词汇,降低了语言的意义。"隔离"意味着:残疾人是没有能力成功的,并且不应该得到他人的尊重,"残疾人不是一个完整的人"。

当前的特殊教育,正如我们生活中其他方面一样,表象正在替代观点,表象正在成为真理的主宰。昆德拉在1990年指出,"思想为表象所取代的过程可以称之为'表象主义'"。让我们把这些名字放在同一个范畴内进行解释,比如说,广告公司、政治家、选举成功者、从汽车到运动器材的设计者、时尚设计师、面包师、明星等等这些名称,都可以遵循这个表象主义的概念与定义。

昆德拉帮助我们理解当前生活中表象的重要性,并提醒我们在日常的话语中要注意保留自己的观点,事实上这是非常困难的事情。他指出:"关于思想的一般性的讨论逐步使之转换为一种表象主义。"同时,他总结道:"思想的形成与处理需要我们直面现实。"古德曼在1992年同样也指出:"辨明正确和错误的新闻,以及商业化的电视提供的图像是否与现实生活中事实恰恰相反是非常困难的。"她描述了我们人类对任何问题的正确答案的喜爱和对那些模糊不清的和不确定的事情的厌恶之情。

昆德拉和古德曼所描述的"表象主义"和它对现实的侵蚀在日常生活中常见的问题中尚且如此尖锐,对于特殊教育造成的危害可以想见是多么的严重。然而,选择思想而非表象在很多的特殊教育改革支持者中是非常不受欢迎的,因为这就意味着要透过改革的口号看现实,要检验特殊教育改革中的失败和成功的证据,并在此基础上找出问题的答案,而非仅仅依赖华丽的辞藻与修辞。维持对一个思想较高的关注程度就要求不断地进行自我批判,遇到困难时不断地去寻找新的答案,明确地表达出解决残疾儿童教育问题的一系列的方法和措施。

对于特殊教育工作者而言,当我们想要提高在校学生的整体发展水平的时候,更应关注学生思想水平的提高。思想是儿童认知和智力发展过程中的"强势货币"。但是,当人们太执著于某一个观点的时候,这样的观点也就成为一个危险的思想。

(三) 避免狂热主义

诺贝尔和平奖获奖者埃利·威塞尔(Elie Wiesel)指出:"'狂热'是指把信念过分地推向了一种高度,这种热情已经到达了一种危险的境地,除此之外,没有其他的东西。"他提到:"当一种想法到达了狂热的程度的时候,也就是把其他的想法给缩小或是无论他同意与否的想法给排除在外的时候。"一个狂热的人只有答案,没有问题。同时他援引尼采的话说:"疯狂是必然的结果,而不是不确定性的结果。"当我们认识到了狂热之后,对于我们在以后的生活中反对这种狂热是极其重要的。威塞尔建议我们,由于狂热是对真理的歪曲,这就要求我们对其使用要十分慎重,狂热会不可避免地给人类的自由带来影响,同时会产生憎恨。

关于特殊教育改革对狂热追求的陈述较少,更不用说,把这种危害性的狂热呈现到其他与之相关的重要的社会领域中去。也许正如拉斯基(Laski)在1991年说的关于让所有儿童就近安置于社区内的普通学校学习的狂热承诺一样:

一些特殊教育机构的经理和他们的组织都公开的或者隐藏的在"瀑布式特殊教育服务体系"①和体现"最少受限制环境的原则"②的各种机构、单位和特殊学校的管理者那里寻找避难所,即他们将继续捍卫他们的传统教学模式,对"最少受限制环境的原则"作出圆滑的解释。"瀑布式特殊教育服务体系"是真实存在的,并且代表着现状。然而,这种服务体系所造成的困境是可以在设计和实施特殊教育的一系列的改革措施中避免的,这些措施是通过关注所有在当地学校安置问题做出决定的人,特别是学校和家庭人员共同做出的。对于安置问题,家庭和学校要注意到"最少受限制环境体系存在着不相关和没有实际意义的部分"。

幸运的是,根据 IDEA 所赋予的权利和美国《宪法修正案》的规定,残疾人享有的权利是用较委婉的方式表述的,是具有较大适应性和弹性。那么事实上这些适应性是残疾人逃离那些狂热理论导致的迫害的最好保护。公正有时是以有目的的模糊呈现出来的。

也许这种狂热在广泛流行的录像带《正常的生活》中被很好地诠释出来了。在最后的关于把所有的残疾学生都安置在他们社区的普通学校和普通班中的评论中,作者认为:这种措施到底是否真正起到了作用并不要紧,关键是它将起作用,这是最关键的地方。但是一旦它真的没有起到作用,我们也应该坚持做下去,因为它是正确的。

对于"融合教育是正确的"这一结论,尽管它起到的作用不是很大,这一判断如同考夫曼1992年所比喻的:"我们的国家,无论她是对还是错,她依然是我们的国家。"基于这样的观点可以看出,它的假设已经超越理智的分析和实证研究论证的范围,而是基于道德上的绝对追求。威塞尔1992年建议说:"融合教

---

① 美国实施的特殊教育服务是一个等级森严的特殊教育安置体系。它根据学生的不同残疾与教育需要提供从最少限制的环境(即普通班)到最多限制的环境(即不具备教育性的医院或其他养护性机构),整个结构形同瀑布,上下贯通,被称为"瀑布式特殊教育服务体系"。一般认为这一体系主要包括:普通班、巡回教师辅导制(农村较多使用)、资源教室、特殊班、特殊学校、家庭或医院等教养机构。环境限制的程度根据儿童残疾情况决定,尽量帮助学生由更多限制向较少限制的环境过渡。

② 最少受限制环境的原则:将限制残疾儿童接触健全学生与社会生活的环境因素减少到最低程度。因此,残疾儿童的教育要尽可能地安排在与健全学生在一起的环境中进行。确定教育安置形式和制订个别教育计划时,均根据教育对象的生理、心理条件,选择最适合其受教育的,并且与外界隔离程度相对最低的教育环境来进行。

育是一种逃离真正的争辩、使自己从对话中不断疏远开来、害怕多元主义和多样性的、憎恨学习、属于个人的独白式的理论。"融合教育是在特殊教育中对其伦理道德问题的对立面的思考。它把一种被当做是好的理念即所有残疾的学生和非残疾的学生在同样的环境下接受教育,转变为一种残暴的理念,这种理念是把所有的学生放在临近的普通学校或正常班级。

也许,特殊教育的最终没落就是源自于对安置方式的狂热的追求,即使它确实不起作用。这种狂热的理念可以这样表述为:我们知道所有的残疾学生应当被安置在哪里。正如拉斯基在1991年提到:"所有有学习困难的学生,无论他是接受特殊教育的学生,还是处于高危状态的学生,甚至是被看做是在学校学习中处境不利的学生,都应当安置到正常的教学环境中。"在我们人类历史的其他时期,我们是以机构或者特殊班来回答"残疾学生应当在哪里学习?"这个问题的。

三、特殊教育实质性改革的长远措施

目前流行的改革是以华丽的辞藻为前提的,无论在普通教育还是在特殊教育中,他们都要求扫除各种障碍来进行改革,比如说:打破原有体制的束缚、革命、转换范式、转变基础性概念、彻底的机构改革,以及其他的相似的理论和实践的彻底变革。但是,没有任何一个类似的豪言壮语产生了实质性的和持续的改革。桑塔亚纳(Santayana)在1991年的关于人类事业的流动性和恒定性的评论提醒我们,人类事业的进步要求基于过去的知识基础之上,采取切实可行的措施。

进步在某种程度上是依赖于某些固定性的东西,而非一定要改变现有的基础。当改变是一种绝对性的改变的时候,或是当经验不能被保持,改革就会失败。那些不能记住过去而重蹈覆辙的人是要受到谴责的。我们不断地重复一些事情,这是一种很好的记忆方法,这也是我们进步的条件。

在特殊教育中可以通过三种适当的和以记忆过去为基础的、很平凡的方法来实现特殊教育的改革与进步,它们是:分散特殊教育的人口、修订和提升特殊教育的相关概念的基础以及加强特殊教育的实证研究基础。这些策略是需要耐心的,需要我们仔细考虑并且要在我们的行动过程中坚持下去。

(一)分散特殊教育的人口

当前的特殊教育改革运动是针对"所有的儿童"而忘记了特殊教育的首要前提,即:将有残疾的学生分散到不同地方接受教育是确保他们接受适当教育的必要手段。1992年,教育委员会国家协会的报告指出,一些改革的提议明确地提出:"为了更好的服务,让所有的学生从教育中获益,必须分散安置有特殊教育需要的学生。"我们不能忘记特殊教育存在的目的就是因为它可以帮助学校更好地为学生服务,可以帮助教师应对具有多样化特征的学生的需求。把特

殊教育转变成普通教育以及把特殊教育融入普通教育的问题将不能改变这样的现实。

　　教育是一项非常复杂多样的事业，它的多样性表现在教育的服务对象、问题、方法和目标等各个方面。那么这种多样性就要求我们去关注已有的情况，去关注什么是可能的事情，关注对某一特定的学生群体的期望。把特殊教育从普通教育中分离出来是一种不充分的做法，但是残疾学生却需要根据不同情况分散安置。正如沃克和布利斯提到的，"学校的重组（即融合教育）不适合所有不同情况的残疾学生"。

　　关于特殊教育改革的一个重要问题是指人们不能意识到各种提议和措施的支持者彼此间的不同。根据残疾类型对各种残疾儿童进行分散安置将很大程度地影响改革的结果。许多关于特殊教育改革措施、改革的结果和改革的相关提案都没有关于安置残疾学生的具体建议。

　　学生的多样性经常被认为是应当被重视和庆幸的。如果学生的差异性被认可了，那么为他们提供的服务、计划以及教育和居住方面的多样性也应当被重视和认可(Kauffman, et al., 1993)。特殊教育以"所有的学生"这种值得怀疑的语言为前提，实际上否认了学生特殊教育需要的存在。目前被广泛接受的治疗方式是不现实的：伴随着大量的、日益增长的、多样化的学生进入学校之中，我们不能指出到底何种教育方式对他们是有用的。比如说，在教室里面的文化和语言的差异性意味着在一个班中对所有的学生来说没有单一的"教师—学生"的关系，也没有单一的有效的教学方式。对于有残疾的学生来说，由于这些学生在能力和残疾方面有着巨大的差异性，这就强调了关于个别化教育计划的重要性。这不仅是特殊教育的特点之一，也是被法律所要求的(U. S. Department of Education, 1992)。

（二）修订和提升特殊教育的相关概念的基础

　　特殊教育有时是被批判的，这是因为特殊教育被认为是没有作用的教育。然而，事实上，特殊教育是有效果的，只是有时效果不是很好。尽管大多数人对特殊教育的总目标的看法不一致，但很少有人对特殊教育的概念基础进行建构。然而，恰恰是这些概念基础才会明确表明在特殊教育中什么是有效的。

　　特殊教育中的概念的进步是非常令人激动的事情，但是概念的重新形成必然会导致激进的评论。当然，新的概念界定（新的关于特殊教育和普通教育是如何起作用的概念模式）将是受到鼓励的。但是，将特殊教育新的概念与充满激情的陈述与宣言区分开来也是非常重要的，有些关于特殊教育的宣言是非常模糊的，甚至鼓吹现有的特殊教育体系应该被抛弃。比如说，下面将讲述关于特殊教育的目的与改革的需要的一些讨论：

特殊教育服务提供者们相信,他们的服务对象(特殊儿童)总是存在着不足、缺点、失败,或者说是有错误的。这就要求一些受过特殊教育训练的专业人员来训练他们。这种观点必须得到改变,即转变为相信残疾的儿童有能力通过他们自己的努力设定他们的目标并获得成功。打折扣的课程以及其他的"对待特殊儿童不同的方式"必须被"将所有残疾儿童安置于普通学校并提供和正常儿童一样的学校经历"所代替。

有人可能会问到,关于这些语句的含义是否能够被阐释明白?如果可以说明白,那么这些阐述能否回到原来的终点,从而重新奠定1922年"特殊儿童委员会"建立的基础?

关于对特殊教育的相关概念进行重构是可以实现的。关于特殊教育的概念界定的基础已经被明显地加强了,比如说,如何解释从法律上正确的书写和从教育上有效的运用个别化教育计划,关于以实证研究为基础的教学理论的指导,对已被建议的政策的改变进行的分析,对特殊教育伦理学进行的思考。特殊教育的持久的改革必然会被更加精细的、逻辑连贯的、合理的陈述与宣言推动发展。

(三)加强特殊教育的实证研究基础

关于特殊教育的质与量的研究需要不断地发展,从而加强特殊教育研究的实证基础。特殊教育主要处理儿童学习方面遗留的各种问题,尤其在普通教育不能够很好地解决问题或者不能够取得预期成果的时候。研究"哪些措施有效"是非常困难的,并且产生了很多有错误和模糊的结果。

也许提高和加强对有残疾的学生进行教育的最有效方式就是通过新的计划、措施和政策进行实验。如果实验是科学的,那么这些实验是可以成为有重大意义的进步;如果这些实验是不科学的,那么它们将只是做一些不同的事情的小插曲。也就是说,如果实验效果得到科学的验证,或者说对那些推断性的结果进行严谨的探索,那么这样的实验是可以促进特殊教育进步的。实验性的计划或政策对短期或长期的改革有着重要的影响,这样的实证研究结果可以有效提高创造性和新颖性,这样的结果正是我们非常渴望得到的。我们不能因为宣传与扩大影响的需求而降低对研究证据的要求。如果实证数据或者证据的真实性降低了,这样得到的结果是不好的甚至是比改革以前更差。这样,一个失望就被另一个失望所代替,最后的结果就是人们失去对特殊教育的信心。

目前有两个流行的趋势得到广泛的宣传和支持,事实上它们从实证研究或者相关调查中仅获得极少证据的支持或者验证,这就是"辅助沟通"和"对全民教育的追求"两个趋势。辅助沟通是利用辅助人士协助残疾人扩大交流能力的措施,被协助的残疾人从表面上是通过打字来与人交流的。尽管这种尝试着去帮助那些在交流上有严重障碍的人使用替代的方式进行交流的方法已经被广泛地认为是一个崭新的突破,并且在世界范围内被广泛的宣传,然而细致的实验研究表明是促进者而不是残疾人本身才是促进所有事物前进的动力。通过对经济管理中一种理论的应用而发展成为在教育上的所谓的全面的素质教育,已经被认为是改变特殊教育弊病和确保所有儿童都能接受良好服务的一种非常有效的方式。关于这种全面的实施素质教育是否是值得信任的实验研究是不存在的,并且这种追求整体质量在经济领域上已经失败了。也许某些理念与措施可以通过实验得到有效的运用,但是很难大规模地推广。

改革中的计划、政策以及提案有许多都是值得信任的和可选择的措施,但是当问到与现有的措施相比这是否是一种进步的时候,却得不到很好的回答。许多孤立的个人实验与研究有一定的价值,但推广开来就会取得相反的结果。正是由于改革的措施和政策推广极其困难,所以人们甚至不愿意从历史中学习经验与教训,结果是事物变化越快越大,人们就越是抵制并故步自封。奥德特等人指出,教育的"全面高质量"的原则在经济世界中是一种范式的变迁;如果能够接受这些范式,那么无论是特殊教育还是普通教育将变成更有效率的事业。

有利他主义精神的人们促进机构实现"去机构化"①的历程,他们对治疗精神病的心理治疗和社区治疗措施等的夸大其词远远超出了人们事实上已经掌握的知识范围。有机会主义动机的人们寻找一切可能的方式来降低精神疾病的治疗支出,他们发现那些利他主义精神的人们是非常方便和有效的同盟。以社区为基础的残疾服务从来都是不能广泛且有效地进行的,即便是社区服务实施了,其结果往往令人失望。关于对社区康复服务和对其作用的夸大与扭曲来自当前社会的高频率的监禁以及对那些精神有问题的人的无法有效安置等消极的原因,而非其实际所产生的效果。当利他主义的人与机会主义的人碰撞时,这就带来了极大的危险,包括那些有美好愿望的人们。以上这些内容就为特殊教育带来了一个教训,对新的政策或者实践经验的倡导是远远超过了可以依赖真实的数据和研究。

形成以实证研究为基础的理论是一个艰苦的过程,并且经常不被大众所认可,经常被认为与改革毫无关联,因为改革好像需要的是口号和激情。这说明,我们需要对实证研究中的问题进行不断地探索,从而得到具有信度与说服力的答案,并且把这些数据和解释应用到更广泛的领域。然而,数十年有计划的研究已经为特殊教育带来了先进的理念,这包括行为异常、自闭症的相关研究以及直接教学和在学校中对有行为异常的儿童的评价等。这些先进的理念是对特殊教育进行大量改革的关键之处,他们通过对有残疾的儿童本质的反思和我

---

① 去机构化(deinstitutionalization),20 世纪 60 年代国际特殊教育界提出的一个术语,指减少那些为残疾儿童和成年人提供住宿、教育、治疗或其他服务的机构,反对以往将残疾人集中安置在专门机构的做法。

们应该如何去鉴定和减轻残疾影响的研究,改变了我们对待特殊儿童的教育和服务方式。

四、结论

我所建议的通过对特殊教育进行改革的措施不会成为报纸的头条,不会吸引大众的注意,甚至不会形成对特殊教育的彻底改革。甚至这些建议也许将被人们批评为缺乏创新、缺乏推动特殊教育彻底改革的动机与动力、缺乏革命的意识,或者缺乏系统的变化。但是,系统的改革或者类似的行动并不一定会带来进步。我们告诫我们的学生,进步是来源于那些每天的活动,这些日常的活动也许有时看起来是非常沉闷、无趣的,但是它们恰恰是我们获得长期的发展所需要的元素。这些平凡的活动包括疑问、自我反省、实践、坚持、关注细节以及留意过去的经验。在特殊教育中,最好的保障进步的方法也许就是去实践我们所教所学的东西。我们是否该去改变我们习以为常的对教育问题的反应呢?这些反应包括故意引人注意的宣示、臆想的论断、以偏概全式的概念、通过表象而非思考所作的决定以及忽视历史经验等。只有改变这些习以为常的反应,我们也许才会实现对特殊教育彻底的改革。

(亢飞飞 译)

特殊教育中的"特殊"是指什么?

道格拉斯·富克斯 林恩·S.富克斯

作者简介

道格拉斯·富克斯(Douglas Fuchs)是美国范德比特大学特殊教育与人类发展学院的教授,他在明尼苏达大学获得了教育心理学(侧重于特殊教育和学校心理学)博士学位。他的研究领域为:教育那些因为残疾或贫穷可能导致学业失败的学生、同伴调节学习、课堂分析、学校发展和改革、城市教育、特殊教育政策。他是《特殊教育学报》的共同编辑,是同行评审期刊中 200 多篇文章的作者或合著者,其中一些文章被评为最佳论文奖。他被 Thompson ISI 确认为 250 个被"引用最多"的社会科学研究者之一。代表作有《干预反应:阅读教育指南》(*Response to Intervention*: *A Framework for Reading Educators*,2008)等。

林恩·S.富克斯(Lynn S. Fuchs)是美国范德比特大学特殊教育与人类发展学院的尼古拉斯霍布斯教授,研究领域为:对学生的阅读困难和残疾学生的进展进行评估和教学实践。她还参与指导肯尼迪中心阅读诊所。她实施了关于巩固教育计划的评价方法和提高学习障碍学生阅读、数学成效的教学方法的研究。林恩教授在同行评审期刊发表了 200 多项实证研究,是十多种期刊的编辑委员,包括教育心理学杂志、阅读科学研究、基础学校研究、学习障碍杂志以及特殊儿童等。林恩教授被 Thompson ISI 确认为 250 个被"引用最多"的社会科学研究者之一。

选文简介、点评

20 世纪 90 年代,美国掀起了当代教育的第五次改革浪潮。在改革浪潮中,很多人对特殊教育进行了批评,认为特殊教育无用,要求特殊教育有所改变。在这些批评的影响下,很多特殊教育专业人士也对特殊教育的价值产生了质疑。

在这样的背景下,道格拉斯·富克斯认为特殊教育受到的最严厉的批评来自"完全融合教育者"。他们认为,普通教育一直把特殊教育的环境当做是那些"不可教育的"孩子们的垃圾场,普通教育者们把严重智力发展迟缓的儿童当成

---

① Douglas Fuchs, Lynn S. Fuchs. What's 'Special' about Special Education[J]. Phi Delta Kappan,1995,76(7):522-533.

是最不可教育的人群的典型。因此,为了确保特殊儿童在主流社会中的地位,也为了排除隔离教育本身给儿童带来的耻辱和歧视性的标签,完全融合教育者们呼吁停止一切特殊教育的职业与服务,认为这些服务在道德层面上跟种族隔离甚至跟奴隶制度一样。他们认为当今的特殊教育成效不够,认为特殊教育体系把学生从普通教室拉出来,把他们放在狭小的、分离的教室里面学习掺水的课程(指课程难度降低),让他们花更多的时间,却学到更少的知识。

作者分析了特殊教育的投入与产出,认为特殊教育计划能够在特定的领域起作用。作者总结说,当前接受特殊教育服务的每个学生有更多的费用"购买"个别化教育计划,有更多高级学位的教师,有更小的特殊教育课堂,还有研究和发展计划,并开发了高效率的教学策略和课程。同时,很多研究已经证明特殊教育计划比普通课堂更能促进学习障碍、情绪行为障碍学生学业的进步。而特殊教育中有效运用的个别化教学和与其相适应的课程本位测量,在普通教育中是无法实施的。特殊教育最基本的信仰——教育必须个别化才有效——在大部分普通教育班级很少被考虑。普通教育工作者教学通常面向小组,而不是个体,基本上没有机会来帮助那些有长期学习失败经历的学生。而基于个人的特殊教育能为有特殊教育需要的小部分群体带来更显著的成效。在对比中,作者分析了"特殊教育"的"特殊"之处:个别化教学、以研究为基础、注重实证研究,这些构成了特殊教育的基本操作与实践方式。因此,特殊教育,作为一种专门化的教育领域,通过采用经过实证研究和以证据为基础的教学实践和决策,以满足不同学生的个别化需求为己任,更有能力保障有特殊教育需要的学生获得更显著的成效。作者由此批判了那些认为特殊教育无用的观点,呼吁家长、支持者、法庭、联邦政府和其他人应该坚定特殊教育的立场,而不是通过追求特殊教育的消除和减少等方式将所有学习困难的学生移入全日制普通班级。

在当时教学改革和对特殊教育的批判的大环境下,林恩和道格拉斯对特殊教育的特殊之处进行了讨论,提醒人们不要在特殊教育与普通教育的关系中朝三暮四、追赶潮流,而应该重新找回特殊教育的教学根基:即以个别化、以研究为基础。特殊教育需要改变与变革,但是我们也不要忘记什么是特殊教育的特殊性,假如说我们忘记了,许多学生将为此付出代价。

该文对我们有着重要的启示意义。该文从特殊教育投入和产出的角度分析特殊教育的有效性与存在的合理性,利用了经济学的投资效益理论对特殊教育的本质进行了深入探讨,为特殊教育理论研究提供了新的理论视角。同时,该文也系统地比较了特殊教育和普通教育两个不同的体系在应对学习困难和特殊教育需要方面的优劣与不同做法,揭示了特殊教育理论与实践的基本特征。作者从微观的层面利用特殊教育领域中的许多关键议题。例如,个别化教学、实证为基础的教学实践、课程本位测量等特殊教育的独特话语体系,与普通教育的组织与教学相比较,阐明了特殊教育的特殊性,为特殊教育学科理论的

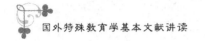

发展提供了强有力的佐证。另外,作者在文中讨论到的许多美国特殊教育的经验与教训值得我们学习。例如,虽然美国存在着特殊教育投资过多、对平等的过分追求、师生比较小、特殊教育者拥有更高的学历、学生鉴定的烦琐以及小组、个别化教学等的过度使用等问题,这也反过来说明了西方发达国家对教育公平理想的执著追求与对特殊教育的高度重视。抛去其不合理的要素,我们还需要进一步改善我国的社会文化,创建重视残疾人权利与社会融合的社会文化氛围,发展高质量的特殊教育。

选文正文

一、前言

在我们开始写这篇文章的那天,马克·韦尔曼(Mark Wellman)(他有着截瘫的身躯,曾经是一名公园护林员和专业的攀岩运动员,现在是个积极的演说家),当时正在《纽约时报》时装秀中坐在轮椅上展示精羊毛尼龙夹克(价值1350美元)以及羊毛长裤(750美元)。一个星期前,希瑟·怀特斯东(Heather Whitestone),一个21岁有才华的聋人,赢得美国小姐大赛,成为国家电视台的焦点。还有去年夏天,3千万观众观看了电影《阿甘正传》——汤姆·汉克斯(Tom Hanks)主演了一名轻度智力发展迟缓的普通人。

像这种高知名度、正面形象的残疾人士越来越普遍。他们为残疾人在主流文化中有更大的正常化及融合辛勤努力多年,象征着来之不易的胜利。但这些形象却掩盖了一个令人不安的事实:特殊教育正遭受着内外的夹击,残疾人群久负盛名的凝聚力似乎出现了分歧(Joseph P. Shapiro, 1993)。

二、一个受到围攻的领域

(一)隔离的教育安置

特殊教育受到的最严厉的批评来自"完全融合教育者",他们是一小群有影响力的特殊教育者和严重智力发展迟缓儿童的家长们。完全融合教育者坚持智力发展迟缓儿童有权利与智力正常儿童交朋友。他们认为,这两类儿童若隔离在不同的地方,"融合"这个目标就不可能实现。与此同时,他们认为,普通教育从以前、现在到未来,都把特殊教育的环境当做是那些"不可教育的"孩子们的垃圾场,普通教育者们把严重智力发展迟缓的儿童当成是最不可教育的人群的典型。因此,为了确保特殊儿童在主流社会中的地位,也为了排除隔离教育本身给儿童带来的耻辱和歧视性的标签,完全融合教育者们呼吁停止一切特殊教育的职业与服务,这些服务体系在道德层面上被描述成跟种族隔离甚至跟奴隶制度一样的东西(Dorothy K. Lipsky & Alan Gartner, 1987; Susan Stainback & William Stainback, 1988)。

(二) 残疾分类不科学

一些提倡缩减特殊教育的人，比如梅纳德·C. 雷诺兹（Maynard C. Reynolds, 1991），据说已经减少对隔离教育不公平现象的关注，而更关注于那些被人们认为没有什么实用价值和效度的残疾分类、鉴定和教学服务。这些人都有一个共同的观点：很多残疾分类，尤其是"学习障碍"，只是社会的说法而不具科学的正确性（Thomas M. Skrtic, 1991; Christine E. Sleeter, 1986）。这些分类只是一些父母为了给他们的孩子争取服务而捏造的说辞，是一些教师为了摆脱难以教育的学生而虚构的说法（Sam Dillon, 1994），是一些特殊教育管理者想要利用招收更多的有特殊需要的"顾客"来引进更多的教师和资金而设计的言辞（Joseph P. Shapiro, 1993）。这种分类（比如说"学习障碍"）因为没有理想的、有说服力的理论支持，所以很多用来测量这些学生的工具与检测手段缺乏信度与效度，并导致很多"虚假"的标签，致使人们错误认定他们为残疾人，这种现象今天已经不值得大惊小怪了（Maynard C. Reynolds, 1991）。

特殊教育工作者对特殊教育合法性论点的批判给予致命的一击，他们认为当今的特殊教育成效不够。专业文献充满了诸如以下的论断：特殊教育把学生从普通教室拉出来，把他们放在狭小的、分离的教室里面学习掺水的课程（指课程难度降低），让他们花更多的时间，却学到更少的知识（Wang & Walberg, 1988）。

虽然大部分反对根据学生能力分组的人没有像完全融合教育者们那样呼吁取消特殊教育场所，然而他们中的一部分人认为特殊教育系统应大幅度缩小（Alexandria, 1991）。这些反对分组的人和一些特殊教育专家们都建议把学习障碍的学生转移到普通学校学习，他们也建议把目前投入到特殊教育计划中的资金也转移到普通学校。一些反对能力分组的人相信普通教育的教师具有把这些孩子教得更好的知识，而且特殊教育的资金转移能够帮助他们把这些知识付诸实践（Robert E. Slavin, 1991）。

(三) 经费的问题

由于法律的保护，特殊教育经费持续增长，甚至导致了学校系统出现其他部分由于缺乏经费而大幅度缩小的情况。目前，纽约在特殊教育事业中投入了16亿7千万资金，特殊教育系统中的教师占整个教育系统教师的1/4，特殊教育系统中的学生有13万余名，只占纽约总共100万学生的13%。在特殊教育领域，平均每个学生有18700美元的投入，而在普通教育领域，平均每个学生只有3500到5000美元的投入（Sam Dillon, 1994）。学校预算董事会的负责人伦纳德·海茵伯德（Leonard Hellnbrand）曾经说过，普通学生因为法律对特殊教育经费的特别支持而受累。他说："没有法律的支持，孩子们就缺乏生气。"多年的经济萧条还没有完全摆脱，公众越来越关心政府的财政支出，这些都导致全国的政客和学校管理层人员越来越为特殊教育的高投入而感到烦恼。

(四)明显的脆弱

媒体对这么多评论和关注给予了回应。比如说《华尔街时报》编写的:"最常见的特殊种类就是学习障碍儿童。通常,这样的描述几乎适合于任何人。"《国家观察》中的一个作者写道:"500 万小学生中只有四个孩子没有心理或者生理的残疾",他们不应该接受特殊教育服务(R. L. Wood,1994)。另有一个封面故事是这样写的:"隔离与不平等:特殊教育是如何欺骗孩子们的,是如何欺骗纳税人每年数以亿计的钱的?"《美国新闻与世界报道》指控特殊教育低效率,说他们更感兴趣的是美元,而非学生的福利,他们就像一些学校教育系统中一些带有种族偏见的女佣一样(Joseph P. Shapiro, et al. ,1993)。

(五)教师队伍士气受挫

完全融合教育者、反对分组者、政客、学校管理人员、媒体,还有其他很多人都对"特殊教育的弊大于利"这一逐步流行的思潮有重要影响(Daniel P. Hallahan & James M. Kauffman,1994)。一些特殊教育教授受到这个思潮的影响,不招收新学生,离弃自己的部门,通过把部门改成"项目"而降低单位在公众面前的可见性和重要性,并且把单位归于"课程和教学"的名下。一些人甚至成功地把特殊教育变成了既不是一个部门也不是一个项目的东西。来自高等特殊教育财团(HECSE)的数据反映了这个现象。在 45 所能够授予特殊教育博士学位的大学中,有 39 所大学受到了影响。1987 年,在 39 所大学中,36 所大学宣告创立了特殊教育学院;而到了 1992 年,只剩 25 所大学有特殊教育学院了,5 年内,减少了 31%(Herbert J. Rieth,1994)。

毫无疑问,该思潮对中小学特殊教育的削减也有所影响。据统计,全国范围内大约每年有 7.3%,即 17500 位特殊教育教师离开他们的岗位(Sharon A. Bobbitt, Elizabeth Faupel & Shelley Burns)。有些州的比例是 10%—15%,更有一些高达 30%—50%(Paul Lauritzen & Stephen Freidman,1993)。虽然有许多因素促成了特殊教育工作者决定离开其工作岗位,但压力、职业倦怠、对工作不满等也是经常被提出的重要原因(Lawrence H. Cross & Bonnie S. Billingsley,1994)。研究表明,行政支持可以减弱这些负面因素(Peggy C. Littrell, Bonnie S. Billingsley & Lawrence H. Cross,1994),但负担过重的行政人员(许多在法庭为特殊教育辩护的)很少有时间或机会,提供那样的支持。

(六)意见不统一

刚才提到的那些关于特殊教育的评论中,都比不上指控残疾分类(包括学习障碍/困难)是虚假的那么严重。全国范围内有 225 万个学生属于学习障碍者,几乎占了全部残疾学生的一半。如果某些批评家们有自己的方式对所有学习障碍的学生取消标签,特殊教育的"对象"将减少近 50%。虽然我们的目的并不是要将所有的教育经费都使用在特殊教育领域,但我们有必要解决特殊教育的经费问题。

225万儿童被认定为有学习障碍的确很多,也许成千上万的学生并无学习障碍,那些被贴错标签的学生,应回归主流,而不是在特殊教育项目中(Jay Gottlieb, et al. , 1994)。但是,大量证据表明,用各种学术方法测试出的学习障碍学生持续表现出比正常的低成就学生更差的水平(Jay Gottlieb,1994)。但是那些让我们相信学习障碍不存在的人不仅忽视这些证据(Kenneth W. Merrell, 1990),而且低估了信度较高的组间差异,更强调差异的程度而不是两个组重叠的部分(James E. Ysseldyke,1982)。忽视或低估这种有学习障碍的小组水平大大低于正常的低成就小组的事实,就会错误地认识、推论数据所得出的重要观点:当在给定的条件下,特别是持续地出现组与组之间有巨大差异时,我们就可以假设他们与一般意义上正常的人群显著不同(Cherry K. Houck & Catherine J. Rogers,1994)。

很多学习障碍的学生所学的知识在数量上和种类上都和普通学生有很大的区别。这很容易暗示我们,把学习障碍的学生安排在全日制的普通学校内会导致他们不能得到理想的教育。毫无疑问,通过重要的改革,比如说合作学习,普通教育能够更好地适应学生的多样性。但是,我们知道普通教育资源在回归主流时是有个时间过程的。比如罗兰达·奥康纳(Rolianda O'Connor)、约瑟夫·詹金斯(Joseph Jenkins)和凯伦(Karen Tateyama-Sniezek)做的调查表明了很多学习障碍的学生不能从合作学习中得到益处。鲁思·麦金托什(Ruth Mclntosh)、奥米·李孟(Naomi Zigmond)和贾尼丝·贝克(Janice Baker)还有其他人的共同著作也记录了普通教育的教师很少为有特殊教育需要的学生做教学调整。在美国,艾佛瑞达·希伯特(Elfrieda Hiebert)的《阅读评论》研究摘要让我们注意到我们对于学习障碍的学生是如何运用阅读方法的了解得很少,对有其他学业困难的学生是如何运用阅读方法的也知之甚少。

我们不是唯一认为主流教育环境不能适应所有孩子需要的人,事实上,这是大多数残疾人团体的看法。这就解释了为什么家长和专业团体,如学习障碍协会、学习障碍全国联合委员会、特殊儿童理事会学习障碍分会,以及许多其他残疾人团体,即使不是那么激烈,至少也是坚决支持特殊教育的安置,并认为完全融合教育对每一个残疾儿童接受适当的教育来说是个威胁。完全融合教育激起人们的热情,也挑起人们的冲突。一位残疾儿童的家长,伯纳德·瑞兰(Bernard Rimland)主张:"如果他们坚持把自己的孩子置于完全融合的教育环境中,我对此没有任何异议。但是,如果当他们试图让我和其他不愿意这样做的家长也与他们的步调保持一致的话,我就十分反感和无法容忍了。要知道,家长们必须有教育安置选择的权利。"

三、特殊教育中的"特殊"

特殊教育中的"特殊"是指什么呢?伯纳德·瑞兰和其他支持特殊教育安

置的父母们尽管不能忍受,但现在的确是这个领域的危机时期。有证据表明很多特殊教育教师士气受挫,特殊教育团体也由原来被描述为互帮互助到现在的普遍争吵的团体(Joseph P. Shapiro)。这些都似乎说明,我们该重新思考特殊教育中的"特殊"究竟指什么了。我们通过分析特殊教育的投入和产出以及分析在投入和产出中起杠杆作用的教学的有效性来对这个问题进行回答。我们所说的"特殊教育"是指学龄儿童在资源教室和自足式特殊班中所受的教育。关于日常治疗、居住安排、特殊教育的早期干预和学校到工作的过渡等问题,就不在这篇文章的讨论范围。

(一) 特殊教育的投入

自从19世纪50年代,由于歧视属于不道德的行为和人们认为歧视会导致未来的社会回报和经济收入的机会不平等,因此教育政策就试图禁止歧视(James M. Kauffman,1981)。人们常提起的用于减少歧视的策略是使最初的学校教育目标和最终对教育机会公平性的测试相一致。据此,最近被提出的大部分问题可以解释为教育的目的就是最大化地缩小不同人群的学习差别(Charles Murray & Richard J. Herrnstein,1994)。因此,制定政策的人允许把更多的资源分配给表现较差的学生就是为了对他们以前得到较少资源进行补偿,这也许是为什么现在学生们学业表现不一致的一个原因。

IDEA通过给残疾儿童提供额外资源的方式使他们尽可能取得跟正常儿童一样的学业表现(Kauffman)。根据IDEA,学校必须为每一个残疾儿童提供符合其特点的、适当的教育,不管需要多少钱,学校都要买单(Barbara D. Bateman & Cynthia M. Herr)。1985—1986年的政府报告中用于特殊教育及其相关服务的费用仅仅在160亿美元,直到1989—1990年一直都没有变。这些钱的来源是这样的:14亿美元来自联邦政府,108亿美元来自州政府,64亿美元来自当地。就此我们可以得出这样的结果:1989—1990年,全国特殊学生的平均花费是7800美元,大约是普通学生的2.3倍(Stephen Chaikind, Louis C. Danielson & Marsha L. Brauen,1993)。

1. 个别化教学、小班教学,还有训练有素的教师

学校把特殊教育的钱用于培养从婴儿到青年阶段的全过程,因为IDEA要求学校确保所有的学生都能得到符合其特点的、适当的教育。通过多种测试被鉴定的学生被安置于最少受限制的教育环境中,在这个环境中他们尽可能接近没有残疾的同龄伙伴,他们能从这个环境中得到益处。另外,普通教育者和特殊教育者共同为每一个有特殊需要的学生制订了个别化教育计划(IEP)。这个计划包括了长期目标、短期目标和相关服务需要的详细说明,比如说翻译人员、交通工具、技术支持和工作或学习协调人员。

为了实现IEP的目标,学校允许特殊教育教师比普通教育教师拥有更小的班级。1990—1991年,全国有297490位全职特殊教育者被聘用来教育

4362445名6—21岁的学生,换句话说,就是每一个教师教14.66个学生。另外,同年还有295822个全职的教师助手、心理学家、社会工作者、心理咨询者,还有职业、物理、休闲治疗专家为3—21岁有特殊需要的学生服务。

特殊教育者不仅比普通教育者教更少的学生,他们还倾向于有更高的学历。根据国家教育统计中心做的学校和职工人员调查和教师跟踪调查,54.6%具有研究生学历,11.3%是特殊教育专家或者是博士。而普通教育中研究生的比例为39.9%,教育专家或博士的比例为5.7%。联邦政府已经承担了特殊教育者培训的大部分费用。

2. 研究和发展

1989年,国会授权的用于包括基本的教育研究和发展的费用总共为1.456亿。其中,特殊教育占12%(James W. Guthrie,1990),大约有1700万用于创新发展部(即DID),大量由DID资助的研究是以问题为导向、以干预为重点并以实践为目标的。当马丁·考夫曼(Martin Kaufman)还是DID理事的时候就说过:"我们和政策决策者、资深教师及管理者和家长群体都有密切的联系,因为是他们的需要,而非与实际需要脱离的理论驱使我们这么做。"由DID资助的研究已经生产出了庞大的为那些残疾学生设计的、完整的教学理论和课程,比如自我管理程序、记忆策略、同伴指导、直接教学策略和系统性的成长性评估。大量的研究已经证明,这些为小班教学和个人指导的技术和课程效果良好(Douglas Fuchs & Lynn S. Fuchs)。而且,特殊教育研究者们还构建了将研究应用于实践的创新策略,这给许多教师提供了更有效的教育实践指导。

(二)特殊教育的产出

接受特殊教育服务的每个学生拥有更多的费用"购买"个别化教育计划,拥有更多有着高级学位的教师,拥有更小的特殊教育课堂以及学习和发展计划,并拥有与其配套的高效率的课程和教学策略。至此,明显的问题出现了:这样特别的投入是否转化成了特别的产出?也就是说,当我们谈到"附加价值"时,是否合理?尽管总体上,我们相信是合理的。

怀疑者们自有怀疑的理由。前面提到的"特殊教育无用"的"词"总是出现在专业文章和大众媒体中,至少是因为以下重要的原因:评论家过于相信所谓的有效学习的研究;较少关注学者们最近对相关专业文章的回顾和一些其他的证据。

第一,有效学习。有效学习在过去的60年一直被执行,多涉及智力发展迟缓的学生,它渐渐显示在普通学校中的特殊儿童会和在特殊教育机构中的同龄儿童表现的一样好,甚至更好。这个结果导致了很多人对特殊教育的效率和必要性产生了疑问。但很多批评家都忽略了这些调查的一个严重缺陷:调查者极少把残疾学生随机地安排在特殊教育和普通教育中。相反,几乎所有的案例都是学校在调查人员来之前,早就把学生安排在适应他们学校目标的计划里面了,这就导致了普通学校中的学生学业水平都比开始时有很大提高(Hallahan & Kauffman)。

第二,学术性的文献回顾。文献学术评论把特殊教育置于不同的角度进行探讨。比如说一项特殊教室对普通教室的自主学习的元分析,康拉德·卡尔伯格和肯尼思·卡瓦尔得出这样的结论:对于智商水平低于平均值的学生来说,特殊课堂的效果明显地比普通课堂低;而对于行为失调、情绪不稳和学习困难的学生来说,特殊课堂效果明显比普通课堂好(Conrad Carlberg & Kenneth Kavale,1980)。保罗·辛德拉和斯坦利·德诺(Stanley Deno)也做了一个关于资源教室教学效果的叙述性回顾。他们比前两位运用了更严格的选择标准,并且只回顾了那些具有可比性的相似的群体。然而,他们的结果是一致的:在促进学习障碍、情绪行为障碍学生的学术进步方面,资源教室比普通课堂更有效。相反,关于促进轻度智力发展迟缓学生学业进步方面,没有可靠的证据证明普通教室和资源教室有什么区别。但对于一些学生来说,特殊教育计划似乎比普通课堂更能促进他们学业的进步。

第三,跟踪研究。道格拉斯·马斯顿(Douglas Marston)对比了明尼阿波利斯市公立学校(美国明尼苏达州)(Minneapolis Public Schools)的特殊教育和普通教育中的学习困难学生的学习效率。为了避免陈旧的效率研究中固有的方法论问题,马斯顿利用了跟踪研究的方法。三所学校在4—6年级中一共鉴别出272个没有残疾的学生,他们在一个阅读达标测试中排在第十五个百分点或者低于这个位置。这些学生中有11个人被认为是适合于特殊教育的。他们在普通教育和特殊教育计划中一共花了10周。在识字数量和正确读字方面,特殊教育中的学生几乎以每个星期两倍的速度在增长:特殊教育平均每星期增加 1.5 个字(SD<0.57),而普通教育是 0.6 个字(SD<0.35)(Douglas Marston,1987—1988)。

我们在特殊和普通教育计划中也运用了跟踪研究分析法研究了中小学中有学习困难的学生的学习成绩。当学生从普通学校转到特殊学校中时,马斯顿对学生进行了跟踪。而我们的做法跟他相反,为了评估一个主流环境教育策略的效果,我们跟踪了21个来自田纳西州中部8个学校的学习困难学生在转入特殊教育课堂之前和之后的情况。学生们在特殊教育机构时,我们每星期都测量学生们的数学成绩,一共持续了大约十个星期。而当他们转入普通学校时,我们又持续了七个星期。我们发现,学生们在特殊教育机构中以适当的速度稳步前进;然而,当他们转入普通教育中时,他们没有进步(Douglas Fuchs, Lynn S. Fuchs & Pamela Fernstrom,1993)。

还有对教师和父母的调查。为了证明这些研究结果是符合学校教职员工的观点,凯瑞·霍克和凯瑟琳·罗杰斯在弗吉尼亚州,随机抽取特殊教育和普通教育的管理者、校长、中心小学教师以及学习困难学生的教育者们,要求他们判断"抽出"①计划(特殊教育)对学习困难的学生"弊大于利"。61.5%的答案是"不同意"或"基本不同意";29.7%的人"同意"或"基本同意";而剩下的人没有意见。在南加州、北部的伊利诺伊和西北的洛瓦进行的调查也反映出特殊教育计划有类似的支持率。而且,最近的一个哈里斯民意调查显示,94%的普通教育者相信现在的特殊教育服务比几年前好,77%的学习困难学生家长对特殊教育服务感到满意。

可见,特殊教育计划能够在特定的领域起作用,当然并非全能。然而,这么多年,特殊教育已经过分地被要求遵守联邦法律的规定,而很少考虑教育的实际效果(Thomas Hehir,1994)。很少有人会不同意"特殊教育应该在许多学校中得到改善"的说法,但是,特殊教育破产的说法显然是错误的,正如说普通教育破产一样错误(Daniel Tanner,1993)。

(三) 投入和产出的协调

成功的特殊教育教学的特别之处在哪里呢?我们认为至少有两个特点:运用实证验证的程序和基于学生特殊教育需要来设计的个别化教学计划。为此,我们描述了特殊教育者对课程本位测量(CBM)②的运用。

1. 课程本位测量

课程本位测量是由斯坦利·德诺利用 DID 的资金发展的一个评价系统(Stanley L. Deno,1985),这个系统的效果在过去二十年已经被其他许多人验证过了。CBM 指明了利用当地学校课程测量学生表现的常规程序,以促进学生的学业进步达到普遍性的年度识字和计算等方面的年终目标。研究已经为教师们提供了涉及不同课程的有效方法,以便教师们创立、执行和利用分数评价不同课程的评价系统(Mark R. Shinn,1989)。

随着时间的推移,课程本位测量方法论已经被全国的特殊教育者们用于发展有效的个别化教育计划。运用课程本位测量,特殊教育者对学生的表现每星期评价两次。评价结果为教师提供了两种有用的教学信息:熟练程度指标(该指标表述了学生过去、现在和将来的成长曲线)和学生在课程学习中表现的优缺点概况。无论何时,如果一个学生的成长曲线显示我们为他设置的年终目标可能低于其潜能,教师就会把目标相应地调高;而当成长曲线暗示了学生可能会达不到年终目标,教师就会适度降低教学目标。

为了找出提高教学效率的策略,特殊教育者依靠能够显示学生潜能和不足的课程本位测量,依靠学生全面成长速度的曲线以及对学生教育方案组成部分的历史分析。通过这些基于数据的程序,特殊教育者就会做出何种教育策略会取得较好效果的各种假设,经过一段时间的测试与探索,教育策略就会逐步适

---

① 即残疾学生离开普通班级到特殊班、资源教室、特殊学校等隔离机构中学习的情形。
② CBM:通过对学生学业进展持续不断的评估从而调整教学的方法。

合不同学生的需要。

特殊教育工作者采用以课程为本位的测量方式来发展有效率的教育策略，并致力于以下的实践。首先，他们用课程本位测量来监测他们制定的目标的合理性，并保证这些目标的实施。教育工作者制定并试图实现这些目标以促进学生取得更高的学业成就。其次，收集课程本位测量常规数据本身对学生基本上没有什么帮助，但成功的特殊教育者会用持续的数据来修正和调整学生的计划。再次，当课程本位测量数据显示学生发展不足，特殊教育者通常会利用多种方式来获得专家的意见，通过这种方式帮助他们对已有的教育计划与策略进行重要的修正。当特殊教育工作者在这几个方面运用课程本位测量时，他们促进了有严重学习困难学生的学业获得显著性增长。

2. 实证和个别化

追踪学生读写和计算能力的课程本位测量技术将评价的信息与教学实践方法的取舍连接起来，在这些方面学者们已经研究了二十多年，并在一百多项实证学术研究中得到验证。特殊教育工作者能够自信地用课程本位测量来强化那些有严重学习问题学生的学习成果。

和课程本位测量有关的研究和发展在特殊教育中的应用是很常见的。许多其他特殊教育的实践方法也在全国范围内得到发展和验证。鉴于许多学生在特殊教育计划中出现严重的学习问题，他们在普通教育环境中同样证明不能取得满意的成果，这样的实证验证就显得非常必要，它有利于促进学生的学业进步。

几乎所有的被验证有效的特殊教育实践方式都有一个重要特点：它们强调基于每个学生的特点做出教学的决定。个别化教学也许是有效的特殊教育实践的显著特征，它充分体现和代表了特殊教育工作者的专业资质和专业价值；它要求教师保留对教学方法有效性的判断；它要求教师计划并填写好一张教学计划的表格，也包括根据学生学习特征所作的教学调整和适应；它要求教师运用多种知识来调整课程、教学方法以及激励学生的学习动机。

（四）普通教育能够替代特殊教育吗？

在特殊教育环境中已经被特殊教育工作者的研究与实践验证过的、有效的特殊教育实践方式能否在普通教育的环境中有效地促进有严重学习障碍学生的学习成果？这是一个在完全融合教育日益普及下的、现实的问题，我们已经通过研究课程本位测量在主流课堂的使用来探究这个问题。我们试图鼓励广大教育者采用特殊教育中的个别化教学决策取向已经受到挫折。我们发现，普通教育工作者在回应学生的学习持续失败时，通常面向小组而不是个体，基本上没有机会来帮助这些需要特别帮助的学生。

的确，为了使课程本位测量和普通教育设置更加和谐，我们不得不把课程本位测量集中于个人的传统方式转向面向全班。随着面向全班决策的制定，普通教育工作者就能利用课程本位测量,来创建任务为导向的动机氛围并确立伙伴学习的相应内容安排与指导方法。在这样的设置中,差的、中等的、高能力的学生的学习进步比那些没有使用面向全班课程本位测量的班级要好得多。然而,面向全班的课程本位测量的班级中学习困难学生并没有什么实质性的学业进步。

许多在特殊教育环境中有效的实践,比如课程本位测量,并没有很轻易地转向主流教室。在主流教室环境里,教师要面对更多的学生,并且他们对教育的形式和内容有一系列不同的理念与设计。个别化教学,作为特殊教育实践的基本要求,意味着教师要在不同的时间为不同的学生采取不同的教育活动。但这种方式对于人数为25~35的普通班级不实际。而且特殊教育最基本的信仰——教育必须个别化才有效——在大部分普通教育班级很少被考虑,更别说被关注。因为主流班级的教师有许多更重要的教育重点:学习的组织与安排、教学活动的水平与活动量、教学的有序性以及合作等。这些优先事项的安排使普通教育成为一个对90%或更多的学生富有成效的学习环境,对于剩下的孩子个别化需要是难以顾及到的,尽管,不同的安排与设计是需要的。特殊教育,作为一个专门化的职业领域,经常采用经过实证研究和以数据为基础的教学实践和决策,以满足不同学生的个别化需求为己任,更有能力使得这些小群体的学生获得更显著的成效。

四、总结

我们不为特殊教育的存在感到疑惑和犹豫。很多时候,我们会就特殊教育领域中的评估模式、国家经费投资、融合教育的方式以及对学生的测量等方面存在的问题而提出批评。这种关注和完全融合教育者、能力分组拥戴者、学校管理者以及其他人提出的许多合法性问题一样,不应该被解释为特殊教育不起作用的证据。特殊教育是有效的,并且它在许多方面是独特的,普通教育绝不可能代替。当然特殊教育并非在所有的方面都特殊,那些在大学里负责特殊教师职前教育的人、家长、倡议者、法庭、联邦政府和其他人应该坚定特殊教育的立场,而不是通过追求特殊教育的消除和戏剧性的减少等方式将所有学习困难的学生移入全日制普通班级。在许多地方,特殊教育需要改革,但是我们也不要忘记什么是特殊教育的特殊性,假如说我们忘记了,许多学生将为此付出代价。

(赵梅菊 刘慧丽 译)

残疾青少年的家长对学校教育的认知和理解[①]

托马斯·C.洛维特 苏珊娜·库欣

作者简介

托马斯·C.洛维特(Thomas C. Lovitt),美国华盛顿大学终身名誉教授。他主要研究残疾青少年的学校教育,学校的课程设置及管理,学校提供的支持资源,学生的学习历程、学习方式,学生的 IEP 的制订程序、学生参与等方面。代表作有《促进学校的成功》(Promoting School Success,2007)等。

苏珊娜·库欣(Suzanne Cushing)是西雅图一家民营通讯公司的顾问,她主要主管华盛顿生物医学研究协会与学校和社区的联系。

选文简介、点评

残疾儿童家长在特殊教育中扮演了重要的角色。西方各国特殊教育法律法规(例如,美国 1990 年颁布的 IDEA)都明确规定了家长对残疾儿童教育全过程平等参与的权利。残疾儿童诊断、安置、教育和服务的提供以及相关的个别化教育计划的制订与实施都需要家长的参与和认可才能生效。然而,家长在参与过程中出现过许多障碍与困难。此文就是一份关于针对家长参与残疾儿童教育情况的实证调研报告,它是一个长达三年的研究项目的一部分。该调查报告采用质的研究方法,对家长进行跟踪与访谈,详细地描述了他们对学校教育和服务的基本看法以及他们面临的困难。

该文所获得的数据主要来自随访的 43 名学生家长;此外,在线完成调查的私立学校毕业生家长还有 11 名。家长采访和调查基本围绕 4 个专题展开,在调查与访谈分析后给家长提出了 7 项建议,目的是帮助家长与学校更好地沟通和协作,以促使学校能够为学生提供更有效的服务。调研主要围绕以下 11 个

[①] Thomas C. Lovitt, Suzanne Cushing. Parents of Youth with Disabilities: Their perceptions of school programs[J]. Remedial and Special Education, 1999, 20(3): 134-142.

问题进行：① 课程设置；② 服务模式；③ 人员合作；④ 家长参与；⑤ IEP 和 ITP①；⑥ 教育目标；⑦ 教学实践；⑧ 学业评价；⑨ 毕业政策；⑩ 教学准备；⑪ 教育改进等。选文分析了中学阶段为有特殊教育需要的青少年所提供的课程和相关指导性或者说辅助性课程的有效性，在数据搜集分析基础上进一步探讨了家长最为关注的 4 个问题：① 个别化教育计划缺乏个性化；② 家长对特殊教育的失望；③ 家长的疲倦与困境；④ 家长的最低期望。选文还针对家长如何参与学校教育教学提出以下建议：协助确定教育目标；了解权利、福利和相关法律程序；关注孩子的学习进度并作出科学评价；明了教育存在的问题及趋势；注意"推迟的文凭"和 ITP 规定；注意学校后生活及各种可能性；了解可以提供帮助的机构。

　　该文获得的结论是令人深思的，学校应该坦然接受这个事实，即应对学生家长有时会存在问题与困难，特别是有特殊教育需要青少年的家长，因为他们有特别的需要与困难；但同时应该认识到父母又是学校最有力、最强大的支持和盟友。毫无疑问，学校在家长身上投入一些时间和资金会使学校获得更大收益。因此，家长是学校教育的资源，而非阻力和负担。但是，如果我们不能够以正确的态度和方式对待家长并真诚地和他们合作，就很难取得残疾儿童教育的成功。事实上，残疾儿童的家长往往处于困难和无助的状态，他们中间大多还经历了各种挫折和养育、教育残疾孩子的艰辛，学校更应该和家长建立起相互信任和互助的关系，共同面对教育残疾学生所带来的挑战。

　　该研究报告数据翔实、分析透彻，给特殊教育研究者、教师、管理人员了解国外特殊儿童中学阶段的融合教育提供了一个窗口，给我国特殊儿童的教育教学提供了极好的借鉴。我们必须了解，残疾的出现给其家庭成员的冲击最为剧烈，家长会经历复杂的心理过程与艰难的调整和适应。对残疾儿童家长进行有针对性的指导，使其较快地适应自己孩子遭受不幸的实际，调整好心理状态，形成良好的心理环境和氛围非常重要。长期以来，我们只强调了对残疾儿童本身的教育，在一定程度上忽视了对家长进行引导和教育，而事实上，家长的心理状态对残疾儿童的心理发展、教育方式和质量有着直接而广泛的影响。在现实生活中，甚至有一些家长对残疾儿童的未来失去信心，而采取了错误的做法，甚至排斥或忽视残疾儿童，并放弃了作为家长的职责。这种认识和行为影响到对残疾儿童的养育和教育。

　　在我国，残疾儿童及其家长往往处于社会最弱势的境地，他们更需要社会、社区、学校等社会团体和相关人士的理解与帮助。我们应该建立起残疾家长咨

----

① 美国 1990 年颁布的 IDEA 规定学校必须在特殊儿童 16 岁以前(重度智力落后与综合残疾儿童在 14 岁以前)为他们发展个别化过渡计划(ITP：Individualized Transition Plan)，为他们提供职业训练与指导、成人指导与服务、独立生活技能、社区参与等课程与服务，帮助他们顺利地从学校生活走向社会生活，提高独立生活的能力与生活质量。

询、支持与合作的常规机制，帮助家长更好地应对残疾，使他们平等地参与到残疾孩子的教育中来。在实施特殊教育的过程中，应当注重做好家长工作，使家长形成正确的认识，用积极的情绪去感染和影响儿童，使他们在良好的家庭环境中得到进步。而特殊教育事业的发展也离不开家长的积极参与和支持。只有调动各个方面的力量，将它们统一为教育残疾儿童的有利因素，才能使残疾儿童的教育走上健康发展的轨道。

该文通过质的研究视角，以身临其境的直观和深入的方式使我们理解家长的心态、对学校的不同看法，以及他们的挣扎与无奈。质的研究方法的特殊性为我们提供了新的方法论视角，在我国特殊教育研究中我们应该更多地借鉴质的研究方法，描述残疾人生存状态、叙述他们独特的生活经历，使他们更加主动地参与社会生活。同时，研究家长的态度与观念这一课题也为我们更多地关注中国残疾儿童家长的研究提供了启示。

选文正文

一、问题分析

家长和教师之间的沟通和协作是对残疾青少年学生实施成功教育的关键。1990年颁布的 IDEA 清楚地表明：教师、校长和其他学校工作人员必须和家长就学生的教育问题多沟通；事实上，特殊教育计划的制订要求家长必须参与。不幸的是，家长在残疾学生个别化教育计划的制订过程中的实际参与非常有限。特恩布尔(Turnbull,1997)等的研究列举了一些经过家长确认的影响他们参与的因素有：交通问题、意见分歧、难以了解学校教育体制、自卑感以及孩子残疾发展的不确定性等。

最近，华盛顿大学的一个研究团队采用调查、文献分析、观察和访谈等四种研究方法，针对普通和特殊教育的教师、管理人员、特殊教育教学助理教师、其他学校工作人员、残疾学生及其家长就学校所提供的教育教学资源展开了一系列研究，整个项目的报告可从本文第一作者洛维特1995年的报告中得到。本文中的研究报告主要集中于家长的调查结果分析，接受这项研究采访与调查的有43名家长，他们的孩子涵盖各种类型的残疾，分属于4个不同年级，来自5所规模和地理位置各不相同的公立学校。所有的访谈录音和访谈记录都经过经验丰富的专业人士的处理和分析，并遵循质的研究程序进行归类、形成类属，在此基础上获得有效的研究结论。以下是相关度较高的11个研究问题的分析和总结。

（一）课程设置：残疾学生可以获得什么样的课程和课外课程的选择？

所调查的学校都提供了很多种可供选择的课程，有一所中学还提供了特别教育的计划并给出了多种选择。该学校遵循了最少受限制环境的原则，为使学生都能够融入普通教室里学习提供了多样化的课程,其多样化的课程甚至包含了就业选择课程及其相应实训。调查中发现,大多数家长了解孩子在学校接受的教育计划的基本类别(例如,职业教育、资源教室、普通教育类课程等)以及孩子是如何参与教学,如何应用设备等的情况;并认为职业课程、数学、家庭和家庭生活、阅读以及语言艺术等对于学生的未来发展最为重要。其中一位家长认为应该提供更多的电脑课程,并认为这对儿子的将来很重要,她还介绍了一个帮助儿子学会游泳、缓解压力和融入社区的项目;并认为学校不重视算术,也不注重计算机设备的提供。"我认为那是孩子的兴趣和长处,应该给他更多的时间;我知道其他东西也很重要,但他的电脑类课程只有一个小时,有时是 45 分钟,我希望能够安排更多时间。"当然,家长也希望他学习数学和英语,也相信这对他的未来很重要。

多数家长所说的课外课程主要指职业培训,因为学生在中学积累的经验对于日后就业非常有用,目前大多数家长认为此类教学安排不够合理。当然,由于学生社会交往能力训练不够,在很多情况下孩子对此类课程并不特别感兴趣,因此,这些学生的课程参与也存在一定困难。

(二) 服务模式:学生能够获得何种服务模式①,并通过该种模式获得哪些教育教学服务?

1. 关于融合教育

家长普遍了解并支持特殊需要学生在普通班学习的融合教育政策,但也有许多家长对于自己的子女是否进入普通教育环境保留意见。一位女生的母亲认为,女儿在主流教育环境中会经历"惨败"且难以适应该环境的复杂性;同校的另一学生的母亲认为,融合教育应该在小学阶段实施,因为到了高年级后学业要求更高,学生学业表现明显低于同龄同学会给孩子造成更严重困难;一些家长担心:普校普通学生会认为孩子"愚蠢",这样对孩子成长不利。一位对当前特殊教育服务基本满意的家长说:"我认为这样安排有利于她学会更多技能,比如乘地铁、公共汽车,他们[老师]认为她有能力独立完成,对她有更高的期待,我们——她的家人有时反而没给孩子机会。"总体而言,家长对于融合教育的立场是如果条件具备,就应该实施。

2. 关于学校教育计划

家长的意见差异较大,从极端不满意到非常满意的都有。一些家长说孩子的学业越来越好;也有很多家长担忧孩子的学业表现,担心孩子难以具备足够的技能在毕业后找到并胜任一份工作。反馈满意与不满意的家长都对学校特殊教育工作者及其相关人员提供的特殊教育帮助比较满意。格林和希恩

---

① 特殊教育服务模式主要指特殊儿童接受特殊教育服务的形式,即在何种环境下对他们进行教育与服务。

(Green & Shinn,1995)研究认为,对学校的教育和服务,家长的满意主要是来自于他们的主观感受,并非来自于对孩子实际的学业表现的数据统计。一位肢体残疾学生的家长描述了他女儿在学校争取残疾人通道与设施的过程。他女儿根据 IDEA 法案的要求对她上学的高中提出相关的设施要求,学校在她的班级提供了使用轮椅的通道,但是在学校表演用的大厅却没有及时地提供电梯。

3. 关于选择性课程

在一个 4 年制、大约有 800 名学生的天主教私立高中,我们的研究集中于学校的"选择性课程"的调查。在这个高中大约有 20 名轻度发育性迟滞的学生。该校选择性课程主要包括学校的标准课程(如科学、社会课程)而非职业准备课程。在本研究进行过程中,该校正在着手开展职业培训和如何向社会过渡类的课程建设,该类课程的设置完全是个性化的,生师比的要求也较高,约为6∶1。和公立学校相比,该校能够自主选择学生的类型(例如,高功能孤独症的男生和发育性迟滞的女生)并控制学生的数量。选择性课程在设置与实施中,还规定了家长应该承担的一系列责任以及家长和学校共同承担的某些教育责任,并要求彼此应该恪守承诺;在公立学校则没有这样的规定。参加"选择性课程"的家长比没有选的要付更多的学费。当然,学生是否需要选择此类课程,一定程度上取决于家长的决定。此外,家长们也因孩子有相类似的需要而形成一个相对稳定、统一的组织,逐渐产生与学校共同承担教育孩子的责任和意识。家长们相信,他们可以影响孩子的教育和他们子女的成长;这种共同意识是研究者观察到的另一所私立学校和公立学校在教育氛围方面的不同之处。

4. 关于学校选择

就调查的两个问题"为什么你决定选择到 X 私立中学,而不是一所公立学校?"和"什么是你选择的最主要理由?"家长的反馈概括如下:第一个问题,54%的在校生家长是因为 X 私立中学有较小的教学环境以及较理想的师生比,代表性的师生比是 1∶4—6;而 36%的毕业生家长是因为对学区的公立学校不满,45%的家长认为公立学校无法提供满足孩子需要的课程。对于第二个问题,53%的在校生家长和 18%的毕业生家长选择的依据是学校提供的课程设置和教学质量。此外,很多家长选择了私立学校是因为其安全的育人环境,如:公立学校安全感不够;私立学校有利于学生建立自信、维护自尊;学生无行为问题;有个别化的支持与个性化的课程;学生有尊严、被尊重等。

(三) 人员合作:工作人员在多大程度上能够合作设计并执行教育教学计划呢?

大多数家长希望教师尽可能快地了解他们孩子的特殊教育需要。在调查的一所学校里,当一些家长知道并没有人告诉教师他们孩子的特殊需要时很吃惊。一个家长这样描述道:"当时我就直接去见了普教教师,我对他们说⋯⋯'难道你们不知道有一个有阅读障碍的学生吗?'教师去了解情况,而后说'没有',他们不知道。因为他们没有任何关于此类障碍的知识。孩子已经入学一个月了,他们竟然还没有发现孩子有阅读障碍。"

另一所学校学生家长也表示学校员工之间需要更好的沟通与合作。一个家长说她因为沟通不够最终导致儿子学业不及格。她说:"他几门课程都有问题,而我却一直不知道,我甚至根本就不知道他需要特殊教育。因此我认为,学生与特殊教育教师、普通教师之间应该真正地建立起经常的联系网络……当然这也是家长的责任;教师应根据给学生设计的时间安排表不断督促实施与落实,不仅仅是做顾问……但他们并没有做到。"

家长普遍认为,特殊教育人员之间缺乏沟通也是孩子处境不利的一个原因,特别是和特殊教育安排相关的时候。一个家长认为,她的儿子被错误地安排了超出其能力范围的课程,这种课程对他来说太难了。另一个家长说,由于缺乏沟通,她的儿子被安排了很多课程,这些课程只考虑了能力要求,并没有考虑是否适合儿童的需要。研究认为家庭与学校之间关于学生特殊教育需要有效沟通主要涉及沟通的发起、频率、时间选择、保持一致性、可持续跟进以及沟通的清晰度和效用等六个问题(Jayanthi,Nelson,Sawyer,Bursuck & Epstein,1995)。

(四)家长参与:家长何时参与以及如何参与设计和执行这些教育计划?

家长普遍认为,孩子中学阶段的参与最重要,因为这个阶段的教育具有多样性。但如何参与、参与的能力与水平则有明显的家庭差异。其中,选择公立学校的家长们认为公立学校能够实现真正意义上的融合。家长普遍反映,他们都能够积极与学校沟通,并采取一些积极主动的措施使学校了解他们的意见与建议。

调查中发现,家长与教师以及其他学校工作人员沟通的障碍主要是语言文化差异与经济负担问题;在某些情况下,有些学生不希望家长参与也是原因之一。有些家长接到的大多是学校反映孩子表现不佳的电话,这就表明家长和教师之间的沟通与合作仅仅是电话,并且只要有电话就意味着孩子出现了问题。另一个被频繁提到的共性障碍,正如一个家长所说的:"作为家长,在孩子中学前已经一直陪伴了三四年,非常疲惫,到了中学阶段再也不想参与了。"

然而,教育过程中家长参与并及时与学校进行良好沟通是教育质量保障的重要因素。我们在调查中发现,家长对沟通的满意度从非常低到非常高不等。不同学校的家长评价有差异能够理解,但同一所学校的家长评价却大相径庭让人很难说清。例如,一所中学的两名家长表示,他们只有通过报告卡或IEP才能够与学校有所接触;另一名家长却认为非正式沟通很好,教师和其他学校工作人员总会花时间去听;而一名曾经参加该校教师会议的家长认为,对孩子的学校计划她没有施加任何影响,而她的建议也没有什么效果。

其中另一所学校的家长普遍认为与学校的沟通比较到位。这样的沟通一般每年5—20次。例如,当其中3个家长表示想获得更多关于学生的信息时,学校立即关注并及时回复。在该校沟通记录中有电话通信的具体记录报告,有每月1次的家长和特殊教育主协调员举行小组会议的记录。这个小组的每个人都非常熟悉,因为多年来他们经常在一起共同探索孩子的特殊教育需要。

在调查前我们往往有个假设,即:不主动参与互动与交流的家长就不关心自己孩子的教育。芬德兹和刘易斯(Finders & Lewis,1994)对拉丁裔的家长和居住在低收入的益格鲁社区的家长访谈研究后认为,应该重新反思这个观点。他们对家长的困境有了更深入了解,发现以下一些阻碍家长参与学校的共同因素:(1)家长本身对学校的感受度不一致。如有的家长有过辍学经历,有的家长本身对学业就很不自信。(2)经济收入和时间安排不一致。如有的家长的工作使他们无法参加晚上的沟通或白天的会议。(3)不同的语言和文化习俗问题,如英语不流利等。关于如何促进家长积极参与学校沟通,这些研究人员提出了以下建议:告知家长应该如何获得帮助;鼓励家长建立自信、发展信任;鼓励家长积累家庭教育经验;鼓励家长了解一定的专业知识与技能。沃尔兹(Voltz,1994)还做了一份有效促进合作的策略研究报告,试图在多元文化背景下建立促进家庭与学校协作的伙伴关系。

(五)IEP和ITP:依照什么程序制订学生的个别化教育计划(IEP)和个别化过渡计划(ITP)以及如何发挥其作用,由谁来设计和谁来执行这些计划?

对这些问题大多数家长的反应是因为没有IEP或ITP知识,所以无法充分参与。当然,家长参与的意愿和能力也的确各不相同,一些家长能够理解并提供支持,一些家长对此不满意,还有一些自称不了解有关程序而无法参与。

最积极满意的回答来自两所高中。一所学校的5/6的家长参加了最近的IEP会议并认为目标明确且相当有用;另一所学校的大多数家长也参加了子女最近的IEP会议,并签署了文件,对IEP设计比较满意。总体而言,他们对于特殊教育教师编写的IEP比较认可;大多数家长说他们有机会提出一些修改意见,并认为会被考虑;毫无疑问的是,在这两所学校,IEP和ITP得到了家长最大限度的支持,采访的16位家长中有15位给予了高度评价,其中一位家长就是因为这个原因才将孩子转学到了这里。

也有一些家长认为,针对他们孩子的IEP缺乏个性化。其中一个家长的总结有些代表性:"这不是一个真正的个别化教育计划。我的意思是不像他们所说:'好吧,这就是我们根据某某学生的需要做的,并且就这样执行。'我真的觉得不应该是这样。我认为这好比……我认为这是在浪费时间。其实,我不相信能起到什么作用。我认为它仅仅是一个写在纸上的程序,以应付某些法律的规定。"父母关注的IEP缺乏个性化的问题我们将在后面进行更详细讨论。

(六)教育目标:学校教育和学校后教育的目标有哪些?

学校教育目标和家长的要求基本一致,就是希望孩子能够完成中学学业,获得相应的职业培训,提高其社会技能、阅读技能和数学技能。学校后教育的目标则是:获得就业机会,能够接受继续教育,生活能够自理。就业选择主要有汽车机械师、教师、记者、工程师等。此外,家长还选择了如幸福、健康以及生育后代等目标。

家长们指出,孩子预期目标实现的主要障碍是缺乏社交技能,例如,害羞或消极、被动。一位母亲特别提到,她的家庭经济比较困难,很需要对于孩子职业过渡技能的培训。其他障碍因素如下:其一,缺乏动机与主动性,部分学生缺乏积极的态度,阅读和拼写技能较差,课堂上缺乏注意力、专注力;其二,应该提前告知家长特殊教育方案,以及如何"教孩子们学会学习"。除此之外,还有一些特殊的学习困难问题以及缺乏社会服务机构的指导和配合等。家长们还提得比较多的是作为特殊孩子家长压力很大,如一位母亲说儿子的中学简直就是"一个长期斗争的历程"。

调查中不是每个家长只看到孩子自身的问题,或仅看到外在的原因与机会不足。有些家长认为没有什么妨碍他们的孩子,孩子拥有各种机会,问题是怎么能够充分利用这些机会。

(七)教学实践:学校能够提供什么样的教学实践以及什么样的具体教学安排呢?

家长们建议应该采取如下有效的教学实践方式:安排小班化教学;采用一对一辅导;给足够的时间演示并教会孩子如何做某事,而不只是简单地告诉他们怎么做;制定明确的时间表;减少压力;建立自信和动机;鼓励学生跟上学习进度等。其中一名家长建议:教师应该尽力找到一些方式去解决学生由于身体缺陷带来的问题。因为这些孩子没有两个是一样的,教师应该知道更多关于学生的个别化问题和需要,这样也可以增强教师教学的有效性。残疾学生的家长提出了一个慢节奏的教学模式,一个简单而真实的教学要求:即在教室里教师要创造出一个学生想学习的氛围。当然,最常被家长提及的就是个别化关注和人际关系发展策略,其中也有一些父母无法设定和难以参与任何实践教学。

(八)学业评价:如何客观公正评估学生的表现?

许多家长不清楚,也不了解学校评价学术的政策与方法。家长知道的目前学校最常应用的评价方法如下:是否完成学业和努力的程度、参与活动的态度以及参与的次数等。一些家长认为这种评价方式与普通学生是一样的;一些家长认为成绩评定与是否达到IEP的目标是直接挂钩的。

有一所中学的一名家长感到欣慰的是,学校并没有明确规定学生的具体等级是从特别还是一般性课程中获得的。有些家长对这种评价的感情是复杂的,原因是评价对于雇主来说是一个重要信息来源(言下之意应该是真实可信的,应该所有学生同一标准)。一位父亲认为他儿子的学科分级应该更严格些,在严格的学科分级中,既可以证明自己的能力,同时对于他表现不佳的科目也可以进行相应调整。

（九）毕业政策：学校有什么样的毕业政策？特殊学生推迟学历的政策是什么样的？

只有一所中学的家长对此比较了解。大多数父母认为学校对这些孩子和普通学生的要求没有什么差别。在一所中学，约有1/11的父母能够说出拿到毕业文凭需要的具体学分数量。尽管对毕业政策缺乏相应的了解，但大多数父母相信特殊教育教师能够给予孩子恰当的学习与学业评价。一所中学的一对父母说教师注意到了他们女儿的进步，并在证书上写明："很明显，在有人指导的情况下，她可以按照程序要求做适当的工作。她在指导者的帮助下学习多年——她比我做得更多，和她一起来设定相关科目后，她完全可以获得满意学分。"

（十）教学准备：教师、管理者和其他工作人员为学生能够顺利完成学习目标应该做什么样的教学准备？

大多数的父母认为他们没有足够的知识来回答这个问题。但是，他们认为教师的知识储备是否充分是孩子能否获得成功的主要因素。一名家长认为应该使更多教师具备特殊教育的通识性知识来应对学生的特殊需要，即学校全体教职人员都需要相关的知识培训，同时，她还认为整个社区对残疾平等接纳的意识的培育也非常必要。

一名家长认为，应该多关注这些孩子所受到的歧视和嘲弄，因为这会使他们在课堂学习中更加困难。有一次在走廊里，听到几个有特殊需要的孩子讲过这些问题。虽然他们并不是真的非常明白，但他们能够感受到，歧视会使他们非常困扰。我想学校应该花时间去更好地处理这些问题。

（十一）教育改进：我们可以做些什么来促进这些学生的学习与成长呢？

家长们就此提出了一些建议，这些建议总体上可分为以下两种类型：一是关于教学实践。在决定孩子学习什么样的课程时，希望教师能够花更多的时间去了解他们提供给孩子的教育是否真的适合孩子；去考虑如何引导学生按步骤完成教学任务以及如何说清教学指令。期望教师能够提供学生每周进度报告，并提供多种学习方法，当然家长最希望的是孩子能够学会独立学习。二是服务模式的提供。期望学校给予孩子明确的教育鉴定并及时开展特殊教育。如提供小班化教学并着重于职业咨询服务，发展职业技能，改善特殊教育和普通教育教师的协作与交流。一所学校的家长建议设立校外监督程序，并坚持认为，学校应该解决身体残疾学生的基本需要，如在无障碍通道等方面下工夫（例如，电动轮椅升降机和电梯的配备等）。对于公立学校，家长建议最多的是应该提供更多个性化的、个别化教育计划；私立学校毕业生及家长还非常关注学生向成人生活过渡项目的实施。当然，学校的教师和工作人员非常清楚这一点，并表示正设法进一步改善。

二、调研结论

IDEA 和随后的相关立法明确要求教育工作者和家长一起合作来共同保障与促进学生的全面发展,即他们形成共同利益团队。调查中,无论是学生家长还是其他相关人员(例如,普通教育教师、特殊教育教师、学生、校长和辅导员)均表示,在许多情况下这种合作的关系尚未明确建立。

国家纵向衔接研究(The National Longitudinal Transition Study,简称 NLTS)(1989)项目研究显示了各州为残疾学生提供了何种教育形式,该报告强调了家长参与的重要性,还就家长如何更好地参与提供了一个参考意见。NLTS 研究表明,当家长希望他们的孩子在学校获得成功并参与孩子的教育进程的时候,学生的学校后生活往往得到极大的改善。这个研究还表明,父母如果能够积极参与孩子的中学教育并鼓励孩子接受高等教育,孩子就更容易进入大学;研究也发现家长对如何参与孩子的教育项目和教育过程持有不同看法,其中的大多反馈目前已经引起了广泛关注。尽管残疾儿童的教育教学存在很多问题,但许多家长表示他们对教师的努力还是比较赞赏的,并对他们给予孩子的关心帮助表示感谢,在讨论前这一点我们应该给予关注。

下面我们主要讨论家长最为关注的四个问题。

(一)个别化教育计划缺乏个性化

这是核心问题。也许下面一位孩子母亲的评价很有代表性:我不觉得这个课程设置是个别化的……我在学校拿到了关于孩子数学教学的大纲,这是我这一年来要去做的?这符合他们年级的水平吗?他们只是按照自己的理解去制订 IEP;嗯,那不是个性化的……如果她无法计算整数的乘法和除法,你能教她分数乘法和除法吗?这位家长对于女儿的 IEP 会议的成效也持怀疑态度,因为只有一名教师出席了会议;在另一个州时,她所参与的或者说经常参与的 IEP 会议,据她说,有多达 15 人出席。这位母亲回忆说,在最初上学的半个月时间里,女儿的中学教师竟然不知道这个女孩带着助听器。"如果老师都不知道孩子的特殊需要,又如何去为孩子制订 IEP 呢?"

在谈到如何制订适当的 IEP 以及家长如何可以更多地参与这一进程时,一位家长建议作为家长也应该清楚地知道什么是孩子最需要的,而不是仅仅依靠教师或心理咨询人员的建议。她指出:"他们有那么多的孩子要教,在大多数情况下,他们很难非常熟悉每个孩子的需要。他们也许仔细观察过几次,在大厅或其他什么地方和孩子也有过交谈,如说'你好',基本就是这样啦。"她还指出,在孩子的 IEP 会议上她只是象征性地坐在那里,与会者会直接告诉她什么是对学生最好的,而不是告诉这将是孩子的 IEP,家长还可以积极参与。为了改善这种情况,她建议在 IEP 制订之前提供一份家长调查问卷,以帮助确定哪些是需要的。"每个学生的学习……都是不一样的,"她说,"你不能把孩子随便组在一起,说:'哎呀,他们都有特殊教育需要,如果适合这个孩子的话也就适应另一个孩子。'事实上它不会也不可能是这样的。"

另外一位毕业生家长指出,IEP 作为合同性质的文件,可以提醒孩子他如果要毕业的话,需要作出什么样的努力。但她认为她儿子的 IEP 使他的拼写能力再也得不到提高。她说:"对于我的儿子来说有这个计划放在那里,学习只是为了保持及格,并填满签到簿,完成计划的基本要求……并不是如他们应该做的……努力提高孩子的学业水平。"她希望她的儿子能够进一步改进他的拼写技能,但是这并不乐观。她补充道:"没有太多我能做的,老实说,我的儿子到了这个年龄,关于他的 IEP 我已经感觉到我真的没有太多可说的了,因为如果他不喜欢它,他就不会去做。"一些家长发现用教育界专业术语描述的 IEP 目标,其有效性难以保证,他们不相信这个目标适合孩子的实际情况——确定的目标是如此难以解读。在这一点上另一对父母做了更详细描述:"有时我不太明白他们为什么制定这样的目标。你说,她知道乔治·华盛顿是总统有什么用,我宁愿让孩子多学习数学和阅读等更重要的科目。"

在整个研究中我们发现大多数家长并不是很熟悉 IEP,并不能确切解释它以及它是如何实施的。而家长不熟悉与不了解无疑给学生 IEP 的设计带来一定影响。制订 IEP 时最基本的要求是父母应该知道并参与这一过程,家长的参与是 IEP 有效设计的关键因素。一名中学生的家长积极参与 IEP 制订以发挥孩子的优势,为我们提供了一个很好的例子。她说:"我们一直参与整个过程,他们要更改、回应我们的要求以及试图给予她更多的帮助时,我们召开会议共同确定教育计划。在去年年底时,我们设立了该计划,也就是她现在所做的,这个计划对她真的有帮助。"这位家长根据她的孩子进步情况评价个别化教育计划,认为该计划正在发挥着积极作用。她关注着教育目标是否得到实现,为此她提出宝贵的建议:"当我们和学校特殊教育人员一起召开会议时,我们能够谈论更多细节,我们应该能够明确怎样可以帮助孩子,或向他们建议他们可以给孩子提供哪些方面的帮助。"当然,这种方法肯定需要家长和教师更多的相互沟通与合作,这才能使孩子的 IEP 真正实现个性化的目标。

(二)家长对特殊教育的失望

从子女上小学开始,许多家长相信特殊教育以特有方式一直在帮助孩子,在一定程度地"修复"孩子的障碍。使他们感到困惑和失望的是孩子已经上了中学了,却并没有像当初希望的那样逐步恢复正常。在我们的研究中一定数量的家长对此很是不解,为什么他们的子女没有获得更高层次上的发展。总体而言,就是对于孩子目标的设置以及目标的实现都感到失望。

一位家长这样描述:我相信接受特殊教育,学生会有收获,但是我的儿子,我认为,学校和我都不知道问题出在哪儿。应该说在孩子最后失败之前,他们通过特殊教育项目找到了解决办法,但已经太迟了。像我儿子的案例,也许只是少数,但我相信对于他来说,特殊教育是失败的……他现在已经快 19 岁,应该是去年毕业的,他做出了巨大的努力却无法完成,他没有这个能力,他正在受煎熬,他可能再次经历失败。让我去相信谁? 从六年级开始一直到七、八、九、十、十一,甚至到十二年级,从来没有特殊教育人员告诉过我说:"你的孩子跟不上,这个计划不适合你的孩子。"你们明白我的意思、我的感受吗?

另一所中学一名学生的父母给学校的特殊教育计划一个复杂的评价,多少有些无可奈何。她认为女儿尽了很大努力,基本完成了她最后一学期的学业了,现在学校的教师都认为她已经达到了顶点,这是因为"他们没能像初中教师那样努力促使她获得更大进步"。父亲说:"在初中,他们给她布置作业,我认为他们真的想要教会孩子;到了高中后,教师只是想他们学会更多的职业、工作技能,但总感觉没有发挥孩子的潜能。"

关于特殊教育计划是如何对孩子产生积极影响的,一些家长和我们分享了他们的一些故事。一位残疾孩子的父母讲女儿在父母离婚后遇到一系列问题,"我真的很欣赏学校提供的教育计划,即使孩子目前还有学习困难的问题,但他们帮助孩子治愈了心灵的创伤。这个计划保证了教师给予学生积极、及时的反馈并设计了情绪管理课程以治疗心灵创伤。"父母对女儿的进步表述如下:"她曾经上过中小学优等生的光荣榜,在各个方面都很优秀,然而后来她不得不依赖于特殊教育项目的帮助。最终她获得了支持,她一直在进步。"

(三) 家长的疲倦与困境

家长的疲惫主要体现在消极怠工、漠视学校的特殊教育计划以及由于不知如何开展教育而沮丧。和大多数家长相比,其中一名家长认为在孩子特殊教育计划制订与实施中,他受到了很大挫折,他相信已经没有地方可以让儿子学到适应未来需要的相关技能了;他相信儿子曾经有一定的电子装配技巧并有耐心去做,但计划并没有注意也没有涉及。"目前,他虽然已经获得了某种能力……然而却是一种浪费,对社会而言也将永远是一种浪费。"

以下是这个父亲的反馈:"这只是一些我希望他能得到的……怎么说呢,就像这里有一个障碍,就如把一面墙横在你的未来前面,当然不是真的墙。我希望他会越过,但是如果他自己觉得无所谓就没办法了;我们会尽力使他获得普通教育同等学力文凭(General Equivalent Diploma,即 GED),无论如何要他进入技工学校。但现在恰恰他碰到了几乎所有孩子都会遇到的一个障碍,你知道的,他是最慢的一个,而且还无法通过。这几乎和自然界是一样的啊,如斑马,狮子一般等候在斑马迁移必通之路上,跑得慢的斑马必死无疑。哦,中学就像那些等候的狮子一样等待那些无力通过的孩子,对我来说,学校系统本身对孩子没有任何帮助。"

另一位家长对于孩子的发展与教育显然已经厌倦了。她的儿子 19 岁了,目前依然没有毕业,还有吸毒的问题。这位母亲做两份工作(一周要工作 65 个小时),几乎没有空闲时间管儿子——她称之为"世界上最大的挑战"。当问及她是否有其他策略可以帮助她的儿子时,她回答说:"嗯,我不知道,我已经放弃了。"

当我们想招募一名家长支持者参与本研究以提供一个不同的视角时,一个儿子完成特殊教育项目刚刚毕业的家长拒绝了我们。儿子毕业了,这个父亲高兴极了,说他肯定不愿再和这个项目有联系了,并说:"在过去的几年里,我已经花了足够多的时间,现在我再也不需要也不想去想它了。"

(四)家长的最低期望

学校后的发展目标是家长们关心的重点,就是学生是否可以获得工作,如果可能的话能否在社会上独立生活。职业培训在这方面发挥着关键的作用,父母认可的职业有新闻记者、工程师、教师、军人或者机械师等。

许多父母显然很关心当他们去世后孩子的生活。像所有的父母一样,他们要不断地挖掘孩子的潜力并引导孩子过有意义的生活。一名家长总结道:"我想让我的儿子融入社区,成为其中平等的一员,在其中找到一份工作,来回报曾经给予他帮助的特殊教育项目和职业康复辅导项目。"

三、给家长的建议

我们对家长提出以下建议以帮助他们改进孩子的特殊教育质量。

(一)协助确定教育目标

家长应积极参与 IEP 的会议和其他类型会议,并参与讨论孩子目前状况和未来发展;应该认识到帮助孩子是父母的责任,应该参与制定个别化教育目标并发挥积极作用;目标选定既应考虑孩子的兴趣,也应考虑孩子是否能够确实完成;当然学校的目标确定还应该考虑家长的经济、时间以及其他方面的实际情况。

(二)了解权利、福利和相关法律程序

家长应该注意 IDEA 以及后续的相关法律中的一般准则和相关的法律条款的规定;也要知道是谁主管、可以向谁或哪个系统或者部门去查询和反映问题与困难。

(三)关注孩子的学习进度并作出科学评价

家长必须也应该知道孩子是否在接近目标,并要了解如何测量这些目标实现的情况;尽可能追踪与记录孩子的教育发展状况,并要特别注意相同的目标不应被年复一年地写入。

(四)明了教育存在的问题及趋势

家长应该了解正在讨论和实施的现行的关于有特殊教育需要的青少年学校和社区教育的相关内容,这涉及当前的教育改革,包括课程的整合和融合等。同时,家长还需要了解这些项目对孩子当前以及未来可能产生的影响。

(五) 注意"推迟的文凭"和 ITP 规定

16 岁以上孩子的父母应该知道孩子的 ITP，在一般情况下，孩子待在学校（或部分时间在学校）可以到 21 岁。家长们也需要知道，他们的孩子可根据 IEP 或 ITP 的目标进行分级教学并获得学分，而不是根据基本科目（如社会、科学），也不是根据传统卡内基学分或者等级给出评定。

(六) 注意学校后生活及各种可能性

家长要主动了解学校毕业后发展的各种机会，知道孩子参加社区学院、职业学校或 4 年制技工学校的可能性，以及参加兵役的具体要求等。可以咨询辅导人员和特殊教育的教师也能了解这些信息资源，但家长有责任了解什么对孩子有用、什么适合孩子。

(七) 了解可以提供帮助的机构

家长要知道市、县、州和联邦给孩子提供的援助以及相关执行机构；应该知道该地区的职业康复科、为有特殊教育需要人群提供发展的社会部门和保健服务部门以及许多其他类似组织。教师、职业技能训练师、咨询人员和其他学校工作人员都可以提供这些信息，但父母应该知道哪些机构能提供什么样的信息以及如何得到援助。

当然，学校应该接受这个事实：应对学生家长有时会存在问题与困难，特别是有特殊教育需要青少年的家长。但同时应该认识到父母又是学校最有力、最强大的支持和盟友。毫无疑问，学校在家长身上投入一些时间和资金会使学校获得更大收益。对于如何帮助有特殊教育需要的青少年，学校应明确家长无论是在学生安置所需要的技术性调整和适应，建立与企业和工业机构之间的联盟，还是在课程设置、评估以及具体安排上都有提供创新的可能，这些都可以促使学校更好发展。

（熊絮茸　译）

历史的视角：对处于轻度障碍和不利地位的儿童进行特殊教育[①]

梅纳德·C.雷诺兹

作者简介

梅纳德·C.雷诺兹(Maynard C. Reynolds)，美国明尼苏达大学特殊教育与教育心理学专业的终身荣誉教授，融合教育理论的早期倡议者之一。在1965年至1966年，出任特殊教育国际委员会主席，1971年获得W.华莱士威廉奖金。主要著作有：《特殊教育手册：研究与实践》(Handbook of Special Education Research and Practice, 1987)、《初为人师的基本知识》(Knowledge Base for the Beginning Teacher, 1989)、《高危儿童教育的趋势与方法》(Making A Difference for Students at Risk: Trends and Alternatives, 1995)等。

选文简介、点评

《历史的视角：对处于轻度障碍和不利地位的儿童进行特殊教育》是美国著名特殊教育专家梅纳德·C.雷诺兹博士于1989年撰写的著名论文之一。该文写作的背景是：美国在20世纪80年代末处于对西方特殊教育体系进行系统地反思并发起融合教育运动的关键时期。梅纳德·C.雷诺兹博士作为美国回归主流以及后来的融合教育运动的发起者与倡议者之一，从历史分析的视角，结合西方社会文化发展的宏观背景，对特殊教育的发展趋势和规律进行了深刻的归纳与反思。该文作为美国著名特殊教育学术期刊 Remedial and Special Education 在1989年第六期的首篇文章，对特殊教育的服务模式进行批判与反思，使特殊教育领域讨论的焦点从过去的"教什么"和"怎么教"转移到"在哪里教"即教育安置上面来。不同的教育安置模式会产生不同的教学效果。

作者从特殊教育安置体系的历史、普通教育改革以及对特殊教育未来的发展趋势等方面探讨了融合教育对特殊儿童的重要意义。作者以凝练的语言概括出特殊教育安置体系的历史特点：渐进式的融合教育。在西方，特殊儿童首先从完全被拒绝进入到寄宿制学校，然后到特殊学校和特殊班；最近，则普遍到

---

① Maynard C. Reynolds. An Historical Perspective: The Delivery of Special Education to Mildly Disabled and At-Risk Students[J]. Remedial and Special Education, 1989, 10(6): 7-11.

资源教室接受教育并逐渐实现回归主流教育。这种变化不是一蹴而就的,而是遵循着稳定的、渐进式的原则,由远及近,从隔离到融合,从选择、拒绝到接受与安置,从双边到统合、单一的教育安置体系,并逐渐走向全纳与融合。

在分析特殊教育安置体系时,作者直指特殊教育发展的历史性诟病,对于把特殊儿童和普通儿童分开教育的双边体系提出了尖锐的质疑和批评。相对于隔离式的双边体系,雷诺兹提出的以普通班为基础逐渐往上层级递增的特殊儿童教育安置体系,从形式上消除了隔离,但并未从根本上解决特殊儿童被隔离的问题。因此,作者在该体系的基础上,认为应该削弱和消除该体系中的最上两层教育安置体系,即寄宿制特殊学校和全日制特殊学校(不寄宿),并认为,应该推进普通教育改革,尽可能地安置更多的儿童于普通学校、普通班,实现融合教育。同时,特殊教育人员的工作性质要有所转变,更要强调团队合作、多样化的教学方法和更多的巡回辅导,由资源教师为普通学校的其他教师提供咨询、培训等多方面的服务;由传统的只为少数残疾儿童服务转变成为普通班级所有有需要的学生(包括残疾学生)服务。

在对融合教育未来发展的思考上,作者秉持谨慎和乐观的态度。他清醒地认识到,在融合教育过程中,普通学校并不具备足够的资源来支持特殊儿童接受普通教育。同时,团队间的紧密合作,其重要性要远远大于技能的学习或知识的获取。因此,融合教育的顺利进行,除了资金的支持和设备的更新外,更重要的是理念的推进。作者提倡要把特殊教育的理念在普通教育中进行渗透和融入,以及推行各种形式的合作等,探索融合教育发展之路。

选文为我们提供了审视特殊教育的历史学分析的视角,给我们一个深刻的启示就是:尽管人类社会特殊教育发展有着共性,例如,从隔离走向融合、从歧视走向接纳等,然而各国特殊教育的发展有着自己特定的社会文化基础与发展轨迹。没有一个国家的做法能够为其他国家发展特殊教育提供一个标准的蓝本或范例。各个国家需要根据本国的国情探索适合自己的特殊教育服务模式,并在此基础上形成本土化的特殊教育理论与学科基础。

选文正文

我们往往喜欢从历史发展的角度选取很多具有正面价值的案例来探讨特殊教育的进步。也许,我们所选取的案例具有典型性意义。然而,它们也仅仅只是大量历史事实中的一部分。就整个世界而言,迄今为止大多数特殊儿童并没有接受到应有的特殊教育。尤其在一些不发达地区,特殊儿童同其他普通儿童一样,没有足够的食物、衣服和基本生活保障。这些都应该是特殊儿童在接受特殊教育之前就必须予以满足的。甚至于在一些发达国家,我们也只是在最近"宣称"出台了一些政策以保障每个儿童(包括特殊儿童)都有权利接受所谓的"适当"教育。在美国,自1975年颁布EHA以来,一些重要的教育政策才予

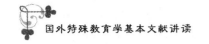

以有效地贯彻与实施。因此,虽然有很多论文积极地阐述了特殊教育领域中的重大发展变化,但我们更应该看到,世界上仍然还有很多特殊儿童没有接受过任何形式的教育。

一、历史

特殊教育安置体系的历史可以用一句话来概括:渐进式的融合教育。在西方,特殊儿童首先从完全被拒绝的环境进入到寄宿制学校,然后到特殊学校和特殊班;最近,则普遍到资源教室接受教育并逐渐实现回归主流教育。这种变化不是一蹴而就的,而是遵循着稳定的、渐进式的原则来实施融合教育,具体为:

第一,由远及近的安置模式。寄宿制学校通常都离特殊儿童的家庭较远,如今,这种状况发生了很大变化,越来越多的寄宿制学校离特殊儿童的家庭越来越近,基本上已经实现了特殊儿童就近入学。在美国,把特殊儿童安置在家里和偏远的机构已经不太普遍了(Lakin, Krantz, Bruininks, Clumpner & Hill, 1982)。

第二,从隔离到融合的安置模式。特殊儿童仍然被隔离在回归主流的教育体制之外,并且很多教育家们也认为这种教育安置模式有利于特殊儿童的发展(Reynold, Wang & Walberg, 1987)。但是,社会发展的趋势是创造更多的机会让大量的特殊儿童能够进入普通学校接受教育。安置的政策符合了"最少受限制环境"的原则;94-142公法的颁布进一步促进融合教育的发展。然而,该政策的完全实施则进一步引发特殊教育的专业人士和回归主流支持者之间孰是孰非的矛盾和冲突。

第三,从选择、拒绝到接受与安置。在20世纪的早、中期,特殊教育的发展,尤其是对那些所谓的可教育的、发展迟缓的儿童,主要是通过智力测验工具测评其智商(IQ)并判断该儿童有无获得学业进步的可能性。对于IQ分值较低的儿童,则拒绝其进入普通班,转而送到特殊班和特殊学校。这并不表明他们在特殊的地方会接受更好的服务,而仅仅是因为预测到他们在普通学校不能取得优良的成绩。相类似的手段也用于儿童有无行为问题的测试,经测试发现有行为问题的儿童就会从主流环境转换到受限制的环境中。事实上,无论是过去还是现在,都没有证据表明,把特殊儿童从主流环境移至特殊学校(或班)能够更加有利于特殊儿童的发展。这样做也许更有利于教师和普通儿童,而不是有利于特殊儿童。

在 EHA 中,有专门的条文规定为特殊儿童个别化需要提供适当的评估方案;并且,安置的"决定"①过程也应有所变化。对于选择或拒绝的决定,已经由仅凭对特殊儿童做一个简单的预测就作出安置决定,转变到根据其本人实际需要以及家长的意愿来作出选择(Cronbach & Gleser,1965)。在该法中,对特殊儿童安置模式的转变主要体现在:特殊儿童能够自己作出各种决定并从中获得更多的权益。但这种思想并没有得到普遍的认同,更无实践的可能性,特殊儿童的自我安置决定在特殊教育实践中仍然存在诸多困难,事实上没有得到实现。

除此,还有人认为,这只是某些特殊教育理论工作者的一种旧瓶装新酒的把戏,即旧体制中实施新政策,有新意而无实施效果。如今则转变成为更加复杂化的一套决定体系,即在考察所实施特殊教育计划之时,也会考虑与尊重个体的差异性。例如,在考虑到是否把儿童安置于某特殊教育项目中,一方面要考察各种相关特殊教育项目的详细资料,另一方面还要考虑到该儿童的特殊需要。另外,不能用传统的方法对特殊儿童进行鉴定与分类,只能预测儿童对特定教学方式的某种反应。分类可能更适合用于教学方面(例如是否使用盲文或阅读正常文字),而不是针对儿童的实际需求。针对这种情况,在一份特殊教育安置实施报告中,美国科学院特殊教育项目小组认为:安置小组的职责就是把儿童安置到不同的特殊教育项目;但在教育实践过程中,不同类别的儿童应有相应的教学方法从而提高其教学效果(Heller,Holtzman & Messick,1982)。

第四,从双轨到统合、单一的教育安置体系。20世纪60年代以来,特殊教育主要运行双轨教育安置体系。这个体系是指:把有残疾障碍的儿童安置到特殊教育体系(特殊学校、特殊班),把没有残疾障碍的儿童安置到普通教育体系(普通学校、普通班)。安置的后果是,一边是有残疾障碍的儿童,一边是没有残疾障碍的儿童。

在1962年,雷诺兹建议,建立一个连续性的多层次教育安置体系,以普通班作为基础,逐渐往上增加一系列的受限制环境的安置模式。同时,要实施相应的政策以确保特殊儿童尽可能地安置到不太高的(即层级越高,儿童受限制程度就越大)层级中,尽可能地让特殊儿童回归主流。特殊儿童教育的连续性还包括特殊教育专家们应该多与教师和家长沟通,尽可能让他们支持特殊儿童回归主流的教育安置(见图1)。目前,我们需要进一步调整、削弱甚至是消除图1中最上面两层教育安置体系,这样的话,我们就能够在普通学校实施特殊教育和相关的服务,并且不再有高于"特殊班"这个层级的教育安置体系了。因此,我们能够预见到,至少在美国,特殊学校(包括全日制的和寄宿制的)机械的实施特殊教育的状况在不久的将来就会逐渐消失。

---

① 该"决定"在此是指,由外围环境(例如程序化的测试结果、机构等)来为特殊儿童的安置模式作出拒绝或接受的决定到特殊儿童自我决定的形成,强调决定者有选择、拒绝或接受安置模式等各项权利。

图 1　特殊教育安置体系

说明：(1) 尽可能快地向下移动；(2) 只有非常必要时才向上移动

二、正常化教育发起

目前，在特殊教育领域出现了很多与普通教育改革相关的事件，对该领域产生了很大的冲击。威尔·马德琳（Will Madeleine），曾任美国 20 世纪 80 年代教育部长助理，主管特殊教育和康复项目。他大力推动和促进将残疾儿童安置在普通学校和普通班的做法，并在特殊教育领域里倡导了"正常化教育发起"（the Regular Education Initiative，简称 REI）的运动。"正常化教育发起"产生的基础为：第一，特殊教育学校在教育残疾学生方面出现了低质与失败的现象，各种形式的资源教室、普通班、普通学校的安置在为特殊儿童教育和服务，尤其是为轻度障碍特殊儿童服务方面发挥了独特的价值和作用(Gerber, 1987; Semmel, et al., 1979)；第二，运用一些没有说服力的理论对儿童进行鉴定与分类，并据此将他们安置到隔离的特殊教育环境或者项目中（Ysseldyke, et al., 1983），是不公平且没有效率的；第三，越来越多的儿童处于不及格或学业失败的不利地位(Hodgkinson, 1985)，他们需要在普通学校而非特殊教育环境中解决问题；第四，现行特殊教育的诊断与评估需要高成本的医疗诊断程序(Moore, Strong, Schwartz & Braddock, 1988)，且容易出错；第五，对学生进行鉴定、划分类别的做法会产生对学生的歧视与不良的标记，并会忽略主要矛盾，即对满足学生特殊教育需要的教学方法的探讨；第六，普通学校拒绝招收特殊儿童不是因为特殊儿童不能够在普通学校接受教育，而是因为普通学校不具备适合特殊儿童就读的条件(Wang, Reynolds & Walberg, 1986)；第七，研究证明，对不同类型的特殊儿童以及处于不利地位的儿童所提供的隔离的教育与环境不利于特殊儿童身心健全发展(Brophy, 1986)；第八，学校重组与改革的意义在于更多的专业人员和其他相关人士协调工作并能对所有儿童，包括残疾儿童，提供高质量的教育和特殊的支持与服务。

总而言之,正常儿童与"残疾"儿童的二分法是武断的、不合理的,因而也是不应该存在的。没有足够的证据显示特殊教育需要使用,或者已经使用与普通教育截然不同的教学方法,因此现存的特殊教育体系是多余的、低效率的,它限制了特殊儿童对普通教室课程与教学的选择。所以特殊教育与普通教育应该重新组合、建构和融合为一个统一的教育体系以满足所有儿童的学习需要。当然,简单地把有残疾的和处于不利地位的儿童安置于主流环境(例如,普通班)并由不具备特殊教育经验的教师来进行管理,是不适合教学工作顺利进行的。因此,有必要重构与改革普通学校和班级并使之服务于更多的、更广的不同类别的儿童。课堂教学方式的改革应首先面向所有学生,关注学生的多样性与独特个性。学生的多样性并非教学的负担,相反应该成为教学的资源与优势;多样性的学生能够为班级贡献多元的观点与学习、交往方式,使教师和其他学生获益。

1988年,在美国教师教育学院协会(AACTE)举办的学术研讨会上,斯坦福大学教授舒尔曼·李(Shulman Lee)介绍了很多关于如何教学的知识。他认为,目前学生所需要的知识量已经远远超过高水平的某类单科教师。同时,现代科学与信息技术的发展使学生获取知识与信息的来源远远不局限于教师,知识与信息的多样化已成为事实,学生在某些领域远超于教师的现象在各级学校中广泛存在着。然而,一个由多个教师共同构成的教学小组,却可能通过优势互补取得较好的教学效果。合作教学的意义在于:首先,合作教学能够发挥来自不同领域的教师的优势,能够更好地满足学生的学习需要,扩大了学生对教学方法的选择机会。例如,尽管合作教学主要为了满足在普通教室的特殊儿童额外的、独特的教学与相关的服务支持的需求,那些资质优异的儿童(The Gifted)同样会因为有更多的、适应学生个别学习特点的教学选择而受益。同样,班内学习有困难却并非特殊儿童的学生也会因为多样化的教学选择及降低了的学生—教师数量比例而获得更多的机会。两名教师的结合降低了生师比,使教师有更多的时间花在每个学生身上,从而增加了学生的参与程度。

在我们进行回归主流教育安置时,应尽可能地为所有的儿童提供服务。那些有残疾和处于不良学习状态的儿童都是值得让我们组建更多的教师小组和运用不同的支持人员,通过咨询服务、有效的沟通以及其他形式的合作和相互帮助来提供更有效的、全方位的教学服务。这就意味着特殊教育人员的工作性质要有所转变,更要强调团队的亲密合作、多样化的教学方法和更多的巡回辅导功能,由传统的教学转变为资源教师,为普通学校的其他教师提供咨询、培训等多方面的服务;由传统的只为少数残疾儿童服务转变成为普通班级所有有需要的学生(包括残疾学生)服务。

三、对未来的思考

我知道,没有人希望特殊儿童重新回到一个没有变化、没有支持和没有回归主流的隔离与低质量的状态,而是希望通过不断的努力,能够实现回归主流并尽可能地为特殊儿童提供多样化的、高质量的特殊教育服务。特殊教育资源也应该重新分布或调整,以便于为回归主流的目标更好地服务。我们不能认为,普通学校目前已经具备了这种功能(即有足够的特殊教育资源支持回归主流教育)。因此,我们还需要花费更多的时间和精力,来为回归主流教育目标作出努力。

我们要多开发试验性的项目,藉此提升学校领导者的才能,激发创新的理念,更加有利于一体化的进程和融合教育模式的形成。政府也应该制定更加灵活的政策,不应拘泥于条条框框,并以项目取得的实际成果而非其他无关要素为评估改革是否成功的主要因素。这就需要在儿童学习的过程中建立以课程为基础的评估体系(CBA),而非依赖建立在病理学基础之上的诊断。这种传统的诊断模式的目的是发现儿童的问题、鉴定儿童偏离正常的程度,不符合我们提倡的要关注儿童的潜能的信念,还容易导致标签的产生与运用,不利于儿童的发展。概而言之,根据学生能力进行分类并进行环境安置的做法,也许对今天的教学有价值,但对明天的教学却可能是一种极大的阻碍。

研究表明,特殊教育领域亟须发展和实施多元的评估体系,不能仅凭一纸诊断研究报告就简单地认为儿童具有学习障碍、行为障碍或智力发展迟缓等问题。这些术语不适于长期使用,更不适于清晰地沟通和交流。因此,我们有必要在学术研究中进一步统一学术规范,使用一致性的、支持而非歧视性的学术术语来描述特殊儿童的特点。这不仅对学科建设很重要,对研究的其他方面也很重要。这有利于在特殊教育研究中,更有效地沟通,也能汲取很多有用的知识。

回归主流运动需要更多的特殊教育教师的参与,也需要更多的特殊教育新理念与实践方式。例如,与普通学校的教师相互合作,更能促进在回归主流中的经验分享与共同发展。在许多的教育情境下,特殊教育教师有可能发挥主导的作用。例如,在学习过程中与父母间的合作、个别化教育和对学业不良的儿童采取高强度的教学等。

我们需要更多的努力来解决处境不利儿童在成长过程中遇到的各种各样的问题,这就要求有更多项目的实施与彼此之间开展合作,例如移民教育、行为矫正、特殊教育以及其他各种防止隔离学生的项目。并且,我们倡议尽可能不对儿童以及针对他们的教育项目进行分类与标签化,这将有利于学校聘请更多"特殊的"教职工,实现相互合作、建设高水平的教育项目,来面对所有的儿童的学习需要,无论有没有残疾障碍以及何种残疾类型。

四、结论

在特殊教育领域中,许多与轻度残疾儿童和处境不利儿童有直接关系的教育项目发展状况都不太乐观。这些项目受到特定的经济和政治因素的影响,在传统的以隔离为特征的服务模式下没有取得令人满意的结果。同时,由于社会的发展及其他多种因素的影响,学校体系内处境不利与学习困难的儿童数量急剧增加。比较危险的情况是,特殊教育好像继续保持原来的状态发展,而不愿意做出改变。这样,我们对于残疾的分类越来越细,并不断为处境不利的儿童创造各种额外增加性质的教育服务项目,却很少关注到普通教育作为所有学生重要的资源需要变革与改善。

对于特殊教育领域中存在的各种问题,我们解决了哪些,以及还有哪些没有解决,我们已经处在需要认真思考这些问题的关键时刻。因此,这就需要特殊教育和普通教育工作者共同努力改进教育的质量。我们还要运用学校的各种资源,开发"有效的"教学方法,来共同促进融合教育的发展。在推广之前,我们有必要先行试验,来判断该研究是否有利于教育改革。我相信,特殊教育的未来,像其过去一样,将是一个逐渐走向融合的过程。我们正处于为所有儿童在社区内普通学校提供教育服务的新起点。在此,为何不制定一个面对所有学校和所有特殊教育者的统一规范呢?

(彭兴蓬　译)

残疾模式的作用

朱莉·F. 斯马特

作者简介

朱莉·F. 斯马特(Julie F. Smart),犹他州立大学特殊教育及康复系主任,教授。研究领域包括残疾人心理咨询、康复学、残疾模式研究、多元文化教育、远程教育等。多年来从事残疾人康复教育研究与实践工作,并任犹他州政府职业康复咨询首席专家,在墨西哥裔残疾人康复服务研究与实践方面作出卓越的贡献。主要代表作有《残疾、社会和个人》(Disability, Society, and the Individual, 2001)。

选文简介、点评

自有人类社会就有残疾的出现。从历史上看,人们对待残疾人的态度有一个从野蛮消灭到完全平等的逐渐走向文明的过程,对残疾的认识也经历了从迷信膜拜到科学证明,再到社会建构的过程。早期人们认为残疾是邪恶或鬼怪的化身,随着自然科学的不断进步、科学成果的日益丰富,人们开始以科学的标准来定义残疾,于是有了生物医学的残疾模式。而随着社会民主进程的不断前进,人们对自身权利的不断重视和追求,出现了社会模式的残疾观念。残疾人教育康复与福利保障等的发展经历了一个从无到有、从边缘化到融入社会主流的一个过程。早期的西方残疾人事业是教会和慈善机构来做的,医疗、慈善以及单纯的供养理念是传统的隔离式、寄宿制社会福利与康复机构的基础。到了近现代,随着公民权利与平等参与等观念的普及与实施,越来越多的残疾人离开隔离的环境,重新返回正常的学校与社区接受教育与服务,使残疾人事业脱离了慈善救济的人道关怀的局限性,变成人人拥有的经济与社会权利,成为政府公共服务与政策制定中不可缺少的重要环节。

是什么导致了个体的残疾?在满足残疾人的需要方面由谁来承担责任?要回答这些问题,就必须首先了解残疾的各种不同模式。残疾人政策的制定与执行在很大程度上取决于人们对于残疾本质与含义的认识;残疾的定义并非仅

---

① Julie F. Smart. The Power of Models of Disability[J]. Journal of Rehabilitation, 2009, 75(2): 3-11.

有语义学的意义,它有着广泛的社会、经济与政治含义。一个国家与残疾相关的政策与立法的制定需要明确残疾的内涵与外延,从而确定服务与福利涉及的对象与范围,影响残疾人的生活质量,并为残疾研究、政府决策、社会游说活动奠定理论基础。因此,许多研究集中于研究残疾模式与残疾政策、教育及康复服务的关系。选文透过三种主要残疾模式的介绍,帮我们厘清残疾模式在残疾服务中所扮演的重要角色。

生物医学模式的残疾观认为导致残疾的唯一因素是生物学因素,把残疾归咎于个体的身体原因,认为残疾是个人的事情,与社会无关。残疾被看做是个体功能的丧失,也就是丧失了独立和有效地完成他人所能完成的活动的能力。因此残疾被认为是偏离常态的、不正常的、需要得到治疗的。生物医学模式下的残疾观使得残疾人要频繁地与医疗机构打交道,从那里得到所需的治疗、药物和评估。通常情况下,残疾人能否获得救济金和服务需要凭借医学诊断和评估来赋予资格,使得医务人员成为应对残疾的主要人群甚至是唯一人群。虽然生物医学模式存在着忽视残疾的社会因素、专注于残疾个体劣势等方面的局限性,但是由于残疾在生物性上的事实,这一模式仍然占据着残疾观念的主导地位。

功能模式的残疾观被认为是残疾的经济模式,即残疾的出现是由于个体没有完成他人对自己角色的期待,更进一步说则是个体不能很好地履行自己的功能。功能模式将残疾个体的工作纳入唯一考量的标准,将那些无法工作的老年人和儿童排除在外,容易导致社会大众对残疾人士新的偏见和歧视。功能模式的残疾观主要是通过个体自身的调节和适应去应对社会常态的要求,被认为有助于残疾个体能力的提升。

社会政治模式的残疾观是从个体之外去寻找残疾的原因,认为导致残疾人产生问题并非是残疾人的个人无能,而是由于社会未能提供充分的机会和服务,残疾人的需要并没有得到充分的考量而造成的。因此,根据社会政治模式的残疾观,应对残疾的解决问题是改变人们对待残疾的歧视,以及修改一些制度上和法律上的偏见,使社会政策能够适用于所有人而不是部分人。

随着传统的"医疗"模式走向"社会"模式,回归主流社会、平等参与社会生活的思潮成为政府与民间共享的价值观,极大地改变了残疾人社会福利中的康复与服务模式,残疾不再是残疾人自身的罪孽或社会的麻烦,政府在社会福利领域逐渐发挥出越来越重要的作用并取得了主导地位。越来越多的残疾人离开封闭的、与主流社会隔离的、寄宿制的社会福利机构或康复机构,重新返回正常的社区环境接受相关的支持与服务,也促进了西方残疾人政策在制度上的重大转变。然而,残疾问题是一个复杂的集合体,残疾的不同理论模式有着不同的切入视角,而正是因为有了这些不同的视角,残疾观念才能够不断地得到丰富和拓展。在为残疾人提供服务的过程中,没有哪一种模式是完美无瑕的,也没有一种模式下的服务能够满足残疾人所有的需要。因此,在为残疾人提供服务的过程中,不应该局限于某一种残疾的理论模式,而是应该从残疾个体的需求出发,为其提供灵活的、适当的服务。而这一前提则是相关专业人员必须对各种残疾观念模式能够有清晰和全面的认识。只有这样,才能够促进跨学科、跨领域之间的团队合作,才能更好地促进残疾人事业的不断向前发展。

受西方残疾理论模式的影响以及国际上残疾观念的更新,国内在对待残疾的认识上也有了明显的进步,但是不可否认的是,残疾的生物医学模式仍然在残疾人事业发展中占据主导的地位,残疾人事业发展仍然以医疗康复为重心,而忽视残疾个体社会权益的全面保障。因此,要建设优质的残疾人事业,促进残疾人更好地社会融合,就必须全面地综合地把握残疾的内涵,既有针对性地对残疾个体实施康复治疗,也积极地为残疾个体扫除各种社会障碍,让残疾个体能够获得平等的机会,改变消极的环境障碍和人们的态度,促进残疾个体参与社会生活和生产劳动,共享社会发展成果。

选文正文

康复工作者、教育工作者和研究人员往往根据他们认同的残疾模式来为残疾人士提供服务(Harper,1991;Täte & Pledger,2003)。对残疾模式的认识有助于我们定义残疾、理解残疾的因果关系、明确责任归属、为残疾确定可能的责任人、影响专业实践以及为相关法律的制定提供视角(Dembo,1982;Hahn,1993;Nagi,1969;Zola,1989)。在康复领域,处处都体现着残疾模式的作用。康复的实施、残疾研究的发展、为大型研究提供资金的理由都取决于人们对残疾的认识。此外,每种康复类型或资源的分配都以某残疾模式为依据,政策和法规的制定与执行也有其依循的残疾模式(Albrecht,1981,1992;Berkowitz,1987;Bickenbach,1993;Fox,1993;Wolfensberger,1972)。因此,残疾人士的生活、教育、工作以及他们的社会和家庭生活如何,在很大程度上取决于残疾模式。或许,更重要的是,残疾模式影响了公众对残疾人士的观念和行为。最终,残疾模式也帮助残疾人形成自我认同(Conrad,2004;Davis,1997;Hannah & Midlarsky,1987;Hulnick,1989;Longmore,1995;Nagi,1969)。

出乎意料的是,尽管残疾模式很少被质疑或被挑战,但是它们的作用很少被认识或者被强调(Gill,Kewman & Brannon,2003;Harper,1991;Pledger,2003)。事实上,大多数医生都只能模糊地知道有其他的模式,并且知道他们可能,而且常常会选择一种模式。因此,如果医生和病人对残疾有着不同的定义,设想和期待不同的治疗和服务,那么医患合作是很难建立的。大部分的医生对待残疾的认识和做法都来自于他们所接受到的教育和训练。例如,如果一个医生,接受到的教育是残疾仅仅是一个临床的概念,那么他或她就会对残疾人士概念化地给予必需的反馈,即仅是进行临床治疗。

残疾服务模式是广泛的、复杂的疾病诊断和定义系统的基础。如国际残损、活动和参与分类(ICIDH-2)(世界卫生组织,1993,2001)、精神疾病诊断准则手册(第四册)(DSM-IV-TR,美国精神病学协会,2000)和国际功能、残疾和健康分类(ICF,世界卫生组织,2001)都以特定的残疾模式为依据。反过来说,这些诊断系统的使用不仅有临床的目的,而且对研究的发展、行政和社会规划有影响。因此,残疾的诊断与鉴定有着深刻的政治、社会和经济后果(Hahn,1985;Smart,2005b)。

残疾模式决定残疾的因果关系并确定残疾的责任归属,这些关系和责任的确定决定了相关学科研究的范围和教学的内容。如果残疾仅仅被看做是一个医疗问题,那么心理学、社会学、政治学、科学、法律或历史的课程中就不会讲授残疾的文化、历史、社会和政治原因。此外,大部分残疾人在取得稳定的医疗服务后,他们最重要、最关心的问题是残疾所需要的社会、文化和政治方面的支持和服务(Bowe,1980;Dembo,1974;Smart,2005a,2005b)。然而,很少有专业人员,具备了足够的知识、专业训练和临床经验去为他们提供这些社会、文化和家庭支持方面的服务。

尽管残疾模式具有如此巨大的影响和作用,但是这些模式并非以纯粹的形式存在于现实社会中,而只是人们对现实的反映(Eisenberg,Griggins & Duval,1982;Smart,2001)。每一种模式都反映了特定的需求、价值观和目的,因此,没有一种模式是道德中立的(Clendinen & Nagoumey,1999;Stone,1984;Zola,1993)。所有的模式在某种程度上都有一定的时间限制和文化界限;对残疾的不同认识必然出现处理残疾的不同方法和对待残疾个体的不同反应。此外,可能由于残疾的复杂性和多元性,在目前还没有某一种单一的模式能很好地描述和解释残疾(Tate & Pledger,2003)。换句话说,每一种模式都是有缺憾的或者说是不完整的,强调了残疾的某些方面而忽视了其他方面(Bickenbach,Chatterji,Badley & Ustin,1999;Zola,1989)。

因此,每个残疾模式都有其缺点和局限。再者,每个模式中对于残疾的定义、责任归属和干预措施都相应地和其他模式之间存在着冲突;然而,一个模式的拥护者一般不排斥其他模式的观点。尽管如此,每个模式都是可以不断进步的,也就是说,所有的模式都需要不断地去修改和完善。通过审视每种模式下的结果,我们很容易知道所有模式发展的路径。

从残疾模式的作用和影响上看,对模式的一个总的概述将帮助我们洞察每种模式进化的路径和基本原理,知道每一模式的优点和缺点以及它们在四个领域(政策立法、教育培训、专业实践和研究)中产生的影响。讨论所有这些模式、了解它们的发展路径以及建立一个比较的基础是非常重要的。因此本文首先对三种模式做一个简要的说明。然后,讨论每一种模式的优势和不足。最后,这三种模式的多样性将被认为是对残疾定义的扩大和应对残疾反应的多样化的结果。所有的模式都有优点和不足，这些模式在更广泛的文化中根深蒂固。尽管如此，每一种模式的出现都满足了残疾人的某些重要需求。

三种主要的残疾模式

一、生物医学模式

残疾的生物医学模式有着较长的一段历史，仅仅次于残疾的道德模式。残疾的生物医学模式有两个强大的学术和专业领域作为支撑：科学和医学（Kerr & Myerson, 1987; Stone, 1984）。生物医学模式有着很强的科学严密性和客观性。这种模式的最大优势在于它所拥有的被大众认可的简明的诊断和定义系统。大众在对残疾的认识和态度上主要受到生物医学模式的影响（Ferguson, Ferguson & Taylor, 1992）。

在生物医学模式里，残疾被认为是存在于个体之内的一种病理性失调和功能障碍或者是畸形（Bickenbach, 1993）。这被称为"病理趋向"或者"缺陷定位"（Wright, 1991）。在这种模式里，残疾被分类、量化、测量和标准化。残疾似乎是个客观的、标准化的实体。许多医学诊断包含一个评价等级（用"正常"最为标准）来评价残疾程度或障碍的水平。然而，很少有人考虑到评价过程中对残疾的歧视和偏见。因为，在所有的模式中，残疾的概念和定义都被认为是为后来的治疗或干预服务的，在残疾的生物医学模式里，所有的治疗都是针对个体的医疗康复（Conrad, 2004; Taylor & Bogdan, 1992）。

生物医学模式忽视了残疾的社会因素，基本上用同样的方式去诊断和训练所有的个体，无视他们在需求、资源或优势等方面的不同。这种把个体看做是一个诊断的趋势，导致相关学者把生物医学模式定义为"诊断驱动"而不是"以个案为主"。

（一）重新审视生物医学模式

生物医学模式并不是有意的给残疾人造成这种歧视和不公正（Bickenbach, 1993）。相反，医学、医疗技术和药理学的成功结合大大丰富（或保全）了残疾人的生活。也没有任何一个人，包括残疾的社会政治模式的强烈支持者，能够宣称自己完全抛弃生物医学模式，毕竟他们是残疾的生物学事实。最终，是社会赋予医疗界承担起照顾残疾人的责任。在许多方面，我们可以看到，医务人员成为完成这一社会使命的唯一群体。然而，正是这一点生成了我们对生物医学模式及其结果的质疑和讨论，特别是与其他模式的比较显得更有意义。

对生物医学模式的一致批评，包括残疾的病理化、从业人员和残疾个体之间固有的权利差异（Engel, 1977; Kiesler, 1999; Perkins & Zimmerman, 1995）以及残疾应对和干预的私人化（Weisgerber, 1991）。然而，生物医学模式可能有着其他很重要的弱点和局限性，只是很少被认识和很少被承认。事实上,哈恩称生物医学模式为"继发性障碍"(metahandicap),他认为,对残疾人士的歧视和偏见,不仅没有因为残疾的生物医学模式的出现而减少,反而残疾的生物医学模式更加深了人们对残疾人士的歧视和偏见。哈恩称,对残疾人的歧视和偏见可以追溯到生物医学模式。

其中更微妙的缺点是根据诊断结果的不同,残疾社区分裂成对立的几派——"盲人""聋人"和"精神病患者"。这种分裂恰恰阻碍了各种类型残疾人的联盟,这种联盟能够帮助残疾人应付和弥补所遭遇到的困难和歧视。代表着不同类型残疾人利益的团体被诊断性的分类强化了,并且各个团体必须互相竞争以获得社会关注。因此,很少有人去尝试将各种残疾类型的人士联合起来去推动残疾人士的公民权利运动(Bickenbach,1993)。

再者,通过将残疾人群分化为不同的利益群体,一个团体的成功或失败被看做竞争群体的胜利或失败(Walkup,2000)。更进一步说,残疾人是不愿被这些专业人士分类的,因为这些专业人员缺乏经验,不知道或很少理解残疾人的生活经验。

对生物医学模式的第二个批评是将残疾视为个体的劣势,造成了在更广泛的文化背景中歧视和偏见的合法化。这种将残疾视为个体劣势的观点,允许其他人在更广泛的文化背景中认为自己对残疾人士的歧视和偏见是公平合理的。因为,毕竟,那些有声望的、有权威的、科学的医疗人员将这些残疾人士贴上了生理缺陷或"特殊"或不正常的标签。生物医学模式还使得大众形成了这样的偏见和歧视,认为残疾是医务人员所关注的领域,自己没有必要去为残疾人士提供支持和服务,保障他们的公民权利。事实上,我们确实很少关注到残疾人士被排除在主流文化之外。相反,社会政治模式可能会把这种行为视为"对受害人的指责"(Parsons, et al., 1988)。

尽管已经证实了在社会经济不发达和教育水平低下的国家里(包括"发达"国家),残疾发生的比例更高,但是大众继续无视环境因素和社会政治决策也是导致残疾的重要原因。当然,像缺乏保障、缺乏预防性的医疗照顾以及从事危险的工作也都会导致残疾。然而,所有这些因素都属社会政策的产物,这些政策是可以改变的。

生物医学模式的第三个缺点是,它不能充分地应对不断变化着的残疾定义(Fox,1993)。残疾的支持和服务系统不仅提供服务并且提供补偿,这都是源于生物医学模式的死亡或治愈这样的两个结果范式。显然,大部分残疾人是慢性的或是长期的状况,可能需要其他类型的支持和服务系统。然而,在医疗保障稳定后,很难去证明为残疾个体在教育心理或社会/情感方面的花费买单是合理的。

生物医学模式缺乏应对残疾个体在文化、民族、种族、语言上的身份的能力,因为这种模式把个体视为一个生物机器,不能够认识到残疾个体的社会方面或他/她的主观经验。此外,医疗行业的诊断系统是以西方医学模式为基础,这种医学模式在心灵和身体间做了严格的界定。诊断系统(ICIDH-2 和 DSM-IV-TR)的轴线和词汇表旨在提高医生对个体的敏感度;但是,这些资源仅仅被认为是附属品,在建立有偿诊断的过程中是不被需要的,因此很难受到重视。

由于多种原因,生物医学模式可能没有很好地应对精神残疾。精神残疾是一种慢性的和可能随着环境的发展而恶化的疾病,而这些原因常常被生物医学模式所低估和忽略。斯蒂芬(Stefan,2001)总结认为需要一种更灵活、互动的方法:

心理健康问题是偶发的并对环境有高度敏感,同时存在着一个特征,这个特征理论上会给人们带来希望——患有精神疾病的患者往往有优势、有天赋、能力和才能,并且他们的环境可以以一种支持和增强他们优势、天赋、才能和能力的方式组织起来。

由于训练有素的专家例如医生的介入,不仅使专家和残疾个体之间产生巨大的分歧,而且也使得"社会"回避了对残疾人群应负的责任。再者,医疗专家的介入还导致了公众对残疾知识的缺乏。康拉德(Conrad)发现,当一个问题被界定为医学问题时,那这个问题就从公众可以讨论的领域中脱离出来,进入到只能由医学专家可以讨论的地界。

尽管残疾是一个共同的、普遍的现象,但是由于人们很少去讨论残疾,缺乏对残疾的了解,使得人们对残疾表现出一种不切实际的恐慌。

(二)反工作诱因和残疾的生物医学模式的作用

生物医学模式下,医疗人员不仅为残疾人士提供治疗还决定他们能否获得财政福利。社会保障制度自确立以来还没有彻底地改变过,而职业康复法案却在不断地发生变化,从 1920 年的康复法到 1973 年的康复法案。伯科威茨和希尔(Berkowitz & Hill,1986)指出了残疾服务法的另一个缺点:

在美国,残疾政策的发展并没有一个统一和一致的方式。不像 20 世纪 70 年代针对贫困的抨击和最近对年龄问题的关注,残疾一直都没成为人们密切关注的主题。

当然国家强调对残疾的保障(补偿)而不是帮助(Stefan,2001),这就说明了生物医学模式成为法律的依据。生物医学模式的基本假设包含强大的病理导向、残疾的个体责任、非交互式的方法,这种方式并不考虑国家政策对残疾人士的影响,例如在社会残疾保障保险(SSDI)下出现的反对残疾人工作的倾向。

二、功能模式:互动方式

残疾的功能模式把残疾定义为"角色的失败",这意味着个体由于残疾不能很好地扮演他/她的角色。在这种模式里,残疾并不总是存在的,因为残疾对于某些角色并不存在困难。功能模式的主要目的是对残疾个体进行调整并提高适应能力。因此,关注的焦点从个体的康复转向了职能调整,这是个体职能的调整而不是个体本身的改变,功能模式也认为能力的丧失和残疾的原因是因为缺乏功能的调整。

功能模式被认为是一个"互动的"或者"生态的"残疾模式,因为在功能模式里,残疾被定义为个体、个体的残疾和个体的功能这三方的互动(Liachowitz,1988)。因此,这种模式把重点放在个体自身,他们的实力、优势和功能性的需求和愿望上。随着个体的改变,比如获得更多的教育,又或者获得继发性障碍等,他们的功能必须随之改变。更广泛地说,当全球经济和劳动力需要转变时,工人的职能(包括残疾工人)都会发生变化(Yelin, 1992)。例如,一百年以前,大部分的工人都从事体力劳动,因此身体上的残疾对他们从事工作是非常受限的。现在,工人更多地从事服务和技术类的行业,因此,个体认知方面的残疾比身体的残疾更加受到限制。此外,辅助技术的发展和进步也能改变对个体功能的需求。

功能模式不容易被公众所理解和接受。事实上,生物医学模式确实比功能模式容易被理解,那是因为生物医学模式的因果归因(个体的病理学原因)和责任归属(个体的康复治疗)比概念化的功能调整作为障碍的原因和理由更加的直接和明了。

功能模式的另一个缺点是它把工作作为唯一考虑的个体功能(Trieschmann, 1987)。因此,功能模式并没有从人的发展的全过程出发,仅仅着重考虑具备工作年龄的成年人的工作需要,而把小孩和老人排除在外(Smith, 2002)。此外,因为功能模式把工作和经济密切联系起来,所以许多学者称其为"经济模式"。他们认为功能模式降低了残疾人的经济价值和对经济的贡献能力。这样,功能模式有可能导致人们对那些没有工作的人的歧视和偏见,不管他们不工作的原因是由于自身残疾的限制,或更普遍的是由于政府形成的工作制约机制。极端的结果是,功能模式可能导致公众把残疾人视为社会所不能承担的"负担""累赘"或"奢侈品"。

把残疾的功能模式当做是经济模式或者工作模式可能直接导致对残疾人士的歧视和偏见。阿卡伯兹(Akabas,2000)敏锐地指出,人们普遍坚信:美国的工作场所是对所有的合格的申请者平等开放的,可是事实上,工作场所对于那些处于最不利地位的人们是不开放的,这也包括残疾人。

工作场所作为美国社会最重要的机构力量,它通过为所有人提供机会而成为社会最大的均衡器,但是它似乎好像并没有那样做……相反,它往往阻碍了那些弱势群体(那些受过适度教育,身体和精神残疾,老人和有色人种)自给自足的道路。

因此,在阿卡伯兹看来,尽管事实是由于社会制度没有提供平等的就业机会,而导致了残疾人很难获得工作的机会,但是残疾人还是因为没有工作而被责怪,这在社会领域和其他学科领域里被定义为"谴责受害人"。他总结道:"如果社会工作所做的努力仅仅是以受害人个体为干预的对象,那么社会是在参与谴责受害人,而不是帮助解决这个问题。"

残疾的功能模式有助于增加个人的长处、技能和平衡残疾的资源。然而,在这个模式里,残疾被认为是病态的、异常的和有偏差的。然而功能模式的这种缺陷导向并没有生物医学模式的直接和明显。尽管如此,功能模式仍然被认为能够帮助残疾个体更好地工作和发挥个人的角色和功能。吉尔、昆曼和布兰农总结道:"尽管环境会调节个体功能差异的后果(通过障碍或者适应),但是这些不同仍然被认为是个体功能水平上的异常或不正常。"(Gill, Kewman & Brannon, 2003)

正如所预期的,它是一项艰巨的任务,需要良好的专业技能,积极的外部环境、功能和个体的优势和需要。

三、社会政治模式

社会政治模式也被称为"少数群体模式"或者"独立生活模式"或者"民主激进方式"。在这种模式中,残疾不是已确定的问题,个人或者他们的残疾也不是干预和治疗的焦点。相反,残疾"问题"是由于缺乏公民权利和机会的不平等使得残疾个体处在一个缺乏机会、劣势和边缘化的生活状态。并没有任何证据或理由认为残疾或残疾人理应受到偏见或歧视。因此,残疾的"解决方案"是修改法律以及改变人们的态度。依据这种模式,社会造成了残疾的困难,所以改变的责任在于社会。在这种模式里,残疾个体认为他们自己不是生理缺陷或者异常的群体,而认为是被剥夺权力的美国少数群体。社会政治模式的支持者认为残疾是"社会的"和"公民的"劣势,而不是个体的生理缺陷(McCarthy, 2003)。生物医学模式的趋势是在残疾个体内部寻找残疾的原因和解决方法,这对社会政治模式是一种挑战。

许多学者认为,对残疾人士的歧视,包括对政府保护的否认,比性别或种族歧视更加的广泛和普遍。斯蒂芬(Stefan, 2001)推断,对种族或者性别歧视的法律持普遍同情的人们可能会怀疑甚至仇视残疾歧视的法律。哈恩(Hahn, 1985)描述说对残疾人士的歧视和偏见与政府认可的种族隔离有许多的共同点:

残疾公民(原文如此)在建筑、交通和公共场所面临的障碍,使得他们被社会、经济和政治活动排除在外,这和一个种族主义政府的种族隔离政策是一样的。

希金斯(Higgins, 1992)说道:有残疾的美国人是"在自己国家的外国人"。

社会政治模式是残疾的最新模式,吸收了20世纪60年代的民权运动的方法和成功经验。在民权运动中,美国黑人和妇女拒绝接受他们被剥夺权力的地位,相反,他们恢复了他们引以为傲的身份和历史。当然,残疾的定义存在政治和立法的因素,因为政府通过正式的、共同的公共行动定义了谁有残疾,谁没有残疾。因此,残疾是"政治操纵的类别"(Stefan, 2001)。莱彻维茨(Liachowitz,1988)说到,立法有很多方法来决定残疾个体发挥功能的能力:(1)法律通过规定他们的活动使残疾个体失去资格。(2)也许不是那么直接或者更有效,但法律也通过提高对健全人的期望而建构残疾。(3)也因为对这些期望的认识可以塑造残疾人士的个性和行为,法律导致了表面上的"自我造成的"残疾。因此,在这个残疾模式中,残疾不是医疗诊断而是政治界定。

残疾津贴和法律服务是20世纪的产物,而残疾歧视法是在过去的几年里制定的。仅仅在1990年通过了《美国残疾人法案》(Americans with Disabilities Act,简称ADA)之后,歧视残疾人在美国才开始变成是违法的行为。此外,直到ADA通过,仍然没有为那些曾经有过与残疾相关的歧视经历的人们提供任何的法律依据和保护措施。

在社会政治模式里,决策者、立法者、专业服务人员以及普通大众都被认为是残疾"问题"的一部分,因此残疾是个集体关注的问题,这需要集体的反映和改善(Hahn, 1985)。社会政治模式被认为是所有模式中互动性最强的一种模式。有些学者认为,残疾人在拒绝残疾的病理化的、缺陷的和偏差的角色上取得巨大成功,并且成功争取到他们的公民权利。其他学者则断言:与普通人群所得相比,残疾人还没有真正进入美国主流社会的大门。

医生和决策者,特别是那些没有残疾的医生和决策者,有权利决定对残疾人的服务和利益的分配(Kleinfleld, 1979)。此外,历史和大众的声音并没有视残疾为广泛文化的一部分。林顿(Linton,2004)解释说:

他们的需求、贡献和观点一般都不被重视。研究残疾以外的研究者除了关注少数著名的残疾人士的生活,对这段历史和残疾的含义和功能都没有积极关注的兴趣。

此外,残疾人士除了争取他们的权利,表明自己的身份和建立群体认同外,残疾人士希望有助于美国生活,就像其他美国的少数群体那样强化和丰富美国广泛的文化(Parsons, et al., 1998)。社会政治模式的支持者试图通过结合残疾人士的历史、经验和观点来改变政治和文化生活。此外,社会政治模式的拥护者提倡把残疾观念大众化,即残疾是人们经历中的自然和普通的一部分,而不是那么夸张、不切实际的以及认为残疾是异端、模糊、危险或者不正常。

社会政治模式既涉及个人层面(微观的)也涉及社会层面(宏观的)。许多残疾个体认为社会政治模式给他们提供了一个挑战歧视和偏见的工具,使得他们有机会谈论他们的残疾经验,并且增强了与其他有残疾的人们分享经验的共同意识。利兹·克罗(Liz Crow,1996)描述了她引入社会政治模式和对她生活造成的结果:

我发现用这种方式思考自己的经验就好像在惊涛骇浪中的一个强大的救生艇。它使我了解了我的经验,我与世界上成千上万的其他人分享我的经验,同时我信赖它……我觉得说(这种模式)挽救了我的生命这种说法一点都不夸张。

社会政治模式的优势在于两个方面。首先,这种模式最为密切地反映了残疾人士的日常生活。当然,医疗稳定之后,大部分的困难经历与机会的减少、期望值的降低与被划分为受忽视的群体有关。第二,这种模式可以调动各种类型的残疾人,而不是把不同类别的残疾个体分为互相竞争的派系。自然,并不是每个残疾人都会自动地成为政治上的积极倡导者,但是存在形成一个强大和有效联盟的可能性。

互动模式的优势

功能模式是一种互动模式。互动模式挑战了生物医学模式的许多基本观念,更为重要的是拥有了生物医学模式所没有的优势。当然,专家只有在了解了个体的社会背景之后才能合理理解其残疾经验。将残疾人视为具有技能、能力和需求的正常人并将这一背景下的个体概念化,使得服务提供者和普通大众将他们视为服务对象而不仅仅是残疾人。残疾将不再是突出的主要特征;而且,标签和诊断在定义一个人或者其他人的时候不再占有很重的分量;没有人性地对待残疾人和边缘化残疾人将会变得越来越困难;大众对残疾人夸张的负面的观念会减少;诊断的类别会在界定残疾人的时候所占的分量会减轻。

互动模式也能把个人社会的、种族的和语言的身份与残疾体验融合。而且,大众对个体带有偏见的任何其他特征都可以被考虑进来。来自于少数民族群体的残疾人,或者同性恋、变性者,会经历多重的困扰。

模式的多样性

所有的残疾服务模式都试图帮助残疾人。与其试图将所有模式统一为一个模式,不如培训从业人员,包括医生、康复治疗师、社会工作者和一般的咨询人员,彻底地去了解每种模式更有意义。这样的话,每一个模式的优势可以被充分利用,而它们的局限性也可以被清晰地认识和避免。很明显,这种方法需要专业人员具有技巧和灵活性。残疾将会成为所有人类服务实践者关心的议题。

这样的跨模式服务的提供将为跨学科的、持续的跨机构合作和相互依赖的专业服务打开机会之门。提高跨学科之间的合作需要在培训和教育上有所改变。比如,医学院可以教课程以提供有关残疾的生活体验和临床经验。这些经验和培训,连同出现预防残疾的方法一起会形成医疗服务之后的新的干预目标(Foote,2000)。而且,如果内科医生被授权并鼓励这些人把握对治疗的决定,那么医生和患者之间权利的差别就会减少。他们可以提出一些不是基于医学却非常有价值、并且有可能实现的个性化项目(Fox,1993)。除医学上健康的导向和对继发性及并发症的预防之外,跨学科的团队还能够提供社会心理的干预,例如个体和家庭咨询、提供辅助技术的服务、提供一系列鼓励独立和发挥个体价值的服务等。

　　跨模式导向也许可以使得很多研究产生出更有意义的结果。尽管这样会更难运作,但社会力量仍将作为一个独立的变量。调查研究将会更注重生活质量,而不只是有关残疾的临床医学方面。总而言之,这种跨模式导向鼓励一种更系统化的康复干预分析,它同时也对其结构和顺序进行研究。

　　没有一个模式能够反映残疾人的所有需要,也没有一个单独的专业或学术学科对这些所有的需求给予答复。模式的多样化可以被视为对各种模式的强化和丰富,而且这些模式可以视为相互构建的基础。对于所有关于残疾服务模式训练有素的、有技能的专业人员会了解最适合他们职业的特定模式的优势和局限性,相应地,实践超不出这个范围。然而,为了进行专业合作,从业人员必须了解所有的残疾模式。这样,多元模式的方法才会体现在残疾人的生活之中,并取得更好的服务效果。

(徐超莉　译)

合作计划与教学的多重面貌

杰奎琳·S.桑珍德　理查德·A.维拉　安·I.内文

作者简介

杰奎琳·S.桑珍德(Jacqueline S. Thousand)，美国加利福尼亚圣马科斯州立大学教育学院教授，美国知名的教师、作家、制度改革顾问、残疾人权利和融合教育的倡导者。主要研究领域涉及融合学校、组织变革策略、差异教学、通用设计、小组合作学习、合作团队与教学、创造性问题解决、积极行为支持等。她积极投身到国际师资教育和融合教育事业之中，同时还担任多家美国和国际期刊的编辑。

理查德·A.维拉(Richard A. Villa)，美国贝里奇财团董事长。他主要的专业领域在于改进普通教育的行政管理和教学支持系统。他被公认为是一个教育界的领导人物，他激励他人，与人合作，落实教育改革实践。在他所工作的学区，他的工作使得当地的智力障碍、肢体残疾、情绪障碍的儿童充分地融合进普通教育社区中去。

安·I.内文(Ann I. Nevin)，美国亚利桑那州立大学荣誉退休教授和佛罗里达国际大学客座教授。

这三位作家经常在一起合作，他们合写的著作有：《合作教学指南与辅助教师》(A Guide to Co-Teaching with Paraeducators, 2008)、《合作教学指南》(A Guide to Co-Teaching, 2013)、《创造力与合作学习》(Creativity and Collaborative Learning, 2002)、《差异教学》(Differentiating Instruction, 2007)、《在教学中与学生合作与决策》(Collaborating with Students in Instruction and Decision Making, 2010)。

选文简介、点评

1994年联合国教科文组织在西班牙召开的全世界特殊教育会议上通过《萨拉曼卡宣言》呼吁各国在平等的基础上发展融合教育，其基本原则是：每个人都有平等的受教育的基本权利；每个人都有其独特的特性、兴趣、能力和学习需

---

① Jacqueline S. Thousand, Richard A. Villa, Ann I. Nevin. The Many Faces of Collaborative Planning and Teaching[J]. Theory Into Practice, 2006, 45(3): 239-248.

求;学校必须考虑到学生的不同特性和需求的广泛差异;学校应该接纳所有的学生并满足他们的不同需要;学校要消除歧视、反对排斥并提供优质的教育。"参与"与"合作"是融合教育最基本的原则与实践方式,也是社会融合与公正目标实现的重要指标。在这种原则之下的融合教育要求学校通过不断的调整和改革来满足每一位儿童的需要,不仅是特殊儿童,也包括正常儿童。因此,融合教育的范畴已经超出特殊教育的领域,而逐渐走向普通教育的场域,推动普通教育的不断革新。这种革新,不仅包括学生多样性上的变革,还包括具体的教学方法、课程内容上的变革。

选文即是在此背景之下对融合教育中普通教育学校教学方法改革的探讨,重点在于讨论合作计划与教学对普通学校实施融合教育的意义。

合作计划与教学是指普通教师和特殊教育教师或其他专业人士在同一教学空间中向所有学生提供实质性的教学,这种模式减少了时间安排上所带来的问题,使得每个学生能够得到更多的关注和更及时的交流,能够更有效地满足学生的需求。该文首先通过总结文献的方式探讨了合作计划与教学在促进儿童学业和社会交往上的积极成效,以及合作计划与教学对教师的积极影响。然后用一张表格清楚地罗列出在合作计划与教学中对学生的不同支持,并且强调在对学生的支持上尽量选取最少支持。随后,选文介绍了合作计划与教学的四种不同形式,包括支持教学、平行教学、补充教学和协同教学。这四种合作计划与教学的方法并不存在优劣之分,而需要教师以学生的切实需要为出发点,根据课程的形式和自身的状态进行最优选择和组合。教师之间的合作不仅可以促进不同领域教师之间的互动和交流,还能够为学生之间的合作提供榜样和参照。合作教学模式下的学生更有主动合作的意愿和能力,并且能够与教师之间形成良好的互动。对合作的评估也是影响合作计划与教学成败的关键,明确各自的责任也有助于合作关系的顺利开展。最后,针对合作计划与教学给教师提出了几点建议,帮助他们成为有效的合作教师,并且从教师培训、学校管理者的角度以及教师自身方面谈到了各自应该承担的责任和完成的使命。

从二元制的、隔离的特殊教育和普通教育向单一制的融合教育的转变,不仅要求教育体制的变革,而且要求普通学校课程和教学方法的变革,才能适应所有学生的不同教育需求。融合教育背景下学生的学习能力、个性特点、学习需要逐渐趋于多元化,传统一课一师的模式不可能满足如此多样化的需求,因此需要合作的力量和团队的智慧。合作计划与教学即是在这样的背景下得到了强调和重视。通过普通教师和特殊教育教师或其他领域专业人士之间的合作与协商,为特殊需要儿童提供适合他们的有效的教育。因此,合作教学是一种在普通班级里面满足异质的、多样化的学生学习需要的教育策略和技巧,能够使教师激发出更多的精力去解决问题,引发更有效的策略,同时也为学生提供人际交往和合作的范本。

我国在西方融合教育思潮影响下广泛开展的随班就读,目的也是将特殊儿童与普通儿童放在同一空间里接受有效的高质量的教育。因此,普通学校中学生的能力差异、学习需要更加趋于多样化。那么,合作计划与教学是否能在我国的经济文化背景下发展起来,目前并没有相关的研究和实验。但是合作计划与教学中所强调的普通教师和特殊教育教师之间的有效合作,对我国随班就读的开展仍然有着重要的参考意义。

选文正文

1994年联合国教育、科学及文化组织发布了与特殊需要教育相关的《萨拉曼卡宣言》,其中包括支持对残疾学生进行融合教育实践,指出:"尽管融合学校为残疾学生的机会平等和充分参与提供了良好的安置环境,他们的成功还需要我们齐心协力,不仅需要教师和学校的努力,也需要同龄人、家长、家庭、志愿者的共同努力。"在十多年的时间里,北美的学校竭尽所能地为学生建立融合教育的条件,这些努力甚至已经影响到了联邦的立法。如1990年和2004年两次修订的IDEA,还有2002年的《不让一个孩子落后法》(*No One Child Left Behind Act*,简称为NCLB)这两个法案都促进了融合教育的开展,使残疾学生完全参与到普通教育和高等教育的课程与评价中的人数不断增加。NCLB法案还要求所有教师在自己所教的学科领域里具有优秀能力,还鼓励那些拥有高级资格并拥有学科领域的专门知识的普通教育者与某个特殊领域的专家们(如特殊教育者、语言病例专家、语言学习教师、超常学生指导教师)结成伙伴关系。法律的规定和学生人数的增加都要求学校必须加强学校人员之间的合作计划教学。

一、合作计划与教学的有益之处

对教师、学生和学校来说,在计划与教学上的合作(即合作教学)有哪些好处?在文献中有哪些讨论?最近由施瓦布(Schwab)主持的一项综合性研究记载了16所加利福尼亚的小学、中学教师们保持合作关系、进行合作教学的影响。在这些学校里教师、管理者和支持人员对每个学生进行了富有创造性的安排,使他们能够接受来自核心教师、阅读专家、特殊教育者、专业辅助人员多方面的服务。研究结果表明,合作教学能够减少集中的特殊教育服务,提高所有学生的学习成绩,能把教学中的冲突降到最低,使案头工作减少,增加了那些有资格接受超常教育服务学生的数量,减少了学生的行为问题。这项研究是对瓦尔特·托马斯(Walther-Thomas,1997)研究的补充,他曾经对23所学校的合作教学模式做了评价,结果表明合作教学促进了低成就学生的学业与社交能力,提高了残疾学生的积极态度与自尊,帮助他们建立了更多积极的同学关系。学生们认为之所以有这些进步,是因为得到了教师更多的关注并且能更多地与教师相处。而这些互相合作的教师(普通与特殊教育教师)也认为合作教学促进了他们的专业成长,增加了人力的支持以及教师在普通教室中的归属感。而人们最常提到的缺点是,没有受到足够的关于学习如何成为更有效率的合作教师的培训。

事实证明,合作教学能够有效地适应各类学生的教育需要,包括各类残疾儿童、处境不利的学生、英语不熟练的学生,以及其他学习、行为有困难的学生等。韦尔奇(Welch,2000)的研究显示在实施合作教学教室里的残疾学生及他们的同学在课程评估中的读写成绩都得到了提高。此外,马奥尼(Mahony,1997)认为,除了能满足他们的特殊教育需要之外,"对在合作教学教室中的特殊儿童来说,能够在大教室中上课意味着结交到新的朋友"。

合作教学也能够提高学生在大考中的表现。据《孟菲斯商业诉求报》的报道,田纳西州谢尔比县的所有的高中都采用了合作教学。通过由一位特殊教育者、一位普通学校英语或数学教师组成团队的支持,使得这个县70%的特殊儿童能够到普通教室上课。经过一年的合作教学,这些在普通教室上课的特殊儿童英语入门考试的通过率从20%提高到40%。由于考试成绩的提高,几所高中的名字从NCLB法案所规定的不合格学校黑名单上移除了。

总而言之,最近的研究涵盖了从幼儿园到高中阶段,这些研究数据使我们得出以下结论:(1)在所有的年级中,不同学习特点的学生都能在由教师、支持人员、家庭通力合作的普通教室环境中有效地接受教育。(2)学生在学业和社会交往上都有所改善。

为什么合作教学会产生以上的影响?第一,合作教学使每个教师都有更大的机会发挥他们独特、多样、专业的知识。第二,合作教学使得学生能够体验、模仿教师们在合作教学时的合作方式。并且,各领域的教师在一起合作能增加分组和日程安排的灵活性,从而使得学生等待的时间更少,使学生得到的学习任务与教师的关注更多。实践证明,这对提高学生的学业成绩是至关重要的。第三,教师在合作教学中能够更有效地运用经过验证的教学策略,而这正是NCLB法案所要求的。第四,合作教学是一个把有不同背景和兴趣的人汇集到一起的媒介,在这里人们分享知识与技能,形成新的方法以适应个别化的学习需要。在对95个参与合作教学的教师与96个没有参与合作教学的教师的访谈中,普加奇和约翰逊(Pugach & Johnson,1995)发现那些参与合作教学的教师提及特殊教育服务的比率减少了,处理教室里问题行为的信心增加了,有了更积极的态度,对有认知缺陷的儿童也更能容忍了。

二、合作与合作教学的多重面貌

在一些学校,合作教学被错误地理解为仅仅是为安置在普通教室的残疾儿童提供支持。通过教师、支持人员、专职辅助人员以及学生自己各种各样的合作,使得有特殊教育需要的学生能在普通教室中得到支持。表1提供了一张关于学生支持模式的可供选择的清单,从自然的同伴支持到个别化支持,支持的力度不断加大。清单中包括的四种合作教学方法是本文讨论的重点内容。负责对残疾学生的安置做出决定的个别教育计划小组成员应该对这张表格进行回顾,然后,确定每个学生在最少受限制环境中需要受到支持的水平。为了避免学生的过度依赖,当小组成员们做出给予何种支持的决定的时候,应该鼓励成员们遵守只提供最必要帮助的原则。给予学生的支持在每个阶段应有所不同,我们最终的目的是随着学生在学业与社交能力上的进步有系统地减少支持的力度与频度。

有一些学生,无论是残疾学生还是普通学生,他们的需要在我们已有的各类教室里无法得到满足(比如学习技能训练、家庭作业支持、补习)。为了满足这些需要,许多学校建立了学习中心,在这里学生可以接受额外的支持和定向的辅导。学生可以被分配到学习中心上自习课或者自选课,也可以只是在他们想要提高某项特殊的技能时才去。对学习中心来说,图书馆媒体中心是个理想的地方。例如,作者熟悉的一所高中,他们学校的人员是这样利用图书馆媒体中心的:每天的任何时候,都有专职的普通教师和特殊教师各一位在图书馆媒体中心与学生们一起工作学习。除了安排图书馆媒体主管、普通教师、特殊教师在学习中心,经过培训的学生助教也会为他们的同学们提供个别指导和其他的帮助。这样的安排使得所有学生都能够在需要的时候接受教师和同学的帮助,而不管他们是否在特别支持计划的范围内,避免了歧视和偏见的产生。

表1 从弱到强的支持选择

自然的同伴支持:同龄的或者不同年龄的同学能够为有特殊需要的学生提供自然而然的支持,帮助他们参与学习、辅助课程和学校的社会活动。自然的同伴支持包括帮助他们顺利地抵达不同的教室,帮助他们记忆材料或者是完成作业。同伴可以帮助他们记笔记,还能以学生的方式促进他们与不熟悉的同学进行交流(比如用讨论的沟通方式),或者是可以充当他们的榜样。通过协助他们参与在课余时间的相互交流,社交俱乐部和其他的校内外的社会活动,同伴能够帮助他们扩展社交网络。同班的同学偶尔也可以充当一下家庭教师,为他们提供特别的学业指导。

续表

咨询与介入支持	咨询支持指的是一个或者更多的成年人,通常是一个特殊教育教师,定期地与普通教师会面,关注学生的发展状况,评估学生有哪些新的需要或者需要补充哪些资料,提供哪些指导,根据学生需要解决出现的问题。护士、职业物理治疗师、辅助沟通专家、职业顾问这些专业人员会经常周期性地提供咨询服务。学生自己也可以主动寻求咨询人员的帮助。介入支持是在教室内的定期或不定期的咨询支持停止时,观察学生在普通教育环境下的表现,评估他们在现有的支持与课程下有哪些新的需要,并且,面对面地与学生、教师和同伴谈话。
合作教学支持	合作教学支持是指两个或更多的人对班级里一些或所有学生的教学共同承担责任。合作教学的方法主要有四种:(1) 支持教学。这种方式是以一个教师为主,其他的人员轮流为学生提供支持。(2) 平行教学。在这种方式中,合作的教师在教室的不同区域分别对不同的学生小组进行教学。(3) 补充教学。这种方式是指当一个教师在授课的时候,另一个教师则对其进行强化说明。(4) 协同教学。在这种方式里,合作教师们共同地计划、教学、评估,对所有班上的学生共同负责。
个别化支持	个别化支持通常是在一天或一周的特定时期由一个或更多的成年人,通常是专职辅助人员,为一个或更多的学生提供支持。个别化支持成功的关键在于要确保指定的辅助人员对每个学生来说不要成为"无足轻重的人",反而要成为能有益地促进自然的同伴支持,支持那些在教室里处于边缘的学生,促进多元交融的小组学习,通过与教室教师共同规划以适应学生的不同需要。最终的目的是要通过促进学生的独立性,增加来自教师和同学的自然的支持,逐渐消除个别化的支持。

三、合作教学

(一) 合作教学的四种途径

在一个全国性的综合调查中,那些能够在多元的教室中满足学生需要的教师认为,他们主要运用四种最主要的合作教学方法:支持教学、平行教学、补充教学和协同教学(教育改革与融合国家中心,1995)。在更详细的描述这四种方法之前,需要说明的是这四种方法没有优劣之分,认识到这一点是很重要的。当要决定在特定的教学中使用何种方法时,我们的目标是要使所选择的方法能够促进教育的效果。许多刚开始进行合作教学的教师首先选择的是支持教学和平行教学的方法,因为这两种方法对合作教学的成员的组织协调能力的要求较少。当教师们合作教学的技能和人际间的关系得到了加强,这时他们就敢于进行补充教学和协同教学,这两种方法需要更多的时间、更多的协调以及对彼此能力的更多信任。下面主要介绍这四种合作教学途径。

1. 支持教学

支持教学是指一个教师扮演主导的教育角色而其他的教师轮流地在学生中间提供支持的方式。合作教师扮演的是支持的角色,他们观察、聆听、与学生工作在一起,在必要的时候就介入,对学生提供一对一的个别辅导,其他的合作教师则继续进行教学。在运用支持教学的时候需要注意,无论哪个教师扮演支持的角色都一定不要成为学生的"贴身管家",不要成为他与其他学生交流的障碍,因为这会给学生和支持人员在其他学生心中留下刻板印象,使他们认为那个学生与支持教师不是这个教室中的一分子。

2. 平行教学

平行教学是指两个或更多的教师在教室的不同区域对学生进行分组教学。平行教学至少包括以下八种变化形式。

(1) 将班级分开。每个教师负责一个特有的学生小组,检查对课程的理解,提供指导说明,如果必要还可以再教一遍。

(2) 设置教学中心。每个教师负责设置、指导和检查一个或多个教学中心或教学站。

(3) 合作教师的轮转。合作教师们在两个或更多的学生小组中轮转。

(4) 每个合作教师教课程的不同部分。这个与分站教学很像,只不过分站教学是学生在不同的站间流动,而这种教学方式是教师在学生小组间流动。

(5) 合作的小组检查。每个教师负责对特定数量的合作小组进行监督、提供帮助和反馈。

(6) 对实验的监控。每个合作教师对给定数量的实验小组进行监督和帮助,对需要额外支持的小组提供指导说明。

(7) 学习方式的聚焦。一个教师在教一个小组时主要运用视觉策略,一个教师则运用听觉的策略,另一个教师则运用动觉的策略。

(8) 补充指导。一个合作教师为大多数的学生讲解概念、训练技能、分配作业。其他的合作教师则为学生讲解如何把技能运用在相关的社区环境中;为那些学生自己或者是教师认为在接受知识或者运用知识需要额外帮助的学生提供指导;或者是为学生提供更高级和更丰富的活动。

就像支持教学一样,平行教学在实施中也有需要注意的事项。首先,一成不变的把同样的学生分到同一组并用同一个教师教学,这样存在着在一个班级内部形成一个特殊班的可能。所以,尽可能的多样化的分组,使学生在不同的教师间流动是非常重要的。学生们通过体验不同的指导教师的教学方法与技术来展开他们的学习,这样能够避免除了班主任外的某位教师(如特殊教育教师或辅助人员)永远教同一组学生的情况。随着所有合作教师对所有学生的熟悉,教师们能够更好地解决他们共同的学生在学业、交流、社会学习上遇到的问题。

3. 补充教学

补充教学就是合作教师们通过某些方法对其他教师的讲解进行补充说明的教学方式。例如,一个教师正在对教学内容进行讲授,与此同时另外的合作教师在记录纸或者幻灯片上进行解释说明或者示范记笔记的写法。有时候,一位参与补充教学的教师会事先教授合作小组学习的社交技能,然后当其他教师教授小组合作学习课的时候检查学生实践的情况。对合作教学的疑问特别的集中在第二个层面上,就是那些合作教师并不是学科教师,他们对教学内容的掌握不如学科教师熟练。这是不可避免的,但也未必是缺点。补充教学的教师有其他领域的专业知识(如言语治疗师有沟通交流方面的专业知识;特殊教育教师有适应课程和学习策略方面的专业知识;专业辅助人员能够说一口流利的西班牙语或者其他的语言,在教室里的许多学生以说这些语言为主),这些知识能够轻松地补充学科教师的不足。通过一起计划和教学,教学团队里的所有成员都有机会获得新的技能。例如,特殊教育教师可以学会新的学科知识,班主任教师会获得鉴别课程、指导与评估的能力。

4. 协同教学

协同教学就是两个或更多的教师一起做传统的教师一个人做的工作:计划、教学、评估以及为教室里的所有学生承担责任。协同教学的教师们共同领导并共同承担责任。比如,一个教师向学生们讲解某个科学实验步骤的同时,另一个教师则示范如何记录数据与描述实验结果。协同教学的教师们把课程分开教学,这样学生们就可以体验每个教师的强项和专业知识。比如,在一堂科学发明课上,一个爱好历史的教师会向学生们讲解这个科学发明的社会影响,另一个在机械上很有造诣的教师就会更多地向学生讲解这个科学发明的独特运转方式。在协同教学中,教师们可以同时授课,两个教师可以非常惬意地在主讲教师与支持教师间进行角色的转换。判断一个协同教学关系是否成功的底线是学生是否把每一位教师都当成他们自己的教师。

关于协同教学的争论并不是没有,一个问题是协同的教师关系是否应该持续到学年末尾就结束,还是一个合作教师(如特殊教育教师)应该跟随学生们升到下一个年级。两种方法都有利有弊。一方面,每年重新开始组成新的团队会阻碍合作教学关系与学科知识的发展。另一方面,形成新的团队也有好处,可以让教师接纳新的学生,使得以往与熟识他们的教师们相处得不好的学生摆脱困境。新教师们可以迅速地从那些熟悉学生的人那里获得信息。每种选择的好坏都应由每个团队自己决定,选择对学生最好的方式。

(二)把学生当做合作伙伴

要想在21世纪的生存中获得成功,与人合作的技能至关重要。因此,教师们进行合作的一个重要的原因就是,当教师们在计划与教学中展示他们的合作能力的时候,学生能够对这种合作进行体验与模仿。学生们也能够成为教师的合作伙伴。维拉、桑珍德和内文(2004)解释说,当教师明确地教导他们如何作为学习伙伴一起工作与学习,学生们更愿意提升他们合作的意愿与技能,学生们之间也形成了互为教师与学生的互助关系。同样,通过构建合作小组的学习经验,教师们创建论坛让学生们练习沟通和人际交往技巧,同时也让他们能够共同的获得并展示学习的成果。

(三)评估合作的计划、教学和学习关系

在所有的合作计划、教学和学习关系中,有五个因素能够促进合作的顺利进行:面对面的交流,积极的相互依赖,人际交往的技能,监控与检查以及各司其职(详细说明请参见 Johnson & Johnson,2000)。

为了使合作关系达到最佳效果,当团队的成员们面对面地坐在一起计划或者讨论课程、教学方法与对学生成绩进行评估的时候,他们需要知道这五个影响合作效果的因素。

(四)关于合作计划与教学的争论

所有合作计划与教学的团队都要面临共同的问题,这些问题涉及教学方法、计划的时间和其他后勤、行为管理、成员之间的沟通和对合作成功与否的评价。在这些问题中成员们必须问他们自己的问题是:"谁为那些特殊学生改编课程、教学和评估的程序?""谁实行惩戒的程序并给出结果?""学生的进步如何被检测?""谁来完成那些够资格接受特殊教育学生的报告?"一些问题涉及日常的职责,比如学生作业的反馈和学生进步的记录。另一些涉及周期性的任务,比如会见家长和行政官员。随着教学团队成员经验的增长和相互的信任,许多问题的答案将会有所改变。

四、结论:三方面的责任

我们的任务是去教我们所拥有的孩子,而不是去教我们过去常常教的、想要去教的和存在于我们梦想中的孩子。

——Gerlach,2002《个人沟通》

合作计划与教学会对我们今天的儿童带来各种各样的积极的成果,对参与其中的教师来说也是如此。然而,我们知道合作教学需要付出智力上的和人际关系上的努力,在大多数学校里合作教学并没有自然而然的发生。为了达到对合作教学研究的承诺,机构与个人在三个层面上要负起责任。

第一,在大学的层面,师资培养机构要担负起为所有未来的教育者提供有效的合作计划与教学实践训练的责任。

第二,在学校行政层面,学校管理者必须为提供不间断的专业发展负起责任。这些专业发展包括学习如何共同设置计划,了解四种合作教学的方法,进行不同的教学实践,学习如何促进合作小组与同学间相互学习,学习积极的行为支持,学习如何帮助不同的学习者在普通教室里取得成功。管理者们还要在

以下四个方面负起责任:(1)明确合作教学与实践的基本原理。(2)帮助学校教职员工理解这种对传统角色与责任转变的必要性。(3)为合作计划与教学提供激励与资源。例如,制订共同的合作计划教学的时间表,提供出席会议或者观察经验丰富的合作教学团队的机会。(4)在学校里评估合作计划与教学实践的效果。

第三,在每个教育工作者的层面,由于我们国家多样的学生人口的增加和NCLB法案、IDEA以及其州和联邦的强制的要求,教师这项工作变得更加复杂、高要求并且激动人心。作为选择了教师这项事业的专业人士,我们应该负担起责任。我们应该主动去了解我们工作所需要的最新的知识与技能。不论我们大学的师资培育计划有多么成功,也不论学校的管理者一直在致力于促进合作计划与教学,使之成为现在学校文化与实践的自然而然的一部分,我们作为教育的专业人士都要担负起主动学习的责任。毕竟,合作计划与教学是为了孩子——我们所唯一拥有的孩子——的利益。

(景　时　译)

个别化教育计划:广阔背景下的改革[①]

斯蒂芬·W.史密斯 玛丽·T.布劳内尔

作者简介

斯蒂芬·W.史密斯(Stephen W. Smith),美国佛罗里达大学教育学院特殊教育系教授。1975年和1978年在西南密苏里州大学先后获学士学位和硕士学位;1989年在堪萨斯大学获博士学位。史密斯博士在获得他的博士学位前,曾在特殊学校工作了八年之久。他在佛罗里达大学主要从事情绪和行为障碍课程的教学,并多次参与联邦政府资助的有效行为管理技术的研究,如社会冲突的调查研究等。代表作有《问题行为预防》(Preventing Problem Behaviors,2010)、《运用问题解决式教学管理问题行为》(Managing Difficult Behavior through Problem Solving Instruction,2006)。

玛丽·T.布劳内尔(Mary T. Brownell)是佛罗里达大学特殊教育系教授以及教育合作与改革中心主任。她毕业于堪萨斯大学特殊教育专业,专攻残疾儿童教师教育与发展,包括特殊教师职业心理及其影响要素、特殊教师流动问题、特殊教育教师培训等方面的研究;获得美国教育研究期刊最佳审稿人奖以及佛罗里达大学教学成就奖。代表作有:《融合课堂教学的研究与合作探究基础》(Using Evidence and Collaborative Inquiry as the Foundation for Responsive Inclusive Instruction,2012),并与人合著《特殊教育新手生存指南》(The New Special Educator's Survival Guide,2013)。

选文简介、点评

1975年,美国通过了《教育所有残疾儿童法》(EHA),规定了个别化教育计划(IEP)、最少受限制的环境、无歧视评估等五项基本原则,目的在于为特殊儿童提供免费、适当的公立教育。个别化教育计划是一个根据学生独特的学习和社会需要来引导、协调和记载学生教育历程的类似于合约性质的协议。该法案规定,各州必须为每一个接受特殊教育的学生制订一份书面的个别化教育计划,计划必须包括五个方面:(1)这个孩子目前教育水平的描述;(2)年度目标

[①] Stephen W. Smith, Mary T. Brownell. Individualized Education Program:Considering the Broad Context of Reform[J]. Focus on Exceptional Children,1995,28(1):1-10.

的陈述,每个年度目标还必须包括一系列短期教学目标;(3)给孩子提供的具体的教育服务,包括参与普通教育的计划;(4)每项服务的起始日期和期限;(5)评估程序和合适的评估标准,至少应该在一年内对教学目标达到的情况进行评估。个别化教育计划的制订和实施需要由地方教育部门的代表、学校教师、心理工作者、医生以及家长等组成的小组来共同完成。自该法案颁布以来,西方特殊教育界就将个别化教育计划当做特殊教育发展的利器,言必称个别化,后来发展到个别化家庭计划、个别化转衔计划等,一时间个别化成为西方特殊教育领域的强势话语。

概而言之,精确测量奠定IEP的科学基础,法定程序确保残疾儿童教育机会均等的原则,标准化操作使个别化的教育与服务落到实处。平等与个性自由是IEP的核心本质,科学与民主是其主要内涵。IEP体现了西方个人本位论的教育目的,追求"以儿童为中心"的民主教育,承认儿童是独立自主的个体,强调个人自由权利的至高无上,应主要根据个人自身完善和发展的精神性需要来制定教育目的和建构教育活动。IEP体现了西方近代以来追求自由、平等、多元的社会文化价值观,是西方民主的教育理念在特殊教育中的体现。IEP对教育平等与自由有着执著的追求,具有美式理想主义的特色;另一方面,IEP试图通过一系列系统、烦琐的程序与步骤确保完美的理想落到实处,是特有的美式实用主义在教育中的体现,是对理想的制约与羁绊,使其不致成为空想。IEP蕴含的正是美国特有的文化传统:实用主义是其本质,披的却是理想主义华丽外衣。

该文主要从理论批判的视角考察了成功执行IEP的三个基本假设:(1)自上而下的制定政策意味着成功的执行;(2)学校组织的决策要顺应个体需求;(3)教师是理性的技术专家。结果发现,成功的执行政策并不能保证给学生提供高质量的教育;学校作为一个官僚机构,难以促进专业人员和家长间成功的合作,也就不能针对学生个体提出有建设性的决策;教师在相对孤立的复杂的环境中工作,他们往往会利用直觉来解决教育的事情,而不是理性,没有足够的反思和思考。因此作者建议在政策的执行、教师教育和学校组织方面进行改革来创造环境,使得IEP朝着它原来的精神和法律内容去发展。

IEP自1975年建立之初就旨在满足特殊学生独特的教育需要。选文发表于1995年,回顾20年以来IEP的执行情况,不难发现IEP在实践中确实存在一些问题,如IEP文件本身存在的缺陷,质疑IEP的执行效果,教师并没有完全执行IEP,不同领域的专业人员间缺乏必要的沟通和交流等。选文从IEP的三个假设入手进行批判,无疑是起一个抛砖引玉的作用,希望可以引起大家的广泛关注,正如作者在文章末尾所表达的那样,"如果没有思考和争论,那么通过IEP建立起来的个别化教育计划将不会得到改革和发展"。

20世纪80年代以来西方回归主流以及融合教育的思潮为我国随班就读的发展提供了理论依据和借鉴。个别化教育计划随着回归主流、融合教育、正常化原则等西方理论而来，成为我国特殊教育主要实践举措之一。扎根于西方文化土壤的个别化教育计划能否适应中国的水土，能否发展出有中国特色的个别化教育还值得我们深思。在我国个别化教育计划实施还存在着各种乱象：出于应付检查临时制订的IEP多，按照科学、严谨的程序制订与实施的IEP少；班主任闭门造车独自制订IEP的多，多方专业人员有效参与IEP制订与实施的少；屈从于上级压力被动制订IEP走形式的多，主动制订IEP并相应实施个别化教学的少。许多教师有利用IEP指导教学的需求，却往往因缺乏知识与相关资源而有心无力；有些教师则对IEP表格中"描述学生认知、情感、行为特点"等具有浓厚学术色彩的要求莫衷一是。少数制作精美的IEP文本平时束之高阁，检查时才偶露峥嵘，作秀成分多，与教学实际脱节。个别化教育计划在中国的发展问题重重。通过对西方个别化教育计划的批判和反思，重新审视个别化教育计划的本质，或许能够帮助我们更好地拷问中国个别化教育计划的发展，并通过不断的实践和反思探索出适合中国国情的个别化教育计划，真正做到他山之石可攻玉。

选文正文

个别化教育计划(Individualized Education Program,简称IEP)是美国联邦立法中确保特殊儿童受教育权利的一个具有里程碑意义的立法。IEP详细阐明了儿童所要接受的适当教育的权利，并且还规定了为达到"特别制定的教学"所要采取的措施。它是一个根据学生独特的学习和社会需要来引导、协调和记载学生教育历程的类似于合约性质的协议。

毫无疑问，1975年的EHA和1990年的IDEA为特殊儿童的教育计划带来了很多必需的变化。从理论上看，IDEA主要是为学校的教职人员、家长和学生达到新的教学效果而重新设立目标。IEP则是在平等决策和为特殊儿童的个人利益斗争的基础上，为专业人员和家长能共同实现特殊儿童的教育优先权而努力。"感知、构想和执行"IEP的效力也就决定了IDEA的效力(Kaye & Aserlind, 1979)。因此，在学生的教育过程中，我们也就不能缩减或忽略IEP在指导、记载和促进合作方面的重要性。

随着IDEA的发展，研究人员按照程序性规定和质量评价方法仔细审查了IEP的文件。从这些分析中研究人员发现IEP的过程和文件是无效的、不完整的和有缺点的(如，Pyecha, et al., 1980; Smith, 1990b)。例如，史密斯和辛普森(Smith & Simpson, 1989)报告了在IEP中有关行为障碍学生的214个条款中，不仅有超过一半的条款在程序上存在问题，而且行为标准和年度目标间有着很少的行为目标，很少有目标是达到要求的并且存在内容上的缺陷。

在另一项研究中，史密斯发现有一些程序性的和内容的缺陷在暗中破坏IEP文件的效度、信度和精确性。因此，研究结果强调突出了IEP的功能，但却质疑现在的IEP持续发展的可能性(Smith & Simpson，1989；Smith，1990b)。按照现在的情况来看，IEP已经变成了尼尔和柯尔普(Neal & Kirp，1985)所描述的"终结法律和程序，具体的目标迷失在机械形式中的一种狭窄的方法"。

史密斯(1990b)认为即使长期以来，一直都在执行、研究IEP和为改进IEP而提建议，但也难以保证它的变化。他注意到在分析或研究IEP的执行情况的过程中(20世纪70年代中期到80年代中期)，有大量的建议提出来弥补IEP的不足。这些建议包括提供更多的服务、更多的IEP形式、更多的服务前培训、更好的协调实施和修改家长的参与程度。尽管有这些研究成果和建议，但IEP并没有改变多少，而且我们也不了解IEP是否会真的影响到学生的学习。

史密斯(1990b)认为下一个阶段是技术—反应或后分析阶段。令人好奇的是，后分析阶段并没有包括后续研究来审查在分析阶段提出的建议是否被执行或产生了我们想要的效果。相反，研究人员关注的是计算机软件减少IEP时间和成本的效用，并没有考虑到IEP作为一个过程和文件的无用性。简单自动地操作IEP可以确保一个更便利的、低成本的IEP过程，这也意味着要把IDEA原始的精神和内容(如，典型服从)改变为最低限度的服从。史密斯认为，这个转变是"以我们所了解的IEP(分析阶段)来对抗我们所做的行为(后分析阶段)的特殊教育实践的一个失败。因此，我们现在就要努力确保最低限度的服从，这也是IDEA原先所要阻止的"。

史密斯(1990b)回顾了以往IEP的相关文献，指出特殊教育的专业人员把注意力都集中在纠正IEP不合适的问题上，而不是分析其原因。他认为，通过更多的教师职前和在职培训，提高家长的参与性和对家长进行培训，更多有效的专业合作和计算机化，这些为提高IEP所做的努力，看起来都是直观和合理的措施，然而这些建议都没有成功地建立起直接的变化。我们由此认为建立在与IEP问题基础之上的解决问题的方法根本没有起到应有的作用。结果，我们没有充分的时间和精力来理解IEP的制订以及它们是如何运作的。

要让IEP发生变化并不大可能，因为我们并不是很理解为什么IEP在很大程度上仍然是"在责任、父母参与、交流和计划方面是一种无效的工具"(教育局下设特殊教育部，1979)。史密斯(1990b)认为"也许我们应该承认IEP是不可行的，不切实际的，应该使用其他的方法来证明IEP是'特别制定的教学'"。

我们相信，在现在的条件下，IEP是不可行的，但是IEP的内容(为特殊儿童提供合适的教育来解决个别化问题)可以在不同的条件下发展，使得IEP的过程可以朝着预期的方向发展。我们认为，专业人员只有在学校情境下分析IEP，并开始意识和评估它潜在的假设，否则就没有引起基本变化的机会来证明IEP的存在。有关IEP的争论以及它丰富的内容可以促进基本的变化。争论会使得专业人员在现有的学校情境下考察阻止IEP发展的因素,来满足IDEA的内容。没有它,我们会继续要求解决现有的问题,而且我们提供给所有学生受教育的机会的方式也不会有任何改变。

在本文中,我们通过一系列毫无疑问的假设来分析IEP,考察现有的提供和记载特殊教育的系统。我们的目标是认清我们发展和执行IEP的方法,这样我们就可以更好地适应"适当的教育",并确保系统化的改革。特别是,我们想要研究以下几点假设:(1)自上而下的制定政策意味着成功的执行;(2)学校组织的决策要顺应个体需求;(3)教师是理性的技术专家。最后,我们会为IEP的改革指出可行的方法。

一、自上而下的制定政策意味着成功的执行

IEP主要来源于特殊教育的相关立法,并受特殊教育中学校的组织结构和专业人员的影响。特殊教育立法是在20世纪60年代受社会政策推动所发展起来的,如民权运动和贫困战争反映了对个体权利的关注,以及大量的诉讼案件。如,宾夕法尼亚州智力落后协会诉宾夕法尼亚州联邦政府案[Pennsylvania Association for Retarded Children vs. Commonwealth of Pennsylvania (1971)];米尔斯诉教育委员会案[Mills vs. D. C. Board of Education (1980)]。到了20世纪70年代所有残障儿童受教育的权利不仅是合理的,而且也是合法的。在律师的监督下,一些激进的组织给政府施压要求为特殊儿童建立新的法律保障他们受教育的权利。最后,联邦立法出台,特殊教育的法律也就随之诞生,其中就包括IEP,"……这几乎就像是一场革命使得一些人为之欢呼,它改变了特殊教育的特征"(Morrissey & Safer, 1977)。

IEP开辟了一种新的立法模式,在为所有特殊儿童提供高质量的教育计划时,其中许多合法的部分都受到了挫折并且违背了原本的意图。我们假定在这种立法模式下,我们可以通过法律的力量为所有特殊儿童建立一种适当的教育。根据这种模式,那么当所有特殊儿童都有家长同意的合法的IEP时,会有大量的证据来证明IEP条款的可靠性。虽然一些人认为进入特殊教育并接受它所提供的服务就意味着服从,但也有一些人认为法律内容的真正措施才是教学的实质。克卢恩等(Clune el al., 1985)指出立法作为一种实现教育政策目的的手段,它的缺陷在于缺乏教育的实质,虽能抓住组织的注意力,使其成为一种潜在的有用的获取资源的手段,但对于解决教育的问题是无用的。

法律强调的是一种责任感,对地方教育当局(local education agencies,即LEAs)而言这才是真正的和重要的问题;然而,对个别学生而言它并没有强调质量问题和IEP的适合性。更确切地说,这种立法形式更多地依靠合法的程序和系统性的考察来确保它的执行,但只有很少的时间来关注执行的质量如何。一些人可能会争辩IEP是我们考察诉讼案的主要方式,因此它真正的特征就在

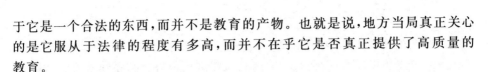

于它是一个合法的东西,而并不是教育的产物。也就是说,地方当局真正关心的是它服从于法律的程度有多高,而并不在乎它是否真正提供了高质量的教育。

克卢恩把 IEP 这种关注于对法律的服从效力而并不是教育意义的行为称作是"目标移位"(goal displacement),或是尼尔和柯尔普(1985)所认为的"贫瘠的法律形式"。事实上,对政府机构,如学区而言,它们很容易去服从程序,而不是执行高质量的行为。

(一) 政策符合实践

日常工作的需要使得学校的专业人员必须自上而下地执行一些行为,如 IEP。韦瑟利和利普斯基(Weatherley & Lipsky,1977)对马萨诸塞州特殊教育法律的执行情况进行了调查,他们得出的结论是"基层工作者"——在这个研究中,真正负责传递服务的教师——在有限的资源条件下会按照最初的要求来执行这些政策。"他们一般都是通过日常化的程序提供服务,坚持优先权和限制或控制特殊儿童来执行 IEP……他们的行为使得他们在某些情况下被动地去工作。"

另外,韦瑟利和利普斯基还发现特殊教育的教职人员会努力控制自己的行为以适应周围的环境。他们不得不根据工作场所及合法的指令来想出自己的方法策略。特殊教育的教职人员会逐渐变得官僚化而不是以学生为中心,以此来达到控制的目的。

在学校里,教师和其他专业人员在 IEP 的发展过程中是政策的执行者,这点很明显。许多特殊教育和普通教育的教师一天有六七个小时的时间与学生在一起,但却几乎没有时间来计划和反省 IEP。这同样也影响了他们与父母和其他的专业人员间交流的机会。结果,管理者发现通过使程序合理化可以减轻教师和其他专业人员撰写 IEP 的负担。例如,从一份标准化的条目或课程中选择教育的目标,使得特殊教育教师在参加会议前就能写好 IEP,并且使 IEP 计算机化,这样 IEP 就能朝着减少程序要求的方向发展。根据里普斯基(1980)的基层工作者的理论,学校里的专业人员发展和执行 IEP 的方式并不只是政策的执行,而在于政策本身。事实上,IEP 的发展者也正是政策的制定者。

(二) 向前规划

埃尔莫尔(Elmore,1980)对韦瑟利和利普斯基 1977 年研究所提出的基层工作者的理论一点也不感到奇怪。然而,埃尔莫尔认为那些执行 IEP 政策的教师和其他专业人员的行为是由于他们向前规划的结果。向前规划是一种自上而下的过程,从对广泛的内容进行清晰的描述开始,中间要经过一系列的特定的步骤来定义和说明在不同的阶段执行 IEP 所期望达到的结果。"它由目标开始,为了达成目标它会详细描述每一阶段的步骤,并会说明每次成功或失败的结果。"

IDEA 的开始部分是把国会的一些内容翻译为规则和条款,然后形成联邦、州和当地政府的行政责任。在这个过程中,实施单位(例如,联邦政府、州政府、学区)将定义一个可观察的结果,他们认为是与先前国会的内容一样,会受到立法的影响。这就是 IEP 的例子。州教育机构和当地教育机构将他们的任务定义为通过联邦法律的内容、规则和条款的 IEP 来给学生提供适当的教育。他们要在他们自己的规则和条款中,为教育专业人员、家长,特别是学生,描述他们所期望的教育结果。

根据埃尔莫尔(1980)的观点,向前规划并非没有弱点。向前规划的一个潜在的假设是,政策制定者有直接的,或者甚至是会影响执行的组织的、政治的以及技术的控制。这个假设,按照埃尔莫尔的观点,是对传统的公共管理政策分析进行的"高贵的谎言"。"假设有更明确的政策指示,更加注重行政责任和为改进执行效果对预期成果有更明确的说明,那么向前规划会从一开始就加强对执行的控制。"

韦瑟利、利普斯基和埃尔莫尔都认为,政策的成功或失败是由于行政内容遇上了基层专业人员的私人选择导致的。当立法计划,如 IEP,被强加于动态和复杂的组织(如学校)之上时,特殊教育的法制化和教育的实施将变得更加复杂。

二、学校组织的决策要顺应个体需求

IDEA 要求专业人员和家长一起,以尽量满足学生的个性化发展的需要来发展 IEP。为了要做到这一点,明茨伯格和斯科特(Mintzberg,1979 & Skrtic,1991a)建议成立一个组织,其中专业人员可以以相互依存、合作的方式来创造新的方案或在 IEP 的范围内提出新的方案,以满足特殊儿童发展的需要。然而,学校是一个机械的官僚行政体制,里面有专业官僚机构。因此,也就难以促进专业人员和学生家长之间的合作。

在机械的官僚行政体制里面,个人进行简单的工作。简单的工作"可以合理化为一系列完全由分离的工人完成的精确的、日常的任务"。这项工作就好比是在汽车装配线上进行的一个简单工作。每个工人的职责是简单的、常规的、明确的,所以工人几乎不需要任何专业的知识或技能就可以有效地完成分配的任务。

根据斯科特的观点,学校的管理像机械的官僚机构。这种管理学校的方法从理性和技术的角度来看,是试图使学校变成更有效的组织的领导方法。我们相信,学校的失败是低效率组织的结果,学校可以通过规范和标准化雇员的工作来衡量他们的生产力,这样学校才会变得更加有效。然而,问题在于管理学校就像是运营机械的官僚机构,教学工作作为一项简单的工作本该是合理和正规的,却也变得混乱起来,导致专业判断上的失误。

然而，教师进行的是复杂的工作，如果要使之合理化和事先说明，必然是很含糊的。为了适应这种复杂的工作，学校会为自己机械的官僚构造本身配置专业的官僚人员。此外，学校的专业官僚主义通过学校里的专业人员确立了劳动的分工。例如，有很多不同种类的特殊教育教师和普通教育教师、阅读和行为专家、咨询顾问、体育教育和职业教育教师等。所有这些教师和专家都已经通过专业培训，使他们可以满足他们所服务的不同类型的学生的需要。

在专业的官僚机构里，教师是表演者，但不是问题的解决者，因为他们经常独自工作，以有限的判断力和理想的标准程序来服务他们的学生。他们的注意力主要集中在学生身上。他们利用可能与其他教师和专业人员不同的专门技能。一般来说，这些专业人员意识到了在学校里每个人每天都在做什么，但他们对彼此特定的工作或技能只有模糊的概念。也就是说，学校的专业人员在一个相互依存、松散的组织形式中并没有高度相互依存。因此，学校和专业人员的组织实际上并不是合作和共同发展的，这正如IEP的发展过程一样。

米恩(Mehan,1986)等和斯科特、古巴和诺尔顿(Skrtic, Guba & Knowlton,1985)对当地学区的特殊教育实践进行了民族志的研究，结果他们对做决策的过程有不同的观点。他们的研究结论是，学区里的专业人员做决策考虑的是经济、法律和实际相关的问题，而不是预期认为的能解决的个别问题，较少考虑每个学生的个别需要。

例如，米恩发现，在美国西海岸的一个小地区内，专业人员处理IEP里特殊教育需要的转介、计划和安置时，主要通过以下手段：制订提前安置计划，改变行政报告程序，阻止在一年的某些时候转介，减少可供选择的安置范围和减少可为学生提供的方案的可行性。米恩还发现，IEP会议的成员很少会讨论到可供学生选择的安置范围，而且他们也不会考虑安置或计划的后果。因此，专业人员和IEP委员会成员之间的决策就成为多余，它的问题在于常规的程序应该提供实际的效力和减少模糊的可能性。

米恩和他的同事们认为，该地区可用的资源、校历、学生人口和地区财政情况会比学生的个别需求更多地影响他们的教育生涯。这意味着，把学生安置在特殊教育中确实是制度的惯例，"学生的身份是由学校的体制惯例所决定的"。多数情况下，制定IEP"与其说是做决策，倒不如说它是遵循惯例"。

三、教师是理性的技术专家

我们认识到，教师只不过是IEP小组中的成员，但他们通常要负责IEP目标的设计、指导和评估等这些工作。对于教师来说，IEP是设计和评价课堂教学的主要指导依据，但其目前的设计和实施却与教师先前的设想不一致。IEP的假设是，当教师以更直观的水平来进行教学时，我们才认为教师是理性的技术专家。

在将近 20 年的发展过程中，IEP 已经由泰勒时期的方法逐渐发展为指导性的计划和评估手段。泰勒受教育中行为方法的影响，相信有效的教学来源于特定的学习目标。通过确定学习目标，泰勒认为教师可以为教学评价建立起相关的教学活动和标准。这种方法假设，当教育工作者确定了学生的学习目标和评估他们的进步情况时，教学就会变得更加有效和有效率。

IEP 的制订中隐含的概念是，教师利用目标和评估来推动他们的教学。但是，这样的假设本质上是有缺陷的，因为教师不是理性的线性思想家。教师很少使用行为目标来推动他们的教学。相反，教师会花大部分的时间来考虑满足学生需要、能力和兴趣的活动，需要教的科目和课堂中的教学策略。此外，教师在设计他们的教学时，很少会注意到评估他们的教学或课程。研究人员对教师使用泰勒方法来设计和评估教学的研究发现，无论是有经验的教师还是新教师都不会在他们的教学设计中使用这种模式。虽然有经验的教师支持泰勒模式，但之所以没有在教学中使用它是因为它太费时，而且也没有必要使用它。这些教师认为，泰勒模式的重要组成部分已经隐含在他们的日常教学设计中，尽管它并不是那么明显。

最后，教师课堂实践观察到的结果与 IEP 在教室里的使用结果是相悖的。因为教师是在相对孤立的复杂的环境中工作的，他们发展起来的"临床"世界观与大学研究者的研究方向是完全不同的。一个临床医生的世界观的特点是：(1) 懂得行动的方向；(2) 相信行为的效力；(3) 做决策时依靠第一手的经验；(4) 用粗暴务实的方法解决问题；(5) 不相信理论中总结出来的结论。与大学里的研究人员不同，教师拒绝使用更科学、抽象的知识来解决他们的问题或改变他们的教学实践；相反，教师会更多地依靠他们自己和同龄人的经验。

然而，IEP 是由古典方法逐渐发展为科学方法的，这也是特殊教育的研究人员最信奉的方法。在近 20 年的发展过程中，家长和专业人员基于学生的优势和弱势不断发展 IEP。判断一个学生优势和弱势的逻辑在于建立教学目标来维持学生的优势和改进弱势。此外，我们还可以通过评估学生在这些发展目标上的进步情况来鉴定和执行对他们而言有效的教学。然而，这种逻辑的困难在于，教师在教学中并不会应用它。

教师往往会利用直觉来解决教育的事情，而不是理性。当被要求证明自己的专业决定合理时，教师往往会很冲动，跟着自己的感觉走，而不是反思和思考。考虑到教师思想的临床性质，我们也就不会奇怪为什么特殊教育的专家们会认为 IEP 是一个与教学无关的文件了。然而，有教师却对 IEP 提出了一个批判式的问题：如果教师把 IEP 当做是与教学无关的文件，那么我们如何向家长保证他们的孩子所接受的教育是个别化的、适当的教育呢？

四、IEP 改革可行的方法

当我们现在回过头来看过去 20 年 IEP 的执行情况时,大量证据表明,IEP 的质量和它对教育的影响力都是值得我们怀疑的。史密斯和辛普森的结论是,尽管现有的数据已经在质疑个别化教育计划带给特殊儿童的贡献有多大,但很少有人会去解决 IEP 的问题。史密斯(1990b)建议改进 IEP 或修改现行的教育体制来达到更好的实践效果。我们相信,IEP 的真正目的只有通过机制改变才能实现,而这种机制则是允许教育专业人员建立真正的个别化的、可评估的教育计划。

我们提到,专业人员首先必须认识到,IEP 是在错综复杂的决策环境中发展起来的。IEP 的存在和功能是由许多历史事件和内部组织情况决定的。以前人们强调 IEP 的程序与文件,而不是对 IEP 缺陷的原因进行反思。提高 IEP 的建议许多是误导性的,其中包括更多的教师职前和在职培训,内容更丰富的 IEP 形式,更好地协调执行和加强家长的参与等。我们都不知道一个新的 IEP 应该是什么样子的。更确切地说,我们要提出一些想法来改变影响 IEP 发展和执行的条件。这样,我们提出的方法才会符合 IEP 的内容和精神需要。埃尔莫尔描述的向前规划和后退规划以及明茨伯格和斯科特的概念化灵活组织结构,都可以帮助我们为提供一种适当的教育方式而想出新的方法。此外,我们还将讨论教学措施,这样教育工作者可以在灵活的组织结构中更有效地工作,提升自己的专业技能。

(一)后退规划

埃尔莫尔(1980)揭示了"向前规划"的不足,而且还从基层的角度出发提供了实现的政策措施——那就是,后退规划。后退规划明确地质疑了"向前规划"的两个假设。

第一,后退规划拒绝这样的假设:政策的制定者在执行过程中去控制政策执行的具体情况。

第二,它反对这样的概念:明确的政策文本、行政管理和明确的结果会增加政策执行成功的概率。

后退规划在逻辑上是与向前规划相反的。刚开始它并不是最好的,而是它的行政行为符合基层要求的决策。向前规划是从一项内容的声明开始的,但后退规划却是从政策的需要中总结出来的基层的行为声明中开始的。根据这些行为,组织机构将一系列的后果或结果设置成为政策目标。执行机构系统需要在每个阶段回答以下两个问题来实现目标:这个单位有什么能力可以影响政策目标?这个单位需要什么资源来达到预期的效果?在最后阶段,政策的制定者提出最有可能产生最大影响的政策目标。

后退规划假设专业人员是解决问题的关键,他或她的能力越强,就越有可能影响他解决问题的效果。最大可能地谨慎处理问题是成功执行政策的最迅速的手段。教师、家长及其他专业人员在建立、执行和评估个别化教育计划时可能会遇到障碍,然后可以有针对性地建立资源,以减少或消除这些障碍。后退规划基于以儿童为中心的方法,通过提高那些低级别或第一线专业人员的知识和解决问题的能力,来最大可能谨慎地制订计划方案。后退规划侧重于互惠和谨慎。"换句话说,它强调的不是政策或政策制定者来解决这个问题,而是那些与问题最接近的人来解决它。"

对那些参与了与学生相关的决策(例如,IEP)的专业人员来说,很容易看到后退规划是如何改变我们对教育的想法的。因此,我们必须告诉教师和其他专业人员如何应对他们的工作,以及为学生和他们的教学所规划的实质。通过合作,决策者可以"利用组织的结构和过程来拟订、说明和确定政策"。通过确定执行的需要,政策制定者能提供资源来提高专业人员的能力,让他们在执行IEP的过程中利用他们的技能和专业判断。

(二) 灵活的方式

像埃尔莫尔一样,明茨伯格和斯科特将灵活性作为配备专业人员的一种新的方式。他们相信,灵活性意味着会有更多专业的方式和相互讨论来解决问题。在这里,我们不会提供一个完整的灵活形式,而是想要介绍它作为一种新的方法来指导我们的教育实践,特别是我们的个别化教育计划。

灵活性是一个高度分散的结构化的方式,它包含很少的形式主义,专业人员和管理人员围绕特定的创新项目在多学科小组内共同工作。它是一个动态的、自我更新,但又避免官僚主义的结构,它强调规划、协同和控制机制。其组织结构是水平的而非等级分明的,专业人员有权做决定。像前卫的电影制作,咨询顾问公司和广告公司等都是特定灵活的组织的例子。明茨伯格指出,真正的灵活性是属于未来的结构。这是一个日益知识化、专业化的结构,是一个更适应复杂环境和更有创意的结构,也是唯一的一个现存的使我们相信组织必须是一个更民主,而不是更官僚的结构。

当 IDEA 变成法律后,灵活的组织性就必须去满足 IEP 的需要。IEP 个性化的性质意味着它需要创新,而不是标准化。IEP 的一个隐性观点在于,专业人员和家长要合作来创造新的方案,因为每个学生都是独特的,有个别化的问题待解决。现有的计划、法规和政策是不合时宜的,因为每个方案都必须通过合作者的相互交流讨论来不断地加以改进。大量的专业人员累积的知识和专业技能将发展出新的多学科知识。灵活的组织性能通过多学科小组成员的共同努力创造更多的新知识。

如果学校要成为灵活的组织结构,那么各类特设的专业人员和家长要一起去解决问题。由他们组成的团队必须努力创新,这样他们的工作才会超越标准化计划和程序。我们并没有必要对这样的团队进行直接监督,因为他们的工作是复杂的,他们不依赖于标准程序。因此,只有这样的合作团队才能通过相互协调、适应来创建适合学生需求的 IEP。

(三)灵活组织结构中的教师

灵活组织结构对教师以直观、主动的方式理解课堂现象,并转变为以建构的方式去理解课堂也很有必要。那些有着建构性知识的教师会把他们的直观性知识与从其他方面获取的课堂知识整合起来。他们能够"编织理性和感性的思想,整合主观和客观的知识"。虽然说教师是知识的建构者但他们能够看到个人经验和研究之间的联系。他们"受到了(每个特殊儿童都会表现出来的)问题的挑战,但可以通过跨越学科和视角的方法去解决问题"。

建构主义的教师"可以思考和反映多种选择,并在此基础上进行决策",并尽自己努力来为每个学生做到最好。这种思维方式是合作的,是决策过程中的重要方面,它关注的是学生个体,这也是 IEP 的基本前提。灵活的组织结构需要并维持这种思维方式,因为多学科小组要通过相互的讨论来解决共同的问题,这样,小组成员才能通过共享的经验扩展每个人的知识和观点。

教师教育计划同样也有可能通过新的教学方法和跨部门的合作来把专业人员发展为建构主义的思想家,这也是解决个别化的问题所必需的。教师经常会使用案例法和实践调查法来促进学生进行建构性的思考。案例法主要是对实际的课堂情况进行分析。在分析案例时,师范专业学生会把他们所知道的理论和研究应用到课堂情境中去。除此以外,学生还会在分析案例时应用不同的理论视角。案例分析会促进建构性思维能力的发展,因为师范专业学生会把主观和理性思维结合起来,并能从多理论的角度看待班级现象以此培养他们的发散性思维。随着他们的专业技能的提升,培训项目小组成员在面临制订教育计划的任务时也越来越需要建构性的思想。

实践调查是另一种促进师范专业学生发展建构性思维的方法。实践调查系统性地搜集数据,并深入地分析专业实践。实践调查不仅让师范专业学生了解学校和课堂情境,而且还能理解他们所教的学生。在实践调查中,我们鼓励师范专业学生使用他们自己的理论和研究来探索新方法去看待学校的运作、学生的进步以及实践中发生的变化。师范专业学生并不参与"旨在发展与教育实践相关的法律(或去发现)问题的答案"的实践调查。相反,师范专业学生会通过多个视角去审查学校和教室的问题。

然而,案例法和实践调查不应该孤立地使用。相反,这些方法应该为师范专业学生和不同部门间的跨部门合作提供一个连接点。不同部门间的合作使得我们可以从多角度来看问题,这也是一个成功的灵活组织结构所必需的。此外,为了灵活的组织结构的生存和发展,在职前教育计划中让学生学会合作还将提高他们各自的技能。

五、结论

总之,我们认为政策的执行、教师教育和学校组织需要重大变革。这些变革将创造一个环境,以有利于 IEP 朝着它原来的精神和法律要求去发展。然而,教育专业人员和政策的制定者会面临许多障碍。首先,由于特殊教育的法制化,这就要求联邦政府和州政府的教育部门负起更大的责任,但立法者和社区成员却发现让教育者做决策时应用专业判断很困难。其次,许多普通、特殊教育教师和相关服务的专业人员都通过个别培训计划来获得证书。因此,他们可能并没有足够的机会同其他领域的专业人员一起来发展专业技能。第三,现有的服务是基于每个学生独特的需要,把教师、家长和其他专业人员分开来,妨碍了他们共同为学生制订计划。一旦有标准化的计划,专业人员会改变那些计划来适应不同学生的需要,而不是为他们建立新的计划。最后,合作小组需要更多的时间来制订计划。深入的思考和规划时间对合作小组而言是必需的——这在现有的学校结构下并不容易获得。

我们同意施莱堤、克拉克和梅洛伊(Schlechty, Clark & Meloy, 1990)的观点,他们坚持认为应该对公立学校的制度进行激烈的改革。施莱堤认为:"如果要保证公共教育的活力,那么没有什么比学校的根本转型更重要的了。修复现有的结构并不足够。"激进的变革包括严厉批判现有的阻碍实施适当的个别化教育的特殊教育实践。这需要审视我们现有的特殊教育的实践和信念。然而,如果没有对 IEP 实践过程和文本中的缺点进行严厉的批判的话,那么激进的改革是不会发生的。

本文表达了我们对 IEP 变化的论述,以及我们如何去为所有特殊儿童提供合适的教育。如果没有思考和争论,那么通过 IEP 建立起来的个别化教育计划将不会得到改革和发展。

(汪斯斯　译)

以实践为导向的特殊教育研究

葆拉·J. 斯坦洛维奇　基思·E. 斯坦洛维奇

作者简介

葆拉·J. 斯坦洛维奇（Paula J. Stanovich），哲学博士，加拿大安大略大学大学教育研究学院课程系副教授。她的研究领域主要集中在融合教育背景下对于有特殊需要学生实施有效教学策略的相关研究。

基思·E. 斯坦洛维奇（Keith E. Stanovich），哲学博士，加拿大安大略大学教育研究学院人类发展与应用心理学系教授。主要研究领域为阅读心理学、阅读障碍、读写的认知影响、批判性思考以及决策。

选文简介、点评

　　一直以来，教育研究者作为教育理论的代言人，而教师作为教育实践的行动者，二者是彼此分离的，导致了教育理论与实践的割裂。尽管随着人们对教育理论和实践衔接的呼声越来越高，教育理论者偶尔走进学校实践领域，但这种进入更多的是带着一种旁观者的心态；而作为实践者的教师，则对理论研究产生了一种遥不可及的畏惧感，很少有勇气去反思和批判自己的教学实践。因此，教育理论者和教育实践者之间的间隙和成见越来越深，影响了教育理论和实践的有效对话。

　　特殊教育专业人员在长期的实践过程中较好地遵循了实证科学研究的精神与传统，它重视发展客观测量工具（如智力量表等）来诊断残疾或障碍类型与程度，并据此发展相应的治疗方法以及具有医学特点的干预或训练手段。哲学思辨与概念演绎的游戏从来就不为特殊教育领域所强调，思辨演绎与主观臆断的所谓理论研究不是特殊教育的传统；经验研究、科学干预构成特殊教育的研究与实践基础。尽管如此，理论与实践的隔离仍然在特殊教育领域中广泛存在。选文即是对特殊教育领域理论和实践脱离的探讨。选文首先描述了特殊教育理论者和特殊教育实践者之间的紧张关系，认为二者之间缺乏有效的沟通使得彼此在交流上的压力陡增。选文接着通过分析特殊教育研究中的可信度，

---

① Paula, S., Keith, S. Research into Practice in Special Education[J]. Journal of Learning Disabilities, 1997, 30(3): 477-481.

教育理论者和教育实践者之间为何会出现阻力,以及教育理论者和教育实践者之间的共通性这三个方面,来探讨特殊教育理论与实践为何背离这一命题。最后,选文建议教育理论者和教育实践者秉持"什么才有效"的认识论进行特殊儿童相关研究。虽然该文分析了特殊教育领域理论和实践脱离的具体原因,但是并没有为我们提供一个清晰地改变这种局面的前景,对如何加强理论和实践的连接,如何促进教育理论者和教师之间的对话还需要我们进一步的深思和反省。

正如文中所谈到的,作为实践主体的一线教师对空洞的教育理论并不信任,认为研究者的研究成果是脱离教育实践的,并不能为教师提供有效的帮助和指导。教师在面对这些晦涩的教育理论时,往往需要跳脱出自己熟悉的场域,去探知一个陌生的领域。教师处在这样一个两难的境地,坚持研究者的理论,面临的是对结果的担忧;不实践研究者的理论,则被认为是墨守成规的迂腐。因此,教师在处理与研究者的关系中往往变得左右为难。尽管文中提到只要教师愿意去尝试研究者的结果,本身对社会是一种进步。文中提到了研究者在进行研究的过程中需要考虑到教育实践者或受教育者的日常生活需要。倘若教育理论尚且不如教师自身的一些体悟的话,教师怎么能相信呢?恐怕他们宁可对教育理论持一种敬而远之继而束之高阁的态度,宁可相信自己的经验和直觉。因此要使得教育理论者和研究者形成良好的对话,教育研究必须从课堂的生活状态出发,从以孩子为对象的生活经验和当前需要出发。

反思我国的教育理论与实践,同样存在着理论与实践严重脱节的现象。我国特殊教育研究近年来发展较快,但从方法论的角度看还存在着较多的问题。目前我国特殊教育界对研究方法的重视程度以及运用的规范性都不够,方法论层次反思与讨论不多。现有已经发表的各种论文中,量的研究较多,质的方法运用较为少见;从为数不多的质的研究报告来看,叙述故事与堆砌资料的较多,系统的理论归纳与提升较少;特殊教育的各项量的研究报告中,数据的堆砌较多,利用数据进行推理性的分析、反思与理论探索的较少,本土化理论的生成与扩展更少。虽然我们在大力倡导教师即研究者,企图通过教师的上下活动将理论与实践对接起来。但是反而走进了这样一个怪圈:教师的研究以研究者的理论来规范自己的实践,最终导致理论成为制约实践的框架,教师的研究是费尽心思使自己的实践符合研究者的理论。教育理论巧妙地被实践所证实,占据了至高无上的地位。教师并不是一个真正的研究者,而只是一个被理论操控的玩偶。这并不是真正意义上的理论与实践的对话。

要形成教育理论与实践的有效对话,还需要教育理论者和教育实践者的亲密合作。作为研究者,要避免使用宏大晦涩的理论凌驾于教师个人实践知识之上;而作为实践者的教师,则一方面要积极吸收新的理论和新的技术以丰富自身,另一方面也要尝试透过自己的视角去发现和解释某些教育现象,不断地反思和批判自身的教育实践。在特殊教育研究中,一方面,我们需要继续发扬实证主义的科学研究传统与规范,以问题研究为取向,克服个体经验式和纯哲学思辨式的两种流弊,使特殊教育学科体系建立在科学经验研究的基础上。另一方面,我们要倡议积极转变研究范式,尝试通过行动研究、叙事研究和个案研究等质的方法来丰富特殊教育的实践,探索丰富多彩的、具有本土化特征的特殊教育理论与模式。

选文正文

格斯滕、沃恩、德斯勒和席勒(Gersten, Vaughn, Deshler & Schiller)已经大致地为我们描述了应当如何将特殊教育研究转化为特殊教育实践。他们对此问题已经做了较为全面和深入的分析并且提出了很多有效的意见和建议,所以我们不会针对他们的观点进行批判。但是就像其他类似的问题一样,对于此问题的讨论引发了我们对于相对更宽泛的概念的关注,而对这类宽泛的概念我们又是时常忽视的——因为我们常常会陷于日复一日的研究细节和琐碎的课堂生活不能自拔。

格斯滕等提出了"教育通过有记录的指导性实践来提高学生的教育成果"。虽然这样的假设很简单,但确是一个良好的开始。阻碍教育研究获得成功的原因在于教师及研究者本身对研究所持有的一种悲观情绪。行为主义者勇于进行自我批评,但是面对质疑和批评时往往避免正面回答,并尽量含糊其辞。然而,文献中对此批判的杂音往往使得实践者很难去分辨我们要传达给他们的信息到底是什么。对于单一个案研究的过分强调和对于数据统计方法的过分解释往往会带来这样的问题。

于是越来越多的人开始对已有的研究结果进行分析,被称为元分析(meta-analysis),作为一种化解行为科学领域里具有争议研究的有效方法(Kavale, 1995),元分析方法的应用可以为我们揭露出更稳定和有用的发现,而不是只在简单的浏览中挑出具有争议的地方。

在特殊教育领域,我们也常常做一些无关紧要的自我反省,并以此作为对我们所宣称有效果的统计学指标的反映。罗森塔尔(Rosenthal, 1990)则将这一问题表述为:

对于相关系数的分析是心理学家必经的训练之一,在他们还是大学本科生的时候就被教导说面对相关系数他们唯一能做的正确的事情就是:将它进行平方运算。然而在一些心理学影响比较薄弱的领域,对于相关系数的平方就常常消失不见了——就像它从未出现过一样。这也是社会与行为科学让人感觉不舒服的原因之一。可悲的是,在特殊教育领域我们也即将面临这样的问题。

罗森塔尔(1990)继续审视了其对于其他应用学科的影响。从主要的方面考虑,比如服用阿司匹林和心脏病患病率之间的生物医学研究。一项针对

22071名内科医生的实验中,其中一半医生定期服用阿司匹林,另一半医生定期服用安慰剂,该研究计划历时五年。然而结果是惊人的,以至于整个研究不得不出于伦理学的考虑而提前终止了——如果研究不是在一开始就注定是违反伦理的,那么结果也不至于如此骇人听闻。之所以说研究是违反伦理的,是因为它拒绝向服用安慰剂的一组提供治疗。到研究终止的时候,189名安慰剂组的被试不幸心脏病发作,相比之下,服用阿司匹林的那一组只有104名被试心脏病发作。

值得注意的是,这项研究正是以行为科学中标准的"皮尔森相关系数r^2"为依据的,并且它也发现了阿司匹林的服用和心脏病的发病率之间的相关系数为.034,并且相关系数r^2的值为.0011。当然这样的研究结果不会被任何有自尊心的社会科学家采用!很显然,这个例子告诉我们的重要一点便是:即便是很小的一点影响也会带来严重的实际应用问题,特别是在当结果变量很重要的情况下。就像不管我们是否真的相信学校的成功是重要的,在我们将学校的成就问题化作一个公共的健康问题来考虑的时候,都必须清楚地掌握控制结果的方法,特别是不同的方法会产生不同的实际影响。在大量的特殊教育例子中随机挑选一个例子,例如用最新的元分析来评估语音意识对于早期阅读学习的影响,就如在医学领域中评判什么样的影响是重要且有力的(Wagner,1996)。

长期以来行为科学领域中过于谨慎和保守的研究风气常常导致我们对于自己研究能力的不自信。格斯滕等(对于此问题)指出研究者们常常不愿对于模棱两可的数据做出结论的行为是与教育者、政策制定者的需求不相符合的,同时也降低了研究的影响度。特别是有研究者直截了当地指出教育中很多流行一时的实践是缺乏事实依据的时候。然而,实际上已产生的影响是很显而易见并且是积极有效的。这似乎成为教育研究者摆脱不了的困境:对于流行一时的教育实践,教育研究者常常变得更加的犹豫不决,即使实践本身是需要强有力的证据的支持。

最优秀的却缺乏证据,最糟糕的却充满激情。

——W. B. Yeats

很显然耶茨(Yeats)对于教育是有所了解的。寥寥几个字就生动地勾画出了在这个领域中充斥的知识悖论。出于各种各样的原因(对于研究方法、不可复制的研究结论等的不确定),即使是最出色的学者也常常羞于去提出建议。但是格斯滕等人对于此问题的关注,使得局面一下子打开了。格斯滕等指出,当我们"勇于尝试那些尚未被验证的教育实践,尽管可能会给家长带来虚假的希望",但是我们这样做至少对这个领域,对社会是有用的。辅助沟通疗法(facilitated communication,简称FC)可以很好地解释上面的观点。这个发生在20世纪90年代显而易见的悲剧说明了,"研究者们从总体上说在思维方式上与其他人是相同的"。虽然有大量的"发自肺腑的证词"围绕在FC周围,但是大量的控制试验研究已经毫无疑问地证明了自闭症儿童的表现是依赖于辅助者的触觉信息的。专家意见最终也会在不断升级的嘈杂媒体声中消失不见,然而这种缺乏实证经验的治疗注定是不公正的("这么说,它是有效的,但是如果它是无效的我们该怎么办")。诸如此类的未经证明的治疗消耗了实实在在的社会成本。波士顿儿童医院交流改善中心的主管霍华德·沙恩(Howard Shane)直言不讳地说:

那些所谓的科学指导和促进交流的方法通常都是无效的……因为这种方法会带来潜在的伤害,并且很难去评价其实用性。例如,非法的性虐待的指控可能就是由协作性沟通的方法造成的,虽然不恰当的教育安置也是人们常常提起的问题原因,但是我们还是看到就是这样一个毫无成效的技术研究却也消耗了大量的研究经费。

看起来,我们非常有必要从教育中"过失"的概念开始谈起——对于这个概念而言,这个领域是否足够成熟,概念在不断使用中是如何使领域本身发生转变的。但是对术语"过失"的概念上和专业上的使用可能会脱离其应有的法律地位(一定不会有人愿意看到在美国产生更多的律师)。

一、来源可信度问题

格斯滕等指出,由于研究者们对于教师们的"思想倾向"的不了解,教育研究的影响也被减弱了。但是,也有一些专业领域的人员似乎并不像教育领域的人员一样而蒙受损失。就像大学物理教授并不会太在意吊桥设计者的"思想倾向",但是不论是大学物理学家之于吊桥设计者还是教育研究者之于教师,都反映了应用科学家的缺失。应用科学家是那些掌握了大量的概念技能或者实践技能、能够很好地填补物理学家和桥梁设计者之间缺口的人。在绝大多数的教育情景下,没有一个人能够真正的介于一线教师和大学理论缔造者之间。

这样的境遇使得教育实践者和理论研究者都背负了过重的负担,并且理论研究者们竭力希望与实践者有更多的交流。对于此问题格斯滕等给出一个很好的建议。那些试图对课堂实践施加影响的研究者可以试着进入实践者的思想,并与教师和课堂实践者产生互动。如果双方可以处在一个平等的位置,那么我们可以进一步地要求教师也试着去进入研究者的内心——了解研究者的独特视角以及不寻常的思考问题的方式,这正如格斯滕等所描述的那样——接下来需要进行的是对教师的训练,我们需要在某一方面为教师提供更多的知识,以使他们去适应科学的研究进程。至少,教师需要一种方法去评价他们所接收到的众多专家意见的可信度。管理人员、在职的专家以及那些专业出版物中的广告(并非指那些导购节目)、会议发言人、校董会成员、各种杂志及期刊的文章都会如潮水般地向教师袭来,并试图为教师提供各种各样的证据和观点。这里,通过科学标准的运用可以帮助教师从各种各样的信息来源中挑选出可信赖的材料。

虽然科学的评价标准并不复杂也很容易放到教师培训的项目中,但是在实际的培训中往往没有(因此在一开始就使得教师丧失了避免依靠权威的机会)。具体来说,科学评价标准包括权威期刊发表的研究结果(其中科学出版物有一个同行评审的过程)、其他研究者对研究结果的验证以及学术界的认同。而类似于这样的机制就是我们能够提供给教师的"消费者保护"(consumer protection)。也许这将使他们对于所谓的研究实践的狂热和时尚保持必要的免疫能力。

事实上,伯利纳(Berliner,1987)认为教师要想做好传播研究(communicating research),一个很重要的方面就是对于证据的讨论。他认为,这样的实践方式相对于传统的有规可循的(rules-based)方式更易获得成功,因为对于证据的讨论必然是建立在教师的信念系统(belief systems)之上的。这样的一种以讨论为基础的实践方式是将教师作为一个有思想的实践者来看待的,而一个有思想的实践者是有意愿并且有能力对于其先前的信念提出质疑的。而在这样的对于研究证据的讨论之后,教师就可以根据他们自己想建立的适当的课堂情景来自由的接受、调整,甚至否定之前的发现。而在此领域的研究迫切的需要类似于帕亚雷斯(Pajares)的研究:在课堂环境下研究教师的综合信念系统。如此一系列的研究将会帮助我们更好地理解信念是如何变化的以及是如何和实践的变化相关的。

二、阻力的来源

格斯滕等在此问题上提出的目标程序的观点为我们勾画出了在将研究转化为实践过程中可能遭遇到的不同的阻力。但是,他们在此问题上的研究也为我们带来了一个问题,那就是教师是否会拒绝改变,因为我们所提出的要求对于他们目前的课堂来说是不切实际的(Fullan,1991)。课堂每天的生活是难以预测的。因此舒拉姆(Shulam,1987)建议我们站在教师的角度来思考问题:"甚至当我们看到教师拒绝改变或者对于有用的新观点产生误解的时候,我们也都必须站在他们的角度来理解他们的行动和反应,因为也许正是我们这些旁观者认为的看似愚蠢的行为就是教师的'办公桌生存法则'。"

对儿童使用研究者开发的课程光盘的教学片段就是一个很好的例子。在没有使用大学研究机构提供的科技设备的普通教室里,使用视听设备都需要额外的计划来协调预定、安排及设备的运送问题。而在我们的研究当中(Stanovich,1996b),教师则可以深切地感受到教育技术给他们带来的便利。他们甚至不仅仅表现出了愿意去学习这些技术,更有可能明确地意识到这些技术相对于原有的古老方法更具有实用性——而他们的问题就在于不会使用这些新设备。这时,他们需要的可能就是能够有一个有效的方法帮助他们自发地去使用设备

(或者至少可以有一个计划)。但是正如我们所不愿意看到的那样,那些对于教师而言不是触手可得的技术或者材料的学习可能是注定会失败的。有没有一种课程可以脱离技术的学习?正如伯利纳(1987)所提到的那样,"一个欣欣向荣的科学界应该传达一个这样的理念,那就是方便每个人的生活"。即使作为一个大学研究人员,当我们听到计算机中心通知我们要更换一个全新的系统时,我们不也是充满抱怨吗("难道新系统不是为了更好地服务你")?我想我们中大概没有哪个人不会因为要更换密码而大声尖叫,不会因为必须阅读的20页新指令和新简称的指导手册而心烦,你甚至还需要参加一个两小时的工作坊以学习如何使用新系统。

不仅如此,我们还不应该认为教师因为没有继续使用我们的微积分教学光盘,就不会经历一些重要的改变。这些教师很可能以其他的方式来完成了改变,虽然这样的改变不会对研究者明显地表现出来,但是却可能使教师的学生受益。也许这些教师还会在不久的将来还会有能力评价其他的方法和技术。如果我们能够赋予教师一种解决问题的动力,那么他们迟早会发现一种真正适合他们教学风格或是能够取得成功的技术。我们有理由相信教学光盘很可能带来社会心理学中所谓的"睡眠者效应"。

在一些专业的或是学术期刊上经常可以看到一些阐述合作文化(甚至突出一些学校也存在着这样的合作文化)益处的文章。但是需要指出的是,在学校这样一个基层的单位,自洛蒂(Lortie)对于教师所思所想的经典研究之后长期以来并没有发生变化。洛蒂的研究为我们所展现的正是一名与课堂隔离生活作着斗争的教师。对于当代课堂生活的系统研究并且深入地与教师进行交流都为我们提供了一个相似的画面(Jordan & Stanovich, 1996; Stanovich, 1996b),但是现在出现了另外一个问题。那就是尽管很多教师已经意识到了合作的需要,并且愿意去合作,但是同时也感觉到了没有时间去进行合作的压力。最后的结果就是他们不再对找不到时间进行合作而感到不适,也不再担心没有将合作纳入自己的时间表。那么合作的时间究竟应该从哪儿来呢?

最后的问题就是,保持怀疑的精神是有效教学的一个必要的构成部分,但是往往也会使人感觉到一些不确定性。事实上,杰克逊(Jackson,1992)对于教师发展的看法是当教师得以不断地深入理解其教学实践的时候,他们都会在相当长的一段时间内感觉到了无法控制的怀疑和不确定感。除非教师可以意识到这样的不确定感是他们完成转变的一个必经阶段,不然教师永远都不会找到一种方法让他们得以克服这种不确定感。可以这么说,我们必须找到一种方法来帮助教师克服在有效教学的起始阶段所展现的自我感觉不佳的问题。

三、通用性

对于此问题,格斯滕等的观点是,"对于研究者和教师公共性的研究我们还可以继续的深入下去",并且对于之前所谓的"什么才有效"的认识论一直作为教育者或者研究者在世界观上的统一认识的一个关键来源。我们通常会认为经验主义——正如反对科学主义的讽刺(白大褂、编号以及试管婴儿)常常被用来诋毁科学——但是经验主义同时也是我们观察世界,并且在适当的时候改造世界、观察结果以及进一步地将所观察到的结果与在观察和改造中形成的特质联系起来的有效"武器"。当然以上所说的这些正是优秀的教师所做的。尽管说"教学是一门艺术"显得有些陈词滥调,但这也确实是不可否认的真理。正如伯利纳(1987)所说的那样:

我想没有哪个人敢否认教学的艺术性。而我所认为的艺术性应该是以科学的研究为基础的。这就像我会将医学视为一门艺术,但是如果不是因为它以科学为准绳,也绝不会对于我们当今社会产生如此重要的影响。教学也正如医学一样,同样是一门通过与科学保持紧密联系而不断获得发展的艺术。

教师同样也是现实主义者。他们不相信儿童的发脾气是与特定时空点无关的抽象符号。他们同样也不会去相信"物理现实本质上是社会和语言学建构的"(Sokal,1996)。教师也不是后现代主义者,他们认为在他们面前就摆着一个活生生的世界——一个充满变化却也可以被观察者追踪和证实的一个世界。正如科学家们所做的那样,他们相信可以通过实证的研究来掌控世界,并使其变得可预测、可控制。从认识论的层面上看,研究者和教育者在精神上是相通的,而这一点可能正是政治化的教育所极力模糊的一点。格斯滕等认为也许正是这样的"什么才有效"的认识论可以让研究者和教师达成一致从而让研究人员的研究更好地为课堂服务。

(闫 燕 译)

国家政策与残疾学生的教育：
进展与出路①

简·E. 韦斯特　佩姬·J. 谢弗·惠特比

作者简介

简·E. 韦斯特（Jane E. West），美国教师教育学院协会资深副主席，主要负责政策、项目和教师专业发展等方面的工作。

佩姬·J. 谢弗·惠特比（Peggy J. Schaefer Whitby），副教授，美国中佛罗里达大学哲学博士，该校特殊教育系自闭症谱系障碍中心主任，主要研究方向为高功能自闭症和亚斯伯格症等。

选文简介、点评

一个国家的教育政策和法规在很大程度上影响教育的发展水平和人民的生活质量。残疾学生作为社会上最脆弱、权利最容易被忽视的群体，其权利的实现更依赖相关国家政策的特殊保障。残疾人能否享有平等的受教育权，是检验一个国家和地区社会文明程度和人权状况的重要指标。从全球特殊教育发展的趋势和人权发展的角度看，通过国家政策和立法实施特殊教育已经成为各国教育决策的一个重要组成部分，并成为衡量一个国家残疾人特殊教育需要是否得到满足、参与机会是否平等、是否享受平等人权的基本尺度。国家政策也成为特殊教育发展的重要推动力。

1975年，美国颁布了具有里程碑意义的 EHA 法案，被证明极大地促进了美国特殊教育的发展，特殊儿童受教育的人数大幅增长。随后该法案不断地得到修正，为美国特殊教育的发展奠定了坚实的基础。2002年，美国通过了 NCLB 法案，该法案的核心要求是每个州都必须为所有的学生建立年度充分发展目标，并必须为其所在区域的"亚群体"学生群分别设立不同的小目标。这些"亚群体"包括来自社会经济地位低下的家庭、少数民族以及残障学生群等。意味着，在每一所学校，每一个来自"亚群体"的学生，而不是仅仅这些学生群的大多数学生，都必须达到所在州规定的相应的学业水平。同前一部法案一样，

---

① Jane E. West, Peggy J. Schaefer Whitby. Federal Policy and the Education of Students with Disabilities: Progress and the Path Forward[J]. Focus on Exceptional Children, 2008, 41(3): 1-16.

NCLB 对美国的所有学校都产生了重要的影响。

选文首先回顾了美国国家政策与立法在特殊儿童教育上的主要贡献,包括零拒绝,最少受限制环境下免费、适当的公立教育,个别化教育计划以及家长参与,民权保护,学校经费的保障,跨学科的合作,人力资源方面的投入,基础建设方面的投入,普通教育课程准入以及将残疾学生视为一个亚群。从这些贡献来看,政策的制定、实施和完善是对特殊教育发展强有力的保障。其次,文章以 NCLB 为例,介绍了该法案对特殊教育发展的贡献,强调法案所带来的人们对残疾学生认知度的提升、残疾学生教育准入权的改善,以及残疾学生成就的获得等方面所取得的重大进展。最后,文章针对 NCLB 中所折射出的一些问题提出了修改建议,以改善现有政策执行过程中存在的问题和不足。从文中对政策制定和实施过程的分析,以及对一些实践成果的进一步解释来看,国家政策在特殊教育的发展过程中确实扮演着重要的角色。在任何国家或地区,国家政策都是特殊教育发展的积极驱动力,它的制定和实施,对保障残疾学生及其家庭的权益,对改善残疾学生的生活和教育状况,都有着极其重要的意义。

我国自 20 世纪 80 年代以后,残疾人事业得到迅猛发展,残疾人权益得到国家立法的保障。残疾人立法的范围与速度都有所增加,的确进入了一个崭新的阶段;初步形成了具有中国特色的残疾人政策体系,一系列残疾人法律法规得到颁布与实施。但是,我国在特殊教育立法上远远落后于西方发达国家,至今还没有一部足够影响特殊教育发展的特殊教育专门法案。我国残疾人教育与康复事业在实施过程中出现的诸多问题,如条款不够完备,结构层次不完整,立法规格低,法律效力低,立法科学性不够等缺憾,这都与缺乏有效的政策措施与法律手段对相关部门、组织、群体、人员的权利与义务进行规范有关。这就迫切需要国家保证残疾人立法的权威性与强制性,加强政策法规方面的研究与探索,逐步形成有中国特色的残疾人政策体系与有效的执行机制,推动我国残疾人事业的发展。

本应处于核心地位的特殊教育专门法律的缺失,导致与普通教育立法相对应或并列的特殊教育立法缺乏平等的法律地位和应有的效力层次,使其他相关特殊教育立法处于群龙无首的状态。没有特殊教育立法保驾护航的特殊教育的发展,必然缺乏规范和显得没有底气。农村和西部地区的特殊教育还十分落后,残疾人的职业教育和高等教育还需要进一步发展,特殊教育和普通教育还没有形成良好的融合,师资的甄选还比较混乱,家长的参与仍十分缺乏。因此,特殊教育法的制定对于我国特殊教育的发展来说就显得尤为迫切。只有将特殊教育的各项制度规范化,纳入法治的轨道,才能保障特殊教育事业的健康发展、保护残疾人平等地接受教育的权利。西方国家在特殊教育相关国家政策制定上的成功经验和失败教训,对我们来说都是可贵的资源,要善于学习和借鉴。

选文正文

在美国,国家政策对残疾学生的教育有重大意义。从 20 世纪 70 年代的最高法院案到 21 世纪初《不让一个孩子落后法》(NCLB)里的问责条款,残疾学生、残疾学生的家人以及残疾人教育工作者都受到国家政策的极大支持。尽管这些政策产生了一些预料之外的结果,如教育资源不足以及某些政策的实施力度不够等,但它们对残疾学生的教育仍然有着里程碑式的影响。本文回顾了目前残疾学生教育所取得的进展,并指出了一些可行的出路。文中列举了 NCLB 颁布以来所取得的一些实证成果,分析了 NCLB 法案下残疾学生教育所取得的三方面的具体成果:人们对残疾学生认知度的提升、残疾学生教育准入权的改善,以及残疾学生成就的获得。

一、国家政策的十大贡献

下文总结了自 20 世纪 70 年代以来,国家政策对残疾学生教育所作出的重大贡献。

(一) 零拒绝

零拒绝是这样一种理念,即所有的学龄儿童,不论他们的残疾程度如何,都有权利在公立学校接受教育。在 1975 年第一部关于残疾学生的重大教育法案——EHA 颁布以前,学区或各州可以因为学生有残疾而拒绝接收他们入学。然而,两起由最高法院裁定的具有里程碑意义的案件对这些做法提出了异议。第一起是在 1972 年,宾夕法尼亚州智力落后儿童协会(PARC)因反对该州不能为所有的智力落后儿童提供应有的教育,对之提起了诉讼(PARC,1972)。最后法院裁决,州政府必须为智力落后学生提供同正常学生尽可能一样的教育。第二起标志性的案件是同年的米尔斯诉华盛顿特区教育委员会案,残疾学生的家长对哥伦比亚特区未能为所有孩子提供公立的支持性教育提起集体诉讼,法院责令区教育局将有残疾的学生也纳入他们的教育计划。

因此,1975 年议会在制定 EHA 时,秉承的核心理念就是要强调所有残疾儿童都有权利接受免费、恰当的公立教育。学校、学区、或是各州,都不能因为学生有残疾而不让他们享受公立教育。虽然现在残疾学生有权接受平等的公立教育这一理念被认为是理所当然的,但是,在 1975 年以前的美国特殊教育历史上,却并不是一件容易的事情。

(二) 最少受限制环境下的免费适当的公立教育

使残疾儿童在最少受限制环境下接受免费且适当的公立教育,是 1990 年修订的 IDEA 为残疾学生及其家人带来的重要的保障。从 IDEA 执行之初,免费适当的公立教育(FAPE)和最少受限制环境(LRE)就成为其核心要旨。FAPE 包含以下几个要求:公立学校应义务为特殊学生提供免费的特殊教育及相关服务;教育与服务的标准应该与各州所规定的标准相一致;包括一套适当的学前、初等和中等教育体系;所有的教育与服务需同学生的个别化教育计划(IEP)相吻合。最少受限制环境旨在确保残疾儿童与他们非残疾的同伴一样最大限度地接受"适当的"教育。依据 IDEA 中的规定,只有在残疾儿童因残疾状况和严重程度而使其在普通班级中不能获得满足其需要的技术和服务的情况下,才可以把他们安置在特殊教育班级或隔离的教育机构里。对于"适当"一词的解读,一直都存有争议。有些人认为,对某些类型的残疾学生而言,把他们安置在某类专门的隔离环境中才能称之为"恰当"(比如说把聋生安置在聋校)。持有这种观点的人认为,只有在这些特定的环境下,才能为残疾学生提供一些特殊的服务(如手语教学)。

尽管人们对"最少受限制环境"有多种解读,但不论是政策上,还是在实践中,将学生安置在普通班级里依然是其坚持的核心要旨。多年来,在普通班级里接受教育的残疾学生数量有明显增长。正如图 1 中的最新数据所示,约有 55% 的残疾学生,教学日里的 80% 或更多的时间在普通班级里度过;另外 24% 的学生,教学日里 40% 到 79% 的时间在普通班级里接受教育。

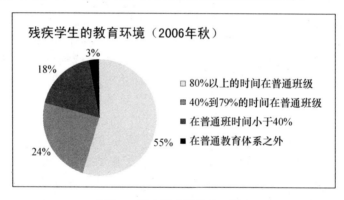

图 1　残疾学生的教育环境

来源:EPE 研究中心,2008 年。美国教育部,特殊教育计划办公室。

(三) 个别化教育计划及家长的作用

联邦特殊教育法实施以来的另一核心要素是强调家长的重要作用,尤其强调家长在制订个别化教育计划(IEP)时的全程参与。IEP 是由包括家长和专业人员在内的团队为学生制订的教学与服务计划,其中专业人员包括:特殊教育教师、普通教育教师、学区代表以及为学生提供相关服务的专家(如言语治疗师、职业治疗师和咨询师)。该计划旨在了解与学生残疾相关的特殊需要,阐明学生将接受的服务与支持,同时评定学生的现有功能水平及进展目标等。家长是整个计划中不可或缺的组成部分,并且当计划取得进展时,也必须与家长进行书面商定。IDEA 中的这一重要条款保持了联邦残疾人法的一个核心内容,即承认个体都有应该满足的独特需求,只有这样,他们才能参与公平竞争。

(四) 民权保护

EHA 中的民权条款、1974 年颁布的《康复法》中的第 504 项,以及 1990 年颁布的《美国残疾人法案》(ADA),代表了联邦残疾学生教育政策中的核心民权部分。这些联邦法律保障了残疾学生的平等权利,并强调社会有义务通过为残疾学生提供额外支持和服务将他们纳入公平教育体系中。1974 年开始实施的《康复法》中的第 504 项规定,在联邦财政支持的项目中,禁止人们因为残疾而在教育中(或其他方面)歧视残疾人。此外,该条款还规定残疾学生有权选择恰当的教育安置形式。与此相似,EHA 中也规定,严禁在公共生活的各个方面歧视残疾人,并且将教育领域的反歧视精神带到了私立学校。EHA 赋予残疾学生及其家长在接受公平教育方面的权利,并且使得他们的权利在法律形式上得到更好的保护。上述法律旨在确保残疾学生一生都能参与并融入教育活动中,并且要为真正意义上的融入提供技术和服务上的保障。例如,仅仅让聋生坐在普通班级的历史课堂上并不能算是平等的融入,而是应当为他提供必要的手语翻译或文字解说,以使其更好地融入课堂。这些民权保护法案旨在通过为残疾学生提供非歧视性的环境和必要的辅助与服务,来为他们提供一个公平竞争的平台。

残疾学生家长的法定诉讼保护在 EHA 里有清楚详尽的阐述。残疾学生家长有权知晓学校即将采取的教学措施,有权在公正的裁定专家处理纠纷时提前参加听证会,有机会去陈述或反驳既定事实,并且有权呼吁制定某项决策。法定诉讼保护依据其他民权法案里的相关规定来实施,对家长为其子女争取免费恰当的公立教育有着极其重要的作用。

(五) 地方和各州学校教育经费的来源

联邦政府认为给残疾学生构建平等的竞争环境需要一定的支出,并且在 EHA 里也同意为此提供一定的经费支持。自 1975 年以来,联邦政府每年都会依据 EHA 中第二部分的要求,从国家财政中拿出一部分资金来发展残疾人的教育事业。近年来,虽然国家财政的资助金额有极大增长(从 1995 年的 23 亿美元增长到 2008 年的 109 亿美元),但残疾人教育的发展依然需要更多的投入。

当 EHA 于 1975 年开始实施时,议会预算每年会支付超出残疾学生教育金额 40%的费用。在 2008 年的 109 亿美元中,联邦政府支付了 17.2%。政府支出的比例最高的是在 2005 年,占总费用的 18.5%。各州和地方学区一直以来都领走了联邦资助的绝大部分,而且非常明确地要求联邦政府遵守其诺言。事实上,新当选的奥巴马总统同其竞争对手约翰·麦凯恩一样,也都承诺要完全兑现 EHA 中有关拨款的相关规定。在过去的数十年间,议会多次讨论过通过立法来实现 EHA 中对资助的兑现,但一直以来却总难为增加资助拉到足够的投票。随着各州和地方政府财政赤字的日益严峻,人们对于增加资助的需求依然会持续。

(六) 多学科的途径

IDEA(1990,1997,2004)自实施之初起,就一直强调为残疾学生提供跨学科服务的必要性。通常而言,需要成立一个专家小组来制订相关的计划,并以此满足残疾学生的需要。个别化教育计划小组由熟知儿童优势与不足的专业人员组成,他们主要是为儿童的发展制订计划。依据每个孩子的不同需要,个别化教育小组成员可能包括:提供不同相关服务的人员(如言语治疗师、职业治疗师、学校心理学家、学校社工等)、一位早期教育专家、一位转衔专家、一名职业康复咨询师、一名高中后教育计划代表、一名技术专家、学校校长、普通教育教师、特殊教育教师以及其他相关人员。为残疾学生提供跨学科服务这一理念经受了时间的考验,并在实践中得到了肯定,确保了不同学科的专业人员继续一起为残疾学生提供教育和服务。

(七) 人力资源方面的投入

早在 EHA 颁布之前,联邦政府就已经为培养残疾人专业人员提供资助做出了相关规定。这些条款要求培养包括特殊教育教师和相关服务人员在内的专业人士。联邦政府曾通过资助专业人员进行博士水平的学习而让他们成为这一领域的研究者,以期把他们培养成这一行业的领导者,让他们带头发展各州和地区的特殊教育。此外,他们还要肩负起培养年轻一代特殊教育教师和相关服务人员的重任。高等教育研究所和各州的研究机构也能获得这些资助以进行特殊教育教师的培训和相关研究。联邦政府历来清楚,要执行联邦法律的规定必定需要这一领域的专业人员。近几年来,联邦政府每年都向高等教育研究所投入 880 万美元,向各州投入 480 万美元的教育资助。尽管政府的投入增长不大,但这也为特殊教育专业人员的培养起到了至关重要的作用。

(八) 基础设施建设方面的投入

联邦政府在人力资源方面的投资是基础设施建设的重要方面,基础设施建设有助于各州及各学区更好、更直接地为残疾学生提供服务。联邦政府在基础设施的建设和维护方面起了至关重要的作用,如对高等教育的投入、对各州的投入、对技术人员和研究人员的培养、家长的培训等。近年来,联邦政府在"示范模式计划"方面的投入使得诸多服务都有较大变化,如对行为异常学生的服务,从学校到工作或高等教育方面的转衔服务,以及近期开展的干预反应和多层次的教学方法等。联邦政府对家长培训的投入促使了全国范围内,各州都建立起了家长教育与信息服务中心,这些中心可以为残疾学生家长提供重要的培训和资源。虽然联邦政府在基础设施建设方面的投入离预期水平还有一定的差距,但这些投入是国家对残疾人教育所作的重要贡献。正是由于这些投入,在过去的四十年里,家长培训、专业人员的培养及学生服务方面都取得了重大进展。

（九）普通教育课程的准入权

联邦政策执行之初，其最初目标就是确保学生能在"物理环境"上平等"准入"。联邦政策规定：严禁各州、各学区拒绝学生入学。长期以来，关于"准入"的概念就是确保学生能够入学，但如今我们应当从入学效果的角度来思考"准入"的含义。仅仅让学生参与教学活动是远远不够的，而是应当考虑参与的效果，这一思想的基础就是学生应当有权参与普通教育课程。

很长一段时间以来，残疾学生都被安置在特殊班里进行教学，而特殊班很少涉及或基本没有涉及普通教育课程。特殊班的教师也没有普通教育课程的相关知识与技能，特殊教育主要被视为一种补救的措施，并且与普通教育基本上没有任何联系。1997 年，IDEA 中规定，残疾学生有权参与普通教育课程。虽然各州未能立即落实这一规定，但残疾学生对于像正常学生一样学习相同内容的要求越来越强烈（尽管学习的内容在深度和广度方面有所不同）。随着 NCLB 法案的实施，残疾学生有权参与普通教育课程这一条款成了残疾学生教学工作的中心思想。

（十）NCLB 法案将残疾学生视为一个亚群

NCLB 法案要求我们把残疾学生当做一个亚群组。最初，关于残疾学生的数据是以群体而非个体的形式来呈现的。全国范围内对残疾学生成就的评估也是以群体的形式来进行的，这样一来，他们就能以群体的形式同其他组别在某一年级或科目上进行比较（如四年级的数学成绩）。然而，在 NCLB 法案下，人们对于残疾学生的评定提出了诸多挑战（如适当的变通并不是对标准化测验效度的违背；为管理者设计其他有效、可靠、实用的评定方法；将其他的评定方法与等级评定有机结合等），评定的多样化为我们比较残疾学生与正常学生的行为表现提供了很好的依据。

这些多样化评定的结果，正如下文中会提到的，让我们重新审视残疾学生的潜能。与适当的支持和服务相对，残疾究竟在多大程度上影响了学生的成就水平？在学生的残疾类别相同的情况下，为什么某个州、地区或某个学校的学生表现出较高的水平？

二、残疾学生教育取得的进展

（一）对残疾学生认知度的提升

正如 1975 年的 EHA 致力于保障残疾学生接受公立教育的权利一样，NCLB 则致力于提升残疾学生接受公立教育的质量和水平（Chubbs, 2005）。依据 NCLB 委员会（2007）的说法，NCLB 作为一项国家政策，其前提是所有学生都有权接受教育。因此，它对残疾学生作出的最主要的贡献之一就是，把残疾学生当成学习者来认识。

NCLB 将残疾学生的学业成绩当做问责体系的一部分体现了全国范围内学校政策的一个重大转变。在此之前,各学校校长及学区负责人都只要遵守 IDEA 中的相关规定,为残疾学生的入学负责,却不用对残疾学生的学习效果负责。现今让他们对残疾学生的学业成绩负责这一改变,代表了一个新的转折点。学校的校长再也不能只关注是否执行了 IDEA 中的规定,他们还需要确保残疾学生在参加和其他学生一样的标准化测验时,能取得积极的学业成就。

在一份名为《NCLB 法案和 IDEA 进展报告》的报告中如此描述了测评要求的改变和公开报道残疾学生成绩的影响:"既然教育是教要考试的内容和参加考试的人,而且残疾学生是包含在问责制当中,那么,我们也要教他们。"

人们期望残疾学生同正常学生一样取得相同的学业成就是一种革新性的想法,当然这一想法存在争议也不足为怪。确实,很多人认为要让接受特殊教育服务的学生同正常学生一样达到同一水平是矛盾的。华盛顿州的一个提案就体现了这种观点,"那些需要接受特殊教育和相关服务支持的学生,严格意义上说,是不可能完全掌握相关的知识和技能的。如果他们真的能够完全掌握相关的知识和技能,那么依据其规定,他们是不需要接受特殊教育和相关服务的"(华盛顿教育部,2003)。

很多人对上述观点做出了反击,并指出,有些残疾学生也能够达到较高的学业水平(详见后面部分关于学业成就的论述),虽然大部分接受特殊教育服务的学龄儿童是因为某种残疾,但这种残疾与他们的认知水平和智力功能并没有关系(Cortiella,2007;West,2005)。

图 2 显示了绝大多数(约 85%)正在接受特殊教育服务的残疾学生,其残疾本身并没有妨碍他们在阅读和数学方面达到各州的标准。在 IDEA 下接受特殊教育服务的学生,差不多有一半是因为学习障碍,18.9% 的学生有言语语言障碍,7.7% 的学生有情绪异常,9.2% 的学生有其他健康问题。很多研究者认为,学生在阅读方面表现得较为吃力时,经常会被误认为有学习障碍。有报告曾指出,"从划分为一种障碍类型开始,学习障碍就被当做吸纳清理社会问题的海绵,用来解决普通教育中的一些问题"。事实上,议会在执行 IDEA 的一些旨在防止学生误用特殊教育服务的规定时,也表现了类似的担心,如"早期干预服务"条款中规定,允许将 IDEA 里的资金用来干预那些学习吃力但又不需要特殊教育服务的学生。

美国唐氏综合征协会的马德琳·威尔(Madeleine Will)认为,对残疾学生学业成绩的关注和负责更有益于残疾学生的发展(NCLB 委员会,2007)。学校将不能再藏在某一个平均数之后,在 NCLB 法案的条款下,学校应当分析并报告学生的进展,同时还应当为以下小组制订合适的年度发展计划:处于经济不

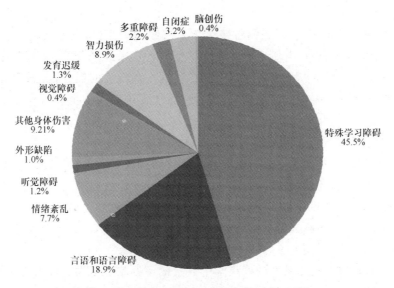

图 2　接受特殊教育服务的残疾学生类型分布

来源：Rewards & Roadblocks：How Special Education Students are Faring Under No Child Left Behind (26), by C. Cortiella, 2007, New York：National Center for Learning Disabilities.

利地位的学生、来自不同种族的学生、残疾学生以及英语水平欠佳的学生（NCLB,2002）。根据 NCD2008 年的研究结果，大部分人都认为细分这些群组数据并以此来鉴定这一群体的进展是可以接受的，尽管这一举措与 NCLB 开始执行时的一些条款有所违背。

NCLB 法案同时也带来了一些不良后果，如残疾学生成为学校不良表现的替罪羊（Cole,2006），很多学校宣称学校之所以没能达到年度发展计划（AYP）的要求，正是由于残疾学生的存在。NCLB 委员会最后的调查显示，只有极少一部分学校没完成年度发展计划是因为残疾学生。此外委员会还披露，大部分学校甚至都没有报告残疾学生的成就，因为残疾学生的数目没有达到各州所规定的把残疾学生当做一个亚群的最低数量。报告指出，在美国加利福尼亚州，只有 28 所学校是因为残疾学生而没有完成年度发展计划，占全州学校总数的 0.4％。在佛罗里达州，也只有 0.7％的学校是由于残疾学生的原因而没有完成年度发展计划。因此，关于残疾学生造成学校的不良表现这一说辞被证明只是辩解。此外，NCLB 委员会建议采取更加严厉的、针对残疾学生的问责制，并提出将残疾学生视为一个群体的上限定为 20 人，以此将更多的残疾学生纳入到问责体系中。①

总之，因为 NCLB 要求我们将残疾学生当做一个亚群，把残疾学生当做一组学习者的公众意识也有所增强。残疾学生不再是未经区分的，也不再是用以掩盖组间悬殊差异的一个模糊的"平均数"。这一认知度的提升，不仅提高了人们对残疾学生行为表现方面的期望，同时也更加强调残疾学生应当取得相应的成就。

（二）对残疾学生普通教育课程准入权的改善

2002 年实施的 NCLB 法案和 1997 年颁布的 IDEA 均明确指出，残疾学生成功的关键在于他们能够参与普通教育课程。NCLB 法案规定，应当加强对所有学生学业成就的问责制，以确保其取得适当的年度进步。NCLB 法案里强调的问责制，为保证残疾学生学习普通教育课程，取得积极的年度进步具有重要意义。

在普通教室里接受教育的残疾学生数量的不断增长表明：过去几年里，残疾学生的教育取得了稳步发展。为符合问责制的要求以及达到高素质教师的标准，以往被安置在资源教室或特殊教育班级里的有轻度残疾的学生，现在都能在最少受限制环境中接受教育。从图 1 中可以看出，55％的残疾孩子约有 80％或更多时间在普通教育环境中接受教育。从特殊教育班级转到普通教育环境中，使得残疾学生有更多的机会接触普通教育课程，并且能够在普通教育环境中接受高素质教师提供的教学活动，因此增加了他们通过标准化测验的可能性。从 2001 到 2002 学年起，越来越多的残疾学生开始在更少受限制环境中学习。残疾学生在普通教育教室里就读意味着他们有更多的机会参与教学经验丰富的教师开展的教学活动，参与普通教育课程的机会也大大增加。

第二个由 NCLB 带来的残疾学生准入权的改善体现在，残疾学生有更多的机会参与各州或各学区内的评定。NCLB 是联邦政府颁布的第一部要求所有学生参加各州和各学区评定的法规。从图 3 中可以看出，大部分残疾学生都参与了州内的普通评定。

自 NCLB 实施以来，参与评定的残疾学生数量的增长是非常显著的。如西弗吉尼亚州残疾学生参与评定的数量从 2001—2002 学年的 30％增长到 2003—2004 学年的 98％。新罕布什尔州称该州所有的学生均参与了普通评定。

---

① 美国教育部 2008 年 10 月 29 日制定的章程对符合群体规模的最小数量做了规定，要求最小数量应该"尽量小以保障个体的权益"，并要确保统计数据的可靠性。从章程制定开始，最小数量的范围在 5—75 之间波动。

第一编 特殊教育基本理论

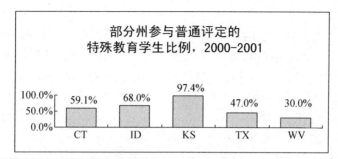

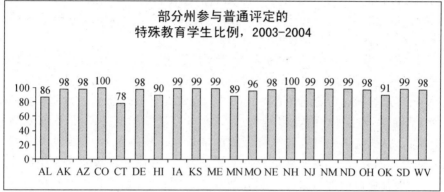

图 3　2000—2001，2003—2004 年度参与普通评定的特殊教育学生比例

来源：Rewards & Roadblocks：How Special Education Students are Faring Under No Child Left Behind (10—11), by C. Cortiella, 2007, New York：National Center for Learning Disabilities.

　　对于极重度认知障碍的学生而言，他们同样也被包括在 NCLB 的评定体系内，只是对他们的评定采用了一些其他的方法，这些方法主要是针对那些在有辅助支持条件下依然不能参与普通评定的对象而言的。2003 年，教育部为各州开发针对极重度认知障碍学生的替代性评定方法提出了指导意见，并且规定有可能接受这种替代性评定方法的人数不能超过全年级所有学生人数的 1%。这一比例是依据对因重度智力落后和其他残疾而导致的认知方面存在重大困难的学生比例而定的，这一群体的数量约占所有残疾学生数目的 10%（USDOE，2004）。有些州将自闭症、中度到极重度智力落后、多重障碍以及脑外伤性损伤归于问责制里的替代性评定方法一类。

　　NCLB 里最重要的一个变化就是规定：各州必须为极重度认知障碍的学生制定与普通教育标准一致的替代性评定方法。这一规定给各州提出了挑战，因为这需要开发有效的、各州之间具有可比性的评定方法。鉴于参加这些评定的学生在认知能力上存在差异，各州不可能开发出某种通用的评定方法。2004—2005 学年，50 个州均报道了残疾学生的分类数据，其中包括替代性评定的数据。各州范围内，参加评定的残疾学生数量有明显增加，其中也包括极重度残

115

疾学生的数量。

由于将重度残疾学生的表现纳入到评定学校工作有效与否的体系中,学校开始更加关注残疾学生的教育需求。如果各州使用普通教育标准来评定学生的表现,那么重度残疾学生的课程应当也要针对这些标准来设定。对各州而言,针对重度残疾学生的课程组合依然是一个难题。然而,对重度认知障碍学生的评定要采用普通教育标准时,各校在开发重度认知障碍学生课程时所面临的挑战显得更加严峻(Rabinowitz, et al., 2008)。这些课程组合有:增加读写能力和交流技能的分量(阅读),增加功能技巧的训练,如洗衣、做饭和购物等(数学)。有些专家认为,文化学习与技能训练的有机结合,对于重度认知障碍学生的教育而言是行之有效的方法。

戴蒙德(Dymond)等人2007年曾开展过一项关于普通教育教师和特殊教育教师如何定义重度认知障碍学生是否有普通教育课程的准入权的研究。结果表明,普通教师认为普通教育课程的准入权就是让残疾学生在普通教育环境里接受与正常学生一样的课程,辅之以特殊教育教师的支持即可;而特殊教育教师则认为,残疾学生对普通教育课程的准入权应该体现为,适当地调整普通教育课程的内容,使之能够满足残疾学生的需求,并能够发展残疾学生的相关技能,以提升他们的生活质量。不过两者都认为,普通教育教师和特殊教育教师的参与都是必不可少的,因为普通教育教师是教学内容方面的专家,而特殊教育教师则是残疾人教育方面的专家。与此同时,他们还认为,要增加重度认知障碍学生在普通教育课程方面的准入度,普通教育教师和特殊教育教师的合作是非常关键的。只有让残疾学生参与普通教育课程,他们才有可能取得更高的学业成就。

总之,在NCLB法案下,残疾学生参与普通教育课程的准入权取得了较大改善。越来越多的学生开始接受学区或各州的评定,重度认知障碍学生也通过与普通教育课程紧密联系的替代性成就标准及相应的评定方法被纳入到了问责体系中。与以前相比,越来越多的残疾学生正在普通教室里接受教育。

(三)提高残疾学生成就

NCLB是特殊教育史上首次要求学校和学区评定、报告和正视残疾学生的成就差异。由于残疾学生最初的能力相对不足(或持续不足),有些学校和学区因为学生难以取得进步而备觉受挫。然而,在NCLB相关条款的规定下,我们发现,如果对残疾学生持有适当的期望值,如果残疾学生能参与普通教育课程的教学活动,如果我们为残疾学生提供他们所需的支持和服务的话,他们的成就也就相应地可以达到较高的水平。

NCLB实施后的结果显示,在提供恰当的教学和评定后,残疾学生也能够达到较高的要求("不让一个孩子落后"委员会,2007)。范(Van)等人2007年为国家教育成果中心开展了一项关于"各州残疾学生评定结果公开报告"的研究,目的旨在分析各州残疾学生参与度及学业表现的相关数据。在2004—2005学年度，50个州均报告了在普通评定中达到熟练水平的残疾学生的比例，其中有40个州报告了处于各个成就水平的残疾学生的具体数目。有42个州报告了在替代性评定中达到熟练水平的残疾学生比例，同时有27个州报告了替代性评定中各成就水平的残疾学生的具体数目。

研究者们发现，残疾学生在普通教育评定中的表现与他们正常的同伴相比存在较大差距，而且年级越高，其成就水平差异就越大。同普通评定相比，越来越多的学生在替代性评定中能达到熟练水平，但成就水平差距的扩大并没有在替代性评定数据中得到体现。

美国教育部2008年12月颁布的一个声明中指出，曾经落后的儿童现在已经取得了较大的进展，并且四年级的残疾学生在2000—2007年期间，阅读方面的平均分提高了23分(USDOE，2008b)。

美国国家教育进展评定中心(NAEP)关于残疾学生和正常学生1998年到2007年的调查数据清楚地显示出残疾学生与正常学生之间的差距。同时，该数据也显示了残疾学生所取得的重大进展。四年级和八年级的残疾学生在数学和阅读方面所取得的进步要大于正常学生，或基本持平。比如说，在八年级的数学成就上，残疾学生在熟练和优秀的表现上有17%的增长，而正常学生却只有11%的增长。在四年级的阅读方面，达到熟练或优秀水平的残疾学生的数目增长了11%，而正常学生只增长了8%。相对各州而言，NAEP提供的数据更加可信，因为所有的学生在这里都是接受相同的测试，而不像各州那样有不同的评定标准。

NCLB在实施过程中也产生了一个令人担忧的问题：残疾学生的辍学率有所增长。自NCLB实施以来，残疾学生取得大学或大专文凭的比例有所增长，但辍学率也依然是一个值得担忧的问题(见图4)。

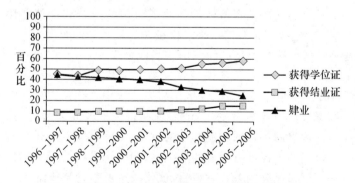

图4　获得学位证、结业证以及肄业的残疾学生比例

不同学校、学区之间残疾学生学习效果的悬殊是人们重点关注的问题。为什么残疾学生在有些学校要相对表现得好一些呢？一项研究指出，残疾学生在

学业上的成功与否主要取决于他们是否有权参与普通教育课程,以及教师的教学水平(Nagle,Yunker & Malmgren,2006)。马尔姆格伦等人(2005)曾做过一项关于州内问责评定中影响学生整体表现的学校层面的相关因素的研究,他们主要探讨了人口学变量、学校特点及特殊教育特点这三个学校层面因素的影响。结果发现:"学校效果"最能预测残疾学生的学业成就,也就是说,如果这个学校的普通教育学生的学业成就较好的话,该校每个学生都可能有不错的表现。这一结论支持了残疾学生应当有权接受普通课程并参与普通教育教学活动的观点。此外,该研究结果对因残疾而非其他原因(如教学质量和普通教育课程的准入度等)造成正常学生和残疾学生之间较大差异的观点,提出了质疑。

也许到目前为止,一些新近的数据最能体现残疾学生在学业成就方面的重大发现。这些数据表明,在某些情况下,残疾学生的成就在不同水平层次都有分布。换言之,学区或学校里表现最差的学生不一定是残疾学生,而有一些残疾学生却有可能是该区域里表现最好的学生。也有一些研究成果表明,低成就的学生当中,既有残疾学生,也有非残疾学生;此外,残疾学生的成就水平在不同层次均有分布。

上述数据明显与美国教育部颁布的"2%政策"的理念不符。2007年4月9日,"2%政策"作为一项规定颁布,旨在为所有学生中的2%的困难群体制定经过修改的成就标准以及相配套的评定方法。不过,其中提到的全部学生也包括有特殊教育需要的学生,各州有权选择使用这一规定。全部学生的2%意味着,IDEA规定下的残疾学生数量的20%要受到这一新规定的限制。"2%政策"是针对那些由于残疾而使他们无法达到平均水平或者说在接下来的学年也无法达到平均水平的学生而言的。到目前为止,共有8个州已经在实施与修订后的学业成就标准一致的替代性评定,还有其他20个州声称他们正在开发相关的评定体系。基于他们正在制定修订的学业成就标准及替代性评定体系这一事实,许多州选择拒绝多达20%的残疾学生接受更优水平的教育。

佐治亚州和科罗拉多州就已经使用这些数据来分析残疾学生的成就水平,并以此来了解政策的制定。在考虑是否采纳"2%政策"时,科罗拉多州在分析3—10年级的阅读和数学成绩后发现,在州内评定中表现最差的1/3的学生并非都是接受特殊教育服务的学生,这个发现使得他们开始思考,为什么要把残疾学生挑选出来接受修订过的成就标准的评价。并且认识到,也不能总是用这些修订过的评价标准来评价有需要的学生,因为大部分学生随着时间的推移都能在成就水平上获得显著的增长。最后,该州决定不推行该规定。

佐治亚州分析了学生在州内测验中的数学和阅读成绩,以此来了解"低成就学生"(指至少在一项评定中成绩很低)、"持续低成就学生"(指连续3个学年的成绩都很差)、"一贯低成就学生"(指两门科目中的成绩都很低)的构成。他们最初的分析显示,所有持续低成就的学生中,有40%—50%的是残疾学生,也就是说,有45%—60%的人是非残疾学生。由于"2%政策"暗示只有残疾学生才会是低成就学生,并且残疾会削弱学生的学业成就,但这些数据再次对此提出了质疑。

三、出路

NCLB已经实施了八年。实施与残疾学生相关的法律向来是备受争议和极具挑战的,这些法律的实施向来都会引起支持者与反对者之间激烈的争论。立法者并没有充分考虑如何让学区或学校从确保残疾学生的入学转变到在学校或学区中推行让残疾学生学业成就达到与所有学生同样标准的问责制,以真正实现NCLB的要求。要实现这一转变是极具挑战的。政策制定者必须正视这些严峻的问题,如残疾究竟在多大程度上限制了学生的学习?我们如何确定是学生的残疾而非教学质量不足或缺乏充分的调整、支持和服务妨碍了学生的学习?同时学校和各学区也必须面对能力严重不足的问题,如缺乏制定替代性评定、替代性标准以及修订标准的相关知识和技能,缺乏使用通用设计去制定各州通用的评定方法的知识和技能,缺乏健全的政策,缺少充足的资金,以及缺少高素质的人才。

在残疾学生教育问题的出路上,可谓机遇与挑战共存,为了让残疾学生教育事业得到更好的发展,我们提出以下建议。

(一)继续将残疾学生当做一个亚群

NCLB要求残疾学生的成就水平以组群的形式报道出来是残疾学生取得进步的重要方面。通过该条款所获取的新数据提升了人们对残疾学生的认识,同时引发了残疾学生教育专家、残疾学生教育的政策制定者以及残疾学生教育的倡导者新的思考。通过以群体的方式来记录残疾学生的成就水平,我们第一次可以用这些数据来考察残疾学生的成就差异,并且有了追求进步的重要参照。如果没有这些成就水平的数据,我们将不可能全面地测评残疾学生所取得的进步。问责制中获取的数据同样也考虑到了学校、学区以及各州之间残疾学生成就水平的比较。现在,我们可以探讨为什么某一学校或学区的残疾学生的水平会超过另一学校或学区残疾学生的水平。对各亚群中表现相对不足学生的分析也为我们采取有效的干预方法提供了宝贵的参照。

(二)将残疾学生(包括重度认知障碍学生)纳入问责体系中

有价值才会受到关注。在NCLB法案下,残疾学生的成就首次被认为是有价值的。学校、学区及各州开始为残疾学生的成就表现负责,而这一转变充满着各种挑战和困难,这些困难主要体现了教育残疾学生的能力、资源以及人们的认识方面。残疾学生成就表现的问责制体现了完全不同的一种行事风格,而这一重大转变显然需要投入大量的时间和资金。如果因为实施过于困难而拒绝将残疾学生完全纳入问责体系的话,这种行为既不符合残疾学生的利益,也不符合国家的利益。加大对将残疾学生完全纳入在内的问责体系方面的投入才能促进残疾学生教育的不断发展。

NCLB 的修订极有可能会将诸如毕业率和成长模式等进一步考虑的举措纳入问责制体系之中。成长模式是符合 NCLB 基本理念的一个体系,该体系主要用来评定残疾学生个体不同时期的成长进度。2008 年 10 月,美国教育部批准在 10 个州开始试验成长模式,但其中有几个州并没有把接受替代性评定的残疾学生纳入到试验性成长模式体系中。事实上,对于成长模式而言,有能力将所有残疾学生纳入评定体系并恰当获知他们的进展,对确保问责机制的灵活有效是非常关键的。问责制中有关高素质教师的具体要求对提升残疾学生在普通教育课程方面的准入度有明显影响,残疾学生对普通教育课程的准入权应当得以保证。我们应该在不降低对残疾学生期望的前提下,将他们的毕业率纳入到我们的评定中去。

（三）重新审视"2%政策"

NCLB 的再立为我们从与该法案的组织结构一致的角度,以及从以成就数据为基础而非残疾本身的维度去重新审视评定表现不足的学生所面临的挑战,提供了新的机遇。评定数据表明,很多学校中表现最差的学生并不一定是残疾学生。如果表现最差的学生并不一定是残疾学生,那为什么我们要将他们区分出来并为之提供标准更改后的替代性评定呢?

"2%政策"是基于"残疾导致学生表现不足"这一理念而制定的,然而,这一理念值得进一步的推敲。到目前为止,尚没有证据表明 20% 的残疾学生会因为他们的残疾而阻止他们达到基本的成就水平。当我们发现归于这 2% 之内的学生不是重度认知障碍的学生(也属于所有学生的 1% 之列[①]),而是学习障碍学生、言语/语言障碍学生、视觉或听觉障碍学生以及有其他健康问题的学生时,我们不禁要问:为什么我们要对他们持有低成就期望呢(见图 2)?此外,在谈及这 2% 的学生表现不足时,我们还应当考虑一些别的因素,如长期以来缺少合格的特殊教育教师、城市和经济欠发达地区尚有大量不合格的教师、普通教育教师缺乏相应的知识和技能等。我们是不是可以认为至少有一部分表现不足的学生是因为他们缺乏优秀的教师呢?此外,NCLB 法案和 IDEA 中的资助不足可能会导致残疾学生得不到应有的支持和服务,从而使得他们学业表现相对不足呢?最后,很少有州完全遵从 IDEA 的相关规定,也有可能导致学生的成就不足,如 2000 年时,没有一个州完全遵守了 IDEA 的相关规定(NCD,2008),只有 9 个州在名义上达到了该法案的要求罢了。

一个更加合理的"2%政策"可以更好地为表现最差学生提供有目标的服

---

① 2003 年 12 月 9 日,美国教育部发布最终规定,允许各州为严重认知障碍的学生制定替代性成就标准,这些标准适用于所有按照 NCLB 规定接受学年进步测验学生中 1% 的群体。

务,而不是仅仅针对一部分表现不足的残疾学生。与其把表现不足的一部分人挑出来参加不同的评定,倒不如为这一群体提供其他的干预服务。试想一下,如果来自某一特定少数民族的学生被单列出来,并让他们去参加与修订的标准相一致的替代性评定时,他们会如何抗议与反对吧!正如弗洛里安(Florian)2007 年所指出的,虽然特殊教育的实践旨在实现教育公平,但这些实践也有可能会是永远的不公平。所以说,我们需要对"2%政策"重新进行审视。

2007—2008 年度关于再立 NCLB 中的"2%政策"时,争议主要在于究竟有多少残疾学生适用于修订后的成就标准而需要接受替代性的评定。美国国家众议院教育与劳工委员会于 2007 年公布的草案希望废除该政策,因为这将有多达 3%的学生(或者是除 10%的重度认知障碍学生之外的 30%的残疾学生)要接受修订后的标准来进行评定。有些教育机构呼吁所有残疾学生都不应当纳入到 NCLB 的问责体系中,他们认为:残疾学生应当由为他们制订的个别化教育计划(IEP)负责。但是,事实上,IEP 的制订并不是为了帮助残疾学生应对所有的学业成就,而是为了帮助残疾学生解决与他们残疾相关的需要与服务等。比如说,对于一个有言语语言障碍的学生来说,他的 IEP 里可能只有相应的交流或语言发展目标,但 IEP 不能反映学生标准化评定中的能力水平,亦不能获取残疾学生成就差异的数据。

我们应该利用学生的成就数据去寻求制定与之联系更加紧密的新的政策。依据 NCLB 中将所有学生培养成优秀人才的目标与当前"2%政策"中要求为表现不足学生提供额外目标干预的做法相比,加大教师能力培养的投入,加大通用教学设计的投入,加大评定、支持与服务的力度,以及建立更加合理的安置政策显得更为可取。

(四) 将 IDEA 和 NCLB 法案进一步融合

残疾学生首先是普通学生。总统特殊教育进展委员会在他们的 2002 年报告——《一个新的时代:为孩子和他们的家庭复兴特殊教育事业》(*A New Era: Revitalizing Special Education for Children and Their Families*)中如此总结这一立场:

安置在特殊教育中的孩子首先应当是普通孩子。虽然这是一个不争的事实,但教育者和政策制定者常常认为普通教育和特殊教育是两个独立的体系,并将特殊教育的开支作为一个单独的项目来计算,而不是当做为产生其他费用的普通教育提供的额外服务。在这样一个体系中,残疾学生一般都不被当做普通教育体系中的成员,而在普通教育体系中,他们的特殊需要本应当是可能通过科学的途径来得到满足的。与此相反,残疾学生被认为是一个单独的群体,有着单独的财政体系,从而使得人们对残疾学生认识不准确,并对他们持有另外的学业期望,这样一来,就不利于整合所有可用的资源来帮助他们的学习。普通教育和特殊教育应当共同承担教育残疾学生的责任。他们不应当在财政、教学以及评定等任何层面上被孤立出来。

约翰逊(2003)曾提出免费适当的公立教育的理念,也就是 IDEA 的核心要旨必须依据 1997 年修订后的 IDEA 和 NCLB 法案里关于残疾学生的要求而有所调整。二十年前,亨德里克·哈德森中心学区教育局诉罗利案(Hendrick Hudon Central School District Board of Education v. Rowley)中,美国最高法院裁定:免费适当的公立教育要求为残疾学生提供的服务必须使学生获得"某些教育收益"。显而易见,NCLB 法案里的相关要求对残疾学生提出了更加严格的标准,也就是需要达到各州设定的学业标准。约翰逊认为现在应当调整免费适当的公立教育的标准,并指出,在所有学生都被期望于某一时期达到熟练水平的时代,免费适当的公立教育里要求的"某些教育收益"是远远不够的。

与 NCLB 法案的条款一致,2004 年再立的 IDEA 新增了大量条款,关于"高素质教师"的定义延伸到特殊教育教师的范畴里。有别于特殊教育体系中的学生,普通教育中行为或学业困难的学生也可以享受相关的资助。那些为残疾学生而开发的教育实践可以在普通学校范围内广泛使用,并且这种使用的范围在不断扩大,如干预反应以及积极行为支持的运用等。因此,更好地将这两部法案融合起来,并通过一前一后的审视这两部法案,将有助于制定出减少矛盾、能更好地应对学生需求的政策。

四、结论

在过去的 40 年里,国家政策一直都是残疾学生、学生家庭以及特殊教育发展的积极驱动力。毫无疑问,与 1975 年相比,美国社会中残疾学生的生活有了极大改善。IDEA 对于残疾人生活状况的改善起到了巨大作用。

NCLB 法案的早期成果让人们看到了残疾学生发展的希望。然而,因为 NCLB 法案从根本上调整了我们对残疾学生的期望,却又未能为实现这些期望提供充分的投入,学校和学区在执行该法案时就显得异常困难。在再立 NCLB 法案的十字路口,我们有机会重新选择残疾学生的出路。我们是继续对残疾学生持有较高的期望、实现问责制、依据相关的数据作决策、继续实施当前的政策呢?还是回归到一个相对容易的环境,即只要确保残疾学生的入学权而不再那么看重他们的成就表现呢?我们认为前者无疑是更好的选择。

(徐添喜 译)

专题拓展阅读文献

1. Amy, M., Gary, G. & Patrick, A. School Counselor Contributions to the Individualized Education Program (IEP) Process[J]. Preventing School Failure, 2007, 52(1).
2. Tomlinson, S. A Sociology of Special Education[M]. Routledge, 2012.
3. Friend, M. Special Education: Contemporary Perspectives for School Professionals[M]. Pearson Higher Ed., 2013.
4. Whitty, J. Education, social class and social exclusion[J]. Journal of Education Policy, 2001, 16(4).
5. Kauffman, J. M. Opinion on Recent Developments and the Future of Special Education[J]. Remedial and Special Education, 2015, 36(1).
6. Kalyanpur, M. & Harry, B. Cultural Reciprocity in Special Education: Building Family-Professional Relationships[M]. Paul H. Brookes Publishing Company, 2012.
7. Espin, C. A., Deno, S. L. & Albayrak-Kaymak, D. Individualized Education Programs in Resource and Inclusive Settings: How "Individualized" Are They? [J]. The Journal of Special Education, 1998, 32(3).
8. Gould, B. Elena, A. Sharon, V. et al. Special Education Teachers' View of Research-based Practices[J]. The Journal of Special Education, 2005, 39(3).
9. Crockett, J. B. & Kauffman, J. M. The least restrictive environment: Its origins and interpretations in special education[M]. Routledge, 2013.
10. Janette, K. Elena, M. Tejero, M. Examining the Schoolwide "Spread" of Research-based Practices[J]. Learning Disability Quarterly, 2001, 24(4).
11. Janette, K. Suzette A. Paola, P. et al. Barriers and Facilitators in Scaling Up Research-based Practices[J]. Exceptional Children, 2003, 69(4).
12. Janette, K. The Science of Professional Development[J]. Journal of Learning Disability, 2004, 37(3).
13. Jennifer, S. Characterization of Multisensory Environments: Why do Teachers Use Them? [J]. Journal of Applied Research in Intellectual Disabilities, 2002, 15(1).
14. Sally, T. A Sociology of Special Education[M]. London: Routledge, 2012.
15. Lynn S. Fuchs, Douglas Fuchs, Carol L. Hamlett, Norris B. Phillips & Johnell Bentz. Classwide Curriculum-Based Instruction: Helping General Educators Meet the Challenge of Student Diversity[J]. Exceptional Children, 1994, 60.
16. Fuchs, D., Fuchs, L. S. & Stecker, P. M. The "Blurring" of Special Education in a New Continuum of General Education Placements and Services[J]. Exceptional Children, 2010, 76(3).
17. Rose, R. & Grosvenor, I. (Eds.). Doing Research in Special Education: Ideas into Practice[M]. Routledge, 2013.

18. Kurth, J. A. & Keegan, L. Development and Use of Curricular Adaptations for Students Receiving Special Education Services[J]. Journal of Special Education, 2014,48(3).
19. Liasidou, A. Critical Disability Studies and Socially Just Change in Higher Education[J]. British Journal of Special Education, 2014,41(2).
20. Pretti-Frontczak, K. & Bricker, D. Enhancing the Quality of Individualized Education Plan (IEP) Goals and Objectives[J]. Journal of Early Intervention, 2000, 23(2).
21. Anastasiou, D. & Kauffman, J. M. A Social Constructionist Approach to Disability: Implications for Special Education[J]. Exceptional Children, 2011, 77(3).
22. Sharon, V. Sylvia, L. What Is Special About Special Education for Students with Learning Disabilities? [J]. The Journal of Special Education, 2003, 37(3).
23. Etscheidt, S. K. Progress Monitoring: Legal Issues and Recommendations for IEP Teams [J]. Teaching Exceptional Children,2006,38(3).
24. Friend, M., Cook, L., Hurley-Chamberlain, D. & Shamberger, C. Co-teaching: An Illustration of the Complexity of Collaboration in Special Education[J]. Journal of Educational and Psychological Consultation, 2010, 20(1).
25. Smith, S. W. Individualized Education Programs (IEPs) in Special Education—From Intent to Acquiescence[J]. Exceptional Children, 1990, 57(1).
26. Tali. Inclusive Schooling-middle School Teachers' Perceptions[J]. School Psychology International, 2001, 22(4).
27. Wendy, M. Mark, O. Natasha, B. et al. A Review of School-based Instructional Interventions for Students with Autism Spectrum Disorder[J]. Research in Autism Spectrum Disorders, 2008, 2(3).

第二编

各类残疾教育

> 残疾及缺陷影响了人们自我选择和充分享受生活的能力。对于这些群体而言,要过正常的生活就需要获得比同龄的普通人更多的支持。
> ——《生活质量的概念:已知的和未知的》
>
> 就自闭症和阿斯伯格综合征而言,我们没有必要感到惊讶,它只是天下万物中某一个普通的事物而已,我们不必过分关注缺陷,因为缺陷本身便是世界的一种常态的表现。
> ——《开启的潘多拉宝盒之光》

专题导论

特殊教育学科的研究与服务对象经历了"缺陷"—"残疾"—"特殊教育需要"的变化。早期特殊教育学科出发点为"缺陷",即"人的心理、生理或解剖结构或功能的缺失或畸形",强调的是特殊儿童的病理学基础与特征,研究与实践的对象均为残疾程度较重的盲、聋、弱智人士。20 世纪中期以后,特殊教育出发点转为"残疾",即"一个人的活动能力从正常人的角度看(由于身体的损伤)受到限制或完全缺失",它描述了损伤引起的身体功能的限制或活动能力的限制。特殊教育研究对象范围随之扩大,残疾类型更加分化,情绪/行为障碍、自闭症、学习障碍、注意力缺陷与多动症(ADHD)等新的残疾类型不断出现,轻中度残疾儿童教育与社会适应问题受到更多关注。

1978 年,英国残疾儿童与调查委员会提交给议会的《沃诺克报告》首次明确地提出了"特殊教育需要"(Special Educational Needs,简称 SEN)的概念,指出 SEN 既包括轻微、暂时性的学习困难,也包括严重的、永久性的残疾。SEN 远远超出了传统的病理学为基础的残疾分类、诊断,它完全从教育的视角审视儿童的需要,"学习困难"取代了"缺陷"与"残疾",每个儿童都有可能在发展的某个阶段遭遇学习困难因而具有特殊教育需要,特殊教育学科范围首次超越了"残疾"范畴,面向更加多样化的、由各种不同要素导致的学习困难儿童。从"缺陷"到"残疾"再到"特殊教育需要",不仅是特殊教育学科研究对象与范围扩大的过程,也是特殊教育基本理念与实践模式变化的过程。它使残疾儿童从被歧视、忽略逐步走向平等接受教育、参与学校与社会生活,从隔离与拒绝逐步走向融合与共享的社会文明成果。

尽管如此,从实际情况来看,目前特殊教育理论与实践仍然是以"残疾"为基础的,这种定义及相关的分类术语使特殊教育的学科性质更加明确、体系更加完整,使各国特殊教育与康复政策以及福利规划等的制定与实施更加有据可依,使专业人员以及相关的学术交流与实践更加有效,更加具有操作性。

本专题收集了国外特殊教育领域较著名的学者对于视力残疾、听力残疾、智力残疾、肢体残疾、自闭症、重度残疾、学习障碍、情绪行为障碍以及超常儿童心理、教育、康复等多方面的研究成果。这些选文从心理、康复、教育、语言、管理、电子科技等多学科的视角对各类不同残疾儿童的动作技能发展、言语语言学习、社会生活适应、认知能力发展等多方面进行了实证研究或者理论思考,对于我们进一步认识各类残疾,针对他们的实际需要提高教育与康复的水平有着重要的意义。例如,视觉障碍儿童及青少年动作技能发展特点及其影响因素的研究无疑对于进一步促进针对该类儿童的体育和运动康复有着重要启示,对聋人使用手语或者口语进行教学以及提倡二者结合的双语教学的做法,对于聋人语言训练模式的完善以及融合教育的发展有重要的启示。

　　超常儿童群体的不利处境被一些个体的辉煌成就所掩盖,其弱势群体特征比起残疾儿童、贫困儿童来较为隐蔽,不易被识别与认同,这使其不利处境更为加重。名声上的"显赫"与实际上的不利处境,使得超常儿童的真实需求往往不被了解,因而也难以得到必要的支持。这一点对我国资优教育尤其有借鉴价值。提高生活质量以及与之相关联的自我决定则是各类残疾人群教育与康复共同的目标,也是跨学科领域研究的共同话题,通过有效的教育与康复手段使残疾儿童获得独立生活能力,促进他们平等融入社会生活,并提高其生活质量,是特殊教育的根本目标之一。生活质量概念与理论框架的确定对于我们评估与发展促进残疾儿童生活质量提高的项目提供理论依据与实践策略。辅助器具是能够帮助功能障碍者补偿缺陷、改善状况、促进独立生活与社会融合的重要手段,辅助器具涉及残疾人康复、求学、就业和生活各方面。随着科技的发展,电子耳蜗、电子助视器、导盲系统、适应残疾人状况的计算机应用软件及辅助设备等高科技产品不断被开发和应用,残疾人的生活变得更方便,障碍被逐步克服,与健全人的差距在缩小。从医学模型到以家庭为中心模型的保健服务保障模式对于提供和利用辅助设备方式有重要的影响,对我国辅助器具的开发以及康复理论的发展有启示意义。

　　可见,对残疾的不同分类方式其实代表着人们对于残疾的不同认知与态度,也涉及不同国家的文化、社会文明及伦理等问题的复杂性,对此议题的讨论也推动着特殊教育理论与实践的丰富。另外,我们要特别注意的是,虽然医疗科技的进步帮助人类弄清多种残疾的病理根源,治愈多种曾经妨害人类健康的疾病,防止和控制某些遗传与先天性疾病的危害,使许多疾病不再成为致残的杀手,但人口老龄化、人口膨胀、环境污染、大工业生产、战争等,无不增加人类致残的可能性。例如,学习障碍、自闭症以及情绪行为障碍就成为现代文明社会必须面对的问题。本专题对于学习障碍、自闭症以及情绪行为障碍的理论分析,为我们明确这些不同残疾的基本概念、基本特征以及发展有效的教育康复策略奠定了坚实的基础。

视觉障碍儿童及青少年的动作技能研究综述

苏珊娜·豪文　克里斯·菲舍尔　昆·雷明克　埃丝特·哈特曼

作者简介

苏珊娜·豪文(Suzanne Houwen),荷兰格罗宁根大学(University of Groningen)副研究员,发表了《大肌肉发展动作测试量表对于小学视觉障碍儿童的效度和信度》和《不同年龄的聋人小学生的身体健康状况》等论文。

克里斯·菲舍尔(Chris Visscher),教授,主要研究领域为人类运动科学,发表了《关于天才运动员的学术研究成果》《世界级青年足球队员的战术技巧》《心理运动速度:一个新的过度运动综合征的可能性标签》等论文。

昆·雷明克(Koen A. P. M. Lemmink)副教授和埃丝特·哈特曼(Esther Hartman)助理教授就职于荷兰格罗宁根大学医疗中心大学运动、训练和健康中心,人类运动科学研究中心。

选文简介、点评

动作技能指通过练习巩固下来的、自动化的、完善的动作活动方式。心理学家一致认为,动作技能是一种习得的能力,是按一定技术要求,通过练习而获得的迅速、精确、流畅和娴熟的身体运动能力。动作技能在体育运动中可通过跑步、体操、投掷、运球、投篮等借助骨骼和相应的神经过程实现的活动表现出来。动作技能发展对残疾儿童特别是视觉障碍儿童和青少年的身心发展十分重要。动作技能发展不仅能提高他们的机体灵活性、触觉的灵敏度和机体运用等自然力,而且能启发他们进行空间思维和记忆,发展听觉,提高定向和平衡能力。

视觉障碍儿童与青少年是弱势群体中最弱、最孤独的群体,心理上常伴随孤独感、寂寞感。他们由于自身生理、心理或社会上的障碍,身心和动作技能发展受到一定的影响。视觉障碍儿童在运动过程中表现出胆小、焦虑,他们的动

---

① Suzanne Houwen, Chris Visscher, Koen A. P. M. Lemmink, Esther Hartman. Motor Skill Performance of Children and Adolescents with Visual Impairments: A Review[J]. Exceptional Children, 1995,75(4): 464-492.

作僵硬、呆板、不自然,以至于招来他人的嘲笑甚至歧视,这深深地伤害着孩子们的自尊心,也打击了其自信心,使其原本不协调的动作,越发严重。但在生理上,视觉障碍儿童与青少年的听觉、触觉、方位感和位置感很强,记忆力较好。这些因素也将有利于他们发展动作技能。

运动生理学中动作技能的形成要经历三个阶段,即泛化、分化与自动化。在心理学上这三个阶段被称为认知阶段、联系形成阶段和自动化阶段。泛化阶段的主要特点是领会动作技能的基本要求,掌握技能的组成动作。分化阶段是逐步建立外界刺激与肌肉反应之间的联系。在这个阶段,练习者初步掌握了技能的各个组成动作,但还不够熟练,动作不够连贯,衔接不够紧密。自动化阶段则已建立了本体的、链锁的、自动化的运动条件反射。练习者的紧张状态和多余的动作已经消失,练习者能根据情况变化,迅速而准确地自动完成动作。视觉障碍儿童由于缺乏视觉方面的信息,不能很好地在他人指导下进行三个阶段的动作技能学习,因而会产生各种问题。

选文采用文献分析的方式回顾并分析了与视觉障碍儿童及青少年的动作技能相关的研究。作者发现相关的研究主要考察了儿童、环境和任务三个主要变量。该文中回顾了 39 项研究,其中有 26 项研究考察儿童、环境和任务对于动作技能的影响,13 项研究报告了专家对于与技能相关的变量的建议。证明以下三个关系的证据不充分:① 视觉障碍程度、动态平衡和手的灵巧性之间的关系;② 弱视/斜视和精细动作技能的关系;③ 动作干预和动作技能的关系。另外,作者认为没有充分的证据表明视觉障碍儿童的性别与静态平衡之间有显著相关,也没有足够的证据表明性别对视觉障碍儿童其他动作技能相关任务表现有联系。可靠、有效的测量工具以及各个变量之间的互动关系应该得到进一步的研究,并且要特别关注环境和任务这两个变量。

该文的主要目的是确定各项特定的变量对于视觉障碍儿童和青少年动作技能水平是否有重要影响。然而由于缺乏研究以及大部分已有的研究报告在方法上存在着各种不足,目前的综述中所整理的证据并不足以指导现实中的教育与康复决策。未来针对视觉障碍儿童动作技能的研究应该提高研究方法的质量,特别在样本的容量和数据的处理上,应进一步提高。另外,后续的研究也要重视相关理论的建构。具体来说,建构的理论框架需要阐明对于动作技能发展的各个可能性因素的交互作用,特别是物理环境变量和目标任务特性两个因素。其次,回顾的研究报告中只有不到一半的研究对所用工具的信度进行了验证,但没有任何一项研究对工具的效度作出完整的报告,这些在未来的研究中都需要改进。再次,很多实验中所研究的技能在生活中并不能用到,教育者们需要更多地关注视觉障碍儿童与青少年在日常生活中的能够运用的动作技能的发展。

该文总结了大量前人在视觉障碍儿童与青少年动作技能发展方面的研究，为进一步的研究提供了完善的资料，并且在各个变量对动作技能影响的各个方面作出了全面的总结，为进一步的研究指明了方向。同时，该文总结的各项研究成果的具体资料对于发展和改善体育项目和有效地把视觉障碍儿童纳入各种体育活动中有着重要的借鉴意义。

选文正文

一、前言

视觉障碍对儿童各方面的发展都有影响（Warren，1994）。人类行为和特殊教育领域的研究者和专业人员都特别关注视觉障碍对于动作发展和复杂动作技能学习的影响（Buell，1982；Skaggs & Hopper，1996）。动作技能对于儿童社交和情绪功能的发展起关键作用，并且可能影响到其生活质量和幸福感（Poulsen，Ziviani，Johnson & Cuskelly，2008；Skinner & Piek，2001；Sleeuwenhock，Boter & Vermeer，1995；Verrips，et al.，1991）。动作技能缺陷可能会使个体在体育运动中表现不良，从而降低个体的自我效能感。这也可能导致逃避体育活动并由此导致失去锻炼动作技能和参与社交活动的机会（Skinner & Piek）。

怎样解释视觉障碍儿童在运动方面的问题呢？这是一个重要的问题，因为答案应该为视觉障碍儿童的体育教育以及将视觉障碍儿童成功地融合到多样的体育活动中提供理论基础。视觉的引导作用对动作技能的发展非常重要，并且控制了动作技能的习得、分化和自动化（Brambring，2001）。视觉对于动作习得的功能是：(1) 激励作用——给儿童活动的动机；(2) 空间作用——提供动作和目标的距离和方位信息；(3) 保护作用——预防危险的发生；(4) 控制/反馈作用——发现错误和通过动作调节来校正正在进行的动作。另外，视觉使儿童能够模仿他人的动作（Brambring，2006）。重度或完全失明儿童不能仅通过其他的感觉信息（如触摸、动觉或听觉）或语言—认知过程进行补偿。因此，当视觉受到损伤时，运动问题的出现看起来是合乎情理的（Brambring，2006）。沃伦（Warren，1994）指出与受损的视觉相关的变量是环境和动作障碍等，而不是视觉损伤本身影响了视觉障碍者的动作技能。关于学龄儿童和青少年视觉障碍者的动作技能的研究仍然很少，大部分的研究是关于视觉障碍婴儿的运动技能或运动发展的。

本文回顾了影响视觉障碍青少年运动技能的已知变量。这些回顾建立在相互兼容的理论框架（动态系统理论[DST]和对功能、残疾和健康的国际划分[ICIDH-2]）、关于解释视觉障碍运动技能发展的变量的研究以及儿童动作技能发展的文献的基础上。DST 和 ICIDH-2 的理论都认为人类的各种机能是人和环境的各种变量相互作用的结果（Hutzler，2007；Newell，1986；Shumway-Cook & Woollacott，2001；Warren，1994；World Health Organization，2001）。DST 理论认为运动技能的获得是个人、环境和任务约束三者相互作用的结果。ICIDH-2 用身体结构与功能、活动以及参与三个方面来描述机能（WHO，2001）。这三个方面都和个人健康状况和背景（个人倾向和环境因素）相关。DST 和 ICIDH-2 理论都视人体功能为人与环境之间的许多因素相互作用的结果。表1呈现了在本综述中所采用的各个变量。

表1 可能解释视觉障碍儿童动作技能水平的变量

变量的类型		变量
儿童	视觉障碍儿童的特殊变量	视觉障碍的程度 眼部状况 发病年龄 视知觉 视动整合
	个人变量\个体的倾向性	年龄 性别 健康状况 自我效能感 动机
环境		获得运动经验的机会 物理环境变量
任务		任务的特点 适应

本文所关注的对象是视觉障碍儿童和青少年。首先，将评价各项研究所使用方法的质量。此后，再回顾各个关于影响视觉障碍儿童和青少年的动作技能发展的各个因素的研究。最后评价各种针对动作技能的运动干预的效果。在各个部分之中，亦将包括对未来研究的启示。

二、有关方法的质量

综述中所有的研究按照《定量研究审查表》（Law，et al.，1998）所给出的16项是否问题进行评分，得分在12分及以上的研究被认为是采用高质量的研究方法，7分及以下的被认为是采用低质量的研究方法。

三、变量研究

（一）儿童变量

1. 视觉障碍的程度

一项采用低质量方法的研究调查了 215 名 12—20 岁盲童和明眼儿童在静态和动态平衡觉之间的差异(Leonard, 1969)。这项研究发现，盲童在静态平衡上的表现弱于明眼儿童，但是残余视力的程度和儿童在静态平衡上的表现无关。在盲童组内，动态平衡的表现和残余视觉相关。这项研究的结果和另外一项采用低质量方法的研究有部分是相一致的，但后者认为静态平衡和动态平衡都和视觉障碍的程度相关(Pereira, 1990)。

吉普斯曼(Gipsman)1981 年诊察了 48 个处于两个年龄组(8—10 岁和 12—14 岁)学生的动态平衡感，这些学生包括全盲学生、法定盲生和轻度盲生。这项采用低质量方法的调查发现，在 12—14 岁的青少年中，轻度盲生表现最好，接着依次是全盲，蒙住眼睛的法定盲，法定盲和蒙住眼睛的轻度盲。在 8—10 岁组中，轻度盲生表现最好，而其他类的盲生表现各不相同。类似的结果在其他低质量方法的研究中也可以找到(Johnson-Kramer, Sherwood, French & Canabal, 1992; Ribadi, Rider & Toole, 1987)。瑞巴蒂(Ribadi)等人测试了 51 个 14—17 岁盲和轻度盲的青少年的动态平衡和静态平衡。轻度盲者在动态平衡和静态平衡上都表现最好，盲人在动态平衡上表现要优于蒙住眼睛的轻度盲人。同样的，约翰逊-克雷默(Johnson-Kramer)等人发现轻度盲者的动态平衡要优于全盲和法定盲人。

这些研究强调视觉对静态平衡和动态平衡的影响，但是同时也揭示了盲人对于他们残疾的适应。儿童和青少年盲人逐渐学会利用肌肉和本体感受的信号。然而另一项采取中等质量方法对 9—18 岁的盲童的研究发现，在蒙住眼睛的时候，盲童的静态平衡并不优于明眼人(Häkkinen, Holopainen, Kautiainen, Sillanpää & Häkkinen, 2006)。这项研究表明，仅仅依靠经验并不能够补偿视觉上的缺陷，盲童的平衡技能的发展需要干预措施。

一项低质量方法的研究测查了 66 个 6—11 岁的盲和低视力儿童的手指灵活度(Reimer, Smits-Engelsman & Siemonsma-Boom, 1999)，发现盲童需要更多的时间去完成手工任务。

一项采用中等质量方法的研究测查了 15 个 6—12 岁先天视觉障碍儿童的运动技能，发现在中度和重度的视觉障碍之间有差异(Wyver & Livesey, 2003)。重度障碍的盲童在静态平衡、动态平衡和手指灵活度上表现都较差，而中度障碍的儿童只在平衡任务上表现弱于明眼儿童。在这项研究中，为了让视觉障碍儿童能够完成各个项目，测试内容进行了些许的改动。

豪文、威司乔、莱明克和哈特曼(Houwen, Visscher, Lemmink & Hartman,2008)测查了 48 个 7—10 岁的视觉障碍儿童的手指灵活性、球类技能和平衡技能。这项高质量方法的研究并没有在重度障碍和中度障碍之间发现显著的差异。在 7—8 岁组的中度障碍儿童在双手协调上优于重度障碍组,在手眼协调任务上中度障碍儿童表现优于重度障碍。此研究测试的材料和程序作了少许适应性的改动。

豪文(2007)等人对另外 20 个中度及重度视觉障碍儿童进行了运动器官和控制任务的测试。这项采用中等质量方法的研究并没有发现两者之间的显著差异。此研究测试的材料和程序作了少许适应性的改动。

总的来说,从逻辑上看,视觉障碍会在一定程度上影响运动技能。然而,就如萨格登和基奥(Sugden & Keogh,1990)所说,这两者之间不存在一个线性的相关。各项研究展示了不一样的结果。没有足够的证据能够证明视觉障碍的程度和静态平衡、肢体动作技能及物体控制技能相关。有较弱的证据表明视觉障碍程度和动态平衡、手指灵活性存在相关。进一步的研究需要测量各个障碍程度的视觉障碍儿童在不同运动技能上的表现。换言之,新的研究需要探讨视觉障碍儿童在大部分运动技能上表现都较差还是在特定的运动技能上表现不佳。

2. 眼部状况

眼部状况是另外一项可能影响视觉障碍儿童发展的重要因素(Watren,1994)。然而关于不同的眼部状况和动作技能关系的研究并不多见。视觉障碍的致病原因很多,大部分研究中的儿童都具有不同的眼部状况。目前的研究只测查了对比灵敏度、双眼协调、立体清晰度、弱视和斜视等方面对于动作技能的影响。

一项低质量方法的研究测查了 20 名 6—16 岁的重度视觉障碍儿童眼的对比灵敏度与功能性能力的关系(Siddiqui, Rydberg & Lennerstrand, 2005)。功能性能力的两个方面和运动技能相关:移动能力和日常生活技能。研究发现,白内障儿童的功能性能力接近明眼儿童,而视网膜和视神经相关病变的儿童则表现较差。在视网膜和视神经病变组内,对比灵敏度和日常生活技能相关,近距离视力和日常生活技能相关。

另一项低质量方法的研究测查了 36 个 3.5—10 岁视觉障碍儿童的双眼协调能力(Knowlton & Lee,1995),发现有较好双眼协调能力的视觉障碍儿童在那些需要与物体之间相互作用的运动任务上表现更好。一项相似的中等质量方法的研究对 47 个视觉障碍儿童进行了测查,发现双眼协调水平的高低能够预测儿童和物体交互运动的水平(Woo, 1990)。

除了视觉敏锐度这个因素之外,也有研究者测查了 4—5 岁的视觉障碍儿童在数个不同运动任务中的立体视觉敏锐度表现(Hrisos, Clarke, Kelly, Henderson & Wright, 2006)。立体视觉敏锐度是察觉远处物体差异的能力。

这项低质量方法的研究发现,立体视觉敏锐度而不是视力受损的程度是预测儿童穿珠任务的关键因素。

弱视儿童和斜视儿童缺乏甚至完全失去了双眼协调和立体视觉敏锐度。一项中等质量方法的研究发现,4—7岁的弱视儿童在各项运动技能中的成绩显著低于明眼的同龄人(Engel-Yeger,2008)。另外一项中等质量方法的研究则发现,弱视儿童特别是那些有斜视历史的儿童,在手指灵活度上表现低于普通儿童(Webber,Wood,Cole & Brown,2008)。

总的说来,眼部状况对于运动技能的作用很难确定,这是由于缺乏针对性的研究。只是在弱视和斜视对于精细动作的影响有少量证据(Caputo, et al.,2007;Hrisos, et al.,2006;Webber, et al.,2008)。未来的相关研究应该针对更多类型的眼部状况与运动技能的关系来进行。

3. 发病年龄

关于视觉障碍儿童的发病年龄对于运动技能发展影响因素的研究数据较为缺乏。人们一般认为先天的视觉障碍更容易引起动作技能上的缺陷。因为后天视觉障碍儿童在发病前的视觉信息已经促进了他们动作技能的发展(Lieberman,2005;Longmuir,1998)。一项中等质量方法的研究调查了发病年龄对于儿童动作技能学习的影响(Dye,1983)。66个法定盲学生参加了这项动觉方位测试,在这项研究中,先天视觉障碍儿童比后天视觉障碍儿童错误更多,同时分数的变动幅度也更大,这说明其在动觉方位知觉上要弱于后天视觉障碍。

4. 视知觉和视动整合

知觉能力影响儿童的动作技能发展(Callahtie & Ozmun,2002)。视觉障碍儿童可能有足够的视力来进行某些活动,但是却导致不能解释某些视觉信号(Rogow,1992)。运动知觉是一项重要的能力,因为儿童的很多活动都需要和物体进行互动。一项低质量研究测查了36个3.5—10岁的视觉障碍儿童与运动物体的交互(Knowlton & Lee,1995),发现视觉障碍儿童在避免与静止或运动的物体碰撞上的表现不同于普通儿童,但是该研究没有解释具体怎样不同。另外一项中等质量方法的研究发现视觉障碍儿童与运动的物体的交互比和静止的物体交互困难(Woo,1990)。

一项中等质量方法的研究对8—13岁的低视力和明眼儿童进行测查,发现视动整合与各种程度的动作技能发展相关(Bouchard & Tetreaulc,2000)。一项低质量方法研究测查了50个9—15岁低视力儿童的视动整合能力(Daugherty & Moran,1982)。该研究发现视觉障碍同时也损伤了儿童的视动整合机能。

总的说来,没有足够的证据能证明视动整合与运动之间存在相关,此领域有待进一步研究,此外在视知觉、视空间知觉和物体再认等因素与儿童动机技能的关系的研究有待发展。

5. 年龄

明眼儿童随着年龄的增长,其动作技能水平也因成熟、年龄、经验和遗传等因素而得以提高(Gailahue & Ozmun,2002)。最近有一些研究考察了不同年龄的视觉障碍儿童在动作技能任务上的表现。一项中等质量方法的研究测查了8—13岁的低视力和明眼儿童的动作技能水平差异(Bouchard & Tetreault,2000)。该研究发现,明眼儿童中,年龄大的儿童的表现优于年龄小的,而在视觉障碍儿童中则不存在这样因年龄造成的差异。类似的,另外一项低质量方法的研究发现在6—13岁视觉障碍儿童中,在静态和动态平衡任务中没有发现由年龄造成的差异(Pereira,1990)。另外一项低质量研究却发现年龄更大的盲童(12—14岁)在动态平衡上比低龄的盲童(8—10岁)表现更好(Gipsman,1981)。

一项采用低质量方法的研究测查了133名6—11岁盲、低视力和明眼儿童的手指灵活度(Reimer, et al.,1999)。在这三组儿童中,随着儿童年龄的增长,完成任务所需要的时间显著减少。而年龄与速度的关系在三个年龄组中各不相同,其中,盲童组随着年龄增加完成任务的速度增加最少。在把东西穿在大头针上、穿珠子、把线穿过较厚的物体等任务中,盲童随着年龄增加而完成任务速度增加要慢于低视力儿童。

另外一项中等质量方法的研究也发现了类似的年龄效应(Joseph,1984)。在7—21岁的盲人扔飞镖的游戏中,14岁以上盲人的成绩要显著优于年少的儿童。

总的来说,没有足够的证据表明年龄对于视觉障碍儿童运动技能发展的影响。各个研究结论相互冲突,这也可能是因为所测试的运动技能的具体种类各不相同,研究对象视觉障碍的程度也不相同。需要注意的是之前的研究都是作了横向的比较,而关于视觉障碍儿童运动技能的追踪研究还很缺乏。此外,任务经验和任务特性可能对研究的结果造成干扰,在后续的研究中需要把这两项内容考虑进去。

6. 性别

儿童和青少年的动作技能水平的性别差异有可能存在,因为在生长的过程中身体的构造和发育的差异,还有社会文化条件下的不同运动类型。通常,在幼年时期动作技能上的性别差异相对来说并不明显,但是在青春期会发生巨大的变化,男孩的表现会逐渐优于女孩(Thomas & French,1985)。对于视觉障碍儿童和青少年在运动技能上的性别差异,还很少有研究涉及。一项低质量方法的研究在对12—20岁的47个男盲童和54个女盲童的静态平衡测量中没有发现显著的差异,但是在动态平衡上男性的平均成绩要优于女性(Leonard,1969)。佩雷拉(Pereira,1990)在一项低质量方法的研究中测查了6—13岁的视觉障碍儿童的动态平衡和静态平衡,但没有发现显著的性别差异。这和之前的一项低质量方法的研究结果一致,瑞巴蒂(1987)等人对14—17岁的先天盲童的测查也没有发现性别差异。一项采用中等质量方法的研究发现(Qoseph,1984),在全盲的学生中,男孩在扔飞镖的任务中表现明显优于女孩。

总的来说,关于性别和静态平衡任务的水平,存在少量的证据(Leonard, 1969; Pereira, 1990; Ribadi, et al., 1987)。没有足够的证据表明性别对视觉障碍儿童其他动作技能相关任务存在关联。

7. 健康状况

身体健康状况也是可能影响视觉障碍儿童的动作技能水平的因素之一。之前一份综述表明视觉障碍者身体健康水平较低,躯体灵活性、心肺耐力、肌肉耐力、力量和速度都较差(Skaggs & Hopper, 1996)。人们一般认为健康状况和动作技能可能存在相关,因为低水平的健康状况可能成为学习和完成动作技能的阻碍(Bouchard & Tetreault, 2000)。目前,各项研究要么只研究了视觉障碍儿童的健康状况,要么只研究了动作技能水平,对于两者间联系的研究还很少。一项采用中等质量方法的研究测查了16个9—18岁的视觉障碍男孩肌肉强度和静态平衡之间的相关(Häkkinen, et al., 2006),研究发现两者之间不存在相关。

8. 儿童人格特征

自我效能感和动机可能是影响儿童对运动的参与和在运动中取得成功的重要因素(Sherrill, 2004)。自我效能感是个人在一定条件下对自己能力能否胜任的感觉,而这种胜任感对个人在现实中是否能够胜任具有显著的影响。换言之,低自我效能感可能导致运动信心缺乏,从而更少的参与运动,动作技能得不到锻炼。人们普遍认为视觉障碍儿童对运动的参与取决于他们对自己能够胜任运动能力的认可(Robinson & Lieberman, 2004; Shapiro, Moffett, Lieberman & Dummer, 2005)。夏皮罗(Shapiro)等人对43个8—21岁的视觉障碍儿童和青少年对自我形象、运动能力和社会接纳的自我感知作了测查。这项研究发现,对自身运动能力的自信程度和运动技能水平存在相关。相应的,另外一项更早的研究在对11个9—19岁儿童进行一项球类运动训练之后,发现这些儿童对自己运动的信心增加了(Shapiro, 2003)。然而一项中等质量方法的研究发现,在4—7岁的白内障儿童中,对自身身体的效能感和总的运动技能水平之间并不存在相关(Engel & Yeger, 2008)。

有人曾提出,动机可以极大程度地影响儿童的运动参与从而影响儿童动作技能的发展(Haywood & Getchell, 2005; Kozub, 2006)。对于视觉障碍儿童来说,主要的观点是,因为视觉信息的缺乏,参与运动的动机也因此缺乏。此外,参与运动的动机还会受视觉障碍儿童对于运动的恐惧所影响(Lieberman, 2005),这种对于运动的恐惧也可能是因为对周围环境视觉信息的缺乏(Lowry

& Hatton,2002)。然而个人人格特征的差异,动机在各个儿童身上又各不相同。

总的来说,只有一项研究验证了儿童自我效能感和运动技能之间的关系(Engel & Yeger,2008)。其他的研究只是对个人人格特征与运动技能水平的关系提出了推论(Kozub,2006;Lieberman,2005;Shapiro,2003;Shapiro,et al.,2005)。所以,有关这两者之间的联系的证据并不充足。探讨特定的人格特征与体育活动之间的交互是一件有趣的事情,如果一个儿童在某项体育活动中不能取得某种程度的成功,会导致较低的自我效能感、更少的参与、更低的运动技能水平(Shapiro,Lieberman & Moffett,2003)。所以,找出哪种类型的体育活动更容易让视觉障碍儿童获得成功是一项重要的任务。

（二）环境和任务变量

这一部分内容先回顾社会文化因素和动作技能水平的关系,然后再探讨物理环境和任务本身特性与动作技能水平之间的关系。

1. 参与体育运动的机会

有限的参与体育运动的机会在一定程度上影响儿童运动技能的发展(Gallahue & Ozmun,2002)。一般认为,视觉障碍儿童更少有机会与环境交互,导致运动经验的缺乏。此外,在特定测试任务上的练习效应使儿童在某些任务上更容易取得好的成绩。伊特耶拉(Ittyerah,2000)研究了运动经验对视觉障碍儿童和普通儿童在运动技能任务上的表现的影响。她发现蒙着眼睛的6—15岁明眼儿童在一些手指灵活度的测试上快于盲童,她认为是在日常生活中相似任务的经验使明眼儿童在完成任务上快于盲童。

非结构化的游戏就是一种获取运动经验的情景。史尼克拉斯(Schneekloth,1989)测查了36个7—13岁明眼和视觉障碍儿童在非结构化游戏中与环境的交互以及总的运动技能水平的相关。这项低质量方法的研究表明视觉障碍儿童运动类活动种类较少,也获得了更低的运动技能分数。史尼克拉斯把这种视觉障碍儿童在总的运动技能上的发展迟缓部分归因于在日常情景中的经验缺乏。

布莱姆布林(Brambring,2001)对4—7岁的盲和有部分视力的儿童的运动技能进行了研究。结果发展盲童能够完成普通儿童的63%的腿部活动和83%的手臂活动。具有部分视力的儿童则完成了77%的腿部活动和99%的手臂活动。此外,在测试的过程中,盲童的腿部活动和手臂活动也明显地少于明眼的同龄人。这项结果显示有限的活动机会是视觉障碍儿童运动技能水平落后的影响因素之一。

体育课是儿童发展和练习运动技能的重要机会(Lieberman,2005)。关于体育教育,最近一项研究表明42%的8—19岁视觉障碍儿童没有参加体育课(Ponchillia,Armbruster & Wiebold,2005)。此外,另外一项对于19个6—18

岁儿童和青少年盲人的研究声称,大部分参与体育课的盲人在实际生活中很少参与运动,而年长的盲人比年轻的盲童更少地参与运动(Oh,Ozturk & Kozub,2004)。此外,费尔南德斯和维悟(Fernandez & Vivo,2002)发现5—9岁的盲童对于体育活动的参与少于技能较好的明眼同伴,但与技能较差的明眼儿童相似。同伴辅导的策略是一项有效地将视觉障碍儿童纳入到体育活动中的策略(Fernandez-Vivo,Wiskochil,Lieberman,Houston-Wilson & Petersen,2007)。人们相信,只要给予足够的参与体育活动的机会,视觉障碍儿童的运动技能会得到提高。上述研究都揭示了,视觉障碍儿童缺乏练习和发展他们运动技能的机会,但是却没有研究这些机会缺乏对于运动技能有何影响。为了提高视觉障碍儿童在运动技能任务上的表现,教师需要利用一些有效的教学技术,例如触摸模型、体态指导等(Buell,1982;Lieberman;O'Connell,Lieberman & Petersen,2006)。在一项中等质量方法的研究中,6—12岁的低视力儿童在参加体育运动之后,比没有参加运动的儿童具有更高的物体控制技巧(Houwen,et al.,2007)。

总的来说,各项文献都强调一个丰富的环境能够强化视觉障碍儿童与环境的积极互动,从而促使运动的练习和提高(Schneekioth,1989)。此外,也需要鼓励父母给儿童树立一个良好的榜样(Ayvazoglu,Oh & Kozub,2006)。然而,关于运动经验和运动技能水平的关系的证据还不充足,仍然需要研究运动经验具体是如何提高视觉障碍儿童在运动技能上的表现的。

2. 物理环境变量和任务的特性

一项对于66个低视力儿童和94个父母的调查表明一系列的物理环境变量可能会影响视觉障碍儿童动作技能水平(Kalloniatis & Johnston,1994)。儿童和父母在调查中都认为视觉障碍儿童在不熟悉的环境中行走存在困难。此外,照明条件较大的变化也会很大程度地影响视觉障碍儿童的动作技能水平。专家认为,良好的照明条件对于大多数视觉障碍儿童的表现有利(Buell,1982;Lieberman,2005)。很多自然条件,例如环境对比度、照明、颜色、运动,都会影响到视觉障碍儿童对于客体的感知(Knowlton & Lee,1995)。

视觉信息对于成功的运动表现有多大的影响,取决环境要素和任务的种类。因此,普遍认为视觉障碍儿童更容易被变化的环境所影响,因为视觉信息对于行走、定位、定向都有着重要的意义(Kalloniatis & Johnston,1994;Knowlton & Lee,1995)。在一些运动任务中,儿童需要保持静止,一些任务需要儿童走动,还有一些任务中,环境也在变化(Callahue & Ozmun,2002)。因此,儿童的动作技能表现可能随着情况的不同而发生变化。凯琳娜蒂斯(Kalloniatis)和约翰逊报告说,低视力儿童能够完成大多数不依赖于视觉信息的任务。

利伯曼(Lieberman,2005)认为视觉障碍儿童对于条件变化的活动和那些相对静态的活动都应该参加,以此来锻炼各种运动技能。另外一项研究显示,视觉障碍儿童更加喜欢条件不断变化的活动,例如篮球、足球、棒球(Lieberman, Robinson & Rollheiser,2006)。因为对任务和环境的适应,很多明眼儿童能够完成的任务,视觉障碍儿童同样可以完成(Ponchillia,1995)。此外,利伯曼和鲁宾逊(Lieberman & Robinson,2006)等人还提出,为了保障每一个儿童的最佳适应性,各种尺寸、颜色、大小、声音需要为每一个儿童量身订制。视觉信号的强化可能会优化视觉障碍儿童的表现。例如,让球的颜色更加明亮,与周围的环境有更高的对比度(Buell,1982;Lieberman;Sherrill,2004)。相反,另外一项研究表明,亮色的球对于视觉障碍儿童的运动表现并无作用(Lieberman, Robinson, et al.)。也有人建议让视觉障碍儿童特别是重度视觉障碍的运动设备具有声音,同时再加入言语上的辅助(Lieberman, Robinson, et al.)。

总的来说,关于物理环境变量和任务特征,没有研究表明物理环境变量是否在各项测查中保持恒定。这可能对结果造成较大的影响。关于这两个因素的研究也缺乏有力的证据。我们还需要检验在不同环境背景中和具有不同特性的任务中,视觉障碍儿童完成任务的变化。关于任务的特性,三项研究在对视觉障碍儿童进行测查是作出了适应性的改动(Houwen, et al., 2007; Houwen, et al., 2008; Wyver & Livesey, 2003),但是没有研究这些改动对于视觉障碍儿童任务表现的提升的具体方式。

四、干预

视觉障碍本身不能被认为是导致动作技能水平发展落后的原因,但是视觉障碍儿童的动作技能也不能自发的发展。儿童需要练习以学习和发展动作技能(Gallahue & C. Ozmun,2002)。如果视觉障碍儿童的动作技能落后是因为缺乏练习动作技能的机会,那么干预则可以提高动作技能水平。

戴伊(Dye,1983)让64个6—12岁的法定盲童学习一项依靠动觉和听觉反馈的新动作技能。这项中等质量的研究发现,当这些盲童依靠自身的动觉学习新技能的时候表现更好,这种状况在6—9岁的儿童和先天盲的儿童中更加显著。约瑟夫(Joseph,1984)也对声音反馈对于动作技能的影响进行了研究。7—21岁的全盲儿童和青少年执行一个扔飞镖的任务,在执行任务时被试可以获得结果的反馈,或者表现的反馈,或者两者都有。这项中等质量方法的研究发现经过实验程序后,被试的任务水平都得到了提高,但是各项实验处理内部并没表现出差异。

帕莱兹克斯(Palazcsi,1986)测查4个4—7岁有光感的法定盲童在两种不同的实验处理(聆听阶段+口头提示;运动阶段+随着时间减少的口头提示)下的动作水平。这项中等质量的研究表明运动阶段的实验处理能增加被试的活动参与程度,减少需要辅助的时间,以及少许增加被试的活动水平。

一项采用中等质量方法的研究测查了321名8—19岁的视觉障碍儿童与青少年。这项研究显示短期干预,例如体育野营,可以提高跳跃和投掷技能(Ponchillia, et al., 2005)。利伯曼和鲁宾逊(Lepore, 1998)也发现一周的体育野营能够提高视觉障碍儿童动作技能水平。

在一项低质量方法的研究采用语音计步器来激励22名9—13岁的视觉障碍儿童提高自身每天的步行活动水平(Lieberman, Stuart, Hand & Robinson, 2006)。实验者指出计步器对视觉障碍儿童增加自身的步行活动有重要影响。

最近,有人研究了动作技能训练对于动作水平的作用(Aki, Atasavun, Turan & Kayihan, 2007)。40个重度视觉障碍儿童被分成训练组和家庭训练组两组,进行了3个月针对平衡、肢体协调、腿部强度、上肢协调和视动控制的训练。两组儿童的训练内容一样,但是训练组由理疗医师主持训练,家庭训练组由父母在家中主持训练。这项低质量方法的研究发现,经过训练,除了家庭组的视动控制这一项之外,两组儿童的各项运动分数都得到了提高。

总的来说,各项研究都显示,干预能够提高动作技能水平(Aki, et al., 2007;Dye, 1983;Joseph, 1984;Lieberman, Stuart, et al., 2006;Palazesi, 1986;Ponchillia, et al., 2005)。然而有关运动干预对儿童动作技能发展的影响的证据不充分,未来的研究需要探索哪种运动干预对于哪些类型的视觉障碍儿童有效。

五、结论及建议

这份综述的主要目的是为了确定各项特定的变量对于视觉障碍儿童和青少年动作技能水平是否有重要作用。这对于发展和改善体育项目和有效地把视觉障碍儿童纳入到各种体育活动中有着重要的借鉴意义。然而由于缺乏研究以及大部分已有研究在方法上的低质量,目前的综述所整理的证据并不能指导现实中的决策。

未来针对视觉障碍儿童动作技能的研究应该提高研究方法的质量,特别在样本的容量和数据的处理上。首先,进一步的研究也要重视理论的建构。具体来说,这样一个理论框架需要阐明对于动作技能发展的各个可能性因素的交互作用,特别是物理环境变量和目标任务特性两个因素。其次,只有不到一半的研究证实了所用工具的信度,但没有一项研究对工具的效度作出验证,这些在未来的研究中都需要改进。再次,很多实验中研究的技能在生活中并不能用到,教育者们需要更多地关注于各种机能在参与者日常生活中的实际应用。

(蒋邓鋆　译)

手语双语教学的情境变迁：
语言与读写能力发展[①]

康妮·迈耶　格雷格·利

作者简介

　　康妮·迈耶(Connie Mayer)是多伦多约克大学教育学院的副教授，专攻应用语言学以及聋人语言教育研究。她有二十多年的聋人教学与管理的丰富经历，担任聋人研究与教育期刊(*Journal of Deaf Studies and Deaf Education*)以及美国聋人年鉴(*American Annals of the Deaf*)的编辑。目前主要集中于聋人认知及读写技能发展、人工耳蜗植入后的聋儿书面语言发展等方面研究。主要代表作有：《语言学相互依存理论与聋学生双语双文化语言教育模式》(*Linguistic Interdependence Theory Support a Bilingual-Bicultural Model of Literacy Education for Deaf Students*, 2007)。

　　格雷格·利(Greg Leigh)教授是 Renwick 职业教育研究中心的主席，该中心坐落在澳大利亚的纽卡斯尔，由皇家盲聋儿童研究所和纽卡斯尔大学联合成立。皇家盲聋儿童研究所是澳大利亚最古老、最大的独立特殊教育研究所，它为听力或者视力损失以及肢残儿童提供广泛的教育服务。格雷格·利教授也是澳大利亚聋人教育的权威学者，并担任世界聋人大会组委会主席。代表作有：《聋人教育的国际视角》(*Educating Deaf Students Global Perspectives*, 2004)。

选文简介、点评

　　1880年在意大利米兰召开的第二届国际聋人会议，发表了《米兰会议决议》的宣言，也开启了关于手语、口语教学的毫无结果的百年争论。口语教学长期以来占据聋人教学的主导地位，但教学效果不佳却是事实。纯手语教学也只是将学习环境转换到聋人文化和手语的氛围之中，聋人融入健听人文化和语言的交流能力受到阻碍。概而言之，聋人教学从手语教学、口语教学、全面交流法、

[①] Connie Mayer, Greg Leigh. The Changing Context for Sign Bilingual Education Programs: Issues in Language and the Development of Literacy[J]. International Journal of Bilingual Education and Bilingualism, 2010, 13(2): 175-186.

以及视听法、提示法、罗彻斯特法①等,逐步走向双语双文化教学为主的多元教学方法。针对聋童的双语教学是20世纪80年代在西方一些发达国家中发展起来的一种新的聋教学方法,它是在对过去聋校推行的单纯"口语教学法"或"手语教学法"否定的基础上发展起来的。自20世纪80年代初在瑞典为一些聋哑学生建立了第一个双语课程开始,之后的二十多年双语课程就在国际范围实施。三十多年前,聋人教育的双语模式开始发展,自然手语第一次成为指导教学的官方语言。

为听力损失学生提供的手语双语教学在许多方面存在争议,对聋童实施的双语教育是"高风险、复杂和有争议的"。大多数的争议涉及文化、身份、语言的权利以及被边缘化的手语教学,手语教学一度被视为20世纪的主要模式。

最近,新生儿听力筛查技术的出现,连同辅助技术的进展(尤其是人工耳蜗植入技术)以及融合教育模式的实施,对家长们选择有关聋儿语言和交流的模式产生了深远的影响。选择手语双语教学的父母变少了,因为如果植入了人工耳蜗,关注孩子的听和说以及在主流学校接受教育更为重要。在聋人学习者的教育环境中,一种新观念——强调口语的发展以及更多地关注读写能力发展中的语音过程——由此而产生了。

选文论述了有效结合口语和手语模式的做法,即双语教学,在聋儿成长过程中发挥着重要的作用。对于植入人工耳蜗的儿童来说,因为具有听觉的输入双语教学对他们有重要的意义。用手语和口语两者进行沟通的方法,对单一和双语教学环境下的聋儿教育都将日益发挥作用;对家长们对有关聋哑孩子语言和交流模式的使用做出选择也产生深远的影响。在今后相当长的时间里,与早期鉴定和人工耳蜗植入相关的成果将继续大量改变聋人语言学习的特点与方式。新生儿听力筛查技术有利于及早地筛查新生儿的听力状况,而人工耳蜗植入技术将为聋儿语言学习与训练提供福音,这将为今后的聋儿双语教学模式提供很好的视野。

尽管在理论界对于双语模式还有些争议,一些因素,例如许多儿童和家长较迟才接触到手语、家庭缺乏支持母语习得的可用资源等,都可能影响聋童及早适时地获得母语技能。这些争论对于双语教学模式的进一步发展是有所帮助的。我国聋人教育长期以来要么重视手语教学,要么盲目追求口语能力发展,忽视聋人文化和健全人文化的理解与融合。双语双文化教学法的引入可以有效地促进我国聋人教学法改革,使聋校教师和学生在碰撞、交流中共同成长。

---

① 罗彻斯特法是指把口语法和手指语结合起来,但不使用手势语的教学方法。

选文正文

一、背景

自20世纪80年代初在瑞典为一些聋哑学生建立了第一个双语课程以来(Svartholm,2007),聋人双语课程在全球范围内得到推广(如美国、加拿大、新西兰、澳大利亚、荷兰和南非等国)。在大多数情况下,这代表了一种转变,即从当时盛行的听觉—口语或者全面交往的理念逐步向双语方式过渡。自然的手语被视为所有聋学生的母语,它将是教学的主要语言。所有这些教学计划的共同之处在于重视一个基本原则,即高度重视聋人社区的语言和文化、关注平等的受教育机会、聋人基本权利以及对聋儿和听力健全的同龄儿童对语言和学习有相同潜力的认同(Swanwick & Gregory,2007)。我们的目标是通过自然的手语教育聋儿。当具备适当的语言学习条件时,这种语言不需要借助辅助设备或特定干预或训练便可以被使用。前提是要以与年龄适应的语言和认知的发展为基础,并支持学生在口语学习的过程中向文字的读写能力过渡。

总的来说,我们要努力使聋人与他们的同龄健听人取得一样的学业成就,在语言和读写能力方面也是如此。在双语教学模式下发展识字和语言能力的基本观点是:在没有接触或没有熟练掌握口语或主流语言的手语体系的情况下,识字能力可以通过阅读和写作来发展。这个论断主要是基于语言的相互依存理论(Cummins,1989,1991),这一理论认为:所有语言都允许认知—学业技能或者识字相关的能力从母语迁移到第二语言的习得。对聋人学习者运用这种模式的情况表明,假如自然手语作为母语能够完全形成并且作为教学的主要语言,那么从母语能力自然过渡到第二语言的结果,就是形成基于文本的读写能力(Johnson,Liddell & Erting,1989;Lane,Hoffmeister & Bahan,1996)。这种观点在许多文献中被提及(Cummins,2009;Small & Mason,2008)。

然而,这些双语识字教育模式引进,引发人们对将语言相互依存理论运用到聋人学习语言情况的理论和方法论上的担忧。尤其是因为它涉及语言和基于文本的识字能力的发展(Mayer & Wells,1996;Paul,1998;Swanwick,1998)。但这些担忧并不是批评这种模式的合理性或者反对双语教学目标,而是质疑在学习者还没有进入第二语言技能阶段,涉及手语和口语的这样一种特殊的情景的时候,这种模式的效度究竟有多大。

此外,尽管近四十年来,越来越多的研究支持听障学习者双语教学模式,但人们担忧在双语教育环境下提高聋人学习者语言和识字效果缺乏相关实验证据的支撑。尽管双语教学已经实施了三十多年,迄今为止实证研究相对较少,且研究结果倾向于对双语课程、课堂教学和教学策略进行描述性的研究(例如,Livingston,1997;Mashie,1995),或者侧重于研究儿童早期的识字教育;但这个阶段他们并不能拥有流利的口语,且这个阶段的孩子是否是听力障碍的还很难鉴定。

尽管一些实证研究表明自然手语的高水平发展与更高的识字能力之间呈正相关（例如，Hoffmeister,2000;Padden & Ramsey,2000;Strong & Prinz,1997）。"更高"的说法是不明确的,它仍然不清楚是否与听力健全的同龄人有相同的结果,或者只是表明相对其他聋儿学习者是有进步的（Mayer & Akamatsu,2003）。例如,辛格尔顿等（Singleton,et al.,2004）比较了健听的单一语言者以及第二语言阶段学习者与两组聋人手语者使用书面语言的情况。这两组聋人手语者,一组有很强的美国手语技能,另外一组的手语技能较低。手语能力强的那组比手语能力弱的在书写文本的质量上表现更好,两组聋人组在书写文本质量上的表现都没有健听的两组好。

我们认为,运用双语教学模式对聋人进行语言和识字教育,其内在的挑战有两个方面,理论框架与聋人学习的现实情景存在冲突。具体来说有以下一些问题：在母语学习上能否达到相应的熟练程度；是否有足够学习第二语言的机会（包括质量和数量上的进入）来发展识字能力。

（一）挑战一：母语的熟练程度

虽然没有明确地在语言相互依存模式中得到表述,对于任何从母语阶段发展到第二语言阶段的人来说,对母语的最低水平的熟练程度是必需的前提。在大多数双语教学情况下,这种要求都是必需的。然而,在双语教学背景下这并不是一个安全的假设。虽然可以这么说,对于任何一个严重听力损失儿童而言,自然手语是最容易掌握的语言,但是这并不是他们的自然母语。当然有少数聋儿例外,因为他们的家长可以流畅地使用手语。即使如此,聋儿也不能自然地获得手语并将之作为母语。事实上,有着健全听力父母的聋儿同其他有很强手语能力的人进行广泛而有意义的互动是罕见的,至少这不会发生在聋儿语言发展的最早阶段（Mayer,2007）。因此,在通常情况下,孩子是在非常有限、略懂手语母语的环境下开始上学的,甚至在没有任何语言的情况下走进学校。所以,他们一进入双语教学时便处于不利地位,因而难以充分实现双语教学的预期良好目标。

约翰斯顿、利和福尔曼（Johnston,Leigh & Foreman,2002）在澳大利亚进行了一项对聋儿实施的手语教学项目研究。该项目基于一项典型的手语双语教学模式,包括对早期干预阶段到初中阶段水平的儿童。他们的研究认为,实施双语教学过程中遇到一系列困难,未能达到聋儿项目预期的结果。其中最主要的困难之一在于被试儿童在第一语言的获得方面发展迟缓。研究认为,被试儿童及早和及时到达母语阶段的过程中有许多障碍：聋儿与家庭接触手语、缺乏足够的家庭资源支持第一语言的习得（在该研究中指澳洲手语）、缺乏恰当的第二语言教学方法以及在幼儿园、学校教学资源的匮乏。

考虑到同样的情况,利和约翰斯顿（Leigh & Johnston,2004）具体调查了澳大利亚手语双语教学计划中儿童母语或者接近母语的能力发展所遇到的困难。

他们在《英国手语的评价：接受性能力测试》实施报告中对所有有资格接受测试的儿童进行了相关技能的测试(即3至11岁的人)。这个测试在这里被称作"澳大利亚手语技能预备测试"(Pilot Auslan Receptive Skills Test，简称为PARST)，在20个月内进行了两次测试。他们发现，在测试中，如果聋儿的家长是聋人以及手语的使用者，那么孩子的手语技能处于正常或者接近母语范围。相反如果孩子的家长是健听人，孩子的手语使用则发展相对滞后，尽管孩子的技能后来随着训练项目的进展而显著提高。

利和约翰斯顿(Leigh & Johnston，2004)检查了上述项目中的36个儿童的语言成绩，平均而言，儿童并没有表现出与年龄相适应的手语能力。相反，他们表现出的技能发展如同对PARST项目中的聋儿的研究结果类似。Pearson积差相关系数揭示了时间和技能变量之间的显著相关($r=0.455$，$p<0.01$)。利和约翰斯顿认为：

这个项目中的儿童在开始时并没有将完整的母语技能带进来，那么他们当然不能立即学习第二语言。相反，他们大部分应该被认为是母语学习者群体。

这使我们发现在实施双语教学计划中根本性的挑战范围将会更广。我们面临的挑战是：聋儿及时、充分地接触、学习自然手语才能够像其他语言学习者那样获得足够的第一阶段语言(有效学习第二阶段语言的基础)。

对于大多数正在学习手语作为母语的聋儿来说，他们不可能像正常儿童在正常环境下学习作为第一语言的口语技能那样自然地学习手语。他们的学习自然就不是那么自然，且速度迟缓。当然，语言学习的过程包括更主动的教学和学习，在这方面他们甚至比不上其他的第二语言学习者。

正如约翰斯顿、利和福尔曼(Johnston, Leigh & Foreman, 2002)以及利和约翰斯顿(Leigh & Johnston, 2004)的研究所指出：聋儿在双语教学计划中，母语的习得或多或少有些延迟，原因可能是语言学习项目在实施中出现问题。我们会说，其中的一些问题是棘手的。事实上，利和约翰斯顿指出：学习开始较晚、父母语言习得及使用的延迟或缺乏、手语语言教学资源的缺乏等问题很可能是持久的，因此可能会使得聋儿的母语习得继续拖延。听力健全的聋儿家长如果事先没有关于聋的知识，那么聋儿在母语语言(手语)的习得过程中经常会出现重大延误。

对于一些儿童，如果他们首次接触手语的年龄比其他母语学习者的预期要晚很多，会加剧他们手语语言习得的延迟。关于这一点，利(Leigh，2008)指出，至少在澳大利亚，新生儿听力普遍筛查计划(Universal Newborn Hearing Screening，简称UNHS)和早期人工耳蜗植入技术已经增强了聋儿家长们对孩子口语发展的预期和信心。因此，聋儿父母选择的早期干预高度重视与强调口语技能的发展，导致聋儿缺乏接触手语的机会。在这种情况下，利(Leigh，2008)指出：重视手语的教学经常被认为是上述口语相关的项目实施不利的结果。换句话说,当孩子被发现在语音和口语技能发展明显不足时,手语(或甚至其他支持口语的手语交流形式)才会成为孩子的语言学习的选项之一。这种方法意味着,许多聋儿接触作为第一语言的手语较晚,使得他们学习手语的最佳时机和最优投入的机会严重受损,错失良机。

显然,聋儿学习作为母语的手语的潜力是巨大的;如果此种学习被延迟,对聋儿语言的发展影响重大。但是,只要母语习得仍然被延迟,语言相互依存模式所预测的第二语言习得目标就不可能完全实现。

(二)挑战二:第二语言熟练程度和读写能力的发展

正如上文已经指出的,语言相互依存模式假设在双语学习情况下儿童的母语能力是既定的、预先存在的。但是,这些假设在手语双语学习情境中不一定有效,尤其是对于那些有着健听家长的聋儿。然而,关于第二语言的发展,没有这样的假设存在。事实上,公认的观点是,所有第二语言学习者都必须保质保量地接触第二目标语言。

卡明斯(Cummins,1981)写道,在一定程度上对第 X 语言教学有效也就能促进第 X 语言水平的提高,把这种能力转移到第 Y 语言学习的前提是提供大量接触第 Y 语言教学的机会和充足的学习动机。因此,即使拥有母语语言水平对习得第二语言过程有一定的支持,但如果没有接触到足够数量和质量的第二语言目标,这种支持很难转化成效果。换句话说,为了形成第二语言的技能,学习者必须接触足够多第二语言的综合性的学习机会(Cummins,1988)。这对于聋人来说是一个巨大的挑战,聋人的听力损失阻止他们轻易地接触、习得具有口语交流特征的第二语言。

主张双语教学模式的人提出:应教会聋儿将自然手语作为他们与人面对面交往的主要语言,同时将英语(或者其他口语)作为第二语言进行学习(Erting,1992)。其含义是:学生通过和文字之间的交流,聋生学到的不仅是阅读和书写,而且将学会语言本身(Mayer & Akamatsu,2003)。但是,当读写能力作为学习最终目标的时候,建议通过充分的书面文字学习语言成为一个争议性的问题。虽然书面文字直观、方便,但是它本身是不能理解的,除非它是通过某种媒介表达出它本身所代表的意思(Mayer,2007)。

卡明斯(Cummins,2000)提醒说,对于语言相互依存关系的解释是非常混乱的,特别是第一与第二语言之间的转换和读写能力的发展的理解漏洞百出。在讨论这个问题时,豪斯汀(Hulstijn,1991)指出:甚至在第二语言的知识已经达到一个阈值之后,母语阅读能力的表现才刚刚开始与第二语言有一定的相关。而伯恩哈特和卡米尔(Bernhardt & Kamil,1995)争辩说,为了使用第二语言阅读,第二语言的语言能力水平必须达到相当高的水平。阅读时,牢固的母语阅读技能并不能帮助读者弥补第二语言的不足。第二语言的知识与技能的缺乏,最终导致母语阅读时"短路"。

卡明斯(Cummins,2000)认为这些观点没有问题,并说道:这些观点与语言相互依存理论是一致的,可以被理解为在语言相互依存关系下的一种争论(第一和第二语言转移)。换句话说,这意味着即使母语读写能力很发达,此能力并不能完全保证第二语言读写能力的发展。虽然究竟要达到何种程度才算足够仍然不清楚,但研究者的共识是:对第二语言掌握的某种水平要求是必须的。因此,语言之间的任何转换都需要必要的条件。

相对于其他双语学习环境,母语读写能力和第二语言发展水平的要求对聋人提出了一系列独特的挑战。迈耶和韦尔斯(Mayer & Wells,1996)把这描述为"双间断"。首先,手语没有广泛接受的书面文字模式。因此,即使这种转换是自动的,它也没有具体的、基于文本的从手语母语到第二语言口语的熟练转换机制。这并不是轻视事实,最初的自然手语教学可以给学生带来广泛的认知和学业的进步,这样使得聋人手语母语的学习得以持续且不会阻碍第二语言的读写学习。相反,这种状态强调了母语能力的精通并不一定必然会促进第二语言的读写能力发展这样的观点(Mayer & Akamatsu,2003)。

但是,比缺乏母语读写技能来完成第一和第二语言之间的转换更重要的是:第二语言的精通水平是发展第二语言读写能力过程的必要条件。如前所述,许多第二语言的聋人学习者缺乏必要的、强制性的第二语言学习目标,这导致的直接后果就是,缺乏充分接触任何完整的第二语言的机会。在这个意义上说,他们正面临着他们"不知道"的阅读和写作的语言。这与第二语言学习者形成鲜明对比,他们能不受阻挠地获得各种支持,能够在有意义的情境中使用第二语言,形成第二语言所必需的交际能力,最终支持他们学会用语言去读写(Mayer,2009)。

采用多种方法促进口语技能的发展,这已经成为第二语言读写能力发展的必要条件。这些方法包括一系列视觉策略的使用,比如依据线索讲话(LaSasso, Crain & Leybaert, 2003)、手势拼写(Padden, 2006)、视觉语音(Trezek & Wang,2006)和唇读法(Harris & Moreno,2006)。这些策略已经在不同程度上得到应用并获得了成功。可以公正地说,通过这些途径来习得第二语言口语能力将具备较高挑战性,因为许多聋学生没有形成与其年龄相适应的语言口语能力。

最近的一个关于在双语教育计划中聋儿的阅读和手语技能之间关系的研究(Hermans,2008)指出,荷兰语书写技能良好的孩子,不仅荷兰手语的技能很好,而且荷兰口语的技能也很好。他们还建议,任何阅读和手语技能之间关系的研究必须考虑口语技能。与这个建议一致的论点是:精通手语母语往往对第二语言学习是支持性的。但是,聋人学习者需要对第二语言的基本知识(特别是口语)有基本的了解,这是作为语言读写能力发展的一个必要条件。话虽如此,我们只剩下一个问题:聋儿学习者是如何掌握足够的第二语言知识作为支持性的基础,以便扩展和理解该语言的书面形式呢?

最近有人建议,将自然手语符号体系与口语同时使用,或许为习得第二语言提供一个可行的选择。这意味着将手势与手语用作口语习得的方法。在这一点上,最有成效的是考虑"接触语言"(contact language)的使用,因为聋人社区已经使用这样的方法以帮助与英语字母建立联系(Mayer,2007)。如同卢卡斯和瓦利(Lucas & Valli, 1992)所定义的那样,在北美情境下,接触式手语是手语和口语代码的产物。手势语使用者利用美国手语句法结构打手势并用唇语根据英文语法说出相应的英文词项,英文与美国手语句法规则的结合导致手语和口语代码的出现。

有效地将口语和手语模式相结合的方式将发挥重要的作用。这不仅在双语教学中,而且在具有听觉输入的植入人工耳蜗的儿童教育中均被视为重要的做法。它允许在口语中使用手语交流,当使用口语提供听觉输入成为可能时,交流和沟通就变得更容易。近来,大多数重度聋儿接受人工耳蜗植入,这使得用手语和口语两种方法进行沟通成为可行的方法。这一方式无论对单一还是双语教学环境下聋儿教育的作用都会越来越大。

二、双语教学情境的变迁

虽然教育工作者对双语教育感兴趣,并且不断地与上述挑战做斗争。但是,界定聋哑儿童语言学习状况的参数发生了一些根本的转变。如前所述,新技术和相关的项目正在为聋童提供更多发展口语技能和听力(口头语言)技能的机会。其中最重要的技术发展是:新生儿听力筛查技术的应用和人工耳蜗植入技术的广泛实施。我们得出的结论是:这些技术的发展将对手语双语教学的定义产生显著的影响。

听力筛查技术能够确保对所有婴儿在出生后进行听力损失的测试。由于这种技术的实施,聋儿鉴定的平均年龄已大大提前。例如,在澳大利亚新南威尔士州,自从推出了新生儿听力筛查技术后,永久性听力严重损失者鉴定的平均年龄已经从大约18个月下降到只有1.6个月(新南威尔士卫生部门,2006)。

很多证据都表明:早期干预的时间越早越有利于语言和读写能力发展(Dickinson & Neuman, 2006; Kennedy, 2006; Neuman & Dickinson, 2001; Yoshinaga-Itano,2004)。因此,人们对多数听力损失儿童习得与其年龄相适应的口语能力的预期已经显著提高。这种期望受到人工植入耳蜗技术早期应用的进一步鼓舞。事实上,对于越来越多被早期发现和很小就接受植入人工耳蜗的适龄聋儿,他们似乎能够比预期更快地习得符合其年龄的口语语言。利(Leigh,2008)已经审视了这些问题,并得出结论认为:在用新生儿听力筛查技术进行早期识别的环境下,经由早期人工耳蜗的植入获得较好口语效果的聋儿越来越多。

关于双语教学中运用新的成果带来的问题也许是显而易见的。它们可能包括：(1) 掌握手语的聋儿人数递减，更谈不上将手语作为母语；(2) 有些孩子可能同时习得口语（口头）和手语技能，或者因此而将口语作为第一语言；(3) 就像已经讨论过的，有些孩子以后只会接触手语，而不能成功地参与口语学习计划。

我们认为，这里每一种可能都会给双语教学方法带来新的挑战，并给双语教学计划的定义提供新的可能。首先不可避免的涉及上述第一个挑战：母语熟练程度所带来的挑战。如果早期识别和早期植入能为轻松习得口语提供机会，那么大多数聋童的父母和家庭显然将越来越难以支持聋童需要学习手语的观点，因为口语相对来说更容易接触和习得。在该领域，口语首次对于绝大多数听力严重受损的儿童来说变得容易习得了。当然，仍然有问题存在，即那些被鉴定为全聋并接受人工耳蜗植入的孩子在多大程度上接触和习得了口语呢？毫无疑问，在今后相当长的时间里，与早期识别和人工耳蜗植入相关的效果仍将不断变化(Leigh, 2008)。尽管如此，双语教育时代背景下的问题与挑战简单来说可以包括以下方面：

有些孩子首先将学会倾听并讲话，随后由家长设计或在其他情况下，他们会把学习手语作为第二语言。事实上，假如他们首先学手语的话，后者（口语）甚至可能比前者（手语）更容易发生，因为他们可能有一个强大的母语学习基地。这显然需要重新界定，在什么教育背景下需要手语双语教学。

更多的孩子将学会在说话的同时使用手语。事实上，来自澳大利亚的案例充分地证明聋童的父母为聋儿选择早期干预计划时，把焦点放在与人工耳蜗植入技术应用相关的语言发展。这种新的局势很可能看到一个从自然手语到自然符号系统的连续手语使用范围，这可能会导致聋人教育领域重新同时考虑手语和口语的效果。

这种情况导致矛盾的结果。孩子被安置在一个全面使用口语的课程里，没有形成有效的口语接受或表达能力，然后才被允许进入手语学习。正如已经讨论过的，这种情况既是一个问题，又有助于许多聋儿习得手语语言。这也许不是一个全新的现象，但是，在新一代的新生儿听力筛查技术里需要认真地重新考虑这个问题。如果儿童在这种早期阶段被确定为聋人且母语是手语（同时或之前是口语）的孩子，迫切需要确保他们及早和充分地接触并掌握手语(Leigh, 2008)。当然，这种情况随着人工耳蜗技术的发展不断减少，但这并不意味着问题就可以彻底解决。事实上，这可能表明手语与口语结合的教学方式是恰当的。但是，共同的情况是：越来越多的聋童的第一语言将是口语或者口语的某些不同形式。这便产生了问题：手语在第一语言习得阶段是否仍然重要，手语对哪些人群（除了有声父母的聋儿）来说在第一语言习得阶段是重要的？或许手语会在后面的语言发展阶段作为第二语言被习得。

如果大多数聋人学习者的母语是一种口语,上文所述的第二个挑战:第二语言熟练程度和读写能力的发展,就颇具争议。的确,可以预期:作为口语或者手语第一语言学习的结果,读写能力在第一语言学习阶段就会得到充分的发展(Mayer,2007)。

三、结论

本文提出了一些新的双语教育理论的可能性,同时包含语言习得和颠倒语言习得顺序两方面。必须承认这种安排需要客观的评价。尤其是,双语习得和二者同时发生的交流沟通方式(即口语和手语的形式)的优缺点要接受实践和效果的检验。我们相信,这些情景的出现将给客观评价提供充足的机会。在这些研究中,相关的因变量不仅体现在所有形式的语言习得领域中,而且也应包括认知和社会一情感的成果之中,特别是他们可以与在单一语环境下的儿童进行对比。灵活应对聋儿教育的新领域的挑战是,如果所有聋人学习者的不同需求都被满足,那么所有可能的语言和交流方式就应当在被选之列。

(邓乾辉 译)

生活质量的概念:已知的和未知的[①]

罗伯特·L.夏洛克

作者简介

  罗伯特·L.夏洛克(Robert L. Schalock),美国哈斯汀学院心理系终身教授,退休前任该系主任,并任美国智力落后协会前任会长。同时,他是堪萨斯大学、西班牙的萨拉曼卡大学、比利时的根特大学等的客座教授。他还是美国智力与发展性残疾期刊(*American Journal on Intellectual and Developmental Disabilities*)、智力落后(*Mental Retardation*)、智力残疾研究期刊(*Journal of Intellectual Disability Research*)等多个著名期刊的编委会成员。夏洛克教授专攻智力落后教育,在智力落后人士生活质量、自我决定、适应性行为、残疾支持理论等方面的研究有重要的贡献与学术影响。夏洛克教授学术研究硕果累累,出版了很多有关生活质量和发展性障碍的著作和论文。最近出版的著作有:《今日残疾组织领导指南:挑战与改变》(*A Leadership Guide for Today's Disabilities Organizations: Overcoming Challenges and Making Change Happen*,2012)、《残疾成人的康复计划》(*Habilitation Planning for Adults with Disabilities*,2011)、《生活质量实践者手册》(*Handbook on Quality of Life for Human Service Practitioner*,2002)。

选文简介、点评

  生活质量(Quality of Life,简称 QOL)有多种中文译法,还有人译为"生命质量""生存质量"等。生活质量的研究最早出现于20世纪30年代的美国,当时侧重社会指标研究。现在生活质量是一个多学科共同探讨的概念,并且开始应用于不同的领域,比如社会学、临床医学、预防医学、药学、卫生管理学等。生活质量是一个人们容易理解但又很难精确定义的范畴,每一个学科和领域用它自己的规范去界定各自感兴趣的领域,不同的研究者基于不同的研究对象、范围及层次,也给予不同的界定。夏洛克认为生活质量是对于生命的总体感受、对于社会交往与机会的积极体验。很显然,个体的主观感受与价值观是生活质

[①] R. L. Schalock. The Concept of Quality of Life: What We Know and Do Not Know[J]. Journal of Intellectual Disability Research,2004,48(3):203-216.

量的关键要素；生活质量是指人对于经历的社会联系与交往、心理状态、工作、自我决定、休闲、独立生活等的总体感受或满意程度，也是个体对于自己身体、物质、社会与情感状态等个人发展方面的主观感受与客观评价。在过去的二十年，生活质量已经在教育或特殊教育、身体保健(心理和行为的)、社会服务(残疾人和老年人)以及家庭的研究和实践领域日益受到关注。

　　生活质量被广泛地引入到智力落后领域是在20世纪80年代，但在这个时期智力落后领域只是引入了生活质量的概念，这个概念既没有被清晰地界定，也没有被很好地理解。直到进入20世纪90年代，学者们才开始尝试回答一些关于智力落后领域生活质量概念与测量的问题，生活质量的结构问题因而成为研究的焦点。比起一般概念，生活质量的结构内涵更为复杂和多样。一般而言，理论家和研究者之间明显达成一致的一点是：生活质量是一个多维度的结构。

　　选文总结了对智力落后个体的生活质量结构的一般性的理解、我们正在了解的和我们还未知道的关于生活质量的含义。我们已经意识到生活质量作为服务原则的重要性，以及它目前的实践和多重特性。我们正在逐渐认识生活质量评估方法的多样性、质量的多重指标、对生活质量的预测因素、不同的数据收集方法的影响以及这个概念普遍的和各文化背景下的特性等。我们还未深刻地了解如何将生活质量有关的研究运用到项目改变、如何更好地评价与生活质量有关的服务、怎么运用生活质量的概念来影响公共政策和有关残疾人事业的改革。文章最后简单讨论了实现生活质量概念的社会效应将会面临的挑战以及对智力落后人士生活的积极影响。

　　夏洛克对过去二十年对生活质量的研究进行了回顾，分析了这些年来我们在生活质量领域所做的努力，取得的成绩，并在此基础上提出了今后研究的方向。他认为我们已经了解了生活质量的含义和特征，在意识观念上将生活质量作为为特殊人士提供服务的重要原则，目前我们正在尝试建立生活质量的评估系统，尤其是对生活质量的多重指标和多样性的评估方法的讨论逐渐深入。在未来几年，夏洛克认为我们的研究方向是如何将生活质量从观念走向实践，即如何将生活质量的观念运用到我们的服务项目中去，如何运用这一观念去影响公共的政策和残疾人事业的发展。只有解决了这些问题，生活质量才能真正地使特殊人士受益。当然，在走向实践的过程中，会遇到各种挑战，需要我们理性地面对。夏洛克对生活质量的论述从理念到实践非常全面并且深刻，除了使读者能够对生活质量这一概念有清晰、系统的认识之外，更重要的是他引导我们去思索，如何从真正意义上去实践和实现这一美好的观念。

　　能否提供必要的支持使残疾人在正常社区环境下生活既是衡量残疾人生活质量的重要指标，也是判断残疾人服务效率的重要标准。残疾人生活质量如何取决于服务的种类以及相关服务人员提供服务的态度与策略。另一方面，生活质量又反映残疾人对于某种服务的满意程度，残疾人对于生活是否满意则反映他们对于某种服务的满意程度。生活质量成为世界各国规划、提供服务以及评价残疾人服务模式有效性的主要指标。改革开放以来我国残疾人的就业、教育、福利状况得到了很大的改善,但关于残疾人的生活质量、康复服务策略与效率以及社区支持与服务的需求与策略方面的研究还不多。与正常人相比,残疾人在各方面的差距被拉大了,残疾人社会保障的原则、手段及对策亟待建立。

对我国来说,把智力落后者生活质量的研究纳入到整个特殊教育和残障服务的体系中,把生活质量评价作为教育和服务效果评价的内容,并在实践中不断地推广和完善,是一件极具现实意义的事情。当务之急就是开发一套客观、科学、具有较高的信度和效度,并且适合中国智力落后人士的生活质量评估工具。在此基础上,分析我国智力落后人士生活质量的特点,探讨个体、环境和教育等影响因素,据此提出干预方案或解决策略,切实提高他们的生活质量。在此基础上,应该建立起残疾人的社会支持系统,从社区支持与服务的角度探索残疾人教育与康复的模式与技术方法。

选文正文

一、引言

生活质量在过去二十年的发展历程中成就和挑战并存,挑战不仅包括将这一观念付诸实践,也包括克服人们的固有观念,即人们认为提高所有人包括智力障碍人士的生活质量是不现实的。这些障碍的克服也引起了一系列的变化,包括服务原则和方式、研究和评价方法以及个人生活质量的评定等方面的改革(Felce,et al.,2000;Schalock,et al.,2002;Schalock & Verdugo,2002)。

本文研究的主要目的是总结对智力障碍人士的生活质量结构的一般性理解,文章的三部分分别论述了我们知道的、我们正在了解的和我们还未知道的关于生活质量的含义,我们已经意识到生活质量作为服务原则的重要性,以及它目前的实践和多重特性。我们正逐渐认识生活质量评估方法的多样性、质量的多重指标、对生活质量的预测因素、不同的数据收集方法的影响以及这个概念普遍和各文化背景下的特性等。我们还未深刻了解如何将生活质量有关的研究运用到项目改进、如何更好地评价与生活质量有关的服务、怎么运用生活质量的概念来影响公共的政策和残疾人事业的改革。

贯穿文章的线索是生活质量未来发展所面临有关公共政策和残疾人政策改革和实施策略中的一系列问题,包括微观、中观和宏观各层面的改革,以此使生活质量的观念能够实质性地影响到公共政策的制定、服务的原则和方式的改变以及智力障碍人士成就的取得上。为此,需要注意以下三点。

第一,目前人们对影响身心发展的社会和心理因素的关注日益增加,包括社会支持、社会融合、人际信任、自我控制、自治/独立、自信、志向/期望以及对家庭、工作和生活的价值观念等。

第二，残疾及缺陷影响了人们自我选择和充分享受生活的能力。对于这些群体而言，要过正常的生活就需要获得比同龄的普通人更多的支持。这些支持的形式可能是多样的，包括特殊的训练、引导、提供的机会、特殊的物理环境和社会环境。假设这些形式的支持是教育、保健和人力资源服务项目的主要功能，那么生活质量就会成为项目决策和实践的核心，并且是评价这些项目效果的核心要素。

第三，智力落后人士在参与社会中遇到困难，意味着这些人和他们的家庭会失去很多普通人应有的环境和机会。生活质量的观念正在影响着社会政策和服务，以创设对所有人来说都是无障碍的环境。

二、我们所知道的

（一）历史发展

在过去的二十年，生活质量的概念被逐步应用到智力障碍者身上。在有关社会政策、针对个人和群体的项目支持计划和服务评定等理论和实证的研究都会提到这一概念，因为生活质量已经成为教育、保健和社会服务/康复项目成效的一部分。

从历史角度看，对生活质量的关注主要来源于四个方面（Schalock, et al., 2002）。

（1）观念的变化。单一的科学的、医疗技术的进步并不能提高生活水平。个人、家庭、社区和社会环境的健康发展得益于科学、医疗、技术和价值、观念、环境条件的综合作用。

（2）正常化运动①发展的结果。正常化运动强调以社区为基础的服务，以个体在社区内的生活水平作为服务质量的衡量标准。

（3）维护消费者权利运动的发起。此运动是重视以个人为中心的计划、个人的效果和自我决定的权利。

（4）社会学观念的改变。关注生活质量主观和感性的方面，以及考虑到个人的特性在生活质量中的作用。

目前，生活质量的概念被用作：（1）个体的观念。引导我们从个体的角度去思考、关注个人的生活环境。（2）整体的观念。提供了一个包括概念化、评估和应用生活质量的框架。（3）社会性的观念。是提高个体身心发展的一个最主要的原则，并且和社会项目、社区和社会的变革紧密结合。

（二）生活质量的领域

生活质量的领域包括影响个体身心健康发展的因素。大多数生活质量的

---

① 正常化运动（normalization）："二战"以后在北欧国家倡导的一种特殊教育思想，主张改革原来隔离式教育的形式，提倡将残疾人安置在正常的社会环境中生活与学习，对后来的融合教育产生深刻的影响。

研究者认为领域的数量并不是最主要的因素,更重要的是意识到任何生活质量的模式都是多维度的,意识到人们能够理解什么对他们是最重要的,所提出的领域能够完整地包含生活质量的概念。因此生活质量的领域应被看做一系列范围有限的因素,即各个变量是有限的,生活质量概念的延伸范围也是有限的。

最近的一份关于生活质量的文献综述发现对生活质量领域、各研究之间存在很大程度的一致性。这16篇发表的研究共分析出125个生活质量的指标,绝大多数(74.4%)指标可以归于生活质量的8个核心领域:人际关系、社会包容、个人发展、生理健康、自我决定、经济水平、心理健康、权利等。表1列出了16项研究中提到的各个指标在每个领域上出现的次数。

表1 质量指标:生活质量领域的内容分析

领域	频次(16篇文献)
人际关系	15
社会包容	14
个人发展	13
生理健康	13
自我决定	12
经济水平	12
心理健康	8
权利	6
环境(住房、居住地、居住条件)	6
家庭	5
休闲和娱乐	5
安全	4
满意度	3
尊严和尊重	2
精神	2
邻居	2
服务和支持	1
实践经验	1
公民义务	1

资料来源:Andrew & Withey(1976);Campbell(1981);Flanagan(1982);Lehman, et al.(1993);Shalock & Keith(1993);Hughes, et al.(1995);世界卫生组织生活质量小组(1995);Felce & Perry(1996);Shalock(1996);Cummins(1997);Gardner & Nudler(1997);Gettings & Bradley(1997);Ferdinand & Smith(2000);Renwick, et al.(2000);Karon & Bernard(2002);Bonham, et al.(2004)。

(三)生活质量指标

相比于生活质量领域,生活质量指标是生活质量领域的具体的观念、行为和条件等,反映个人的生活状态。这些可操作性指标被用作生活质量的评量,正因为如此,指标的选择和应用标准日益受到关注(Shalock & Verdugo,2002):与生活质量领域功能性上的相关、有效性(效度)、不同使用者的一致性(信度)、敏感性、反应相关条件的变化(领域特殊性)、经济适用性、时效性、与个人有关以及可以跨时间跨文化的测量。

自1985年,超过20900篇在国际期刊上发表的论文中涉及生活质量的研究。最近一项研究(Shalock & Verdugo,2002),在阅读了9749篇摘要、2455篇文章,深入研读897篇文章(这些文章都经过严格标准的筛选,包括实证基础、包含一篇或以上的有关某具体生活质量领域的文献)的基础上,为生活质量的八个领域分别提取了三个最相关的指标。这些指标及其描述见表2。

表2 生活质量八个领域的核心指标及相关描述

生活质量领域	指标和描述
心理健康	满意度(满足、情绪、愉悦) 自我满意(认同、自我价值感、自尊) 压力小(可预期、可控制)
人际关系	交往(社会网络、社会联系) 关系(家人、朋友、同伴) 支持(情感的、物质的、经济的、回馈)
经济水平	收入状况(工资、福利) 工作(工作状况、工作环境) 住房(居住类型、所有权)
个人发展	教育(成就、状态) 个人能力(认知的、社会的、时间的)
生理健康	健康(功能性的、症状、营养、身体适宜) 日常活动(自我照顾技能、移动能力) 休闲(娱乐、兴趣)
自我决定	自治/自我控制(独立性) 目标和个人价值(愿望和期待) 选择(机会、选择、倾向)
社会包容	社区融合和参与 社区角色(贡献者、志愿者) 社会支持(社会支持网络、服务)
权利	人权(尊重、尊严、平等) 合法权利(公民权、准入、合法程序)

总之,我们已经了解了生活质量的历史背景、作为服务原则的重要性、其多维度领域和指标。由于现在对生活质量评量在观念和方法上的进步,我们能更好地理解多维度测量的必要性、质量指标的多种用处、生活质量的预测指标、不

同数据收集方法的影响以及此概念的共同的和特定文化背景下的特性。以下部分将对这五个问题展开论述。

三、我们正在理解的

(一) 多维度测量

有两个因素显著地影响了生活质量的测量：一是建立在服务对象满意度和个体效果基础上的项目质量和价值的评定体系；二是与生活质量相关的干预和服务模式的发展。首先它们促进了包括个体评价、功能性评价和社会指标在内的多维评价方法的出现；另外，强调了将个人生活的各个系统纳入生活质量的评定中，因为人总是生活在多个社会系统之中（微观、中观和宏观），这些系统影响了个人价值观、信念和态度的形成和发展。这一多维度测量方法的主要参数见表3。

表3　生活质量的多维度测量方法

系统	测量项目	测量方法
微观系统	生活质量的主观特性（个人评价）	满意度调查 幸福感调查
中观系统	生活质量的客观特性（功能性测量）	等级量表（功能水平） 参与观察 问卷（外在事件和环境） 涉入日常生活 自我决定和自我控制 角色状态（教育、工作和生活）
宏观系统	外部环境（社会性指标）	生活水平 就业率 受教育率 死亡率 平均寿命

虽然每一种方法都有它的优点和缺点，但表3中总结的多维度测量的方法被广泛接受，有三个原因。首先，每一项活动都直接指向生活质量的多维度的特性，测量反映了生活质量的核心领域。其次，它将多维度视角和多维度系统分析纳入了对生活质量的测量。再次，方法的多样性使研究者满足了混合性方法评价的客观要求：(1) 三角论证。个人评价、功能性评价和社会性指标评价方法的相互验证。(2) 互补性。使用量和质的研究方法来测量生活质量的各个方面。(3) 启发性。往往通过一种方法收集的问题或结果可以与它相对立的方法获得的问题和结果互换（Shalock,2001）。

(二) 质量指标的多种用处

对相关国际文献的分析得出了生活质量指标的四种用处：个人反应、研究、项目评定和做出决定。

如表 4 显示的,每一类用途分别对应着主观测量和客观测量,涉及许多不同的研究方法,从测量类别、量表技术到评定模式和同伴分组比较。表 4 也呈现了一些一般性的研究问题,是各种测量方法都可能遇到的,主要是语言交流困难、使用代理人、心理测量学指标(信度和效度)与观察和报告日期等。

表 4 质量指标的发展和运用涉及的主要变量

主要变量	质量指标的用法			
	个人反应	研究	项目评定	做出决定
测量方法	主观的	主观的 & 客观的	客观的	主观的
研究方法	测量类比(题目的选定) 测量量表 (态度量表,问卷) 量表技术 (顺序量表,等距量表)	个人或服务提供模式 领域结构 领域指标	项目评定模式 项目的逻辑模式 相关人员的参与	测量类比 同伴分组比较 基准 测量的单位 (平均值、比例)
一般性的研究问题	语言交流困难;使用代理人;心理测量学指标(信度和效度);观察和报告日期			

在表 4 中呈现的质量指标的使用需要特别注意两点:一是在用于项目评定和做出决定时,主观的生活质量的测量是必不可少的;二是要遵照对所选的指标的外部测量标准:指标对提高生活状态有重要作用;指标有利于个人成就;指标会受到服务组合和成员行为的影响;指标测量是有意义的、可以解释的;数据收集是可行的;收集数据的成本相对于预期的成果是合理的;指标对文化和语言的差异有敏感性;指标能够跨人群和跨项目使用;指标具有良好的理论基础,其概念受到智力障碍领域组织的确认。

费尔斯(Felce)在最近的一项研究中阐述了在项目评定和做出决定时的主观数据的必要性。在这项研究中,费尔斯和他的同事引入了多种主观和客观方法来测量与生活质量相关的三项结果:选择、建设性活动和社会及社区的友好关系。研究中的 154 名被试在南威尔士和英格兰南部的社区之家随机抽取。这个研究探讨了主观和客观测量是否具有相关性,个人的特征(如适应性行为、行为障碍)与居住环境(如住房大小、服务机构、与家的相似程度、身体融合的程度、工作人员和居住人员比例、周围环境、工作方式、工作人员和服务对象之间的关系等)是在何种程度上影响两种测量方式所得的结果。研究结果显示满意度有着独立的特性:与客观指标不存在显著相关;不受个人特征的影响(如适应性水平);不受环境特征的影响;约占成绩的 70%—75%,与期待的结果一致,也与其他研究结果一致(如 Cummins,1998)。相反的,个人和环境特征在很大程度上影响了客观测量的结果:选择、建设性活动及社会的和社区的友好关系。

以上结果说明了三点:(1)与生活质量相关的实证结果要区分测量的是主观的状态还是客观的生活环境和经验。(2)如果要比较智力障碍人士和其他人群对生活质量的满意程度,就要测量主观状态。(3)如果要较好地评定环境设计和服务项目,就应该考虑与个人经验和环境有关的客观指标。

(三)生活质量的预测指标

有研究者采用等级回归分析来确定生活质量的预测因素。这里呈现的两项研究,采用夏洛克-基思生活质量问卷(Shalock-Keith Quality of Life Questionnaire)所得成绩作为因变量。需要指出的是,这套问卷中既包括主观性的个人评价,也包括客观的功能性评价项目。分析中,预测因素来源于个人因素、环境变量和照顾者的特征三个方面。第一项研究(Shalock, et al., 1994)的样本包括715名来自宾夕法尼亚州的社区之家中有智力障碍者。第二项研究(Faulkner, 1995)包括162名智力障碍人士,一部分居住在社区(67%),一部分则居住在结构化更强的环境中(33%)。这两项研究中,个人特征、环境变量和照顾者特征是问卷总分的主要预测因素。

个人特征:健康状况、适应性行为指标、适应性不良行为指标。

环境变量:社会支持、居住类型、参与的日常活动数量、收入、综合性活动等。

照顾者特征:工作人员压力得分、工作满意度等。

生活质量的预测因素对个人价值的关注反映了对生活质量测量中方法的改变,即从组间设计向多因素组内设计的转变。毫无疑问,智力障碍人士在生活质量的得分是低于普通人的。多因素设计的优势在于其能够分析影响研究结果的因素。但是所得预测因素并不明确,其原因有两个:一是研究中所得的预测因素只是影响生活质量结果的一小部分因素,二是在多数的测量中主观项目和客观项目是混淆的。

(四)不同数据收集方法的效果

前面谈到了使用多维度测量的原因来自两个有关生活质量的研究结果:(1)主观测量和客观测量结果的相关性低(Cummins, 1996; Hensel, et al., 2002)。(2)满意度测量的得分高(Myers & Diener, 1996; Cummins, 1998; Myers, 2000)。在这两个结论之外,我们需要理解代理人的使用以及默许他们的反应对结果的影响(Matikka & Vesala, 1997; Stancliffe, 2000; Larsson & Larsson, 2001; Finlay & Lyons, 2002)。

斯坦克利夫(Stancliffe, 2000)的文章中提到,评价代理人—个体反应一致性的一种方法是:将代理人对服务对象的反应和服务对象的自我报告进行比较分析。这种方法得出了不一致的结论:一些数据显示自我报告和代理人的反映存在差异,而也有数据表明两者具有一致性。据此,提出了三项原则:(1)代理人—服务对象的一致性值得怀疑;(2)如果通过代理人获得数据,就需要对研究方法进一步的检验;(3)研究者需要对代理人的反应进行多变量的分析。

根据代理人的反应和默许其对结果的影响,我们逐渐认识到让智力障碍人士参与的行动研究或他们作为生活质量的调查员所得的结果与传统的"专业人员主导"的研究所得的结论是不同的。一系列以服务对象为中心的生活质量研究(Schalock, et al., 2000; Schalock & Bonham, 2003; Bonham, et al., 2004)发现:

(1) 让有智力障碍的服务对象作为调查员能够减少代理人的反映。

(2) 简化语言和反应方式能够增加重度障碍的人士自我报告的机会。

(3) 采用默认的方式反应并不能说明什么问题。如夏洛克等人(2000)的研究,约2.5%的人对90%以上的题目做出积极的反应,只有5.5%的人对10%或更少的题目做出积极回答。

(4) 如果对代言人的反应进行多因素分析可以发现使用代言人的效果。例如,在夏洛克等人(2000)的研究中发现,代言人:① 报告了比服务对象自身报告的更高的自尊水平。② 报告了比服务对象自身报告的更满意的交通服务水平。在博纳姆(Bonham,2004)等的研究中,代言人在五个领域(个人发展、人际关系、社会包容、自我决定和权力)中所报告的生活水平低于服务对象本人,而在其他三个领域(身体健康、心理健康和经济水平)高于服务对象本身。

(五)普适性特征和文化特性

我们已有共同经验支持生活质量概念的普遍性特征,并且认识到这个概念存在于一个跨文化的心理环境中。我们正在逐渐认识生活质量概念的普遍性和文化特性。已有学者进行了一系列的跨文化的研究,探讨生活质量的文化特性。最早由基思(Keith)等人(1996)设计了一项跨七国及地区的研究考察生活质量概念在不同文化背景下的含义。要求在发展性障碍领域的专业工作者将生活质量的概念的十个方面:权力、人际关系、满意度、环境、经济安全、社会包容、自我控制、隐私、健康、成长与发展进行分类。这十个方面按照奥斯古德(Osgood)等人(1975)的分类系统分别归类于价值、效能、活动三个维度。这项研究在澳大利亚、英国、芬兰、德国、日本、中国台湾地区和美国展开。结果,七个国家及地区在生活质量十个方面的分类中显示出非常高的一致性,这些生活质量概念的观念具有足够的跨文化的有效性和普遍性。

第二项研究使用生活质量问卷(Shalock & Keith,1993)对四个国家及地区(澳大利亚、德国、以色列和中国台湾地区)的92名智力障碍人士的得分和美国的522名智力障碍人士(标准化样本)的得分进行比较分析。经过翻译以及对翻译和数据的核实发现了两点:首先,五个国家及地区的被试在因素得分(独立性、成效、社区融合以及满意度)上具有很高的一致性。第二,在更加标准化的工作和居住环境下,所有国家及地区的生活质量得分都会随之增加。

虽然这两项研究都说明了生活质量概念普遍性的一面,但还需要注意:第一,至今为止,对生活质量的领域和指标还没有达成一致,对它的评量应该以服务对象为中心,还是以家庭或服务提供者为核心还存在争论。最近的一项研究(Verdugo & Schalock,2003)将个人、家庭以及服务提供者三方面,以及表2列出的22项指标全部包含在内。第二,跨文化研究很复杂,存在着沟通方式、翻译策略以及文化偏见等因素(Keith & Schalock,2000)。第三,在跨文化研究中,研究者需要明确测量工具的因素结构和因素的稳定性差别。比如,一项研究(Kober & Eggleton,2002)采用了夏洛克-基思生活质量问卷,但是发现只有独立性、成效以及社区融合三个因素具有稳定性,而满意度的稳定性系数不高。

总之,我们开始认识到对生活质量的多维度测量的必要性,以及生活质量的预测因素,不同数据收集方法的效果,生活质量概念的普遍性和文化特性等。这些理解是建立在文章第一部分总结的生活质量的历史背景、核心领域和指标之上的。

四、我们未知的

(一) 将生活质量运用于项目改革

教育、卫生和人力服务组织近来面临两个挑战:完成财政的和考核的职能,利用个人和组织成果促进项目的持续性提升。这两个问题产生于20世纪80年代的质量革命和20世纪90年代的改革运动,带来了人们对项目计划的目标、特征、职责和效果的重视。这些改变的主要特征包括重视结果而非过程,是以个人的或价值的目标为导向,一切为目标的实现以及项目计划的持续提高(Lobley,2000;Schalock,2001)。

项目计划的改革和提高的前提假设是项目的过程是影响结果的。多数教育的、卫生的和社会服务/康复项目不是选择服务对象——而是接受他们原有的状态。人是项目的主要投入,项目计划必须根据人不同的特征进行相应的调整。每个项目都有将投入转化为效果的机制,需要确认哪些机制影响到期望的结果。项目计划除了取得直接的效果之外,还期待获得项目之外的成效,因此有必要将项目成效分成短期成效和长期成效。

图1显示了一个项目理论模型,包括项目的投入、过程和结果,每个要素都受到环境的影响。图中还表达了长期成效和短期成效的区别,短期成效是项目结束后短时间内发生的效果,长期成效是项目结束几年后产生的效果。这一理论模型给我们五点启示(Schalock & Bonham,2003):首先,"投入"要素要求项目管理者和评价者关注期待结果的预测因素,而非只关注结果本身。第二,如果考核评价对项目过程没有反馈,而仅仅是根据对项目成败的评价决定奖惩的话,绩效考核与质量结果之间可能会是矛盾的,然而,没有考核评估,也不可能有好的质量结果。第三,它能够将服务调整到更高的水平。任何教育的、卫生的和人力服务/康复项目的调整发生在两个维度:横向的和纵向的(Labovitz & Rosansky,1997)。纵向的调整包括调整组织策略和成员,横向的调整包括调整组织过程、服务对象的需求和客户绩效。第四,这一理论模型包含影响项目计

划结果的外在因素(如环境)。第五,此模型允许将组织策略计划、质量保障计划、质量保障计划过程的信息整合起来。

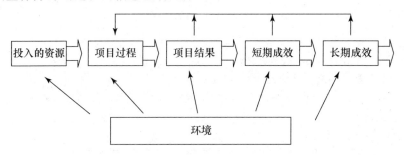

图1　项目理论模型

(二) 与生活质量相关服务的成效评价

最近兴起的评价模式是以结果为导向的评价,测量需要测量个人的和组织的表现和价值的成效。图2呈现的是以结果为导向的评量模型(Schalock,2001)。可以看出,评量包括表现和价值两个维度,对象是个人和组织。这四个领域受到了改革运动(强调绩效考核)和质量变革(强调个人和价值结果)的影响。绩效考核维度包括评估个人的和组织的表现,质量维度包括评价个人和组织的价值结果。表5总结了一系列个人和组织的表现和价值结果。

	表现	价值
组织	组织表现结果	组织价值结果
个人	个人表现结果	个人价值结果

图2　结果为导向的评量模型

在图2和表5中描述的评价模型从五个方面解决了上文提到的两个难题(完成财政的和考核的职能,利用个人和组织成果促进项目的持续性提升),表现在:第一,它引导和界定了评估的过程;第二,所有的测量和评价是基于个人和组织的一致目标;第三,使项目的评定者和管理者在不同的评价方式之间(三角论证、互补和启发)达成一致目标;第四,为管理者提供了项目结果和项目调整等信息,使其能够解决那两个难题;第五,它反映了测量结果的价值,并且得出了好的测量具有的特点:明确、可信、平衡、灵活和适当(Hake,2001)。

表5 个人和组织的表现和价值

个人维度
个人表现结果（功能性评量）
● 生理健康（健康状况、健康指标） ● 经济水平（工作、生活状态、教育状况） ● 临床状况（症状的改变、症状消失） ● 日常活动和日常工具性活动（吃饭、交通、上厕所、穿衣、洗澡、做料理、做家务、就医、理财、打电话） ● 活动类别（室内、室外）
个人价值结果（个人评价）
● 心理健康 ● 个人发展 ● 自我决定 ● 人际关系 ● 社会包容 ● 权力
组织维度
组织表现结果（表现评量）
● 有效性（达到目标） ● 高效率（低成本的服务和支持） ● 健康和安全（过度或者忽略） ● 工作特性（财政的/项目的） ● 稳定性（成员和资金）
组织价值结果（服务对象评量）
● 服务准入 ● 对象的满意程度 ● 工作人员的能力 ● 全面的服务和支持 ● 契合服务支持模式

（三）影响残疾人公共政策改革

残疾人政策多数会受到对残疾的原因和定义的科学范式的影响。过去对残疾原因的理解集中在生物学和文化学范式，近些年，这一观念发生了改变，人们开始用生态学模式理解残疾，认为残疾是在社会背景下，个体功能受到限制的结果。根据世界卫生组织的定义，残疾有三个特征：身体功能和结构的缺陷、活动受限和活动机会受限。

相似的,我们理解和研究残疾的科学范式也在发生变化。如里奥克斯(Rioux,1997)指出的,我们对残疾的态度与我们所承担的对这类人群的社会责任和科学责任有关。里奥克斯提出了四个残疾模式:生物医学模式、功能模式、环境模式和权利模式。对于残疾的原因,我们正逐渐重视环境和权利模式,并越来越重视残疾政策对残疾人及其家庭的影响(Turnbull,et al.,2001;Turnbull & Stowe,2001)。

如基思(2001)谈到的,埃杰顿、泰勒、波格丹和哈顿(Edgerton,Taylor & Bogdan,1996;Hatton,1998)等人提出的残疾人政策中需要注意的问题:测量可能使生活质量变得烦琐;个人的主观经验和感受非常重要;强加的生活质量的理论模式可能会限制他们的生活等。然而,如果政策规划遵循了平等和以家庭、社区和个人为基础的原则,那么生活质量的概念就是残疾人公共政策改革的一个重要因素。另外,决策者还需要明白,跨文化研究中,在典型的文化背景下生活和工作的被试得分高;在一些贫穷国家,如果能够充分利用家庭、朋友和邻居等资源,以实现社会融合,进而提高生活质量,那么高成本的生活质量的项目是没有必要的,需要将残疾人的生活质量和普通人联系起来(Keith & Schalock,2000)。

鉴于我们对残疾的原因和研究方法的改进,对生活质量的理解、测量和应用的深入,我们已经能够更好地用生活质量的观念去影响公共政策之改革。相关群体及策略见表6。

表6　影响公共残疾政策的策略

服务对象和支持者,需要关注的:
● 自我效能 ● 自我决定和自我控制 ● 赋能授权
教育者和实践者需要关注的:
● 个人中心的计划 ● 个人发展(授权和自我决定) ● 容易使用的语言 ● 修复和技术
项目管理者需要关注的:
● 质量服务的维度(效度、责任、同情、适当、扩展) ● 项目为基础的质量改善技术 ● 合作 ● 评价个人和项目的结果

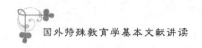

续表

政策制定者需要关注的：
● 倾听服务对象和支持者的声音 ● 将生活质量的观念纳入公共政策 ● 为研究和相关工程项目提供资金支持 ● 评量与生活质量相关的政策和实践效果
研究者和评价者需要关注的：
● 提供科学的基础 ● 促进生活质量的整体研究 ● 将参与式的行动研究纳入所有的研究和评估活动 ● 开展跨文化的有关生活质量的普遍和文化特性的研究

五、结论

我们已经知道和将要知道的有关生活质量的观念和实践能够对人们的生活和相关政策实施造成积极的影响。最近二十年,我们已经意识到了生活质量在智力障碍人士生活中的重要作用。的确,这一概念因其具有个体性、整体性和社会性等特征超出了个人范围,开始影响到整个社会服务系统。其核心是引导我们从个人的角度思考,以提升个人的生活状态为原则,通过合作、共同的语言和系统模式引导现在和将来的努力方向。

生活质量的概念在智力障碍领域是新兴的事物,对它的应用和影响还存在很多的争议。这些争论围绕着三点展开:经济的理性主义、对智障人士的资源分配、残疾人权利改革运动,争论包括迅速兴起的争取自我发言权的运动,证明了对智障人士的支持和服务确实能够提高他们的生活水平。除了这些背景性的因素之外,还要慎重地考虑科学在提高智障人士融入社区过程中所作的贡献(Parmenter,2001),以及生活在社区和融入社区的区别(Rapley,2000;Reinders,2002)。

因此,未来所需解决的问题就很明了。我们需要做的是:(1)将生活质量概念引入公共政策和残疾人事业改革中;(2)将反映生活质量原则的个人的、项目的、社区的和社会的服务付诸实践;(3)为智力障碍人士提供支持,使他们更好地融入社区生活;(4)评估和调整社会政策、社会实践以及项目性支持,保障智力障碍人士个人生活的提升。下个十年我们的主要任务是将生活质量的社会成效以及提高智力障碍人士生活水平的潜能显现出来。

(苏　慧　译)

肢体残疾儿童管理的哲学视角改变
——对电动设备应用的影响[①]

莱斯利·维亚尔　J. 达拉

作者简介

莱斯利·维亚尔(Lesley Wiart)，在加拿大阿尔伯特大学做咨询服务。维亚尔博士于2008年毕业于阿尔伯特大学康复医学系，获得康复科学博士学位。她的主要研究领域是儿科康复服务和脑瘫儿童物理治疗干预。维亚尔博士特别关注家庭接受的康复服务的临床实践和政策执行，以及治疗师如何协助家庭帮助社区中残障儿童参与生活。

J. 达拉(J. Darrah)，现工作于加拿大阿尔伯特大学康复医学院物理治疗部门，是一名物理治疗师。1996年获得阿尔伯特大学康复医学院康复科学博士学位，1997年加入该院物理治疗部门，此前从事25年的临床医生工作。在格兰鲁斯康复医院担任联合职务。研究领域包括典型运动发展和运动残疾学生康复管理。

选文简介、点评

辅助器具是能够帮助功能障碍者（包括残疾人、老年人和伤病者）补偿功能、改善状况的一大类产品的统称。根据国家标准，辅助器具按使用功能分为11个主类、135个次类和741个支类，11个主类分别是个人医疗、技能训练、矫形器和假肢、个人生活自理和防护、个人移动、家务辅助、家具及其适配件、通讯、产品和物品管理、环境改善和休闲娱乐等。在发达国家和地区，为残疾人提供辅助器具服务的流程都是相似的，由残疾人提出申请——专人到户进行评估或到各类相关的辅助技术中心进行评估——选择产品和提供技术支持（改造）——跟踪调查和调整。在这个过程中，有康复医师、辅助器具工程师、生产厂家及其服务人员的参与。目前辅助器具涉及残疾人康复、求学、就业和生活各方面。随着科技的发展，电子耳蜗、电子助视器、导盲系统、适应残疾人状况

[①] L. Wiart, J. Darrah. Changing Philosophical Perspectives on the Management of Children with Physical Disabilities—Their Effect on the Use of Powered Mobility[J]. Disability and Rehabilitation, 2002, 24(9): 492-498.

的计算机应用软件及辅助设备等高科技产品不断被开发和应用,残疾人的生活变得方便,障碍被逐步克服,与健全人的差距在缩小。

　　虽然随着科技的进步,为残疾人士尤其是肢体残疾儿童提供的运动辅助设备越来越先进,但辅助设备在肢体残疾儿童运动能力发展上的推广使用,并不是一帆风顺的。在过去的几十年中,一种新哲学框架的出现影响了西方国家对儿科康复治疗服务传承的研究。传统的研究重点在于以典型的运动模式的实现作为最终的干预目标。相比之下,现代的干预方法鼓励肢体残疾的儿童用他们最有效的行动方式,去探索环境和参与有意义的活动。促成这一干预研究方式变化的因素包括:残障运动;伤残的演化模型;从医学模型到以家庭为中心模型的保健服务保障的变化;新的理论阐述动作发展、不断增加的可能性和残障服务技术质量。选文主要讨论了肢体残疾儿童使用电动设备及其产生的意义。过去的十几年是令人激动的改革时代,儿科康复的视角转向满足肢体残疾儿童和他们家庭的需要。残障辅助技术的探索促进了哲学理念的转变,电动轮椅现在已经是肢体残疾儿童可行的和灵活的行动选择。关于家长如何体验电动轮椅和服务者提供的有价值的观点,将促进专家们帮助家长发现:将电动行动装置作为早期行动选择,对儿童康复会有积极的作用。

　　与发达国家相比,我国针对残疾人辅助器具的开发与使用还远远不够,相关的研究也不足。制约我国辅助器具发展和应用的原因除了经济方面的差距之外,还有以下原因。首先,与发达国家相比,我们对辅助技术和辅助产品的认知存在明显的差距。一方面对产品缺乏了解,另一方面不清楚相关的技术和服务流程。由于国家职能部门不了解,导致对产品研发和提供服务未能给予必要的投入,而医疗和康复机构的服务人员缺乏认识,导致治疗、训练和辅助器具配置没有形成有效衔接。例如,很多矫治手术后的残疾人特别是儿童需要配备矫形器,但由于医生不了解,装配制作机构又相对独立,很多需要的人并不能及时得到这方面服务,这反过来也影响了手术效果。同样,在偏瘫等疾病的治疗训练中也未能及时配置相关辅助器具。其次,虽然我国1991年颁布的《残疾人保障法》中有加强残疾人辅助器具配置的内容,但没有配套的条例,缺乏可操作性,经费的投入也缺乏连续性。第三,由于信息不畅通导致大部分残疾人和服务机构不了解各类辅助器具的产品功能及其获得途径。但总的来说,目前我国为残疾人配置辅助器具已经纳入国家残疾人事业发展规划和中国残疾人联合会的工作范围。组织开展残疾人辅助器具的开发推广、知识宣传、人员培训和质量监督,是中国残疾人辅助器具中心的工作职责。辅具中心将积极整合社会资源,致力于促进和推动残疾人辅助器具在我国的应用和推广。随着我国经济增长、构建和谐社会,以及成为国际残疾人公约缔约国,帮助需要辅助器具的残疾人都能够获得适宜的辅助器具,必将成为社会的共识。

选文正文

一、前言

一些研究者和临床工作者相信，建立在正常的运动获得过程上的传统模式在肢体残疾儿童康复中并没有处于足够重要的地位。因此一个新的哲学理念诞生了。这个新的哲学理念倡导：孩子外部环境条件的改变能促成他们达到成功。结果，传统和现代的模式同时存在于肢体残疾儿童康复治疗当中。

传统上，人们期待着在不借助任何辅助装置的情况下，肢体残疾的儿童尽可能达到最高发展水平。人们认为运动技能是分层的，独立行走是最合适的移动能力。儿童应该尽可能地多走动，尽管走动在任何一个环境中都不是最有效率的一种移动方式。神经成熟理论作为被很多人认可的运动发展模式，主张通过正常运动模式的干预策略来改变儿童。改变儿童的外部因素，远不如改变儿童的内部因素有效。所以，借助于动力移动的方式只有在其他移动方式不可行的情况下，才考虑用于肢体残疾儿童的行动。

近几十年来，儿科康复领域一个新的思想是鼓励治疗师为肢体残疾儿童考虑多种可供选择的方法。这种思想对肢体残疾儿童来说又是以如下两个概念为特点的。首先，正常运动类型和策略对肢体残疾的儿童来说可能并不总是最有效的运动类型。第二，肢体残疾儿童和他们的家庭可以根据环境和运动的内容选择不同的行动方式。

二、残障者权利运动

过去 50 年中，残障人士自己组织了社会政治运动，以追求平等、消除长期以来的压抑和被排斥的问题。他们要求有权利为自己的个别差异感到自豪，并且拒绝遵循为非残障人士制定的所谓正常的标准。人们通常假设残障人士会非常坚定地要恢复正常。在康复中，有些治疗仍然停留在传统康复模式里，许多服务提供者力争康复或者排除残疾。在社会偶像化理念的驱使下，妇女们为了拥有完美的身材，而纷纷采用节食的方法，并不在乎自身的情况是否允许用这样的方法，在对肢残者实施康复的过程中，也会产生类似的情况，人们忽视了残障者自己的感受而一味地给予所谓的"康复"。这一假设导致了肢体残障人士的边缘化。此外，一些人认为残障者是残缺的个体，对日常生活都很难应对的他们，在对社会的进步和法律制定上的影响就更微乎其微了。残障的问题可以被重新界定为社会参与的不平等。因此，轮椅使用者不能进入公共汽车这个事实，应归咎于交通设施入口的不便利，而不是残障人士个人的弱点和缺陷。残障人士通过构建残疾模式，并应用于实践，实现了康复概念的转换。

三、康复模型的转变

20世纪80年代以前,医学模式常常用来描述疾病的过程。这些模型以分等级的形式呈现,从病因学到病理学到疾病的表现。这些医学模型不能解释残障个体不可能康复到正常状态的功能性和可能性。为了满足残障模式功能性的需要,世界卫生组织于1980年制定了国际损伤、残疾和残障分类(International Classification of Impairments, Disabilities and Handicaps,简称 ICIDH)。分类的目的是完善医学模型,包括对器官(损伤)水平、功能性能力(损失)和"损伤和功能不足导致的处境不利进行划分"。尽管模式理念是分层的,这个模式却主张层级中,一个水平不必影响到临近的水平。比如,一个髋关节明显损伤到不能剧烈动作的个体,仍然可以借助轮椅到处活动。国际残损、残疾和残障分类没有解释个体的明显障碍,以及残疾个体被"正常化原则严格评判"的明显残障。对于一个仅仅关注于损伤后功能不同的模式来说,主要的推断就是康复到正常状态是理想的,并且是可以达到的。

基于对这些问题的考虑,世界卫生组织集合了当代哲学理念与最新的ICIDH版本,即国际功能、残障和健康分类(the International Classification of Functioning, Disability and Health)。这个模型用两个因素来描述其功能:(1) 身体功能和结构;(2) 活动和参与。人类能力被描述为健康状况和环境或者个人历史健康因素之间关系的结果。这个新的构架反映了观念上的改变,残障者也是社会的构建者,因此去除对个体功能障碍的偏见是必要的。另外康复重点不要再停留在关注损伤的基本水平上,而要转移到对所有个体更有意义的事情上,比如社区生活、工作和教育机会。在残疾模式观念框架发生改变的同时,挑战也同时来到,健康护理的专业人士开始改革对身体残障的儿童及其家庭提供健康服务的理念。

四、健康服务模式

以客户为中心的服务模式的出现导致健康服务模式在20世纪后期发生了戏剧性的转变。传统上,保健专家们使用约定俗成的、专家为主的服务模式,使得接受服务的家庭或者个人得到的服务受限。在儿科康复里,对家庭在康复过程中角色的重新认知,使得在最近的20年内,以家庭为中心的服务模式逐渐被人们所认同。

以家庭为中心的服务是建立在家庭参与增加的理念上的保健服务哲学。在以家庭为中心的哲学框架下,假设家长最了解他们的孩子,并且所有的家庭能很好地利用充足的社会支持和资源。家庭对孩子来说是稳定不变的,而保健专家们不是。服务提供者们协助家长确定孩子的需要和能力,为家庭提供他们可以获得的信息,并且与家庭合作完成干预。干预计划根据每个家庭的独特需求制订。

儿科康复中以家庭为中心的哲学理念的出现,在孩子的康复过程中对家庭参与模式的定义和实施起到了直接的影响。同时,一个新的解释运动发展的理论挑战了一个猜想,这个猜想就是针对身体残障儿童的干预目的应该是通过典型运动方式获得的。

五、运动发展模式

神经发展模式,即传统的运动模式,由于麦格劳、雪利、格塞尔和阿曼崔达(McGraw,Shirley,Gessel & Amatruda)的研究推广,在20世纪中期非常流行。尽管这个模式并没有忽略环境的作用,但是它视发展为中枢神经系统成熟和大脑低级中枢伴随性抑制的主要结果。

从这个模式中发展起来的神经发展性治疗策略,强调通过获得正常运动模式来改变孩子,并且要伴随改变环境或者任务。运动模式认为肢体残障是令人沮丧的,因为肢体残障会导致永久性肌肉挛缩和后续的动作障碍。治疗的目标通常是正常运动模式中的独立下床运动,不管实际情况如何(也许走动既不是残障个体的基本目标,也不是最有效的运动方式)。一些临床工作者和研究者开始挑战这样一个猜想,就是没有身体残障的个体的运动模式比肢体残障个体的补偿性运动模式更有效。正如拉塔什和安森(Latash & Anson)指出的那样,传统的视角是建立在如下假设上的:

(1)普通大众的可控运动模式是正确的;
(2)与正常模式的背离反映出中枢神经系统运作失常。

现代的动作行为模式,即动态系统理论(Dynamic Systems Theory,简称DST),关注着人物、任务和环境在运动发展中的关系。DST是一个非线性无等级的模式,这个模式认为是功能引发行为,而不是预编程的指示。在不同环境和不同任务下使用不同行动策略自动的自我组织结果反应了系统规定参数。运动模式类型的改变是因为系统中系统参数的改变,而不只是中枢神经系统成熟的结果。系统参数可能是环境的、任务导向的或者与儿童有关的。DST因为应用于身体残障儿童的管理,指出系统中的因素为顺利完成任务是可以改变的,而儿童不改变。

DST的临床应用包括生态任务分析(Ecological Task Analysis:ETA)、个人环境职业模式(Person Environment Occupation:PEO)、家庭中心功能性治疗(Family-Centered Functional Therapy:FCFT)和人类行为残障人士技术模式(Human Activity Assistive Technology:HAAT)。在生态任务分析模式中,戴维斯和伯顿(Davis & Burton)认为动作行为的各个部分是三组系统规定参数影响的:表现、环境和任务。运用这个模式,那些异常的运动模式可以达到最佳动作改善效果。为身体残障儿童工作的专家们可以帮助他们开发最具功能性的运动模式。个人环境职业模式描述了不断发展的个人、环境和职业的动力学关系。这三个维度之间的一致性是描述个人经历的质量,通过满意度和功能性来界定。家庭中心的功能性治疗强调鉴定儿童、环境和任务的系统规定参数。有意义的功能性目标鉴定由儿童、家庭和保健专家合作完成。HAAT强调人类技术、活动、活动内容和残障人士辅助技术之间关系的重要性。

这四种模式都有着围绕当代干预理念的共同特点。他们鼓励的运动取决于任务、环境和儿童特质的互相影响。他们指出并不是只有一种正确的行动方法。有很多方法可以顺利完成功能性且有意义的任务。最终,他们包含了现代运动形式和残障人士服务设备,并以可以接受的行动解决方式完成任务。这个观念上的改变从某种意义上讲,是残障辅助技术知识和产品的大发展起了很大的促进作用。

六、残障人士辅助技术增长的可行性

残障人士辅助技术的可行性和质量在过去的20年中急剧增加。残障人士的辅助设施,如扩展交流系统,特别是有了计算机和自动轮椅的介入增加了身体残障儿童参加适龄活动的能力。另外还有语言输出系统,以往这个系统是被用于成人的语言康复,现在也用于三岁以下儿童的康复与训练。大量的为身体残障人士提供的计算机通路现在都可使用,包括各种键盘、有语言预测能力的软件、屏幕放大器、触摸屏、语言识别软件和眼控输入。机械手臂成功地用于肢体残障儿童参与玩耍活动;电动轮椅现在可以满足儿童的需求,如操纵杆和转轨器可以安装在不同的地方,以方便操作;有的儿科电动轮椅可以调节以适应儿童的生长和玩耍时不平整的地面。这些科技的进步增强了肢体残障儿童与环境互动和探索环境的能力。

七、改变使用动力驱动的观念

传统儿科康复理念不鼓励年幼的儿童选择其他行动方式,因为这一理念认为残障辅助设施的使用会阻碍儿童高级运动技能的获得。例如将手动的或者电动的轮椅作为行动的选择介绍给肢体残障的儿童,他们之前本可以短距离行走,使用轮椅反而阻碍了儿童行走能力的进步。基于儿童大部分正常运动技能必须被最大程度的使用的理念,在康复专家探索残障辅助设备的早期仍然保留。

因为这个广泛流传的信条,肢体残障儿童被鼓励尽可能多地走动,尽管他们走路需要付出更多的精力。这一研究在其他医学诊断中同样很明显。例如对严重感知觉伤害的儿童接受言语语言治疗,促进语言交流的发展,而不是做一系列非语言的选择尝试,这种做法经常会出现在对儿童的早期康复中。

现代康复观鼓励治疗师考虑这样一些策略,诸如改变任务和环境,而不是

仅仅想着改变儿童。例如儿童的成功可以定义为儿童在学校和同龄人保持同步的能力,不管他们如何完成任务。另外,肢体残障的儿童现在可以获得很多行动方式的选择,这样他们就可以在不同的环境采用不同的运动方式行动并且参与有意义的活动。例如,一个被诊断为痉挛性脑瘫麻痹的学生进入一个大的高中校园,可以在教室走动很短的距离,也可以使用电动轮椅在教室间行动。学生可以利用电动轮椅和朋友保持联系,按时到达教室,为学习保存精力。

这个理念在其他精神发展领域的研究中得到证实。例如社交能力障碍的儿童被鼓励去探索各种各样的、适龄的、比言语交流更广泛的表达方式。图片交流系统、手语和残障辅助设施就是达到这样的目的。

对于"独立运动"认识的不断深入使得对肢残儿童早期康复的做法也在发生着变化。儿童独立行动探索周围环境的能力影响其认知和心理发展。独立行动机会的缺乏,可能导致降低行动并感受到自己的无能,这甚至对正常的正在发展的儿童也是如此。例如,当儿童放弃掌控和探索环境时,肢体残疾的孩子年仅三个月的时候就可能被诊断为学习无助。很多肢体残障的孩子缺乏独立行动的能力,因为他们常常依赖于别人的帮助。所以,提倡18个月的孩子就可以使用电动轮椅或自动的助力车,以便不影响他们其他功能的发展和对周围环境的探索。

对肢体残障孩子的研究支持年幼的孩子就使用电动移动装置。另外巴特勒(Butler)报告中调查的"自发性行为的积极效果",包括与客体的互动、交流和位置的变换等。这些研究证实非常年幼的孩子已经可以掌握驾驶电动轮椅的能力。

然而,当把这种可选择、非等级的康复模式用于临床实践时,许多家长对于给他们的肢体残障的孩子使用轮椅还抱有迟疑,尤其是电动轮椅。他们迟疑的原因还不清楚。他们可能认为用电动轮椅就是放弃孩子自己走路的可能,使用电动轮椅是放弃希望。这无疑反映出了一个社会历史观点:尽管康复理念有所改变,但当家长们开始感受自己孩子的残障时,他们便会对使用社会优势视角的干预方式做出反应。所以,接受传统康复模式的家长会认为使用电动移动装置是不好的。对于孩子不完美所感受的悲痛,现代观点认为,这种感受会出现并且会持续和越来越强烈地影响着孩子某些关键期的成长,包括童年独立行走时期、青春期和高中毕业。家长也害怕电动轮椅强调了孩子的肢体残障。家庭对于使用电动移动装置所表现出迟疑的原因是复杂的,需要更多的探索和理解。

八、移动方式的选择:合作研究

家庭更喜欢成功的社区生活,他们可以按照自己的生活定义做决定,还能得到社区的资源支持。康复专家们促进自我决定和社区融合,介绍给家庭大量的早期行动选择,当孩子在社区使用这些行动方式时给予支持。在做决定的过程中,家庭和临床工作者可以合作探索这样做的可能性。他们可以合作决定解决方案,而不是靠任何一方单独决定。这项研究鼓励每个家庭决定什么样的行动选择是最适合他们孩子的。在任何环境和情况下,"及早关注"可能适合每个家庭,帮助家庭更充分地准备他们将来的行动,如轮椅的购买,安装有液压升降的汽车等。

如果在实践中证明独立的、有意义的行动体验对童年发展有积极效果,临床工作者可以告诉家长电动移动方式对他们孩子的潜在益处。家长也需要了解使用电动移动装置潜在的挑战,如特殊运输的需求和某些环境进出的障碍,包括自己的家庭。只有了解所有的信息,家长才能为孩子的行动选择做决定。专家们可以帮助家长了解支持电动轮椅的信息,如购置车辆和家庭辅助设施资金来源。临床工作者可以在电动行动装置的增加上起作用。年幼的孩子和家庭可能愿意先使用小型的机动装置,然后过渡到电动轮椅。

过去的十几年是令人激动的改革时代,儿科康复的视角转向满足肢体残障儿童和他们家庭的需要。残障辅助技术的探索促进了康复理念的转变,电动轮椅现在已经是肢体残障儿童可行的和灵活的行动选择。关于家长如何体验电动轮椅和服务者提供的有价值的观点,将促进专家们帮助家长发现,将电动行动装置作为早期行动选择,对儿童康复会有积极的效果。

(陈　曦　译)

开启的潘多拉宝盒之光[①]

洛娜·温

作者简介

洛娜·温(Lorna Wing,1928—),英国著名的儿童精神病学家。也许正是因为她有一个患孤独症的女儿,而让她走上了研究"发展性障碍"尤其是"自闭症谱系障碍"这条路。她联合了其他患有此类障碍儿童的家长,在 1962 年成立"英国孤独症协会"(NAS)。1981 年,她发表了有关阿斯伯格综合征的论文,得到世界对这一障碍的普遍关注。1991 年她从英国医学研究理事会退休,建立了兼顾儿童和成年孤独症人士需要的诊断和评估中心,和她的同事继续进行这一领域的科学研究和广泛的实践活动。主要著作有:《自闭症儿童》(Autistic Children,1964)、《自闭症儿童教育——给教师的指导》(Teaching Autistic Children Guidelines for Teachers,1969)、《自闭症儿童——给家长的一本书》(Autistic Children:A Guide for Parents,1971)、《自闭症谱系障碍:给家长和专业人员的指导用书》(The Autistic Spectrum:A Guide for Parents and Professionals,1996)等。

选文简介、点评

"阿斯伯格综合征"一词最早是由洛娜·温在 1981 年的时候提出来的。奥地利学者汉斯·阿斯伯格是一个精神科及小儿科的医师。他在 1944 年的时候曾经发表了一篇关于阿斯伯格综合征的论文。洛娜·温提出以阿斯伯格医师来命名。阿斯伯格综合征的症状类似典型性自闭症,但是症状比较轻微。事实上,阿斯伯格综合征和典型性自闭症在诊断上同属于"自闭症谱系障碍"(Autistic Spectrum Disorders,简称 ASD)。这个在欧洲国家被称为 ASD 的征候群在美国出版的 DSM-Ⅳ里则是被称为"广泛性发展障碍"(Pervasive Developmental Disorders,简称 PDD)。阿斯伯格综合征患者在童年常常有社交隔离以及行为异常的症状。也就是说,即使一般认定阿斯伯格综合征的人在智力上往往比典型性自闭症患者要高,两者皆有社交互动上的困难。阿斯伯格综合征患者往

[①] Lorna Wing. Reflections on Opening Pandora's Box[J]. Journal of Autism and Developmental Disorders,2005,35(2):197-203.

往在双向沟通以及非语言沟通上有缺陷,即使他们说话没有语法错误,但是人们往往会因为他们说话时异于一般人的语调,以及重复性的发言而感到奇怪。阿斯伯格综合征的患者往往在发音以及大的肢体动作上显得笨拙,他们常有一个以上强迫性的嗜好,而对于合乎自身年龄的事物,反而不像同龄人那么有兴趣。

大部分自闭症专家都认为,典型性自闭症和阿斯伯格综合征属于同一系列中两种程度不同的障碍,或者说阿斯伯格综合征是自闭症谱系障碍中程度较轻的一种,但两者间也有一些区别。阿斯伯格综合征儿童也像典型性自闭症儿童一样,在人际关系方面往往处于封闭和隔绝状态,但他们对周围的一切并非完全漠不关心,他们也希望有社交或有朋友,但他们常常没有人际交往所必需的基本社会技能。他们往往不能理解其他人的表情,因而也不能据此而调节自己的行为。他们在社交场合中显得极其正规,拘泥细节,缺乏必要的灵活性,所以他们中的很多会发展出精神方面的种种问题,如焦虑和抑郁等。阿斯伯格综合征儿童和典型性自闭症儿童都可能有狭隘的兴趣和刻板的动作。但是,典型性自闭症儿童往往专注于摆弄物体,倾听音乐,对图像反应比较强烈。相比之下,阿斯伯格综合征儿童的狭隘兴趣则往往表现于对数字或日子的记忆,以及对某些学科知识的强烈兴趣。他们有时可以给人们以一个记忆力过人甚至在某一领域内堪称博学的印象,但是不久人们就会觉察到,他们往往只是机械地记忆一些事实性的数据,而对这些数据之间的相关联系及其背后的真正意义并无任何理解,而在其他方面的知识显得贫乏欠缺。他们可能显得非常古怪,并且使得人们不愿与之交往。阿斯伯格综合征儿童在说话时往往表现出较差的节奏和音调,在讲话的内容方面则显得没有连贯性,只有表达而没有解释等。与其狭隘兴趣相应,这些儿童在交谈中往往也是重复的话多而表达的意思极少。然而,阿斯伯格综合征儿童比典型性自闭症儿童要有大得多的词汇量和较好的语法水平,智商一般也高于典型性自闭症儿童。阿斯伯格综合征新生儿的发病率是 0.7‰,而且多发于男孩,患病的孩子在社交和沟通上与典型性自闭症的孩子有相似的问题,然而,他们跟一般孩子一样聪明,甚至在某一领域有超常的能力,同时他们也具有很好的语言技能。历史上许多独领风骚的大师据说都有阿斯伯格综合征的一些特征,譬如科学巨匠爱因斯坦和牛顿、天才画家凡·高、英国文豪乔治·奥威尔、音乐天才莫扎特和西方哲学泰斗康德等。

作者描述了阿斯伯格综合征人群的行为特点,通过与典型自闭症作对比,认为对阿斯伯格综合征作出明确的命名与定义是必要的。确切地了解此症状的各方面的不同之处,不仅使更多的人知道阿斯伯格综合征的人们所拥有的才能,而且能更好地为他们作出针对性的治疗和服务。作者首先从阿斯伯格发现阿斯伯格综合征谈起,分析了典型性自闭症和阿斯伯格综合征的区别及其症状,通过对与成人精神病学的联系的探究,作者希望成人精神病学能够在对阿斯伯格综合征的鉴定方面起到更积极的影响。最后,作者分析了对阿斯伯格综合征命名的积极意义,但对其确切命名后所带来的负面影响表示担忧。

我国自20世纪80年代以来开始发现自闭症个案,近年来才开始关注自闭症儿童及其家庭的服务需求。直至今天,自闭症才逐渐引起社会关注,但仍没有引起政府与教育管理部门足够的重视,相关的研究与实践还很缺乏。选文对于我们理解阿斯伯格综合征和典型性自闭症的本质特征及影响因素、发展有效的教育和干预策略有很大的参考价值。

选文正文

我在1981年发表了生平第一篇关于阿斯伯格综合征的论文,将其纳入到自闭症谱系障碍中来的提议也引起了不同的反响。这其中包括引发了从大众到专家对阿斯伯格综合征的兴趣。对自闭症的亚类和与自闭症谱系相关障碍定义的争论已经非常激烈。成人精神病学专家逐渐意识到高功能自闭症是基于个体的精神状况的。对这些症状特点的描述有助于我们对患有此类障碍的人士的技能和障碍有更多的了解。我们赞扬那些有阿斯伯格综合征的人士对世界所作出的贡献。也许我们已经向他们提供的很多服务还是远远不够的,但对其症状的描述和命名有非常积极的意义。

一、前言

1981年,我发表了一篇关于奥地利儿科医生汉斯·阿斯伯格(Hans Asperger,1944)所描述的儿童行为的文章。在1980年以前,阿斯伯格的论文在以德语和英语为交流语言的国家里很少被人了解到。在继尤塔·弗里思(Uta Frith,1991)对阿斯伯格的文章翻译之后,我对其的介绍也引起了人们极大的兴趣。全国自闭症协会的计算机数据库里包含有关教育、治疗、个人和其父母方面的科学文献和杂志。在1981年,只有两种出版物提到了阿斯伯格综合征。到了2003年,就达到了126种刊物。从1981年到2004年的文章总数超过了900份。

我们在历史性文学作品中常常发现有许多人物的行为都符合阿斯伯格的描述。阿斯伯格综合征似乎是在向公众展示其人物的魅力,尽管那些人物我们不曾接触过。具有阿斯伯格综合征特点的典型人物常出现在电影、电视剧和一些文学小说中,例如电影《水银上升》等。最近的小说《狗在夜间的惊奇事件》中,那个叙述者就是一个有此类综合征的少年(Haddon,2003)。这本小说在英国获得了很高的民众关注度,它甚至在一个电台的问答节目中作为一个问题出现。对此类人物特征的描述比给它命名的时间早得多。正如尤塔·弗里思(2003)所指出的,福尔摩斯这个人物就是非常完美的例子。人们对有这种特点的人物所给予的持久兴趣更加坚定了我们要给它命名的决心。

搜索过去精神病学的文学作品,苏拉·沃尔夫(Sula Wolff,1995)发现了一个关于六个男童的记录,这几个男童的行为特点就像阿斯伯格描述过的一样。

这个记录是一本德国期刊在 1926 年发表的,作者是俄罗斯女心理学家苏查洛娃,沃尔夫把它翻译成了英语(1996)。苏查洛娃采用了"儿童精神分裂人格障碍"这样一个术语,沃尔夫三十多年对这类孩子的研究中也同样用到这个标签。阿斯伯格的描述比苏查洛娃的描述更符合"综合征"这一术语。阿斯伯格的论文更加出色,因为他有对儿童深切的同情心,他深谙与孩子们交流或是帮助他们的基本方法,这些都是不容置疑的。

千千万万的结论是我无法预料到的,从我发表的第一篇文章开始,我就在做各种各样的尝试,就如同我打开了潘多拉的盒子(Wing,2000)。以下是我个人的、非科学的看法。

二、阿斯伯格综合征与自闭症

阿斯伯格尽管列举了众多的相似之处,但我们认为阿斯伯格综合征不同于凯纳所提出的自闭症(Asperger,1979)。当阿斯伯格访问英国精神病学研究院的时候,我曾有幸与他会面。我们坐在餐厅,喝着茶,共同探讨凯纳提出的自闭症与综合征的关系。阿斯伯格教授有礼貌地倾听我对他提出的种种质疑,并且我们都秉持着求同存异的观点。

从流行病学和临床医学的角度,我一直认为阿斯伯格综合征是自闭症谱系障碍的一种。它也同样具有以下特点:社会性的互动、交流、想象等能力的削弱;不断重复的动作、刻板的兴趣。此外,有些儿童在幼年被评定为典型的自闭症,但随着年龄的增长,他们的行为特征又比较符合阿斯伯格所描述的样子。在一个流行病学研究中(Wing & Gould,1979),我们发现有几个儿童符合凯纳和阿斯伯格(1956)所定义的"儿童早期自闭症",而另外一些则与阿斯伯格的描述相一致,但还有一些则是这两种症状的混合体。

对于任何综合征的定义要建立精确的测查标准,仅仅从行为方面来评定是非常困难也是不可取的。自闭症谱系的界限并不清晰,而是融合在一起的,有低水平的能力,同时也会有明显的精神发育迟缓。在较高水平范围内,它们二者就会融合在一起变成一种有轻微的古怪行为的发展模式。在这个谱系当中,我建议把这些亚类都融合到一起(Wing,2005)。阿斯伯格没有直接给他的综合征确定一个明确的标准,这是他比较聪明的地方。所以,这个难题就抛给了其他人,他们一次又一次地在研究中去试图给阿斯伯格综合征下一个定义(Leekam, Libby, Wing, Gould & Gillberg, 2000; Manjiviona, Prior, et al., 1999)。美国精神病学协会(1994)的精神疾病诊断统计手册(DSM-IV)和世界卫生组织(1993)对心理和行为障碍的研究标准都是以国际疾病分类(ICD-10)为基础,并且是最接近阿斯伯格自己所描述的。他们强调要发展与三岁的年龄相符合的语言、自理能力和好奇心,但这在很多案例中是很难被明确表现出来的。通过我和我的同事对 200 名儿童和成人精确运用这些标准,对这一组的将近一半的人做了诊断,然而也仅仅发现有三例是完全符合阿斯伯格所描述的症状表现。对于阿斯伯格综合征的症状表现的描述则不尽相同(Fombonne,2001; Wing & Potter,2002)。

我们做出很大努力去调查阿斯伯格综合征,当不考虑能力水平的情况下,是否可以从高功能自闭症中划分出来,埃里克·修普勒(Eric Schopler,1996)对于这个问题表达了其反对意见,当提及"阿斯伯格综合征"时,并没有把它当做自闭症的一部分,而是单独拿出来做界定的,尽管我总是认为阿斯伯格综合征是自闭症的一种。修普勒认为按照我论文里界定的方法,那就什么都不可能成立了,我认为他说的是正确的。从"公民自闭症社会"的数据中我发现有64篇研究摘要是比较阿斯伯格综合征和自闭症的。它们从心理、行为或神经学方面做了多方面的考量。这些作者中有15人从统计学而非评判标准的角度总结出:这些情况是不同的;29个没有发现重要的不同点;还有20个人不能做出明确的结论。大多数的摘要都是将阿斯伯格综合征和自闭症放到一起来研究的。赫伍林(Howlin,2003)在一个对成人生活的跟踪调查中发现:是否有早期语言迟缓对高功能自闭症的成年人没有产生区别。沃克玛和科林(Volkmar & Klin,2000)对这个诊断性的问题做出了讨论。

三、影响自闭症谱系障碍统计的因素

凯纳和阿斯伯格(1956)对于凯纳的"儿童早期自闭症"做出了严格的评判标准。然而,从那时候起,自闭症评判标准的类型在稳步扩大。在DSM-IV 和ICD-10这两个国际分类系统中,阿斯伯格综合征第一次出现并和其他类型的自闭症都分在"广泛性发育障碍"这个大标题下。自1960年以来,从流行病学的研究趋势中,我们感觉到自闭症和其他类型的自闭症的流行率正在增长。用DSM-IV 和 ICD-10来做评判标准,增加了其流行率(Wing & Potter,2002)。经过对这个趋势的认真研究后,我们得出结论:人们对自闭症谱系障碍的认识逐渐增长,评判标准逐渐扩大,对阿斯伯格综合征关注度的增长,很可能使其向"典型性"方向发展,自闭症谱系障碍也有这个趋势。这很可能是与上述对自闭症定义的模糊不清的情况有关。

四、阿斯伯格综合征与成年精神病学

阿斯伯格综合征的存在正以很慢的速度对成人精神病学产生着影响。这种关系在这种命名之前已经存在,一些有阿斯伯格综合征的人在精神病诊所被误诊为患有一种或多种精神病(Fitzgerald & Corvin, 2001; Nylander & Gillberg, 2001)。例如,在DSM-IV 和ICD-10里,对精神分裂和精神分裂人格的评判标准就和阿斯伯格描述很相似(Wolf,1995,1996)。换句话说,人们关注的是某人已有的精神疾病情况,而没有意识到它是潜在的阿斯伯格综合征(Tantam,1988)。现在这种情况已经逐渐好转,但仍要犯很多错误,从而对治疗也产生了不利影响。

有一个特殊情况是姿态和动作障碍与紧张性精神分裂症相似,它发生在大约10%的患有自闭症谱系障碍(包括阿斯伯格综合征)的青少年和成人身上。黑尔和马隆(Hare & Malone,2004)建议,它应该被特殊地分类,并取名为"自闭症型紧张性精神分裂症",这个病症对生活质量有很大损害,甚至对于一些高能力水平的人来说也不例外,但研究者在这方面所投入的精力很少。

阿斯伯格综合征的相关知识对法院精神病医师也是有影响的(Wing,1997)。为什么一个患有综合征的人可能会触犯法律,其中的原因是多种多样的。这里包括对社会规则的曲解,或是他们的同伴利用他们对社会的天真理解而引他们进入歧途。尽管法院精神医师也逐渐意识到这个问题,但在英国,站在法律的角度上去应对一个拥有高智商但对自己不恰当或非法行为很漠然的人是非常困难的。法律应该关注他们的精神状况,并将他们纳入发展性障碍的框架下来,比如阿斯伯格综合征。

我非常期待精神病医师意识到阿斯伯格综合征与成人精神病学的相关性,用对成人行得通的方法来教育需要在训练中发展的儿童。对发展史做详细的常规记录可以加深对精神状况的理解。特别是对儿童时期的发展做系统的信息收集可以帮助我们去理解阿斯伯格综合征和精神分裂型、强迫型疾病间的关系,也有利于诊断成人其他的人格障碍。

五、阿斯伯格综合征的特质

阿斯伯格在以前的文章中指出,在艺术和科学领域要拥有很高的成就的话,具有阿斯伯格综合征的特征是非常必要的。他还强调说他的综合征是"极端的男性特征"——这是一个开放和激烈的讨论话题。西蒙·科恩(Simon Baron-Cohen,1998,2003)力求把这些主题放在他的文章中,这些思想引起了公众强烈的兴趣。

已发表的一些书和文章当中指出,在历史上许多杰出的人士可能有阿斯伯格综合征的症状。这些人包括哲学家路德维希·维特根斯坦(Wolff,1995)、监狱制度改革鼻祖约翰·霍华德(Lucas,2001)以及数学家拉马努金(Ramanujan)(Fitzgerald,2004),我最喜欢的人是牛顿。也许有些人不赞成这些论断和出版物。我的观点是,这些有趣和挑衅性的想法并没有贬低相关人物的价值。

有高功能自闭症的人,由于他们不受社会常规的束缚并能够充分运用其聪明才智,很可能就是拥有创新思想从而推动世界发展的主要力量。有一个叫天宝·格兰汀(Temple Grandin)的人,患有高功能自闭症,她在研究牲畜装卸设备方面是个专家。据她的说法,在史前时代,喜欢社交的人们围坐在一起讨论他们的感觉的时候,有着自闭症谱系障碍中的高功能自闭症的人却在进行对轮子的发明。有高功能自闭症谱系障碍的许多人都已经发表了很多关于他们生活的文章,其中就包括:天宝·格兰汀、斯卡瑞阿诺、古尼拉·哥兰德和克莱尔·塞恩斯伯里(Grandin, Scariano, Gunilla Gerland & Clare Sainsbury)。这些作者都是用他们的亲身经历去帮助那些有同样问题的人们。

六、理解高功能自闭症患者的实际意义

对阿斯伯格症状人群的社会关注产生的一个实际效果就是：一些还没有确诊的人会去思考他们的性格与实际生活问题的关联。近几年,我和我的同事见过一些青少年和成人,他们被建议来见我们,也不免讨论他们患有阿斯伯格综合征的可能性。他们想知道这是否可以解释他们面对社会时所产生的困难。有一些人与他们的妻子一起来咨询,因为她们想更好地了解她们的丈夫(Slater-Walker & Slater-Walker,2002)。对于大多数人来说,这些讨论是有用的、正面的。我们发现这是在临床工作中最值得去做的事。

我们也同样见到过有一些人对自己患有阿斯伯格综合征相对排斥。相形之下,绝大多数人认为这种诊断是有帮助的、宽慰人心的。最后他们还不忘对自己异于常人的行为作出解释。这些诊断帮助他们意识到尽管他们是少数但并不孤单。大多数父母也发现诊断可以使他们更好地理解孩子。

给予那些具有特殊技能的高功能自闭症者社会关注,列举那些历史上同样有这种情况的人物的伟大壮举,可以使他们建立起更强的自信心。有一些人,面对压力毫无畏惧地去坚持自己认为正确的政治主张,很乐意被人们看做是"Aspies"(阿斯伯格型的人)。他们强调,尽管他们的思维和行为方式不同于常人,但是他们同样拥有平等的权利,甚至是优先权。为了支持这个观点,他们列举了引以为傲的特征：准确的记忆力、矢志不渝的忠诚、清晰专注的思考和他们的简单直接。与此对应,他们又列出了绝大多数被称为"典型的普通人"的特征：不诚实、被利益驱使。

20世纪60年代,英国建立起了第一个志愿者协会,美国也紧随其后。它的建立是帮助那些患有自闭症谱系障碍的人们和他们的家庭。发起人主要是那些患有典型自闭症的孩子们的家长。他们很快被这个领域中的专家召集起来,这个形式在一些国家看起来似乎是一些机构的辅助。目前诊断的标准是非常宽泛的,一些已经被诊断患有自闭症谱系障碍的成人,他们更加希望并积极地加入到这个机构中。

在英国,有阿斯伯格综合征的人们借助互联网的帮助组成了他们自己的群体。一些群体附属于"国际自闭症协会"中,一些是独立的。有一些群体是作为协会中的普通一员,而有些群体则会以相同的标准从专家或家长中推举出管理者。一些群体试着去改变委员会的构成,以便有特定数量的自闭症谱系障碍人士可以有机会参与管理,尤其是能够代表自己所在的群体。一些群体非常喜欢看到管理层完全由自己所属谱系的人构成。同样的想法和意愿也出现在别的国家的机构中。

另外一些争论的话题是被一些想把"国际自闭症协会"一分为二的人提出的,一方支持阿斯伯格综合征,另一方支持自闭症。这类人认为,目前协会的组成更像是一个服务于一个群体而不是特定群体的组织,双方成员都感觉很公平。然而,大多数人认为协会应该代表所有自闭症谱系障碍。

七、服务的发展

尽管人们对阿斯伯格综合征患者具有的特殊能力持怀疑态度,但不能否定他们面对着生活上方方面面的困难,尤其是社会交往中那些微妙的、不言而喻的和变化无穷的规则令他们非常苦恼。他们中的一些或者是大部分人在儿童时期或是成人期需要特殊帮助。意识到阿斯伯格综合征的存在将有助于特殊服务发展的开始。

这些包括诊断、对相关疾病[如癫痫、妥瑞综合征(Tourette's syndrome)]的治疗,以及对精神状况、学前教育、学龄教育和学校后教育的水平、为成年人提供雇佣和住宿的机会等的处理。对那些理解力缺乏或有损伤的人,我们的办法是培训他们的社会技能。目前相关的刊物数量和信息量也越来越多(例如,Abrams & Henriques, 2004; Gillberg, 2002; Gray & White, 2002; Klin & Volkmar, 2000)。许多国家中提供的服务具有很积极的意义,但还需要完善。在英国,专业人才仍很缺乏一些信息和知识,例如健康顾问、社会工作者和家庭医生,尽管他们不是专家,但是面对患有自闭症谱系障碍的儿童和成人,鉴于其工作性质,他们往往是患者确诊前所面对的相对较为专业的人。

在英国的教育界有这样一个潮流:一些人对自闭症谱系障碍的患者是应该加入到主流还是特殊学校展开了针锋相对的辩论。回归主流学校中的所谓的"一体化教育",因为其意识形态(以及经济)的因素而受到一些人的欢迎。他们认为这将提供一个公平对待的平台。有阿斯伯格综合征的儿童,根据他们的能力水平很有可能被安置在一体化的学校里。那些反对这个思潮的人指出,这些孩子们需要的是特殊技术的教育,而不是在一体化的学校中受到他们同龄人的嘲笑和欺负——这对于一个脆弱的发展个体而言是灾难性的影响。一份"高级自闭症协会"的调查(Barnard, Prior & Potter, 2000)发现,有21%的自闭症谱系障碍儿童在主流学校中在不同的时间段里,至少受到一次排斥。对于那些有较高能力的阿斯伯格儿童,这个数字达到了29%。

这个问题关键是在没被诊断以前,阿斯伯格障碍儿童该怎么办。他们有一些已经被安置在特殊学校里,另外一些加入到主流学校中。毫无疑问他们会时不时地遭到挖苦和欺负,但阿斯伯格综合征儿童更容易去遵守普通学校的组织纪律,可是这个场所只限于教室,而不包括操场。

找到并保住一份有偿的工作对于阿斯伯格综合征者来说是尤为重要的。在英国和美国的一些地区已经建立了雇佣支持方案。他们可以证明,有了专家的支持,更多有能力的自闭症障碍人士可以运用他们特殊的技术在工作中表现出色(Mawhood & Howlin,1999)。

八、结论

对阿斯伯格综合征的界定和命名所产生的影响是双方面的,既有正面的意义也有负面的影响。积极的方面在于,患有此类综合征的人们及其家庭了解了更多关于他们问题的知识,并对他们所拥有的技能心存感激。各种各样的特殊服务的发展可以有益于人们接受这些有能力的自闭症谱系障碍人士。用真实的故事讲述阿斯伯格综合征患者,对唤醒公众的兴趣和同情心有非常积极的意义。给自闭症分出不同的类型可以使人们更能接受诊断。

消极的方面是引起了对各种类型自闭症关系的争论和推动"英国国际自闭症协会"分成了两派。然而,增加阿斯伯格综合征行为特征的知识的积累,可以扩大凯纳和阿斯伯格对自闭症的界定范围。除了可以有益于那些有自闭症谱系障碍的人本身之外,这个扩大的视野还可以以某种方式去激发普通人和非典型症状患者的社会互动、社会交往和社交想象力。我们期待这些领域的研究可以对典型普通人的发展、大脑功能以及自闭症谱系障碍的研究有所启示。

我的观点是,多维的方法比单一的方法更加适合。人类发展经常会有各种不同的状况。我们应该明白,这些特殊状况是否与常态作了严格的划分。自闭症谱系障碍是以社会交往本能的缺失和损害以及社会交流和社会想象力困难为特征的。这也可以与任何发展性障碍联系起来。把社交性损伤作为界定和命名这一群体的依据是非常武断的。为什么不对诸如阅读障碍、运动或感官障碍群体进行细化和分类,而不去考虑其病因和其他一些问题?原因就是社交性困难是对人们生活影响最大、人们也最关注的问题。

然而,考虑到我们可以更好地了解这个群体的社交困难,对功能失调具体方面的研究比凭借武断标准来定义亚群体更有意义。例如,对社会性损伤表现的界定的研究,或者是对特定感官刺激的异常反应或运动困难的模式,以及与神经病学的关联的研究等,这些比关注亚群体并在不同的研究中寻找诊断标准更有启发性。在临床工作中,关注个体的能力和障碍,才能更好地为个人制订一个有用的计划,而不是将他们划分到诊断的亚群体去。

自闭症和阿斯伯格综合征的故事说明了:普天之下没有新鲜的事物;只有当人们去直面之后,它才真正地存在于人们的视野之中,并且我们要认识到,任何事物都是有缺点的。因此,就自闭症和阿斯伯格综合征而言,我们没有必要感到惊讶,它只是天下万物中某一个普通的事物而已,我们不必过分关注缺陷,因为缺陷本身便是世界的一种常态的表现。

(常 卓 译)

特定性学习障碍[①]

塞缪尔·A.柯克

作者简介

塞缪尔·A.柯克(Samuel A. Kirk),美国亚利桑那大学特殊教育系教授,伊利诺伊大学荣誉教授。他在密歇根大学获得生理和临床心理学博士学位,具有临床心理学执照。他出版了160多本著作和专题论文,是全球特殊教育发展史上最有影响力的学者之一。其中最著名的是在《异常儿童》(Exceptional Children)杂志上发表的文章、在全美学习障碍协会中的卓越工作以及与他人合作开发的伊利诺心理语言能力测验。他荣获过无数奖项,其中包括美国听力与语言协会的卓越服务奖。主要著作有:《教育异常儿童》(Educating Exceptional Children, 2009)、《学习障碍儿童教育》(Teaching Children with Learning Disabilities, 1976)。

选文简介、点评

随着社会的复杂程度越来越高,经济不断发展,社会对于人的文化等综合素质要求更高了。人们越来越注意个体在学校的阅读与书写能力、能否长时间保持注意力以及情绪与行为是否稳定,因为这些都与现代社会所要求的学习能力与社会适应有关。因此,学习障碍这一残疾类别的出现与人类文明的发展息息相关。1963年4月6日,在芝加哥举行的"全美特殊儿童家长研讨会"上,柯克首次提出"学习障碍"这一术语,并促成了美国学习障碍儿童协会(ACLD)的诞生。1975年美国颁布的EHA正式将学习障碍作为法定的残疾类别。从此,在美国被鉴定为学习障碍的人数以150%的速度急剧增长,并发展成为美国最大的残疾类别:超过50%的残疾学生属于学习障碍。其他类型的残疾学生增幅却很小,甚至呈降低趋势。最为明显的是智力落后,当学习障碍从学生总人数的1.79%(1977)上升至4.73%(1986)时,智力落后却相应地从2.16%下降到1.68%。显然,许多原本会被鉴定为智力落后的儿童如今被鉴定为学习障碍。

---

① Samuel A. Kirk. Specific Learning Disabilities[J]. Journal of Clinical Child Psychology, 1997, Winter: 23-26.

柯克首次明确地使用"学习障碍"这一术语并提出以下定义：学习障碍是指由于可能的脑功能失调和（或）情绪或行为的困扰而非智力落后、感觉剥夺或者文化或教学等因素导致的言语、语言、阅读、拼写、书写或算术过程中的一项或多项的落后、失调或延缓。这一概念首次提出心理过程失调导致学业困难的观点；还提出"排他性"条款，即学习障碍不是由某些因素导致的；对文化因素的重视表明对学习障碍的认识除了医学、教育学、心理学、语言学以外，还需要纳入社会学、文化学的视角。这一概念为以后的"学习障碍"定义奠定了基础。

　　但是，人们对学习障碍的实质内容还缺乏准确的掌握，定义存在着较大的模糊性，不能与一些相近的残疾类别——如轻度智力落后、情绪障碍、语言障碍、注意力障碍等——严格区分开来。声明学习障碍"并不是这些残疾或外部环境因素的结果"是一种排除法，虽然间接地说明了"学习障碍不是什么"，从而确立了判断学习障碍的必要标准，但仍不能直接、明确地解决"学习障碍是什么""有什么独有的特征"的问题。另外，"假定是由中枢神经系统功能失调所致"是对学习障碍病理基础的模糊表述，它并非建立在相关的病理学研究基础之上，而是基于一个脆弱的推测：因为已知的某些脑损伤人士表现出某些特定的行为特征，所以具有这些行为特征的人士可能同样是源于脑损伤。尽管这种刻意的模糊使学习障碍的鉴定与服务在对其病理机制认识不足的情况下得以进行，但是，对病理机制的认识不足最终导致人们对学习障碍缺乏全面、深入的理解。

　　从学习障碍定义发展的过程来看，人们对学习障碍的认识经历了从单一的生物—医学模式到心理学、社会学、教育学等多学科模式，从重视深层的神经病理特征到重视外部学业领域方面的行为特征的过渡。最初的认识完全是从生物—医学的角度来研究其病理机制与特征的。无论是"脑损伤"，还是"轻微脑功能失调"，其目的都是为了探索学习障碍发生的神经病理学基础。然而，脑损伤或脑功能失调的不确定性使从医疗的角度对学习障碍进行诊断与治疗的可能性减少，而从心理学、教育学等多学科角度出发的鉴定、教育与社会服务随之受到重视。事实上，学习障碍的鉴定主要是从儿童的外部行为特征来进行的，即通过对口头语言、听觉理解、书写、阅读、理解、数学运算、推理等学业领域进行观察与测量来判断的。脑功能失调以及心理过程方面的困难虽然是学习障碍更深层次的原因，但它们要么基于推测、要么很难直接观察到，因此在诊断与鉴定中的作用较低。学习障碍在我国还不是法定的残疾类型，人们对于学习障碍的认识和重视程度还不够。尽管近年来有不少的研究和教育实践，其鉴定和教育方式还需要进一步的探索。选文对于加深对学习障碍本质的认识及发展有效的鉴定和干预手段有重要启示作用。

选文正文

一、术语的演变

到目前为止,特定性学习障碍的定义包含了一组异质特性的儿童,他们不能单纯地适合传统的残疾儿童分类。在校内外有大量的儿童在学习说话方面发育迟缓,在发展语言能力方面有困难,视觉和听觉不能正常发展,以及在学校学习阅读、拼写、书写或计算时存在很大问题。有些孩子不聋但是不能理解口语,有些孩子不是智力迟缓,但是不能通过平常的指导方法进行学习。

在1940年至1950年期间,这些孩子被贴上"脑损伤"的标签。该术语被艾尔弗雷德·施特劳斯(Alfred Strauss)广泛使用,他是一位神经病理学家兼教师,于20世纪30年代末来到美国。他的研究表明,这些孩子可以通过特殊的指导方法进行学习。他和莱蒂恩(Lehtinen)于1946年合写的一本书成为这些孩子的家长的指南针。既然学校不能为这些所谓的"脑损伤"孩子提供帮助,来自不同州的家长们便成立了协会,并在不同的州通过捐款开办学校。这些为脑损伤儿童创办的协会叫做"X"协会,或者是该术语衍生的名称。但是由于许多被贴上这个标签的孩子不能被神经病理学家诊断为脑功能失调,一些家长不大愿意使用这条术语。相反,他们使用诸如感知觉障碍协会或者失语症儿童等术语。

1963年,一些来自埃文斯顿、伊利诺伊州的家长在芝加哥组织了一次大会,邀请了其他家长协会参加。在这次大会上他们讨论成立一个全国性的组织,并为该组织寻找一个合适的名称。柯克在这次大会上讨论了使用"脑损伤"术语的问题。他解释说一些脑损伤患者(如脑瘫)获取了硕士或博士学位,而其他被贴上脑损伤标签的人却智力低下。他声明:

有时候我感觉到我们给孩子们的标签只是满足了我们,对孩子个人却一点帮助都没有……我们以为如果给孩子们一个名称或标签,如脑损伤、精神分裂、自闭、智力迟缓、失语症等,我们就知道了答案……但这些标签,如脑瘫、脑损伤、失语症等都是分类标签……

我想要告诫你们对这些名称和分类标签的使用要格外小心。有时候名称会阻碍我们的思考。我希望有人能这样告诉我说有个小孩不能说话,而不是说这个小孩是失语症。

最近,我使用"学习障碍"这个术语描述那些在语言、言语、阅读和与社会互动相关的沟通技能发展方面出现紊乱的孩子群体。这组群体不包含感觉障碍如盲、聋的孩子……我同样排除那些有一般性智力迟缓的孩子。(Kirk,1963)

在考虑过若干描述问题儿童的术语后(失读症、失语症、失算症、脑功能失调、脑损伤儿童、感知觉障碍等),家长们讨论使用更一般化的术语——学习障碍,该术语可以涵盖异质的群体。他们同意使用学习障碍儿童协会这个名称。

从那时起,学习障碍这个术语成为家长和专家广为使用的标签。

同年(1963年)美国国会也在开展有关智力落后和相关领域的立法。1963年10月肯尼迪总统签署了88-164公法第301条款,也即智力落后设施及社区精神健康中心建设法案。但是令家长们惊讶和失望的是,该法案没有包括学习障碍儿童。它包括精神迟缓、严重情绪紊乱、盲、聋等。唯一与学习障碍相关的暗示在于"障碍和其他健康损伤需要特殊教育"。这条规定使美国教育部为学习障碍儿童提供为数不多的研究和训练资金。

二、定义

要求解释为学习障碍儿童提供的联邦支持促使全国残疾人咨询委员会对学习障碍进行如下定义:

特定性学习障碍儿童是指在一个或多个基本心理过程中表现失调,如理解或使用口语或书面语,可能在听、思考、说话、阅读、书写、拼写或计算等方面中表现出来。这包含一些已经被发现的情况,如感知觉障碍、脑损伤、轻微脑功能失调、失读症、发展性失语症等,但不包括主要由于视觉、听觉、动作障碍、智力迟缓、情绪失调或者环境缺陷导致的学习困难。

该定义对国会的决议存在影响。接下来的几年国会通过了1969学习障碍儿童法案,划拨了一百万美元用于训练、研究和论证项目。1975年学习障碍儿童被包含在EHA之中。残障人士教育部门从其公共预算中提供部分资金用于训练和研究学习困难儿童。国会为学习障碍儿童划拨的一百万美元用于促进各州学习障碍论证项目。这些论证项目的组织,叫做儿童论证项目,引发了对学习障碍儿童操作性定义的讨论。柯克和埃尔金斯(Elkins)于1975年进行的一项调查发现:(1)在被界定为学习障碍的儿童中,有62%的儿童在阅读方面比他们的心智年龄低一岁或更多;(2)35%的儿童的IQ分数低于90,而普通人群中只有25%的人IQ低于90;(3)有一部分数学障碍儿童。结果显示被认为是学习障碍的儿童实际上是异质的群体,他们或者处于智商的最低线或者是教育上的迟缓——在阅读上低于心智年龄或低于预期的算术成绩。

三、发生率

第二个问题是对高发生率的估量。例如,迈耶(Meier)于1971年研究了2400位来自8个州的二年级学生中学习障碍的发生率。实验过程显示这些孩子中有15%是学习障碍。进一步研究发现,4.7%的孩子是重度学习障碍。专家对学习障碍发生率的观点从2%到20%不等,导致了一个平均值5%。从对发生率的估量中可以明显看出各项实验关于学习障碍的标准是不尽相同的,因此发生率数据也不同。

由于发生率数据和学习障碍项目中的任务存在广泛差异,国会将学习障碍儿童联邦补贴缩减到学校人数的2%。国会要求教育委员会提供学习障碍儿童的操作性定义,以使得定义统一。

四、学习障碍儿童的特点

尝试定义学习障碍儿童是对早期联邦定义的改动。总之,有三个标准用于描述学习障碍儿童:(1)差异标准;(2)排他性标准;(3)特殊教育标准。以下是详细说明。

(1)差异标准。学习障碍儿童是指那些在心理发展过程中(感知觉、观察、视觉—动作能力、注意、记忆等)有显著性差异或者是他们的学业成绩与潜能间存在不能解释的差异,潜能可由其他能力或总体智力的测验测得。儿童在学前阶段表现出心理、社交或者视觉—动作能力的发展性失调。在学龄阶段,一般或特定智力发展与学业成绩之间存在的差异是可观察到的因素。例如,一个儿童在4岁时不能说话,但在其他感知觉、认知和运动能力方面表现正常,可以认为他在学前期是一个学习障碍儿童。当一个在学校的儿童显示相对平均的智力能力,在计算方面有正常的进步,但是3年的适当学校教育后仍然不能学会阅读,那么迹象表明他在阅读方面存在学习障碍。

(2)排他性标准。大部分被排除在学习障碍定义之外的学习上的困难可以被一般性的智力迟缓、听觉或视觉障碍、情绪失调或者缺乏学习计划来解释。排他性因素不意味着听觉或视觉损害儿童或者诊断为智力落后的儿童不能同样存在学习障碍。这些儿童也需要综合服务。

(3)特殊教育标准。学习障碍儿童是那些需要特殊教育的儿童。没有机会学习和在教育上迟缓的儿童可以通过平常的指导方法在他的成就水平上学习。例如,如果一个孩子在丛林中生长,在他9岁或10岁时才入学,经过检查发现他或她的认知和感知觉能力正常,但是没有学过阅读和计算,这个孩子不能被界定为学习障碍,即使他的能力和学业间有差异。这个孩子可以通过平常的指导方法学习,不需要特殊教育。换句话说,由于儿童一些方面的心理失调而显示出阅读能力不足,需要特别辅导。评估他们特殊需要的标准很重要。

任何定义学习障碍的项目都应该使用这三条标准:在发展和成就间的显著性差异;这种差异并非诸如聋、盲、智力迟缓等其他障碍情况所致;由于加工缺陷需要特殊教育项目。柯克使用以上三条标准提出了一个简练的定义,"学习障碍是一种在知觉或交流表现上的心理学或神经病理学障碍,具体表现为:(1)需要超越普通教室所能提供的教育指导程序;(2)不是由于重度智力落后、感觉障碍、情绪问题或者缺乏学习机会所致;(3)在特定的行为表现或者在整体表现与学业成就之间存在的差异中显示出来。"

五、矫正方法

当一个相当新的领域发展起来后,就不可避免地出现了大量针对各类学习障碍儿童的矫正方法和标准。柯克于1977年将这些方法划分为三类基本的方法:(1) 技能或任务训练;(2) 加工训练;(3) 加工—任务训练或才能指导性互动。

1. 技能或任务训练

教师在课堂上有责任查明孩子在具体科目上会做和不会做的地方。已经开发出一些程序帮助教师将孩子在阅读、书写、拼写和计算上能够做的列出非正式的清单。在阅读方面,由教师决定孩子的阅读水平。将孩子的阅读水平和阅读技能列出清单后,教师组织一次矫正或纠正发展性的项目。好的教师通过在日常活动中描述孩子的行为表现,诊断孩子的问题,使孩子从一个适合但有挑战性的起点开始学习。他们将课程融入次技能的培养中,这些技能可以辅助孩子在主技能或具体领域上取得进步。

这种应用性行为分析方法是比优秀教师通常提供的帮助更完整的系统。这种方法提倡:(1) 发现一个孩子在某项具体技能上会做和不会做的;(2) 分析成功完成任务需要的技能;(3) 定义表现目标;(4) 制定一项系统的矫正项目。应用性行为分析方法不会通过隐藏的困难推断加工过程,而是依赖表现行为和环境条件。这种方法是任务定向的、可观察的、对有些孩子来说是唯一需要的。

2. 加工训练

另外一种比较常见的矫正方法可以称为加工训练。这种方法认为孩子加工的结果依赖于内在的心理过程,需要相应技能才能发展。因此有必要训练这些潜藏的技能。例如,如果一个孩子被要求学习阅读,那么他需要有视觉辨别力、辨音力以及其他一些认知和感知觉技能。如果一个孩子被要求学习说话,那么他需要解码言语,将概念编码后在自身口语表达体系内综合。有些学者尝试分开训练加工过程,期望某种能力可以得到提高或自动转化为下一步技能的学习。例如,如果一个孩子有低视觉分辨力,研究者为他提供视力分辨训练,分辨圆形和方形,狗和兔,期望这种训练能够发展能力以使得后期阅读的学习更加便利。技能训练的反对者认为这种研究不能证明视觉分辨力或者其他加工能力的训练有利于阅读的学习。近期用于训练儿童心理过程的材料和方法受到质疑,被认为没有效果。但是这方面的研究比较难控制,而且大部分研究中的儿童都是已经拥有了对于学习阅读来说很好的视觉分辨能力或者视觉记忆能力了。

另外一种加工训练的方法是为了加工过程本身而训练,不关心转衔或者下一步技能的学习。有时候加工过程本身就是需要发展的能力。如果一个孩子不能解码言语,没有学会听,我们就训练听的过程本身。如果一个孩子不能分辨环境中的物体，我们就训练他分辨环境中物体。如果一个孩子不能区分触碰热的火炉与一幅火的图片，那么大自然可以让他学会视觉分辨。

分开训练加工能力，期望能转换成下一步学习的能力，这也许存在问题。但是很少有人质疑为能力自身训练加工过程的必要性。幼儿园和护理学校的所有项目、课程与活动都是为了训练孩子加工过程本身以及随后的发展。

3. 加工—任务训练或才能指导性互动

一些专家认为对于那些因为不适当的教育或者机会的缺乏导致学习困难的普通孩子来说，技能或任务训练方法是适当而有效的。但是有重度障碍的孩子，需要自身分析和任务分析。因此矫正方法将包含相同程序的加工和任务训练，如教育孩子使用一种独特的程序以完成需要的任务。我们可以把这种方法称为加工—任务训练或才能指导性互动。意味着我们通过针对能力或能力的缺乏进行指导以得到最佳的互动。意味着我们将加工和任务融入矫正过程中。不是分开教授视觉分辨能力，而是训练分辨字母和单词的能力。加工—任务训练用分析发展任务的方法弥补了加工的缺陷。那些分析孩子的能力和不足的学者以及那些设计任务，并通过任务分析所需能力的学者都普遍使用这种方法。那些使用这种方法或指导性互动的学者分析孩子也分析任务本身，因此他们被认为是诊断性的教师。

在阅读方面的一个例子也许可以说明加工—任务训练的矫正效果。尽管一个9岁入学的孩子的智力有120，但他不能学习阅读。对孩子的信息加工能力进行分析后发现他的视觉记忆加工有缺陷。通过视觉呈现单词后，他不能复制书写和记忆。标准化测试和判断性测试显示他的视觉记忆存在缺陷。在这个案例中使用的加工—任务矫正程序需要通过教授单词和语句发展视觉记忆。其实"弗纳尔德动觉方法"（Fernald Kinesthetic Method）是训练单词记忆的系统，就像加工训练一样，不是抽象内容，而是有关孩子学习阅读需要的单词和语句。该方法通过单词和语句训练视觉记忆，是一种加工—任务方法。

这三种矫正理论都已经被提出。但需要注意的是，有些情况下加工到产出的过程并不是很清晰，这三种矫正方法在不同的情况下，对不同的孩子都是合适的。当应用到合适的环境下，每种方法都有价值。对少数学习困难孩子和大多数纠正性学习问题的孩子来说，任务或技能训练的方法就足够了。加工—训练方法适合于训练加工过程本身以及适用于学前水平阶段。加工—任务方法或者是才能指导性互动方法也许对那些有任务与加工双重困难的更严重的残疾孩子来说更需要。这种诊断性的规范方法严重依赖于加工—任务训练。坚持一种方法而放弃别的方法的教条主义行为是不提倡的。每位教师都需要根据孩子具体发展阶段的需求选择最合适的方法。

（卢　茜　译）

情绪行为障碍学生的特殊教育有什么特殊性？[①]

蒂莫西·J.兰德勒姆　梅洛迪·坦克斯利　詹姆斯·M.考夫曼

作者简介

蒂莫西·J.兰德勒姆（Timothy J. Landrum），现任美国路易斯维尔大学特殊教育系主任、教授。1990年在弗吉尼亚大学获得博士学位，随后曾任职于弗吉尼亚医学院精神病学系，并成为儿童及家庭研究所的一名助理研究员。他的研究兴趣主要包括情绪行为障碍学生的教育与治疗以及专业人员将来如何更好地教育这些学生。主要代表作有：《情绪行为问题青少年的特征》（Characteristics of Emotional and Behavioral Disorders of Children and Youth，2009）等。

梅洛迪·坦克斯利（Melody Tankersley）是肯特州立大学特殊教育系教授。她毕业于弗吉尼亚大学，获得博士学位，然后进入堪萨斯大学博士后项目。塔克斯莱博士专攻情绪行为问题儿童的预防与行为干预、家庭支持等领域。主要代表作有《1997年IDEA修正案：学校实践指南》（IDEA Amendments of 1997: Practice Guidelines Forschool-Based Teams，2000）等。

詹姆斯·M.考夫曼（James M. Kauffman），见本书第15页的作者简介。

选文简介、点评

情绪行为障碍（Emotional Behavioral Disorders，即EBD）学生是一种重要的问题学生类型。EBD学生往往不仅学业成绩差，而且各种问题行为较多，并造成一系列的人际关系问题、情绪情感问题等心理与社会性障碍。因此，对EBD学生进行深入探讨是十分必要和重要的。这有助于EBD学生充分发挥自身潜能，获得合理而扎实的知识结构体系，提高学业成绩，树立正面的自我观念，发展良好的人际关系，塑造健全的人格，促进自我的健康发展。同时，这对实施素质教育和普及义务教育、预防和减少青少年犯罪、营造健康和谐社会也

[①] Timothy J. Landrum, Melody Tankersley, James M. Kauffman. What Is Special About Special Education for Students with Emotional or Behavioral Disorders? [J]. The Journal of Special Education, 2003, 37(3): 148-156.

具有深远影响和重大意义。

EBD学生是一个特殊的差生群体。EBD学生在学习活动中常怀疑自己的学习能力；情感上心灰意冷、自暴自弃，害怕学业失败，并由此产生高焦虑或其他消极情绪；行为上表现出破坏或攻击等问题行为以逃避学习。一般来说，这类学生在学校中呈现出两种稳定的典型特征，即不当行为问题和学业缺陷问题。不当行为主要表现为攻击、敌对和同伴关系问题等。学业缺陷一般表现为学习困难、学习成绩落后、不及格课程多等。如纳尔逊（Nelson，2004）等研究表明：EBD学生在各个年级中都存在大的学业成就缺陷，而且在数学上是差的或是更差的。

EBD学生在我国大致相当于"双差生"，即学习差和纪律差。这些学生在思想品德发展上距离教育目标较远，在思想行为上存在较多缺点，在学习上落后于其他学生。EBD学生虽人数不多，但不良影响却相当大。他们不仅平时不好好学习、考试作弊，而且还经常调皮捣乱、违反纪律、迟到旷课不断。这将直接影响到学校教学、班风学风和校风校纪。因此，EBD学生得不到教师和同学的青睐，成为班级的"不受欢迎者"，也很少见到父母的笑颜，成了家里的"烦心病"。EBD学生的这些突出特点在学校中会引发一系列问题，如出现较高的逃学率、辍学率和转学率。他们经常会产生抑郁、焦虑或恐惧情绪，会受到同伴嘲讽、拒绝或排斥，甚至违法犯罪等。研究表明，在中国台湾，有校园暴力行为者多半为学业成绩差、无法跟上班级课业的学生。同时，对教师的暴力事件，约有半数是在上课时间发生的。所以，EBD学生身上存在的情绪和行为方面的问题会对其学业成就以及自我观念（自立、自信、自尊、自强）、人际关系、社会风气等造成消极的影响。而且，EBD学生的在校不良经历也会对其以后的人生历程带来诸多消极的影响，如离校后社会适应不良、就业困难以及工作绩效较差，甚至犯罪等。研究表明：高中毕业的EBD学生几乎没有人完成任何形式的继续教育。还有研究显示：73%的EBD学生在离校后3~5年内至少被逮捕一次。

虽然与其他残疾学生和普通学生相比，情绪行为障碍学生的学业表现要差一些，但还是有一些有效的实践行为使得他们的特殊教育具有特殊性。选文主要从不适当行为的干预、学习问题的干预和人际关系的干预这三个对情绪行为障碍学生进行干预的手段进行了概述。结论是：情绪行为障碍学生的教学是普通教育的方法所不能给予的，它有着独特的干预措施，所以说他们的特殊教育具有特殊性。作者建议将来还要尽更大的努力以诚信的态度来尽早实施一些科学研究，保证这些干预措施可以在学生学习期间贯穿到他们的课程中去，这也就使得情绪行为障碍学生的特殊教育更具有特殊性。

我国2006年第二次残疾人抽样调查数据表明，我国精神残疾类（包括认知、情感和行为障碍）残疾人有614万人，占总残疾人数的7.4%。但目前我国有关情绪行为障碍学生的相关研究还比较少，国内公开发表的文章中也很少专门涉及这类儿童,因此对这一部分儿童进行教育是一项十分艰巨的任务。选文从干预手段的角度出发对情绪行为障碍学生的教育进行了探讨,具有十分重要的意义。

选文正文

因为情绪行为障碍(Emotional Behavioral Disorders,即 EBD)学生学业成就比其他残疾学生或普通学生要差一些,所以要解释清楚他们的特殊教育有什么特殊性是一个很大的挑战。研究认为,残疾学生比同龄普通学生的行为表现普遍要差一些(如 Blackorby & Wager,1996),特别是对于情绪行为障碍学生来说,从历史上看他们在学习和将来生活中获得的成功非常少。情绪行为障碍学生与其他类型的残疾学生相比,一般学业上得分较低,有更多的课程不及格,经常会留级,很少有人能通过最低能力测试,并且难以适应成人生活(Frank, Sitlington & Carson, 1995;Koyangi & Gaines,1993)。也许影响他们成功的最大阻碍之一就是学校是否接收他们。据估计,有43%到56%的情绪行为障碍学生中途辍学,这几乎是所有残疾学生辍学率的两倍(Marder,1992)。

事实上,这些对情绪行为障碍学生现状的负面评估还需要一些证据来证明,而且这也不能说明对他们是无法进行有效干预的。比如,在情绪行为障碍学生的早期阶段,当他们最需要进行治疗时,他们的问题却又是难以鉴别出来的(Walker,et al., 1996)。一直到了他们发展的后期,当问题已经很严重并且难以控制时,这个时候才会被鉴定出来。并且,可能只有一小部分需要接受干预的情绪行为障碍儿童才会被真正鉴定出来和提供服务(Kauffman, 2001;美国卫生和服务部,2001)。最有可能的是,那些接受服务的只是那些有着最严重问题和迫切需要的儿童。这些简单的逻辑表明,由于没能及时地鉴定出情绪行为障碍儿童,且只为有着最严重问题的儿童服务,也就不可能预示着成功(Kauffman, 1999;Walker, Colvin & Ramsey, 1995)。因此,我们也就不奇怪为什么人们会特别关注情绪行为障碍学生特殊教育的有效性。

虽然情绪行为障碍学生的教育和治疗还面临一些挑战,但据一些可靠的研究表明它还是存在一些有希望的干预措施(Dunlap, 1996;Shinn, Walker & Stoner,2002)。本文中我们就情绪行为障碍学生提供有效的干预措施提出三个问题:

(1)哪一种研究结果对情绪行为障碍学生是最有效的?
(2)这些有效的行为干预会定期地、真正地在学校和教室里实施吗?
(3)这些行为干预对这个领域的特殊教育来说是唯一的吗,还是说它们只是单纯地反映了合理的教育行为?

换句话说,情绪行为障碍学生的特殊教育特殊吗?

一、情绪行为障碍有效的行为干预实践

虽然把情绪行为障碍学生都划归为同一类有些冒险,但这也证明了他们具有共性可以建立有效的干预行为。首先,从定义上看,与普通学生相比,情绪行为障碍学生会有较多不合理的行为和较少积极的行为(Walker, Hops & Greenwood, 1993; Walker, Shinn, O'Neil & Ramsey, 1987)。其次,他们的学习上会存在一定的困难,即使没有因果关联,那也至少与他们过激的行为或行为缺失相关(Dishion, Patterson, Stoolmiller & Skinner, 1991; Kupersmidt & Coie, 1990; Lipsey & Derzon, 1998; Lloyd, Hallahan, Kauffman & Keller, 1998)。最后,情绪行为障碍学生在与同龄学生和成人的交往上存在困难(Walker, 1995; Walker, et al., 1995)。在这三个范围中——不适当的行为、学习困难和无效的人际交往——我们想它们应该发展到什么程度才算是对情绪行为障碍学生而言是有效的行为。在表1中,我们为这些范围在实践中的实施各自列出了一些潜在的干预目标,虽然并不是很详尽,但我们相信这是大多数的情绪行为障碍的儿童和青少年迫切需要的。表1是一个简要概述。

表1 情绪行为障碍学生有效的干预手段

情绪行为障碍学生的特征	潜在的干预目标	有效的行为实例
不适当的行为	过激行为 ● 攻击性行为 ● 教室里的破坏行为 行为缺失 ● 社会性退缩 ● 不服从指示	● 强化(正强化、区别强化、负强化) ● 精确要求 ● 行为驱动力 ● 暂停 ● 反应成本 ● 小组行为(如好行为游戏) ● 持续监测学生的行为表现(如,采用单一被试研究评估的方法)
学术性学习困难	● 成就 ● 注意力任务 ● 学业反映 ● 相互的同伴辅导	● 直接说明 ● 自我监测 ● 班级同伴的指导 ● 持续监测学生的行为表现(如,课程测试,单一被试研究评估方法)
无效的人际关系	● 社会技能 ● 语言技能	● 直接指导个体的目标行为 ● 改变因果 ● 在自然情境中实践的机会

(一)不适当行为的干预

虽然情绪行为障碍学生面临的挑战看起来似乎有些复杂和难以克服,但我

们认为这些困难可以用过激的行为(过多的负面行为表现)和行为缺失(没有足够多的合适行为)来解释说明。我们并不认为大多数情绪行为障碍学生的问题行为可以总结为一个简单的意外事件,然而,有证据显示要想对这些学生进行成功的干预,则必须建立在一定的行为基础之上(如 Walker,et al.,1995;Walker,Kavanagh,et al.,1998)。这些行为程序的基本概念很简单:

(1) 环境线索,或事先设置环境,创造行为的时机。

(2) 行为出现。

(3) 结果接着发生。也就是说,增加一个新的刺激避免或消除已有的刺激(Alberto & Troutman,2003)。

这个行为程序强调了行为干预的两点——在行为发生以前(如,前因)和在行为发生以后(如,结果)。

虽然已有的很多文献都提到了在教育中运用行为改变程序(如,Kauffman,Mostert,Trent & Hallahan,2002;Shinn,et al.,2002;Walker,et al.,1995),但还是让人怀疑这些干预措施的价值(Kohn,1993),也有一些人并不支持行为改变概念中的某些方面(Biederman,Davey,Ryder & Franchi,1994;Walker,Forness,et al.,1998)。我们认为,行为改变有时候会让人误解,正如我们将在后面讨论的一样,可能会经常被错误地或无效地执行,最终导致得出错误的结论,认为行为改变并没有起到作用。然而,大量的实践经验却表明,在过去的 30 年里教育情绪行为障碍学生的教育工作者们都有着充分的理由着重强调改变环境中的前因和后果以增加适当行为发生的可能性,并减少不适当行为的发生。

(1) 改变前因。在情绪行为障碍学生身上发生的最有挑战性和最深远的问题是不服从指示(Patterson,Reid & Dishion,1992;Walker,1995)。在学校情境下"不服从指示"是指拒绝或不能对成人要求做出适当的反应。要让学生服从指示可以通过传递指示的方式进行——这也是服从的前提。有两种方法可以提高学生服从的可能性:精确要求和行为动力,也叫做扩散训练和任务前要求(Mace,et al.,1988;Munk & Repp,1994;Singer,Singer & Horner,1987)。精确要求要用以下形式传递指令:① 预测的形式(使用有区别的刺激物);② 包含有结果(强化服从的行为,惩罚不服从的行为);③ 提供服从的机会(等待时机)。行为动力包括教师在发出低可能性的(如学生最容易拒绝的)行为指令前就发出一系列高可能性的(如那些学生最有可能参与或服从的)行为指令。

(2) 改变后果。后果通常是在行为发生后出现的,它并不能增加或减少未来某个行为发生的可能性。强化就是增加未来某个行为的发生率,惩罚就是减少某个行为的发生率。在教室里改变后果最明显的例子之一是强化容易执行的行为。特别是,教师对情绪行为障碍学生给予积极的注意或赞扬都很容易让他们建立这些行为。即使是在 20 年前,斯纯、兰伯特、克尔、斯塔格和兰克纳(Strain,Lambert,Kerr,Stagg & Lenkner)于 1983 年就提出"表面上看,很多基于教室的研究都表明教师在传递社会强化时会导致学生学业成绩的提高……遵守规则和良好的学校表现……认知和语言表现……并提高他们的社会责任"。在特殊教育的文献中已经有很多有关表扬及其效应的说明(如，Alberto & Troutman,2003)。从定义上看,表扬必须是依条件而定的(如,只在学生出现期望的合适的行为时才给予表扬)。而且只有即时、特定和描述性的表扬才是有效的,这样学生才会懂得什么样的行为会得到认可(Sutherland, Copeland & Wehby, 2001)。最后,它就会提高期望行为发生的可能性。事实上,对任何要成为强化物的后果来说,都会提高未来行为的发生率。

惩罚就是减少行为发生率的后果。一般看来,有四种惩罚类型:
(1) 依赖强化策略(如,对其他行为的区别强化,对矛盾行为的区别强化);
(2) 消失(停止强化);
(3) 去除那些有吸引力的刺激物;
(4) 呈现不喜欢的刺激物(Alberto & Troutman, 2003)。

虽然每一种惩罚使用的是不同技术,但所有的惩罚对减少行为的发生都有同样的效应。考虑到我们对积极性行为和行为减少的关注,因此从整体上看惩罚就成为一些冲突的来源(Repp & Singh, 1990)。然而,这种冲突主要是针对一种类型的惩罚而言的——呈现不喜欢的刺激物——因为他们会滥用不喜欢的东西。

由于情绪行为障碍学生典型的行为问题(Patterson, et al., 1992),所以并没有一种单一的方法能使这类学生进步。因此,同时使用惩罚和强化来减少他们不适当行为的发生就显得很有必要,来教育或提高适当行为的发生率。有研究表明有两种惩罚手段——错过正强化的时机(Salend & Gordon, 1987)和反应过时(Proctor & Morgan, 1991)——对教师而言是最容易执行和最有效的减少学生不适当行为的方法(Walker, 1995; Witt & Elliott, 1982)。错过正强化的时机是指当发生不适当的行为时,学生错过在特定时间内给予正强化的机会;反应过时则是当不适当的行为发生时,去除一个特权或强化物。在这两种情况下,惩罚手段都是要减少不适当行为的发生频率或概率,但不包括传递他们不喜欢的东西。

不论后果是强化还是惩罚,都可以通过个体或小组传递给学生以改变行为的发生率。小组偶发事件是指整个小组的后果是基于组内一个人或多个人行为的结果(Kauffman, et al., 2002)。例如,良好行为游戏(the Good Behavior Game,即GBG)就被反复使用以减少教室里破坏性行为和攻击性行为发生的可能性(Darveaux, 1984; Dolan, et al., 1993; Harris & Sherman, 1973)。良好行为游戏原先是由巴瑞斯、桑德斯和沃尔夫(Barrish, Saunders & Wolf)于1969年提出来的,它主要是指不同的小组竞争时,为了发生小组偶发事件,让同伴积极的行为促进小组其他成员也做出积极、良好的行为。许多研究表明当在进行良好行为游戏时,学生会表现出较少的破坏性行为,如离开座位和说话等(Tankersley,1995)。

(二) 学习问题的干预

考察情绪行为障碍学生的学习问题需要注意以下两方面:能够代表这一类人群的学习问题和可能会长远地阻碍他们学业表现的行为特征(Kauffman,2001)。虽然与学业相关的一些行为,如注意任务、学业参与和学业反馈等对他们的学习是很重要的,但是如果没能针对他们缺失的技能给予适当指导的话,那么他们行为能力的提高只是暂时的(Broughton & Lahey,1978)。因此,干预不仅要提供有效的教学设计来提高学生的表现(如,直接教学),而且还要学习一定的策略来提高学生的以下能力:专心于教学、保持信息和把知识运用于合适的情境中去。

为了提高情绪行为障碍学习者的学业成绩,在这些教学策略中,直接教学也许是使用得最多的了。虽然沃克等对此提出了异议,但仍有一部分研究特别关注那些有着严重行为问题的情绪行为障碍学生的学业表现。然而,我们同意他们的评估,即"直接教学的特性特别适合于满足这些挑战性的要求"。直接教学对那些低学业成就的学生而言最重要的优点之一在于它强调学习参与。研究表明学业成就的高低是与学习的参与程度显著相关的,或者说是学生参与学习的过程中所给予的指导时间所占的比例,这些可以从以下行为中得到证实,如专注的任务、从事分配的任务和参与班级活动(如,Greenwood,1991;Greenwood,Delquadri & Hall,1984)——这些都是情绪行为障碍学生经常会有问题的行为领域(Walker,et al.,1995)。因此,直接教学的关键特征——除了包括有教学的结构、顺序和速度之外,还有对新学的技能给予反馈和练习的机会——为情绪行为障碍学生提供了提高学业成功性的机会。

班级同伴的指导和同伴相互指导都可以提高学生的学习参与性和反应速率。这两种方法使用的都是同伴指导模式,并且是根据小组偶发事件里的强化原则。班级同伴的指导要求当同伴决定了应该如何正确反应时,学生就要以类似于游戏的形式去回应。同伴相互指导主要应用于数学教学,同样也包含了自我管理的方法。由于班级同伴的指导和同伴相互指导都是让同伴来监督学习反应的模式,因此学生可以直接参与到特定学业技能的实践中去,并有机会马上改正错误或得到强化。

注意任务是另一种与学习相关的技能,这也是情绪行为障碍学生经常缺乏的(Kauffman,2001)。注意是让学生参与学习的关键的第一步,这样他们就可以最大限度地从教学中受益。自我监测是一种有效地提高学生对任务注意力的策略。自我监测(其他的术语包括自我记录或自我管理)指的是一系列的干预手段,在特定的时期内(如,在独立完成课堂作业时)教会学生系统的观察、评估和记录自身行为的程序。大量的研究已经证实了自我监测程序的有效性

(Lloyd, Forness & Kavale, 1998; Lloyd, Landrum & Hallahan, 1991)。总而言之,这些程序很容易执行,并且在学生完成任务和学业表现方面都达到了积极的效果(Lloyd, Bateman, Landrum & Hallahan, 1989)。

另一个有效的干预手段是持续监测学生的行为表现。这种持续监测的手段与行为干预一样,对教学起着重要的作用。在教学中,课程测试对学生的表现和在课堂中所学的课程进行标准化测试,以此作为决策的依据(Deno, 1985)。同样地,当目标行为使用持续的、重复的测量方式来制定(如,功能性评估)、改变和评价(如对基本行为和干预行为进行比较)干预手段时,行为干预的有效性就会体现出来(Kazdin, 1982)。

(三) 人际关系的干预

从概念上看,情绪行为障碍学生在与同龄或成人交往的过程中总会存在一定的困难。因此,这些学生接受的所有训练项目里面都会有社会技能干预部分,这几乎已经成为这些项目里的一个标准化组成部分。尽管社会技能干预很流行,但我们却怀疑这种干预的效果。回顾总结前人的相关研究(如,Forness, Kavale, Blum & Lloyd, 1997; Lloyd, Forness & Kavale, 1998),我们不难发现社会技能干预并没有表现出令人满意的效果。对此的解释是大多数的干预在本质上都是普通的,并没有特殊性(如,整个班级或学校都教授同样的课程内容)。

格雷沙姆(Gresham, 2002)认为,情绪行为障碍学生的社会技能干预一定要建立在谨慎、个别化的目标行为基础之上,旨在:(1) 促进技能的获得;(2) 提高技能的表现;(3) 去除竞争性的问题行为;(4) 促进一般性。此外,沃克和他的同事们还建议:(1) 使用同样有效的教学程序(如,直接教学),像教授一门课程一样来教授社会技能;(2) 社会技能教学要给予学生做出反应的机会,对学生的表现给予持续的反馈,并且要使用偶发性事件,特别是在自然的情境中运用新获得的技能。这些建议虽然对每个学生的干预方法来说并不是独一无二的,但对学生的学习和行为技能而言却是有效的行为实践。

另一个与社会技能相关的是学生有效使用语言的能力。研究表明,有相当大一部分的情绪行为障碍学生有语言障碍(Rogers-Adkinson & Griffith, 1999),特别是在实用语言技能方面——那些技能是与语言的使用和社会情境中非口语交流联系在一起的。因为研究语言和行业问题的关系是最近才兴起的(Rogers-Adkinson & Griffith, 1999),所以还没有建立起针对情绪行为障碍学生的特定的有效的行为实践。然而,建立在已知的有效行为实践基础之上的技术,如变化的前因(如,指令)和为学生提供在一起实践的机会(如,班级同伴的指导),使得学生可以在教室的自然环境中进行教师—学生和学生—学生间的交流(Audet & Tankersley, 1999)。

二、研究成果适用于实践吗？

尽管有越来越多的方法适用于干预情绪行为障碍学生的行为、学习和社会问题，但把研究结果应用于实践同样也是特殊教育面临的一个问题。研究表明许多有效的干预方式并不一定就能执行（Meadows, Neel, Scott & Parker, 1994; Shores, et al., 1993）。正如考夫曼（1996）所说的，在干预实践和研究方面可能存在着相反的关系。情绪行为障碍学生一个明显的例子是在教师的注意方面。大量的观察研究结果表明，教师经常会在教室里使用积极的注意。在一项教师对行为反应的研究里，斯特兰（Strain, 1983）等发现教师注意学生后学生只有10%的时间是服从于教师的，研究中82%的社会适应性低的学生在服从教师的指令后从来都没有得到过积极的结果。在教室里，特别是对情绪行为障碍的学生而言，肖尔斯（Shores, 1993）等发现，每隔一个小时教师的表扬率就降低一次。其他的研究也发现了同样的结果（如 Wehby, Symons, Canale & Go, 1998），由此得出的结论是"教师的表扬……对教室里情绪行为障碍的学生来说几乎是不存在的"。

研究人员经常争论应该把研究结果应用于实践，而大部分人却认为这是在折磨教育，因此在教育实践中教师不会总使用有效的干预方法，这已经成为了一个经常被讨论的话题（Carnine, 1997; Landrum & Tankersley, 1999）。研究的结果必须成为学校实践的标准，这个观点看起来似乎是肯定的。在进行这些实践时我们所关心的是干预的完整性。正如马洛夫和席勒（Malouf & Schiller）于1995年所说的，"研究发现了应用于实践的方法后，它在实践中经常被误用"。干预的完整性，也叫治疗的准确性或坚持干预（Moncher & Prinz, 1991）。当教师没有成功完整地执行一个策略或执行得不充分、不准确时，干预的完整性就不会成功。事实上，研究表明干预手段执行的程度是直接与行为改变的程度相关的（Allinder & Oats, 1997; Gansle & McMahon, 1997; Greenwood, Terry, Arreaga-Mayer & Finney, 1992; Gresham, Gansle, Noell, Cohen & Rosenblum, 1993）。

与干预的完整性相关的因素有很多。大部分教师都使用的，同时也是最有可能执行的干预方法是以下这些：（1）容易执行的；（2）时间不密集的；（3）积极的；（4）教师感觉是有效的；（5）与使用的干预手段兼容（如，可用的资源、教师的经验、治疗的哲学、教学环境）的方法。不幸的是，许多认为是对情绪行为障碍学生的行为和学习需要有效的干预手段并没有满足这些标准（Telzrow & Beebe, 2002），因此如果完全执行这些干预手段，也就等于是没有完整的执行（Telzrow & Beebe, 2002; Gresham, 1989）。

除了要选择实证支持的干预手段并完整地执行它们外还必须要在行为问题的范围内尽早地执行这些干预措施。事实上,有证据表明如果干预手段可以尽早地、完整地进行,那么障碍的发展可以迅速地发生变化(Shinn,et al.,2002)。长期以来的研究已经表明,那些鉴定出有行为障碍的学生在读一年级以前甚至就可以鉴定出有行为问题,并且这些问题行为会在接下来的3至6年中继续发展(Achenbach, Howell, McConaughy & Stranger, 1995; McConaughy, Stranger & Achenbach,1992)。研究还发现,做好预防措施可以破坏这个循环(Shinn,et al.,2002)。然而,那些情绪行为障碍领域里的专家们仍然难以尽早地干预。事实上,考夫曼(1999)列出了一系列"阻止发现情绪行为障碍学生的问题",包括抵抗、谴责和否认儿童的异常行为。

由于学校和教育工作者们面临着巨大的行为挑战(Walker, Forness, et al.,1998; Walker, Kavanagh, et al.,1998),因此对普通和特殊教育的教师们处理问题学生的能力的质疑仍然存在。不幸的是,似乎大部分的教师都没有接受过充分的训练来干预和有效管理情绪行为障碍学生的行为和教学(Kauffman & Wong,1991)。例如,有证据表明,在普通教育的班级里教育情绪行为障碍的学生时,许多教师并没有改变他们的教学或管理手段(Meadows, et al.,1994)。并且,在实践中即使是情绪行为障碍学生的教师都可能缺乏充足的训练(Bullock, Ellis & Wilson, 1994)。

三、情绪行为障碍学生的教育特殊吗?

一个有效的情绪行为障碍学生的教师是否必须是经受过特别训练的专家,并且与那些教育其他残疾类型学生的教师不同,有着独特的技能,关于这一点我们并不是很清楚。考夫曼和王(Kauffman & Wong,1991)10年前就发现了这种现象,并总结说,教师的确需要一系列的技能来与那些最严重的行为障碍的学生相处。考夫曼、班茨和麦卡洛(Kauffman, Bantz & McCullough,2002)描述过这种技能如何在情绪行为障碍学生的班级中得到成功的应用,并提出成功的关键在于要在可以体现班级特殊性的情境中进行。正如考夫曼等提出的那样,教师传递、管理和应用教学的结构、强度、精确性和情感度都要超出普通班级的水平。

表1中列出的程序可能对任何一个学习者来说都是适用的。也就是说,对任何一个学习新技能或使之行为正常化的人来说,学习应该是有效的。然而,还需要指出的是,许多干预措施对典型的发展性学习者来说并不是必需的。这些策略需要教师的时间、努力和技能来保证干预的完整性。因此,虽然我们为情绪行为障碍学生建立的程序一般说来都是有效的教学行为,但并没有要求所有的教师都学习这些技能并应用到所有的学生中去。然而,我们相信,任何一个情绪行为障碍学生的教师都应该了解并擅长于执行我们在这里提出的程序——并能准确地执行它们,这也就使得情绪行为障碍学生的特殊教育更具有

特殊性(Kauffman,2002)。

在决定情绪行为障碍学生的干预手段是否有效,重要的是要明白专业人员可能无法治愈情绪行为障碍学生的情感或行为问题,因为考虑到:

(1) 等鉴定出了他们需要接受特殊教育服务后,他们通常会经历一个漫长的问题行为时期(Duncan, Forness & Hartsough, 1995),并会在学业和社会方面表现出失败的痕迹。

(2) 情绪行为障碍即使应用了干预措施后,它仍然是一个长期的障碍。

这些学生在他们整个的学习生涯中可能都需要接受支持服务(Wolf, Braukmann & Ramp, 1987),这听起来让人很难受,但却是保证他们教育特殊权利的一个必需步骤。

针对情绪行为障碍学生不适当的行为,我们也许能通过有效的干预技术消除他们的一些症状和减少一些问题发生的频率和强度来提高他们的学习能力,并影响其社会交往;但是,这正是它的特殊性。这些技术并不会将情绪行为障碍学生排除在特殊教育之外(Kauffman, et al., 2002),但是它们却需要积极地影响情绪行为障碍学生的学习和行为。当然,对情绪行为障碍学生的特殊教育应该更特殊一些(如,有效性),前提是如果这些有效的行为通常能在学生学习期间完整地执行,或在他们的行为恶化和难以控制前尽早地执行。只有当那些关心情绪行为障碍学生教育的专家们在学生的教育过程中尽早地鉴定出他们应接受的服务,并有规律地、完整地执行那些干预性手段,这样我们才会看到情绪行为障碍学生的特殊教育是多么的"特殊"。

四、结论

虽然对情绪行为障碍学生的研究表明,在推荐最适合他们的行为改变策略之前,他们需要特别的研究方法来确认对他们的干预行为的有效性。我们认为事实上现有的很多干预手段对情绪行为障碍学生的学习、行为和社会问题都是有效的。虽然我们认为有必要扩展我们对情绪行为障碍学生需要什么的理解,但我们同样也相信需要有更多的资源来处理他们的问题,同时还要尽可能早地执行一些有效的干预方法,保证干预程序的完整性和精确性,以及干预时间的持久性——在大多数情况下,这超过情绪行为障碍学生在校学习的阶段或甚至是终身进行干预。

情绪行为障碍学生的特殊教育特殊吗?当然。如果我们能完全利用好现有的行为和教学干预手段,那么他们的特殊教育会更加特殊。事实上,我们认为它有这个潜力变得更加不平凡。

(汪斯斯 译)

关于超常儿童概念的探究

露丝·席格曼

作者简介

露丝·席格曼(Ruth Cigman),伦敦大学教育学院研究员。在伦理学、生物伦理学以及教育哲学等领域均发表过多篇论文。英国教育哲学协会成员,并任教育哲学与政策系列研究读物的编辑。主要著作有:《融合还是排斥:特殊儿童回归主流的挑战》(Included or Excluded? The Challenge of the Mainstream for Some SEN Children,2007)。

选文简介、点评

超常是指那些在智能活动的某个或某几个领域表现超群,"能人之所不能"的人,他们中的很多人在儿童时期即有超常的智能表现,被专业人员称为"天才儿童"或"超常儿童"。任何社会对超常人群都会予以重视,期望他们的才智能够为社会创造更多的财富,他们被视为社会人力资源中最为珍贵的部分。

人们对超常群体的关注是十分明显的:有关"神童""娃娃大学生""少年博士"的报道此起彼伏,中外皆然;针对超常儿童的专业性研究,也已有了上百年的历史;在世界范围内,超常儿童教育已成为现代化社会中一种有目的、有体系的社会行为;儿童家长更是对超常教育持热切的态度,对各种超常儿童教育"实验班"及相关的出版物反响热烈。这些情形很容易使人感到超常儿童已经占有"明星"般的显赫地位,得其所得;还有人认为超常儿童本身已经在智力上占有优势,无须再"锦上添花",为其提供特殊教育,而应该做一些针对残障儿童、贫困生的"雪中送炭"的工作。

事实的另一面却是,超常儿童作为一个占儿童人口比例甚小(15%)的群体,其整体生态环境中存在着多种不利因素。例如,人们对超常儿童的认识并不全面、客观,往往将其神秘化;学校的课程也主要是依据大多数儿童的能力和特点设置的,在很多方面并不适合超常儿童的需要,使得他们自身的智能优势无以发挥,甚至会被扼杀。现有的一些针对超常儿童的教育,在国内外都远非

---

① Ruth Cigman. The Gifted Child:A Conceptual Enquiry[J]. Oxford Review of Education,2006, 32(2):197-212.

尽善尽美,仍有为数众多的资赋优异的超常儿童未能在教育中获益;他们中的很多甚至还挣扎在挫败与痛苦之中。"有超常,没快乐"及"低成就超常"的案例在国内外屡见不鲜。

超常儿童群体的不利处境被一些个体的辉煌成功所掩盖,其弱势群体特征比起残疾儿童、贫困儿童来较为隐蔽,不易被识别与认同,这使其不利处境更为加重。诸多研究表明,具有学习超常的同时也具有某些方面的学习困难的学生确实存在,但以往不被人们所认识,或是将他们看做超常儿童,或是把他们作为学习困难儿童。名声上的"显赫"与实际上的不利处境,使得超常儿童的真实需求往往不被了解,因而也难以得到必要的支持。选文分析了来自社会公众意识、教育服务的困难、超常儿童自身特点及科研成果的局限等方面的不利因素,讨论超常儿童在社会及教育中的弱势群体特征,以期引起人们对此问题的更多关注。

教育系统的课程及其运作是以大多数的"普通"儿童为基准的,当儿童的个体差异极大或极明显时,他们才被施以特殊教育服务,残疾儿童的特殊教育即是如此。超常儿童在发展特点方面,与一般儿童相比,也是有显著差异的,如他们在智力或特殊才能方面的超常水平和独特品质、发展的各领域间更大的不平衡等,都是被许多研究证实了的。许多人都能理解,特别聪明的学生在一般的课堂上"吃不饱",他们会不听讲、提出与课堂无关的问题,甚至做出一些"捣乱"的行为来吸引教师、同学的注意力,还可能成为"问题儿童"。超常儿童需要特殊教育,已是国内外专业人员的共识。尽管如此,为超常儿童提供特殊教育并非易事。

世界上的不少国家和地区,如美国、澳大利亚等,在立法方面规定了要给被鉴别出的超常儿童提供符合他们发展水平的特殊教育服务,包括特别的学习材料、个别化的进度及特别的教师等。但是在立法的实施中,仍然遭到持"教育平等论"者的反对。这些反对者认为,"超常儿童"已经在智能上占据强势,如果再占据过多的教育资源,对其他人来说是不公平的,是违反民主思想的"精英主义"。这种对"精英主义"的反对,忽视了对超常儿童个体差异和个别需要的关注。

文章采取了批判的视角,具体阐述了目前人们对于超常概念所持有的这样或是那样的疑问和误解,同时指出,由于概念的模糊和标准的不明确,常常使得超常儿童得不到有效的鉴别,其具体的需要和权利得不到满足。基于上述认识,作者呼吁要给予超常儿童以合适的教育,并且对于他们所表现出来的学习热情也要给予积极回应。文章对于我们的启示主要在于:超常教育在我国虽然已经形成了以实验班、超常班、少年班等为主体的实践模式,也取得了一定的成效,但是对于超常儿童的本质、超常儿童的选拔标准、超常儿童的教育目标等基本问题还是存在较大争议,也出现了误解。因此,以明确概念为契机,进而切实推动我国超常教育,对于进一步实施科教兴国战略具有重要的意义。

选文正文

目前,人们对于超常的概念时常有着这样或那样的疑问,这主要是因为:(1)"超常"本身还是一个不一致的或者说是一个模糊的概念;(2)超常概念蕴涵着不平等;(3)它在文化上是一个过于主观的概念;(4)超常的概念也无法有效区分真正有天赋的儿童和那些通过练习而取得成就的儿童。对于以上的质疑,笔者认为都是缺乏事实依据的。首先,如果我们能够在概念上区别开来"先天"和"后天"的超常儿童,那么我们完全能够鉴别出谁是"先天"的超常儿童,谁是"后天"的超常儿童。其次,与平等主义者的观点相反,笔者认为天赋概念(不要与天生智力的概念混淆)的提出正是公平教育需要的体现。如果缺乏此概念,那么两类儿童就有可能消失在我们的关注范围之内:一类是有天赋,但确是处境不利的学业不良者;另一类是虽在学业上小有成就,但确是重压之下的"奖杯儿童"。对于这两类儿童,都需要我们给予有效的鉴定及支持。最后,也是看起来最有分量的反对观点,即超常是一个在文化上过于主观的概念。笔者的看法是,超常之所以会成为一个有挑战性的概念,正是由于我们对于超常鉴定的意义还不甚认同,而这也进而成为超常教育诽谤者们展开攻击的筹码。

一、引言

近些年来,对于超常儿童的概念界定一直都是有争议的。有的人将"超常"作为"天才"(genius)的同义词,仅指小部分人;有的人则放宽了"超常"的界限,将全部人口中的相当大的一部分人都划为超常。那么,对于概念的界定便成为首要的困难,正如哲学家露丝·乔纳森(Ruth Jonathan)在其文章中提到的那样:"超常这根概念的绳子到底有多长?"第二个困难来自情感上或者政治上的问题。一些人认为"超常"这个词汇包含了不劳而获的意思,特别是对于那些已经接受了上帝更多恩赐的超常儿童,人们很难再去抱以更多的同情(George,1997)。即使是那些处境不利的超常儿童或是需要可靠的鉴定才能确认的超常儿童,人们也依然认为,稀有的社会资源应该分配给那些更不幸的人。第三个困难来自文化。有人说"超常"这个词汇专指那些在社会上作出突出贡献的人。这一观点反映出了西方社会对于学术成就的偏见和诸如打猎等生存技能的长期忽视。从这个角度来说,超常这一概念必定是主观的甚至是狭隘价值观的反映。第四个困难来自一个让人担心的社会现象,那就是有一些父母醉心于将自己的孩子培养为成功的人。也许一个儿童表现出了某些天赋,例如学业成就很突出,但是他并非是"自然而然"做到的。在某种程度上,他更像是一个父母亲手炮制出的一个产品,被训练着以一种特定的方式来展示自己。有时候,我们会将这样的儿童称作"奖杯儿童"(trophy-children)①,对于这些儿童的最终命运我们同样予以深切的关注。

对于上述困难,有效的应对方法便是给予"超常"一个准确的定义,虽然已经有人在尝试着做了,但是如果这样的尝试对于某些基本问题的考量与现实脱节,那么最终的结局注定是无功而返。正如著名的马兰报告(1972)所提出的关于超常的六个衡量标准(即:一般智力水平、特定的学业能力、创造力或创新思维的能力、领导才能、视觉或表演艺术才能以及心理运动能力),并没有明确说明为什么要将这六点共同作为衡量标准。另外,正如约翰·怀特(John White, 1970)所说,天才是一个纯粹的人造概念。

就本文而言,首先将以怀疑的视角来审视围绕超常概念展开的相关讨论,并且初步描述出笔者眼中的可行性概念。如果可行的话,那么这个概念将有助于我们识别出那些"超常"儿童。同时,超常概念的明确还有助于我们理清另一个问题,那就是:超常儿童是否应该接受特殊教育。虽然对于特殊教育条款的探讨将超出本文的研究范围,但是我们有理由期待超常概念的明确将有助于我们制定出合理的条款。另外在研究对象上,儿童是主要的研究对象,而成人则不做探讨。之所以这么说并不是出于个体分类的考虑:我们是否同意克林顿是一个有超常天赋的政治家并没有什么意义。有意义的是,我们需要考虑:一个儿童被鉴定为超常儿童之后是否会影响到他的教育安置,以及应该参加什么样的课后俱乐部,甚至他应不应该有一个导师进行针对性的指导。当然,我们是以一个发展的视角来看待超常儿童的成长的。

这又引发了一系列的潜在问题。通常情况下,我们谈论超常(不同于 IQ)主要考虑的既包括了一个人的实际能力,也包括了一个人的潜在能力。以马兰报告为例,在有关超常的六个领域里,不仅包含了一个人"已经显露的成就",更包括了"潜在的能力"。当然,绝大多数的成年人都具有学习的能力,并且很多人都没有意识到他们自身还蕴涵着多大的潜能。但是当我们谈到潜能的时候,更多的是指儿童而非成人,这主要是基于潜能只有在童年时期才能得到显著性的快速发展。换个说法,也就是超常儿童潜能发展的关键期常常会因为得不到应有的重视而错过发展良机。② 而本文的主要目的就在于将有关超常的错误观念都纠正过来。

二、超常的概念

超常儿童在过去有很多不同的称谓,有高能儿童、天才儿童和超常儿童等

---

① 参见 Paul Mcfedries(2002)对于奖杯儿童的定义:"儿童在其他人的压力之下努力学习并以此来满足父母的荣耀感。"

② 在这点上,Israel Scheffler(1986)的观点是:学习的能力不是一种可以被随意浪费的无限资源。

等。问题在于如果我们能够把这些术语的内涵明确了,那么具体使用哪一个称谓无非就是个人喜好的问题了。

本文的目的就在于为那些与儿童朝夕相处、不带怀疑态度的工作人员提供一个有关超常的通用的、可执行的概念。正如乔纳森所言(1988):从观察的常识来说,一些个体看起来要比其他人"聪明"。并且我认为超常的概念就应从此下手。超常儿童确实在某一方面要比其他人聪明。有些时候聪明只会表现在某一方面,比如一个儿童仅仅在数学这门学科上很突出,有些时候会在诸多领域表现突出。

如果上述的看法是正确的,那么我们的观点就与国家科学院超常儿童研究中心对于超常的定义产生了一定的出入。超常儿童研究中心对于超常儿童的定义是从两个层面着手的,[1]其中之一就是要在学业能力上排在同龄儿童的前1%—5%。[2]以定量的方式来对超常进行定义是目前英国政府所推崇的。但是相比实际能力,一个人的潜能是很难通过测量得到的。至少就目前而言,这样的测量标准还留有大量的错判的可能,并且既然鉴别方法本身就存有瑕疵,那必然会有留有不公正的嫌疑。定量概念所存在的最大问题在于目标群体的大小是事先就确定了的。如果一个人说:在这个班级里,我要挑选两名同学作为超常儿童(或者说挑选班级人数的前5%):不能多,也不能少。我想这样的观点是有悖于我之前提出的超常儿童的概念应该是通用的概念,只有通用的、有用的概念才会以一种非比较的方式来将超常作为儿童的一种固有特性。[3] 也有人非要说:我们所拥有的教育资源只能让我们在40名学生中挑选两名来为其提供更加丰富的或是加速的教育支持。但是在每40名学生中挑选两名来提供更加丰富或是加速的教育是否有益?

乔纳森认为,有些人看着比别人似乎要"聪明"一些,我也相信他们会更有前途一些。"聪明"这个概念,特别是非常聪明或是特别聪明的说法,常常使得问题更加不易解决亦难以被否认。一个人比另一个人更聪明一些,至少意味着他们是生而聪明的。这样的表述是有问题的,因为这又引发了另一个错误概念,即智商是天赋的,是一种可测量的个人特质,并且这种特质不易受环境影响。

---

[1] 虽然这种观点有时可以有效地区分"天才"和"超常",但是我认为所谓的数据基础常常是一种误导。这个问题稍后还会进行探讨。

[2] 这种定义将超常和才能联系在了一起,但是这个问题不是我所要探讨的。根据这个定义,超常学生是那些已经具有较高学业能力的学生,但是有才能的学生是那些有能力在"创造性的艺术领域或是体育领域"取得成绩的人。这个定义不具有一般意义上的可操作性,因为我们通常会称那些年轻的有天赋的小提琴家是天赋和才能交互作用的。确实"才能"常常是被用作那些有创造性的领域中的(一个"有才能的"儿童可能是音乐家或是艺术家等等),但是如果就此说那些在学业领域取得突出成就的人就是没有创造性的,这是对于才能的一种误解。

[3] 虽然超常是一个比较层面上的概念,但是我的观点是这只是从数据上的简单理解。关于这部分的讨论在第四部分已经讨论得很充分了。

然而事实证明这样的观点是荒谬的,因为目前还不存在一种可以脱离环境影响而存在的遗传禀赋。虽说我们并不能从一个人"不能"的现实推论出一个人永远也不能,但是正如在此领域的著名的批评家所提到的那样:

我们不能否认的是,在人们年轻的时候所表现出来的能力是不尽相同的。某个儿童可能在计算上非常擅长,但是在乐器演奏上却又十分不在行。另一个儿童可能在计算和乐器演奏上都不在行,但却在语言学习上非常有天赋。即使在家庭成员内部,兄弟姐妹之间的差别也是非常明显的:一个女儿在学习钢琴时总是显得那么得心应手,但是另一个女儿只学了皮毛。

迈克尔·豪(Michael Howe,1999)似乎也认同我所提到的禀赋聪明。在日常生活中,我们会使用"天资"或是"天分"来形容那些在某一学习领域表现突出的人,并且这极有可能成为我们去进一步地了解一个更加聪明的人的开始。一个更加聪明的人是那些在很多领域都表现出超群智力的人,所以我们称其为超常。当然,如果有激进的环境决定论者认为环境是决定一个人超常与否的标准的话,那么我们只能说这显然是与事实相悖的。

我对超常概念的一个主要的不安来源于我前面提到的第四个反对理由:对那些"急功近利"的父母的反对。也就是说超常儿童的标签可能给父母带来一种错觉,即无法分辨什么是自然而然的超常,什么是人造的超常。当然这显然是错误的。事实上,自然而然的超常和人造的超常是能够区分开来的,前提是我们必须先承认自然超常的概念,以及对如下事实的细心观察,特别是父母是如何对儿童施加影响的。

但是我们说一些儿童天生就比另一些儿童聪明,并不是像一些人认为的那样,是要人为地推崇他们或是强制地将他们与其他人区别开来。我们这样做只是为了鉴别出超常儿童并且适当地开发他们的潜能,特别是当他们处于社会不公平待遇时。就这点而论,自然而然的超常儿童就很有可能被忽视,因为他们的表现在别人看来通常是出格的。比如他们可能从来不读睡前故事(bed-time stories),或是到了五岁才用彩色铅笔画画。如果这样的孩子可以被鉴定为超常儿童(关于鉴定标准的问题将在第四部分讨论),那么他们可能会获得更好的发展,可以使他们的教师着力去填补他们潜能与实际表现出来的能力之间的差距。如果以表现出格而论,我们可以轻易地将先天的"超常"儿童与那些通过后天训练培养出来的儿童区分开来。这样一来,"后天"超常因为被划为超常的痛苦和"先天"超常因为不能被划为超常而痛苦都将随之消失。因此,我们必须理智地面对并且去接受这样一个现实,那就是:天资是我们研究超常的基本兴趣点。

当然,天资和自然环境的影响是紧密交织在一起的。虽然在我们出生之时便开始了"学习行为",但是要想理清天资和自然环境在量上是如何相互影响的基本上是没有什么成功的可能的。尽管如此,我们可能还是会追究它们是否以及如何相互影响的（区别于测量的方法）。我们也许见到过这样的情景：一个小孩因为不利的自然环境而使其具有的天赋被忽略或是被埋没了；或是一个小孩，他自然具有的天赋可能并不好，但是却在重压之下取得了成功。如此的差异，不禁使我们列出了如下四种不同的情况：

（1）具有极高的天赋，并且其所在的自然环境也是有利于儿童的发展；

（2）具有极高的天赋，但是其所在的自然环境不利于儿童的发展；

（3）奖杯儿童，在一个重压的环境之下取得了极高的成就，但是他不是一个看似聪明的或者仅仅只是一个"中等聪明"的儿童，并且在此压力之下，会觉得紧张或与人疏远；

（4）看似"不聪明"，并且其所在的环境也不利于儿童的发展。

当然，我这么说，并不是为了要将儿童"对号入座"。但是对于天赋和自然天赋进行探讨的意义并不亚于对于黑或白的探讨，而且还有相当一部分的儿童属于其中的多种情况，或是会在多种情况之间转换。分类是概念性的也是首要的，它们界定出的不同点是需要被教师掌握并且能够自由运用。

如果没有这些界定，我们可能就无从回答如下问题：

● 这个学生是否属于后进生？其所在的自然环境是否限制了其天赋的发挥？

● 这个学生是否属于高成就者？其在考试中的成功是否压盖了家长给其施加的不恰当的影响？

我们认为，教育者能否提出如上的问题是很重要的，并且他们应该试图去发现并理解儿童的天赋和自然环境之间的相互影响。有的时候我们也需要认真的思考：孩子们需要的是什么？他们苦苦挣扎的是什么？只有在理解他们的基础之上，我们才能给予他们有效的帮助。如果我们不能成功地做到这点，或者在事实上排斥这么做，那么注定是会伤害到儿童的，特别是那些超常儿童。

三、超常儿童的不同教育安置形式

虽然目前有关超常概念的探讨是十分广泛的，但是对于此问题的讨论并没有达成共识，或者对于超常的本质并没有达成共识。所谓的超常儿童，既有人拥护，也有人贬低。拥护者要求人们认可超常儿童并提供相应的法律支持；贬低者则给予了强烈的回应，从赤裸裸的嘲笑（"妈妈和爸爸认为这个小家伙是一个天才"）到更加理性的怀疑主义和平等主义。对于两者而言，似乎都有这样的一个先前认识：一方面断言超常儿童是有特殊需要的特殊儿童，另一方面却也带有一种公平且理性的差别教育的观点。并且，两种观点看起来都有充分的证据支持。拥护者认为，一些儿童需要一些特殊的服务，而这些服务是均质的教育系统所无法提供的。而他们需要特殊的条款的理由并不在于他们学习很吃力，而是在于他们学得太轻松、太快、太好了。而贬低者则指出这样的儿童是有优势的,并且他们并没有形成一个让人可以清楚辨析的群体。他们说,只要在均质的教育系统内为那些超常儿童提供有挑战的问题或是课程,他们可能面临的困扰就会迎刃而解。所有的儿童都是不同的,并且应该区别对待,超常儿童没有理由再去享受特别的优待。我们要做的不是将那些所谓的超常儿童抽离出来,放到专门的特殊学校,而是应该尽可能地发展他们的能力差异。

当然,拥护者和贬低者的争论还在持续着,整个的教育环境就像艾伦·戴森(Alan Dyson)描述的那样:

在英国,整个教育系统是存在根本矛盾的,并且在美国也存在着这样的矛盾,一方面希望平等地对待所有的学习者,另一方面又希望因材施教。从人的基本特征来看,所有的学习者都是相同的,因为他们都被赋予了同样的参与教育过程的权利。从实际水平来看,我们试图在同样的学校里,用同样的教育策略以及课程来对他们施教。但是每个学习者都是不同的,至少在学习风格、学习需要以及学习兴趣上存在诸多不同。因此,我们可能会通过建立不同的教学小组来满足不同的学习者,并在相同的课程设置中尽可能为他们提供适合个人发展的教育计划,等等。

如此的矛盾让教育工作者和政策制定者都陷入了两难的境地。简单地说,如果他们过多地强调学习者身上的共性,那他们就会忽视他们之间存在的特性;如果他们过多地强调学习者的特性,那他们就会忽视他们之间存在的共性。

我们有必要进一步探讨矛盾带来的相关问题,特别是政策制定上带来的难题。如果我们不能很好地处理共性与个性之间的关系,那么我们在一些问题的处理上可能就是有偏颇的。在我看来,那些接受了超常儿童贬低者观点的人多数是出于政治上的高姿态,但也反映出了问题所在。对于聪明儿童和非聪明儿童之间的差异,我们常会认为混合能力教学组的实施可以很好地解决这个问题。但是一些儿童看起来要聪明的问题还是会引起一些人的担心,即超常儿童与其他儿童的差异之大,会不会让融合的环境下教学显得不切实际,进而造成超常儿童得不到发展和进步?问题的来源主要是基于对教育概念认识的差异以及带来的一些困扰。

正如先前提到的那篇文章所言,乔纳森(1988)认为超常在教育上并不是什么有用的差别。但是这并不是说,在儿童之间不存在能力或者说特征的差异;我也并不认为同质教育就应该忽视个体差异,或者说:

我不赞同的是,有些人认为在儿童中仅仅存在两个群体——"聪明的"和(暗示性的)"不聪明的"。我们不能仅仅为了迎合所谓的个体差异就去人为地划分出两个群体。虽然这样的差异是事实存在的,但是并不存在于两个群体的儿童之间,也不是在所有的儿童之间。我们的教育体制也不是要提供两套不同的教育,我们要提供的仅仅是根据每个儿童的个体差异而做适当调整的同质的教育。

乔纳森想要表达的观点是什么？一个基本的问题就是"同一"（或者说是相似）的概念和就某方面而言（或是多方面而言）的不同的比较。比较主要是对两个或是多个要素（人员、物品、情景、想法）之间的比较。某两个要素可能在某一个方面是相似的，但是在另一个方面又可能是不同的；当然我还是以自身的研究兴趣和目的来判断它们之间是相似的还是不同的。如果超常的概念在教育上是有用的，那么我们就需要去判断，将超常儿童划分为一个"独立的群体"是否在某一方面（或是多方面）是有用的，当然"独立的群体"的要求是超常儿童彼此是相似的，而与其他儿童是不同的。

通常而言，一个适用超常儿童的概念应该可以方便我们时不时地挑选出一些超常儿童。从某种程度而言，事实上也必须存在着一个"独立的群体"，可以让我们在"原则上划分"出来。接下来，我们看两个具体的例子：露丝·劳伦斯和加里·卡斯帕罗夫（Ruth Lawrence & Gary Kasparov）这两个12岁的儿童。我们很难说清楚，为什么会有人倾向于给那些在数学或是象棋领域有突出资质的儿童一个特定的称谓"超常"。如果有人对"超常"的天赋持怀疑态度，那么便会有人明确地指出，这些儿童已经事实上的"被分组"了，因为他们确实与其他儿童存在较大差异。他们也不容易适应学校的生活——至少在数学和象棋的学习上是这样的。劳伦斯可能正在小学3年级的数学课堂上浪费时间，卡斯帕罗夫则有可能在学校的象棋俱乐部里虚度光阴。特别是当学校没有为他们提供特殊的服务时，这样的情况是极有可能发生的。

因此鉴于超常儿童在学习上的优势或是过于轻松的学习，使一些人就此认为超常儿童"不适合跟大多数的同龄人一起学习"，或者进一步认为超常儿童跟其他儿童是异质的，跟同伴是同质的。当然，这样的观点是可以被轻易驳倒的。其一，如果超常儿童（所谓的）不能和其他儿童很好的相处，那么我们有理由忽视他们所谓的超常，并且鼓励他们让自己变得普通（有点像……）。其二，我们必须认识到所有的儿童都是不同的。其三，可以这样说，像劳伦斯和卡斯帕罗夫这样的情况是极少出现的，尤其是当我们考虑到现有的公共政策的时候。也许有人会退一步说，他们确实是不同的。那么问题又来了，可是这又有何妨呢？当一个个的普通孩子被认为是超常的时候，问题同样会出现。

我的观点是：

（1）每个孩子都应该将自己视为普通的。这个建议的灵感来源于戴森（Dyson）对于每个学习者都是普通的教育理念。单凭经验，我们认为如果一个儿童被父母"欺骗"说他比其他儿童要聪明，这样的做法是适当的。但是，我们认为它也可能是不适当的，这样的做法有可能让儿童背负上一种无形的压力——"心理否认"的一种——并且有可能造成事实上的伤害。

（2）我们需要明白每个个体都是不同的。换句话说，我们之所以说每个个体都是普通的，即在于每个个体都是不同的。并且从某种意义上说这是不可否认的,但是同时也存在一种相当无意义的观点,也是露丝·乔纳森的观点:制订一个计划以满足个体差异,是过于理想化和不切实际的。

(3)目前对于超常儿童种类的划分既是狭隘的也是粗糙的。这一点也是我反对的关键点。如果每个教室都有几个的劳伦斯或是卡斯帕罗夫,那么简单的鼓励他们融入班级或是认为既然每个人都是不同的,他们的不同也就无关痛痒的做法也是站不住脚的。退一步讲,即使班级里没有一个劳伦斯或是卡斯帕罗夫,但是却存在着一些在教育的某些重要方面和他们有相似之处的儿童,也不应该简单的鼓励他们或是忽视他们的不同。也许后者更应该引起我们的高度重视。超常儿童的总量虽然不多但是也不至于到稀有的地步,因此即使并非所有的群体成员都具有典型性,我们也有理由将他们划分为一个群体。

反对(3)需要在这里进行一个明确的回答:那就是我们需要鉴别出目标群体。这也正是我所面临的挑战之一。

四、谁是超常儿童?

戴森描述了两种截然不同的教育趋势。一是强调"学习者是相似的",另一种则强调"学习者在个体差异上的不同"。正如我们用到的词汇"强调"所言,每一种趋势都试图占据主导地位。但是两者是同样重要的,那么我们究竟该怎么做呢?

我们首先要做的是进一步探讨乔纳森的观点从而梳理出问题的脉络。她特别强调了对儿童共性的尊重以及满足儿童个体需要的观点。虽然对于共同性的表述还存在诸多逻辑上的漏洞,但是有关消除阻碍"个体展现潜能"的障碍的表述却足够清晰,并且在她看来这样的潜能很可能发展为将来的高成就。我们在这里就不对此做详细阐述,仅是将她的观点的框架做如下说明。

(1)无论从种族的观点还是从政治的观点来看,所有的儿童都应该被"一视同仁"。他们应该具有相同的权利等。

(2)超常的观点意味着一些儿童将被赋予更好的或是相对于他人而言的激励教育。

(3)观点(1)是一个理想的观点。因此如果我们找到坚实的证据证明将所谓的超常儿童单独分类并且提供额外的辅导是有益的,那么观点(2)就是对的。

(4)什么是坚实的证据?如果我们证明一些人的先天能力可以带来未来的高成就,那么这就可以称为坚实的证据。

(5)但是当我们试图去提供类似的证据的时候,会发现仍然有很多的"阻力"甚至是"障碍"(逻辑上的或是经验上的)阻碍着我们。

(6)因此(2)是错误的。

在我看来以上言论是存在诸多瑕疵的,但是我们现在要做的并不是一一梳理出其中的瑕疵。仅以(3)和(4)的推论而言,就是存在瑕疵的,因为在推论的过程中对于"坚实的证据"的概念存在着推论。乔纳森在其论文中对于智力的测量做了强烈的批判,同时也对早慧是未来高成就的预测做了驳斥。观点(2)从一开始就注定是错误的;这就好像假定(所谓的)超常儿童是有罪的,除非我们能找到证据证明他们是清白的,或是如果我们不能证明他们是独立存在的,那么他们就是虚构的群体。但这种推理方式也同样是乔纳森所力图摒弃的。对于超常儿童来说,他们要想获得在教育上的"独立群体"的地位,就必须先去证明他们在心理测量上是存在特性的,并且这样的特性会给他们带来将来的高成就。如果这个就是所谓的精确标准,那么无疑他们是会失败的。

就此看来,拥护者和反对者之间之所以会存在着诸多分歧,首先就在于他们的立论不同。乔纳森作为一个反对者的立论就是:哪些人具备可能导致未来取得高成就的先天能力?这虽然是一个关乎国家利益的问题,但却不是一个合理的问题,因为我们根本无从知道答案。如此预测性的问题是不会动摇我们对于人人平等理念的追求。因此我们并不知道谁会是将来那个取得高成就的人,所以我们还是平等对待每一个儿童吧。我对平均主义的关注无非是出于基本的尊重,但是这又带来了一个需要回答的问题,同时也是众多教师和家长所要回答的问题,而根本不是一个什么关乎国家利益的问题。这个问题也可以理解为个体需要的问题,那就是:对于那些因为过于聪明而无法适应同龄教育的儿童,我们应该施以什么样的教育?然而这样的问题常常因为一些所谓的理由而无视了。有理由就认为,这样的儿童的所谓的教育需要是被夸大了的。但是这样的言论未免草率了些。在没有实验证据的情况下,我们是不能说他们没有这样的教育需求。

同时乔纳森也忽略了一个重要的可能性问题,那就是一个合情合理的超常的概念可能会与个体的需要和权利联系起来。这点我们可以从露丝·劳伦斯的例子中看出,如果他无法摆脱小学三年级的数学,那么他的需要是不能得到满足的。除此之外,他在数学教育上的权利也将是被忽视的。相对于需要的概念,权利的概念更直接、更易懂。教育的权利显然不是让一个儿童去学他多年前就已经会了的东西。尽管如何对儿童施以适当的教育是另一个问题,但是我们有理由认为超常儿童所遇到的无聊和受挫的心理状态正是他们的需要得不到满足的证据。

正如前文所提到的那样,真正的挑战在于去发现超常儿童的"非常"或"特别"之处。换句话说,我们需要具体的标准来帮助我们将此概念赋予可执行性,并且至少可以回答我们在引言部分中所提出的一系列问题。超常的概念既不能太宽泛也不能太狭隘:超常儿童这个全体不能肆意的扩大也不能人为的缩小。同时对于超常儿童的表现不能简单的用量化来处理。对此我提出了几个建议。通过对劳伦斯和卡斯帕罗夫这两个高成就个体的分析,并以这样的儿童作为范例。我的第二个建议是应该把一个儿童因为超常的学习能力而不能适应同龄人的教育作为指导原则的一条。我的最后一个建议是,对于超常的理解我们应该更多地强调不同而不是相似。通过对不同的强调可以让我们更多地看到一个儿童在某一领域的需要以及权利得不到满足的现实。

在这个背景下,我想提出有关超常的一些标准。首要的标准便是至少应该在学习的一个领域取得了极高的成就(一会儿我将会探讨之前提到的文化差异以及"学习领域"的概念)。从教育需要和教育权利来看,高成就者通常不适合与同龄儿童一起接受教育。例如,高成就通常是由高动机驱动的。这可能会引起更多的需求:超常儿童通常会着迷于更多的知识的学习或是特定领域技能的获得。并且,高成就者常常会在一些普通人难于掌握的领域里如鱼得水,并且这和我们之前讨论的学习权利的问题是有冲突的。

但是,超常的概念还远非这么简单,并且超常的概念很容易在不同解释者的解释下被冠上"不一致"之嫌。一个儿童在一种环境下被认为是不普通的,但是在标准提高的情况下可能就是普通的了。同时我们也会在缺乏标准的作用下被特殊:劳伦斯和卡斯帕罗夫遇到的就是这种情况。以上事实揭示的是我们需要一个标准用以区分绝对的超常和相对的超常。(政府制定出来的在人口中的前5%到前1%无疑是一个错误的尝试。)相对虽然不如绝对那样有力,但是这并不意味着相对就是毫无价值的,正如我前面提到的,超常概念的使用是为了强调儿童的需要和权利。就像玛吉·辛普森(Marge Simpson)的天蓝色头发会在多云的天气下仿佛消失不见一样,有关超常的问题也有可能在某一特定情境下得以解决,例如当儿童转学到一所适合他的学校中时。但是这样的情景出现并不是说概念是无效的,而是说儿童的需要和权利得到了满足。

至于乔纳森的第二个问题"绳长之谜"揭示了超常的概念因为处在一个困难的处境而变得无效。这就像说"儿童多大可以独自在家?"但是这个问题又是毫无意义的,因为它也处在一个滑坡的地方。但是,情况也并非全然如此。虽然这是一个棘手的问题,但是在一种情况下它也有可能变得有意义,那就是它产生了一个果断的答案。正如绝大多数的人都不同意将两岁的儿童独自留在家中,但是一个14岁的孩子就可以被暂时留在家中。在2岁到14岁这个灰色地带中,我们就需要以儿童的个别需要为参考来制定标准。同样的,正如我开始所提到的那样,一些儿童可能一眼就能分辨出是超常儿童,一些可能一眼就能分辨出不是超常儿童,问题就在于在这两类儿童中间,还存在许多不好判断的情况。我们应该让不同的学生因为身处不同的学校和团体而成为那个学校和社团的"超常"。

以"任何的标准"或是某一特定团体的标准来衡量一个儿童是否表现优异,是我所认为的"超常"的第一个首要标准。需要注意的是,这个标准与我先前提到的"尊重的开始"是相一致的,其中尊重的开始强调的就是超常儿童应该得到"区别看待",例如由于超常儿童在学习上的太容易,他们在与同龄儿童一起学习的时候就会遇到适应不良的问题。我们现在看到"绝大多数同龄儿童"是指在某一特定团体或是普遍的同龄儿童。

除了这条标准,我认为还有两条较"宽松"的标准或者说是超常的"指示器",用来指示那些发展良好的潜能。第一条标准是深刻的见解,这样的见解同时也是自由发挥不受常规约束的。例如,一个看似低成就的人却总是能用他的超常能力去捕捉到概念或是想法的核心。他总是有这样或是那样的深刻见解或是言论,但是值得注意的是,他的注意力和表现力可能又是非常欠缺的。这样一个轮廓——偶尔的出色表现、不稳定的注意力和表现力——表明了在潜在的能力与实际的表现之间存在巨大的差距。这样的例子引起了我们对于超常儿童潜能浪费的担忧,众所周知,潜能是超常的核心。

超常的第二条标准是学习的热情。几乎所有学习迷们都会倾其所有的业余时间到博物馆学习或是阅读手头上的书籍而不是跟朋友们玩耍。超常儿童花费大量的时间到学习上并不是说他们学习能力低下,而是因为在这里面存在着强大的心理联系。正如克里斯多弗·温奇(Christopher Winch)所言:

> 出色源于对事物强大的兴趣和献身精神。对于一项活动的兴趣可以产生更多的实践、知识以及更深的领悟。所以强大的欲望通常可以让我们做得更好。

即使一个学习迷没能在课业上取得最好的成绩,但是教师应该对这样的个体给予充分的"超常警觉"。也就是说对于这样的儿童教师应该给予更多的关注,这样做是为了让他们以一种更加自由、快速的方式学习并且达到高成就。同时也是为了可能存在的反迹象(counter-indications),比如儿童为了取悦父母而故意以这种方式来做。对于后者的存在,我的看法是应该在小学阶段,对于那些在学习领域或是表演领域有着特殊喜爱的儿童进行领域上的分组,同时这样的分组无须以是否超常为依据。这样做的目的是让超常儿童可以全身心地投入到他们喜欢的学习生活中去。①

我认为超常的概念从属于我之前描述的一个领域。超常的首要标准是部分的或是全部的高成就,但是超常也有可能是由这样的高成就缺失的情况下表现出来的,首先是通过非系统的,但是有见解的观点表现出来,其次是通过对学习的异常热情表现出来的。正如我前面所言,高成就和异常的学习热情是如影随形的。那些在某一特定领域表现出色的人通常也是对此领域有着特别热爱的人,并且这样的热爱一直驱动着他们不断地去学习。罗尔斯(Rawls)称其为亚里士多德原理:

---

① 我们所不能否认的是如果我们将全部的精力都投入到学习中,是没有必要的。但是如果因此假设说无方法的过度学习一定是伤害儿童的,那么这就是错。但是我们有时常会去做这样的假设。

其他事情都是一样的,但是那个享受通过练习来实现自己能力(他们的内在能力或是通过训练得到的能力)的人的能力会真的得到实现,或者说让原有的能力变得更为复杂(Rawls, 1971)。

我对此原则持保留意见。"享受"这个词并不能捕捉到超常儿童对于其兴趣表现出来的忠贞。这一点很重要,因为忠贞代表着其欲望不仅仅是强烈这么简单,它是一种势不可当的需要。打个比方,海洛因吸食者需要的并不是海洛因,他们需要的是吸食之后所带来的一种感觉,并且这种能力(不管是内在的还是训练的,抑或是两者兼而有之)的实现是和一种积极的、愉悦的需要联系在一起的。

学习的热情对于超常儿童既是积极的也是常常被忽视掉的。但这并不是说所有的超常儿童的天赋都是由高动机所驱动的,即便如此,从某种意义上说,正如罗尔斯所言的"亚里士多德原理":一个缺乏动机的人如果能发展出超常的才能是一种让人困惑和懊恼的现象。尽管有时候也是可以让人理解的。特别是那些拥有音乐才华的人,常常因为性情的原因而无法忍受每天练习的枯燥。尽管我不能十分肯定地说,对于如此天赋的忽略会带来深深的悔恨和矛盾,但是我们有理由要求教师尽可能地帮助这样的儿童(尤其是当他们需要帮助的时候),让他们体会到天赋带给他们的乐趣。

下面我将以对一个14岁儿童的描述来进一步说明有关天赋的指示器的问题。我认为他是一个超常儿童,尽管在学校里他被看做是一个"灾星":

马丁被他的老师看做是一个灾星。他只生活在自己的世界里。他似乎永远也不知道他应该身处哪个课堂,并且常常因为这样的原因迟到……他的笔记真是烂透了,并且他似乎从来不愿意做笔记。他是机智的但同时也成为班级中的小丑。在中学的最初两年里,他表现出了对于课程学习的极大兴趣。但是从去年开始事情变得糟糕起来。他发现,相比于追求事物的真相,这里的教师更乐于去维护他们的权威。他发现,所谓的教学大纲非常糟糕,因为很少有机会将其中的理念理论化和实践化。

他与老师的关系也糟透了,因为他常常会挑战与质疑老师的知识和权利。对于同学的观点他也置之不理。唯一例外的是他的科学老师,他的科学老师认为他对事情的独到见解和考虑常常会引起班里对于此问题的热烈讨论。因此马丁也特别喜欢科学课以及与此相关的一切课程,对于其他课程则选择荒废。他完全有能力在测验中取得好成绩并且成绩也是对其学习能力和态度的反映……现在正有人疯狂地要求马丁离开学校(David George, 1992)。

虽然这只是个简短描述,但是我认为绝大多数人都会认同马丁至少是个超常的候选人。比如,他很可能在一个超常的青年科学家计划(a programme for gifted young scientists)中获得提高,帮助像他这种能够制订一份出色的计划,可又无心向科学发展的人。就目前看来我们尚不知道答案。很显然"在学业能力上位于同龄儿童前1%—5%的超常定义"更是不会关注到这样的问题。如果我们真的在乎超常儿童的需要和权利,那么我们就必须将数据放在一边,转而去平衡个体需求之间的差异。

出于马丁在某一领域内表现出来的热情和独到见解,我们认为他确是一个超常儿童的候选人。露丝·乔纳森曾在她的文章中写到过这种"文化异议"(cultural objection):我们抱以什么样的目标和价值观来选拔超常儿童,最终决定了我们选拔出了什么样的超常儿童,天赋其实是一个专断的概念。我们往往欣赏有天赋的科学家或是音乐家,但是对于那些在美发、溜冰或是电脑游戏上有天赋的人就难以引起我们的注意。然而这是不公平的。

尽管这样的文化异议是普遍存在的,但是我对此还是相当困惑的。我在以前是不赞成对超常进行定义的(问题在于我们究竟应该选定什么样的儿童为超常儿童;我们这么选拔的目的是什么;然而实现目的的定义往往是无用的),但是接下来的这个关于超常的定义以一种直白的方式回应了关于"主观臆想"的反对,当然这样的方式也并没有好到哪里去:

超常儿童是那些在任意学习领域或是那些为社会文化团体所推崇的学习领域里,学习能力远远优于同龄儿童的儿童,其中学习能力既包括学习速率也包括学习的复杂性(Porter, 1999)。

这里的"学习能力"并不能很好地帮助我们理解概念,因为很多超常儿童都有学习困难,但是这个定义的可取之处在于提出了以社会文化团体所推崇的领域作为参考。如果有人认为这样的定义是不妥的,那么这样的不妥应该就是来自教育上的考虑,目前的教育是充满了价值判断的,因为它的目的在于教会年轻人如何过好成年生活。正如克里斯多弗·温奇所言:

教育在任何社会都是固有的,因为每个社会都存在并将永远存在通过教育来使年轻人适应成年生活。教育是一项伴随人类发展的实践活动。这也就意味着它同时也承载了巨大的文化传统,而这些文化传统可以让我们追溯到任何社会的发源。

正是在这种背景下,我们奖励并且鼓励一些有天赋的人。但这并不是否认精英主义和偏见的存在,这样的观点都应该得到质疑。这也不是要否认我们应该为超常儿童提供更多的发展天赋的可能。我们要表达的是:精英主义和偏见并不是我们通常所假设的超常概念的衍生物。

五、结论

正如我所表明的那样,将超常儿童看做一个"全体",这在教育上是有益的。与很多批评者的观点不同,我认为我们可以通过制定标准来有效地鉴别超常儿童,并且这样做会很好地满足他们通常不被满足的需要和权利,当然在有特殊教育服务提供的条件下则另当别论。在我看来,这正证明了概念。说超常儿童是一个群体,并不是说他们与普通儿童毫无共同之处;或是他们就优于普通儿童。在有重要限制条件的情况下,他们可以而且应该被看做是"不同的"。但是他们身上所具有的发展为高成就的潜能并不是我这里所要强调的。虽然这样的潜能目前是清楚的存在的,但是其他儿童身上也同样具有潜能:超常儿童并不具有垄断未来高成就的能力。话虽如此,但是有一点似乎也是明确的,那就是他们身上所具有的超常的能力和热情通常可以带给他们所需要的成功,当然如果他们积极生活的话。我所说的成功,并不是简单的奖杯,而是为了我们自身的利益以及一种相对而言更高的水平。从国家利益的层面来看,这种更高水平的成功也是极为重要的;但是如果不优先考虑到个体的需要和权利,这样的论断(指从国家的利益出发,鼓励培养超常儿童)表明了,超常儿童的培养仅仅只是政治化的产物。

在这篇论文中较少提到的是有关天赋种类的划分。根据加德纳的多元智能理论,我们可以很清楚地划分出超常儿童表现出来的不同天赋,例如艺术上的、数学上的、文学上的、音乐上的、伦理学上的或是体育上的等。我相信这些不同的种类都是囊括在我之前所圈定的范围之内的。那就是无论一个超常儿童是一个有天赋的足球运动员、象棋选手、音乐家还是漫画家,我们所关注的都应该是如何在教育的领域内,尽可能地满足他们的需要和权利。象棋冠军需要的可能就是比常人更多的课外象棋辅导;如果他们的需要得不到满足,那么他们就很有可能陷入到无聊、缺乏耐心以及无尽的受挫之中。数学奇才应该在数学教育上被给予更多的关注,而不能陷入长时间的裹足不前。

如果超常儿童可以构成一个独立的"群体",那么我们是否应该将他们放入单独的学校里学习?答案是,不一定,虽然安置的灵活性已经反映出了我的观点。就像有人主张将他们安置在单独的学校,就一定也有人主张不这么做。后者反映了超常教育贬低者煞费苦心的在情感社会上的考虑。我认为仅仅从情感和社会上的考虑是不够全面的,确切地讲应该是超常儿童作为一个群体易于在需要和权利上有一些特殊的地方。说到这里,问题就不是:他们是否需要一个特殊学校?而是:这些特殊学校或是其他的什么机构应该怎样去满足他们的需要和权利?

这样看来贬低者的观点是严重失衡的,并且也正是这样的失衡才成为本文的助推力。在乔纳森文章的倒数第二段,暴露出了她的论点在内容上的失衡:

如果良好的发展是需要良好的刺激的,并且如果教育也是试图为良好的发展提供良好的刺激的,那么有关应该给什么样的个体提供刺激就转变成了哪些儿童是应该受到教育的。

这是令人震惊的,乔纳森似乎是想提出对于超常儿童提供特殊服务是对其他儿童接受服务的威胁。这个问题在她看来变成了:什么样的儿童是应该受到良好的教育刺激?这个问题可以换做(她义正词严地说):什么样的儿童应该受到教育？但是问题在于谁认为"什么样的儿童应该接受良好的教育刺激"是个问题。有关超常的问题一直集中在一些儿童可能相对其他同龄儿童而言需要更多的刺激，但"更多"并不能等同于"更良好"。"更多"可能意味着难度更大、挑战性更高以及强度更大。对于一个教育迷来说，为什么她不能够接受这样"更大"的刺激，为什么其他的儿童就要被看做是错过了什么？

简单地认为如果超常儿童受到了合适的教育，其他儿童就将随着失去什么的人，是将莫须有的巨大压力施加到了超常儿童身上。我们应该为儿童减轻他们背负的压力，并且对于他们所表现出来的学习热情要给予积极回应，这样的回应是我们开展有效指导的重要一步。鉴于以上结论，最后我们将以心理学家琼·弗里曼(Joan Freeman)的一段话作为结尾：

这些年来一直让我百思不得其解的是，为什么会有这么多的热爱学习的超常儿童还需要通过拼命的努力来部分地实现他们的天赋。这不仅仅是对他们的不公平，更是对于每个人精力的一种浪费……他们把太多的精力投入到对成功的追寻之中，这也许是帮助了他们，也许是由于错误的指导而让他们步入歧途。

（闫　燕　译）

专题拓展阅读文献

1. O'Connor, R. E., Bocian, K. M., Beach, K. D., Sanchez, V. & Flynn, L. J. Special Education in A 4-Year Response to Intervention (RtI) Environment: Characteristics of Students with Learning Disability and Grade of Identification [J]. Learning Disabilities Research & Practice, 2013, 28(3).
2. Forness, S. R., Freeman, S. F., Paparella, T., Kauffman, J. M. & Walker, H. M. Special Education Implications of Point and Cumulative Prevalence for Children with Emotional or Behavioral Disorders [J]. Journal of Emotional & Behavioral Disorders, 2012, 20(1).
3. Alexinia, B. Culturally Diverse Students Who Are Gifted[J]. Exceptionality, 2002, 10(2).
4. Alina, M. & Matthew, R. S. Parenting Gifted and Talented Children: Conceptual and Empirical Foundations[J]. Gifted Child Quarterly, 2009, 53(3).
5. Kamhi, A. G. & Catts, H. W. Language and Reading Disabilities [M]. Pearson, 2012.
6. Bandura, A. B. Self-Efficacy: The Exercise of Control [M]. New York: W. H. Freeman, 1997.
7. Wei, X., Wagner, M., Christiano, E. R. A., Shattuck, P. & Yu, J. W. Special Education Services Received by Students with Autism Spectrum Disorders From Preschool Through High School[J]. Journal of Special Education, 2014, 48(3).
8. Koegel, R. L. & Koegel, L. K. The PRT Pocket Guide: Pivotal Response Treatment for Autism Spectrum Disorders [M]. Brookes Publishing Company, 2012.
9. Christy, F. Making Conceptual Connections Between Gifted and General Education: Teaching for Intellectual and Emotional Learning(TIEL)[J]. Roeper Review: A Journal on Gifted Education, 2006, 28(2).
10. Dekker, M. C., Koot, H. M., van der Ende, J. & Verhulst, F. C. Emotional and Behavioral Problems in Children and Adolescents with and Without Intellectual Disability [J]. Journal of Child Psychology and Psychiatry, 2002, 43(8).
11. Egger, H. L. & Angold, A. Common Emotional and Behavioral Disorders in Preschool Children: Presentation, Nosology, and Epidemiology[J]. Journal of Child Psychology and Psychiatry, 2006, 47(3-4).
12. Frank, C. W. & Lionel, H. W. Review of Critical Issues and Practices in Gifted Education: What the Research Says[J]. Psychology of Aesthetics, Creativity, and the Arts, 2009, 3(4).
13. Kauffman, J. M. How We Prevent the Prevention of Emotional and Behavioral Disorders [J]. Exceptional Children, 1999, 65(4).
14. Bradley, R., Danielson, L. & Hallahan, D. P. (Eds.). Identification of Learning Disabilities: Research to Practice [M]. Routledge, 2013.
15. Landrum, T. J. & Tankersley, M. Emotional and Behavioral Disorders in the New Mil-

lennium: The Future Is Now[J]. Behavioral Disorders, 1999, 24(4).

16. McCann, T. V. & Clark, E. Advancing Self-Determination with Young Adults Who Have Schizophrenia[J]. Journal of Psychiatric and Mental Health Nursing, 2004, 11(1).

17. McLeod, J. D. & Kaiser, K. Childhood Emotional and Behavioral Problems and Educational Attainment[J]. American Sociological Review, 2004, 69(5).

18. Mason, H. & McCall, S. (Eds.). Visual Impairment: Access to Education for Children and Young People [M]. Routledge, 2013.

19. Shurr, J. & Bouck, E. C. Research on Curriculum for Students with Moderate and Severe Intellectual Disability: A Systematic Review[J]. Education and Training in Autism and Developmental Disabilities, 2013, 48(1).

20. Goldberg, S. R. An Exploration of Intellectually Gifted Students' Conceptual Views of Mathematics[M]. Teachers College, Columbia University, 2008.

21. Schwartz, R. G. (Ed.). Handbook of Child Language Disorders [M]. Psychology Press, 2011.

22. Reva, F. Brenna, O. & Bruce, F. Examining Our Foundations: Implications for Gifted Education Research[J]. Roeper Review: A Journal on Gifted Education, 2005, 28(1).

23. Robert, G. Marion, P. & Albert Z. Mentoring the Gifted: A Conceptual Analysis[J]. High Ability Studies, 2010, 21(1).

24. Schalock, R., Verdugo, M., Jenaro, C. Wang, M., Wehmeyer, M., Xu, J., et al,. Cross-cultural Study of Core Quality of Life Indicators[J]. American Journal of Mental Retardation, 2005, 110.

第三编

融合教育

> 如果残疾人被隔离，被看成异类，被看成功能不全的人，那么他们永远不会作为完整的社会成员被接受。
> ——《融合、学校重构和美国社会的重组》

> 融合的概念只有在隔离的社会背景中才有意义，如果真正达到了融合的目标，那么又会有新的问题摆在我们面前了。
> ——《"最少受限制环境"原则的批判性分析》

专题导论

融合教育自20世纪70年代以来逐渐成为全球特殊教育领域讨论最热烈的议题。融合教育以西方自由、平等、多样化的价值观念为基础，倡导"零拒绝"的哲学；认为特殊儿童有权在普通教室接受高质量的、适合他们自己特点的、平等的教育；认为普通学校应该为社区内所有儿童提供高质量的、适合儿童不同学习特点的、没有歧视的教育。融合教育就是要打破教育中存在的等级，希望改革技术官僚性质的、从上而下的学校管理体制，消除特殊教育与普通教育的相互隔离、缺乏合作的二元体制，通过学校改革与资源重组，建立整合的、公平的学校体制。学校应该尊重日趋多样的学生群体与学习需求，多元化带给学校的不应该是压力，而应该是资源。因此，学校应达成所有的儿童都有学习能力与获得成功的权利的共识，学校应成为每一个儿童获得成功的地方，不能因为学生的残疾与差别而进行排斥与歧视。

尽管融合教育模式的效果还没有被有效地证明，它却成功地导致了对传统的隔离特殊教育体系的完全否定。融合教育似乎逐步成为各国特殊教育的主要发展模式，并顺理成章地占领了特殊教育领域的理论与伦理的制高点，形成了垄断的话语体系。事实上，西方各国特殊教育实践表明传统的隔离式特殊教育学校体系基本上已经崩溃，隔离的特殊学校（班）已经或正在消失。

本专题收录的十篇文章从不同的视角分析了人们对于融合教育概念的不同争论，回顾了教师及相关人员对于融合教育的态度与信念，概括了融合教育对于学生与教师的不同影响，总结了融合教育倡导的有效教育实践，分析了融合教育背景下残疾学生自我认同及相关的同伴交往、人际关系等的挑战，讨论了融合教育实施的政策问题，并结合西方社会文化的特点与批判精神对于融合教育的本质特征与学校变革进行了争鸣。从这些文章中我们可以看出，融合教育理念产生于西方特定的政治、经济与文化土壤，与其说是一个准确的教育学术语，倒不如说是人们的一种美好的教育理想与价值追求。在理想与现实之间的冲突是难以避免的，如何缓解与消除冲突，最大限度地追求这种理想，是摆在全世界人们面前的难题。

如果说西方融合教育模式是一种理想主义的模式，它以西方个人自由、社会平等等社会观念为基础，是在隔离式教育发展到一定阶段，特殊儿童义务教育已得到实现的基础上发展起来的；其目的是保证特殊儿童与正常儿童一样平等地在普通学校接受"免费、适当"的教育,追求的是特殊教育的高质量,最终追求的是实现个人尊严与社会公正的目标。我国随班就读则是一种实用主义的融合教育模式,旨在为我国大量还没有机会接受任何形式教育的有特殊教育需要的儿童提供上学读书的机会。它是我国在经济文化还不够发达的情况下发展特殊教育的一种实用的、无可奈何的选择。

西方融合教育仍然处于摸索、发展阶段,并没有一成不变的模式。不同的国家、不同的社会文化背景下,人们对于融合教育的定义、目标、实施途径及其结果都存在着不同的看法。尽管很多国家都致力于发展融合教育,但没有一个国家真正实现了高质量的、有效的融合教育。没有一个国家的做法能够为其他国家发展融合教育提供一个标准的蓝本或范例,各个国家需要根据本国的国情探索适合自己的融合教育模式。我国应因地制宜探索自己的融合教育发展模式,这不仅没有违背融合的思想,相反会丰富融合教育的理论与实践,并为其他情况类似的发展中国家提供可借鉴的经验。

我国随班就读属于融合教育的一种形式,是在我国经济、文化教育相对落后情况下的产物,"以特殊学校为骨干、大量附设班与随班就读为主体的特殊教育发展格局"的随班就读模式是对实践经验的总结与国际融合教育发展趋势的参考下做出的探索与政策宣示。随班就读无疑使得我国许多学龄期特殊儿童与普通儿童一样享受到公平的教育机会,但他们接受的教育质量如何,在学习和社交方面有何影响,普通学生是否也受到影响,具体表现在哪些方面,普通教师与特殊教育教师在观念与教学上有何变化,这些问题值得我国学者进一步研究。在世界各国都在对特殊学校、资源教室、完全融合教育等模式进行重新思考以求为特殊儿童提供更高质量教育之时,我国特殊教育也发展到由追求数量向质量转化的时期。在我国现有文化背景下,特殊学校(班)、资源教室或随班就读究竟哪一个更能促进特殊儿童发展,还需要更多的基于我国社会文化特点的、规范的实证与比较研究。这些方面的研究恰恰是确立我国特殊教育发展模式的基本依据。因此,在西方融合教育者宣称融合教育超越任何经验或实证研究的时候,我国特殊教育研究需要克服研究方法中个体经验式和纯哲学思辨式的两种流弊,加强实证研究的规范与传统,以问题研究为取向,使特殊教育学科体系建立在科学经验研究的基础上,生成富有本土化的融合教育理论,探索我国特殊教育模式发展的方向与规律,而不是像西方一样,在实证研究结果并不乐观的情况下,大力倡导激进的融合教育模式。

融合教育对残疾学生、普通学生及其教师的影响[①]

斯宾塞·J.萨南德　劳雷尔·M.加里克·达哈尼

作者简介

斯宾塞·J.萨南德(Spencer J. Salend),美国纽约州立大学纽普兹分校教授,特殊教育项目合作者,研究兴趣在于在融合教育环境下教育残疾学生,满足他们的教育需求。主要代表作有:《创建融合课堂:有效与反思型实践》(Creating Inclusive Classrooms: Effective and Reflective Practices,2011)、《适合所有学生的课堂测试与评价:超越标准化》(Classroom Testing and Assessment for All: Beyond Standardization,2009)。荣获纽约州立大学教师学者奖及校长研究成就奖。

劳雷尔·M.加里克·达哈尼(Laurel M. Garrick Duhaney),美国纽约州立大学纽普兹分校研究生院副院长、系主任。研究兴趣包括残疾学生的融合教育、教育评价以及差异性教学等。

选文简介、点评

20世纪80年代以来,融合教育在美国兴起,并逐渐成为世界各国特殊教育发展的新趋势。融合教育倡导教育要满足所有儿童的需要,而不论他们有无或有何种原因和差异。普通学校应兼顾学生之间的不同需要,通过教学、师资、课程等资源重组与社区合作,建立平等、合作的学校。融合教育的实施,就是要打破教育中存在的等级,使普通学校成为所有儿童都能学习的地方,使特殊教育与普通教育趋于融合。这不仅彻底改变了特殊教育的观念与发展模式,而且赋予普通教育以崭新的内容,对世界各国教育的发展均产生了巨大影响。从具体实践来看,对其主要的利益相关者,包括残疾学生、普通学生、特殊教育教师以及普通教师来说,融合教育改变了他们接受教育和教育他人的认知方式与态度,对他们的观念和行为不可避免地产生重大影响。

选文是融合教育研究中比较有影响力的研究成果之一。该文对以往有关

[①] Spencer J. Salend, Laurel M. Garrick Duhaney. The Impact of Inclusion on Students With and Without Disabilities and Their Educators[J]. Remedial and Special Education,1999,20(2): 114-126.

融合教育及其对学生、教师影响的相关文献进行综述比较。在这篇综述中引用的研究指出了融合教育项目对残疾学生的学习和社交表现的影响是不一样的：尽管一些研究表明融合教育对残疾学生更多的是积极的影响，但其他研究表明一些残疾学生在传统特殊教育服务模式下取得学习的进步。研究发现：(1) 融合教育对残疾学生的学习成绩及社会性发展的效果喜忧参半；(2) 普通学生参与融合项目，其学业表现并未受影响，同时促进了他们的社会性发展；(3) 教师对融合教育项目的态度不一，受多方面因素影响。

该文客观、理性地对以往相关文献进行了回顾，虽然不同的研究发现存在或多或少的分歧与冲突，但作者的观点顺应历史发展的趋势，对融合教育仍持坚定乐观态度，支持融合教育对普通学生、残疾学生和他们的教师有潜在的积极影响。融合教育倡导的学校内部人员的协作、教师之间的合作教学以及学生之间的伙伴学习取得了较好效果。从该文中我们可以看出，融合教育是西方特殊教育学者在20世纪80年代以后批判、反思回归主流的基础上发展起来的，其目的就是要彻底告别隔离的、等级制教育体系的影响，使所有儿童在普通教室里接受平等、高质量的教育。人们围绕融合进行的争论主要围绕着其理念和目标，不局限于残疾学生能否在普通教室里接受教育，而是能否在普通教室里接受高质量的教育。讨论的焦点在于：采用单一的普通教室安置形式还是保留"瀑布式特殊教育服务体系"。西方多数研究认为普通学校设置资源教室的效果优于隔离式特殊学校(班)和全日制的普通班。然而，这些研究发现并未对实践产生足够的影响，西方各国传统的隔离式特殊教育学校体系已经崩溃，融合教育，即单一地通过普通教室教育残疾儿童，似乎逐步成为各国特殊教育的主要发展模式。

融合教育理念产生于西方特定的政治、经济与文化土壤，与其说是一个准确的教育学术语，不如说是人们的一种美好的教育理想与价值追求。在理想与现实之间的冲突是难以避免的，如何缓解与消除冲突，最大限度地追求这种理想，是摆在全世界人们面前的难题。该文为我们解决这道难题提出了比较清晰的提示：在观念上、原则上支持融合教育的理想，在实际教学实践中应当结合具体国家的国情和教育现状，实事求是地来实施，兼顾每一位学生的教育需求。我国随班就读属于融合教育的一种形式，是在我国经济、文化教育相对落后情况下的产物，"以特殊学校为骨干、大量附设班与随班就读为主体的特殊教育发展格局"的随班就读模式是对实践经验的总结与国际融合教育发展趋势的参考下做出的探索与政策宣示。随班就读无疑使得我国许多学龄期残疾儿童与普通儿童一样享受到公平的教育机会，但他们接受的教育质量如何，在学习和社交方面有何影响，普通学生是否也受到影响，具体表现在哪些方面，普通教师与特殊教育教师在观念与教学上有何变化，这些问题值得我国学者进一步研究。在世界各国都在对特殊学校、资源教室、完全融合教育等模式进行重新思考以求为特殊儿童提供更高质量教育之时,我国特殊教育也发展到由追求数量向质量转化的时期。在我国现有文化背景下,特殊学校(班)、资源教室或随班就读究竟哪一个更能促进残疾儿童发展,还需要更多的基于我国社会文化特点的、规范的实证与比较研究。这些方面的研究恰恰是确立我国特殊教育发展模式的基本依据。特殊教育模式是否有效取决于该文探讨的几个关键因素,即是否能够促进残疾儿童在学业进步与社会技能两个方面的有效发展,以及改变相关人士的态度与信念,形成平等、共享、多元的文化氛围。因此,应该从这几个方面进行实证研究,判定何种模式更适合我国特殊儿童的教育需求,探索我国特殊教育模式发展的方向与规律,而不是像西方一样,在实证研究结果并不乐观的情况下,大力倡导激进的融合教育模式。

选文正文

融合教育运动引起了人们对在普通教室教育残疾学生的重视。美国教育部1996年的一份数据显示,接近73%的残疾学生在普通教室和资源教室接受指导,95%的残疾学生被安置在普通学校。最近的IDEA也包含一些条文规定,鼓励将残疾学生安置在融合环境中。

融合教育旨在满足所有学习者的需求、尊重彼此差异并互相学习,并在此基础上构建学校及其他社会机构(Salend,1998)。融合学校试图为所有的学生提供教育,使他们在社区学校的普通教室平等接受高质量的教育。融合教育运动关注的是残疾个体,追求的哲学理念却在于改变对所有学生的教育(Ferguson,1996)。

尽管将残疾学生安置在普通教室接受教育的理念早已有之,它对于学生及其教师的影响仍存在争议,有待进一步研究。本文通对若干关于融合教育及其对残疾学生、普通学生、普通教师和特殊教师的影响的文献进行综述回顾,并审视他们的观点。尽管融合教育对学生的家庭同样存在重大影响,但该议题不在本文讨论范围内。

一、对残疾学生的影响

(一)学业进步

许多研究者都研究过融合对残疾学生学习成绩的影响。作为全国融合教育研究一部分的学区报告表明,将残疾学生安置在融合教育环境下,可以改善他们的学习,包括改善他们在标准化测试中的表现、个别化教育计划目标的掌握程度、成绩、应对任务的能力以及学习动机(国家教育重构与融合中心,1995)。这些学区报告还表明融合环境下的安置使得残疾学生未完成的任务越来越少,与同龄人的互动更积极,对学校及学习的态度有所改善。

沃尔德伦和麦克洛斯基(Waldron & McLeskey,1998)对71名在融合环境接受教育的有学习障碍的小学生以及 73 名接受资源教室服务的学习障碍小学生在阅读与数学成绩方面进行比较,结果表明,尽管融合环境下的学生比资源教室的学生在阅读方面有显著提高,他们在数学方面的进步没有显著差异。此外,与在资源教室学习的轻微学习障碍学生相比,在融合环境中的轻度学习障碍学生在阅读上的进步速度与他们同龄的普通学生相当。但是比较在两种环境下的重度学习障碍学生,发现他们在阅读与数学方面的进步没有显著差异。

巴勒杰和戴利(Banerji & Dailey,1995)使用质和量的研究方法对 13 名学习障碍小学生及 17 名成绩中等的同班同学进行比较,研究融合教育对他们学习技能的影响。在他们接受融合教育达 3 个月后,对他们在阅读和数学方面的学习表现进行测量。结果表明两组进步相似。

贝克和齐格蒙德(Baker & Zigmond,1995)对 5 例个案展开研究,以深入探讨融合安置对学习障碍学生的影响。这些个案位于 5 个不同州的小学,包括一所城市学校、两所郊区学校和两所乡村学校。每所学校都是运用自己的模式进行融合教育,在诸如领导力、学校政策的动机、参与的教职员工的选择、学习障碍儿童在普通教室的分布、特殊服务的提供等方面都存在差异。他们发现,虽然融合教育为学生提供良好的普通教育资源的机会,这些残疾学生并没有得到特殊设计的指导以满足他们的学习需求。

全国纵向变化研究(NLTS)的一部分调查收集了 8000 多名残疾学生的数据,这些学生从 7 年级到 12 年级,年龄从 13 岁到 21 岁。该研究也对进入融合环境、接受融合教育对残疾学生的影响做了描述。数据表明许多残疾的初中学生,特别是在 9 年级和 10 年级,遭遇失败的比率很高(如成绩下滑)。但数据同样表明,残疾初中学生,特别是肢体残障的,如果他们参与普通课堂的课程越多,他们就越可以:(1) 参与高中课程;(2) 获得工作,赚取更高的薪水;(3) 独立生活;(4) 融入社区生活;(5) 结婚或订婚。当然这些发现存在多方面的解释,也许有可能残疾学生参与越多的普通课程,他们的社交和学术技能就越多,这些技能,而不是在融合课堂中的经验,有可能帮助他们今后离开学校取得成功。

马斯顿(Marston,1996)使用基于课程的评价模式对融合教育下以及其他教育模式下的残疾学生的学业进步进行比较。结果表明在综合的服务模式(融合与特殊结合)下残疾学生的阅读表现比单一模式(融合或特殊)下有更显著的提高。

曼斯特和塞美尔(Manset & Semmel,1997)对 11 篇有关学习成绩结果的不同安置模式的文献进行综述,总结出 8 种模式。这些模式采用学校范围的干预措施以在普通教室教育轻度残疾学生。他们得出结论:尽管证据表明融合教育对部分轻度残疾学生而言是一种提供服务的有效手段,但证据也清楚地表明目前并不存在一种优于传统特殊教育服务模式的融合教育。相似的情况还有,齐格蒙德(1995)在对3个不同的融合教育项目结果比较回顾后报告说在这3个项目中,接近50%的残疾学生没能够表现出学习成绩的提高。

还有一些研究对重新回到普通教室的残疾学生的学习表现进行分析。希恩、鲍尔-史密斯、古德和贝克(Shinn,Powell-Smith,Good & Baker,1997)使用基于课程的测量方式对重新回到普通教室接受为期12周阅读指导的残疾学生进行实验,观测他们在阅读方面的成就与进步。富克斯和费恩斯特伦(Fuchs & Fernstrom,1993)进行了一项相似的实验,实验组是重新回到普通教室接受为期5个月学习的残疾学生,控制组是参加资源教室的学生,比较实验前后各组的数学分数。结果表明实验组与控制组相比表现出更多的成绩增长,达到了一个与正常的低成就同学水平相当的程度。

卡尔森和帕歇尔(Carlson & Parshall)引用密歇根州立教育署1989年至1993年的数据并对教师及顾问进行采访,对51624名重返普通教室的残疾学生的学习适应情况进行调查,发现:(1)大部分残疾学生取得了好成绩;(2)11%的残疾学生需要继续进行特殊教育服务;(3)4%的残疾学生不能适应普通教室环境而返回特殊教育环境。

(二)社会技能发展

除了学习成绩方面的影响,还有许多研究者研究在融合环境下接受教育的残疾学生的非教育的、社交的和自我概念方面的表现。埃文斯、索尔兹伯里、帕罗巴罗和霍洛伍德(Evans,Salisbury,Palombaro & Hollowood,1992)使用课堂观察、社会测量分析和社会能力评定的方式对8名重度残疾学生和8名随机抽取的普通学生在同龄人互动和社会认可方面进行研究,这些学生一起在普通小学教室接受教育。数据表明,两组间的互动更多地是由普通学生发起的,虽然互动包括玩耍、聊天和亲密的肢体接触,但这些互动在本质上是需要辅助的。观察结果还表明虽然随着学龄的增长,组间互动在减少,但这些互动越来越自然。社会测量方面的数据表明一些残疾学生非常受欢迎,而一些残疾学生则刚好相反。结果还表明残疾学生的被接受程度与他们的社交能力或发起、接受互动的频率都不相关,研究者推论:与同龄普通学生相比,对重度残疾学生的评价可能是仁者见仁,智者见智。

弗里克塞尔和肯尼迪(Fryxell & Kennedy,1995)采取控制组后测设计通过配对比较9名在普通教室接受教育的重度残疾学生和9名在隔离的特殊教室接受教育的重度残疾学生的社会关系。这两组在性别、年龄、残疾类型、社交及沟通能力水平及在他们目前学校就读的时间等方面匹配。在使用一种教育量化评定等级指标收集数据进行分析的基础上,研究者认为两种教育项目在教室、系统性指导、课堂管理、跨学科服务的提供以及家校合作方面是相同的;两种项目的差异仅体现在普通课堂教育的参与上。结果显示在普通教育课堂的重度残疾学生有更多的社会接触和更丰富的包含同龄普通学生的人际关系网络,与在隔离的特殊教室的同龄人相比,他们接受到了更多的社会支持。

肯尼迪、舒朗(Shukla)和弗里克塞尔(1997)采用相似的研究设计和程序,比较融合课堂和特殊教室这两种教育安置对残疾中学生(n=8)社会关系的影响。研究结果表明在融合课堂的残疾学生与普通学生有更多的互动和社会接触,他们接受和提供更高水平的社会支持举动、有更大的人际网络,该网络主要包括同班的普通学生、与普通学生能建立更持久的社会关系。

沃恩、埃尔鲍姆(Elbaum)和舒姆(Schumm,1996)评价融合安置对16名学习障碍学生、27名低成就学生及21名高成就学生的社会功能的影响。实验分别对三组学生进行学年前和学年后评价,社会功能测量包括同龄人喜欢程度评定、自我概念、孤独感及社会疏离感。研究结果发现:(1)随着时间的推移,所有三组学生的同龄人对他们的喜欢程度在下降;(2)高成就学生的同龄人接受程度高于其他两组学生;(3)三组学生在自我概念的相关变量如外表、友谊及自我价值上的得分相似;(4)学习障碍学生随着年龄增长,其学习方面的自我概念分数逐渐降低;(5)与其他两组学生相比,学习障碍学生与其他学生(包含三组学生)建立更多的友谊关系;(6)三组学生对孤独感的评价相似。从对普通教师和特殊教师的访谈中得知,对学习障碍学生的融合安置可以改善他们的自我概念。

巴勒杰和戴利(1995)研究了融合安置对13名学习障碍的小学生及17名他们的普通同学的情感表现的影响。情感表现指标包括对学校的态度、动机和自我概念。他们研究发现这两组学生在情感表现方面没有明显的差异。对教师、家长的调查表明学习障碍学生改善了他们的自尊和动机水平,他们的表现与他们的同班普通学生相似。

塞尔和凯里(Sale & Carey,1995)使用一种正面和负面的同龄人提名策略评估一所融合小学就读的残疾学生的社会地位。这所小学的学生主要以上层社会背景的白人学生为主,目前有确认的残疾学生37名,疑似残疾学生29名。除了少量情绪障碍、感觉障碍和肢体障碍学生外,大部分学生属于学习障碍。实验方法是在访谈中要求学生指出班级里他们最喜欢的三名学生和最不喜欢的三名学生,同时说明理由。研究发现与他们的同龄人相比,这些残疾和疑似残疾的学生更多地被认为是不喜欢的学生。疑似残疾的学生比残疾学生获得更多的、负面的评价。

罗伯特和扎布瑞克(Roberts & Zubrick,1992)使用相关设计比较了97名全日制或半日制在融合环境下的轻度残疾小学生以及97名同班普通同学的社会地位。收集的数据包括评价同龄人接纳程度、社会地位以及由他们的同学评定的两组学生的侵犯性举动。研究发现尽管对两组学生侵犯性行为的评定相当,轻度残疾学生得到比他们的普通同学更少的接纳和更多的拒绝。结果同样表明对残疾学生的社会接纳和拒绝看起来与他们同龄人对他们侵犯性行为的感知有关,而他们对普通同学的社会接纳和拒绝倾向与普通同学对他们的学习表现的感知有关。

贝尔、克莱弗(Clever)和普罗克特(Proctor,1991)研究了课堂安置对 52 名在融合课堂的 3 年级学习障碍学生、163 名在融合课堂的 3 年级普通学生以及 124 名没有在融合课堂接受教育的 3 年级普通学生的自我感知方面的影响。实验要求三组学生完成自我感知量表(SPP;Renick & Harter,1989),还设计了一份自我评价等级程度表用以测量总体自我价值、学术能力和举止行为。研究发现,学习障碍学生与他们在融合课堂的同龄普通同学相比,在这三方面都有显著较低的自我感知。

尽管以上列举的研究陈述了融合环境对残疾学生社会发展的影响,这些研究并没有关注那些为了提高融合环境下残疾学生的社会交往和接纳程度而设计的干预措施的有效性。认识到有效性研究的必要,霍恩、奥尔韦尔(Alwell)、法瑞-戴维斯(Farron-Davis)和考茨(1996)使用一种多元基准设计实验对综合干预策略的效果进行评价,这些策略帮助 3 名分别患有感知觉、肢体和认知障碍的小学生与他们的普通课堂上的同学进行社会交往。干预策略包括:(1) 为普通学生提供与残疾学生交流的方法;(2) 通过互动活动、伙伴合作激发社会交往;(3) 解读残疾学生的举止表现。结果表明这综合干预措施增进了他们之间的互动,减少了教师的辅助工作。研究者还发现干预措施促使更多残疾学生主动发起社会互动。后续对 9 名普通学生及 3 名参与实验的普通教师进行访谈发现,这些学生认为他们是这些残疾学生的朋友,受访者都认为这些干预措施有助于发展两组学生间的友谊。

(三) 对安置的态度

研究者开展了一些研究用以评价融合教育项目对残疾学生的影响,这些研究通过调查和访谈学生,了解他们喜欢的服务方式以及他们在普通课堂和特殊课堂环境中的经历。詹金斯和海嫩(Jenkins & Heinen,1989)对 101 名 2 年级、4 年级和 5 年级的在特殊教育环境下的学生以及 236 名在治疗环境下的学生进行访谈,研究关注他们喜欢的接受特殊指导的地点。这些学生在 15 所学校接受教育,这些学校提供一种抽出的、在课堂上的、完整的特殊指导模式。尽管大部分学生指出他们更喜欢接受普通教师的额外辅助,但结果同时表明学生普遍喜欢他们目前所接受的特殊教育方式。此外研究者还发现年龄上的差异,即较大的学生更喜欢抽出的方式,部分原因在于他们认为在抽出的教育方式中不会像在融合教育环境下那样令人尴尬。

培迪尼德和齐格蒙德(Padeliadu & Zigmond,1996)对 150 名学习障碍小学生进行结构化访谈以研究他们对特殊教育安置的观点。结果显示这些学生觉得特殊教育环境是更有帮助、更舒适和安静的学习环境,他们可以在这种环境中接受他们需要的学习方面的支持和额外帮助。但同时学生也表达了他们由于脱离普通教育课堂而失去了一些学习和娱乐活动的担忧。

里德(Reid)和巴顿(1995)使用访谈和叙述方式对6名6年级和7年级的学习障碍学生的个人学校生活经历进行描述。分析揭示了许多问题,如由于在特殊课堂学习而被同伴孤立继而产生愤怒和挫败感、被人身攻击、取绰号、被教师同学嘲笑、被误解、背叛、不被欣赏以及被教师、同学和家人虐待等。奥尔宾格(Albinger,1995)在一项相似的研究中分析了5名接受资源教室服务的学习障碍小学生的开放性访谈结果。学生的反应表明虽然他们喜欢在资源教室接受个性化帮助,但他们认为离开普通课堂到资源教室学习是令人难堪的,因为他们要编造理由向他们的同学解释自己为什么要离开教室。这些学生还告诉研究者,他们被取绰号,当在资源教室的时候,他们还担心要完成普通课堂上的作业。

古特曼(Guterman,1995)采用非结构化的个别和集体访谈对9名在独立特殊教室接受教育的学习障碍高中学生的感知和经历进行研究。学生最初在特殊教室接受教育,他们认为这种安置方式使他们担忧自己的社会地位,由于受到伙伴的歧视及个人缺陷而没有朋友。他们同时认为在特殊课堂接受的学习指导是低水平的、与他们的生活没有半点关联、重复、没有挑战性也没有效果。他们还表达了对融合教育的负面态度,这是由于他们以前在普通教育环境下有过不好的经历,如与教师发生冲突,因为教师没能改进指导方式以满足这些学生的特别学习需求。他们还认为融合教育不现实,原因在于他们认为让普通教师为了满足他们的特别学习需求而改进教学不太合理,而这些改进教学的措施会使他们感到在同学面前受到侮辱。

(四) 小结

总的看来,上述研究揭示了融合环境的安置方式对学习、社交表现以及对残疾学生安置方式的态度这几个方面的影响是不同的。研究表明融合环境提高了残疾学生的学习成绩,包括提高标准化测验分数、阅读表现、对个别化教育计划目标的掌握程度、成绩、应对任务的举动、学习动机以及更成功地向成人过渡。但是,还有一些研究指出在融合环境下接受教育的残疾学生没有接受特别设计的教学以满足他们的教育需求。此外,一些研究在比较了为残疾学生提供的不同教育服务模式后指出,虽然融合教育对于满足一部分轻度残疾学生的学习需求来说是一种有效的服务模式,但对于另外一些轻度残疾学生来说,当他们在传统的特殊教育模式(如抽出的资源教室)下接受指导,他们的学习表现会更好。

一些研究使用了观察法和社会测量技术以分析重度残疾学生与他们的同班普通学生之间的社会交往模式。虽然一些研究发现在融合环境下的重度残疾学生与他人的互动更频繁,接受和提供的社会支持水平增加,与他们的普通同学能建立更持久和丰富的友谊,同时也指出这些互动本质上是需要辅助的,并且随着学龄的增长趋于减少。

一些研究对残疾学生进行调查和访谈,了解他们喜欢的服务方式以及他们在普通课堂和特殊课堂上的经历,研究融合教育对他们的影响。尽管研究结果指出一些小学生认为他们在特殊课堂上接受的个性化服务有助于他们的学业,他们同时也担心由于脱离普通教育课堂而失去了一些学习和娱乐活动。残疾小学生认为离开普通教室去接受特殊服务是令人尴尬的,导致他们被同学取绰号和嘲笑。对残疾中学生的访谈中发现,他们在普通教育和特殊教育过程中都有不好的经历。在普通教室,教师不能改进指导方式以满足他们的需求,他们担心特殊安置会让他们受到同伴的侮辱。在特殊教室,对他们的学习指导是低水平的、与他们的生活没有半点关联、重复、没有挑战性也没有效果,他们对自己的社会地位感到担忧,害怕失去朋友,感觉被侮辱。

二、对普通学生的影响

(一)学业进步

考虑融合教育有效性的一个重要因素在于研究融合对普通学生学习和社会表现的影响。霍洛伍德、索尔兹伯里、瑞福斯和帕罗巴洛(Hollowood, Salisbury, Rainforth & Palombaro, 1994)调查了融合环境安置对普通学生得到的教学时间和教师关注的影响。研究者对6名在包含重度残疾学生的融合课堂接受教育的普通学生以及6名在非融合课堂接受教育的普通学生进行观察,收集对他们的实际分配的教学时间数据并进行比较。结果显示安置方式对教学时间没有显著影响。他们同时发现在这两种环境下,教师的教学活动被干扰的情况相似。

夏普、约克和奈特(Sharpe, York & Knight, 1994)使用前后测研究设计方法分析在融合教室接受教育对普通小学生学习表现的影响。实验组为35名普通学生,他们在包含2名严重残疾学生的融合课堂上接受教育,对比组为处于非融合环境的同龄普通学生。研究者对两组的学习表现进行比较。结果表明在诸如科学研究学会评价调查表(Science Research Association, 1975)和米夫林阅读测试(Houghton Mifflin Reading Series, 1982)中,学生的阅读、数学、拼写成绩以及他们的努力程度方面,这两组没有显著差异。

亨特、斯托布、奥尔韦尔和戈茨(Hunt, Staub, Alwell & Goetz, 1994)使用前后测设计的方法,实验组是与残疾同学一起参加合作学习小组的10名普通学生,控制组为10名在不包含残疾学生的合作学习小组中的普通学生,实验比较了两组对预定数学目标的实现程度。研究结果表明两组学生对预定数学目标的掌握程度上都有显著增长,两组表现都很好。

森特-劳伦特(Saint-Laurent, 1998)等研究了融合安置对3年级普通学生学习的影响。实验比较了209名在融合环境下接受教育的普通学生与232名在不包括残疾学生的传统教育环境下的普通学生,研究他们在阅读、数学和写作方面的表现。结果显示,融合环境下的普通学生在阅读和数学方面的表现明显强于在传统教育环境下的普通学生。但两组在写作方面的表明没有显著差异。

(二)社会技能发展

对融合环境下的普通学生的社会影响的研究集中在分析融合环境下的小学、中学和高中普通学生的观点和经历。比克伦、科里根和奎克(Biklen,Corrigan & Quick,1989)采访了年龄从9到11岁不等的小学普通学生,了解他们在融合环境中的经历。学生的反应表明融合教育有助于他们理解个体在身体外貌和举止上存在差异,认识到他们的行为与残疾学生的感受有关联,感受他们的残疾同伴的价值。

斯托布、施瓦茨、加卢奇和佩克(Staub,Schwartz,Gallucci & Peck,1994)使用课堂观察、摄影录音和半结构化访谈,研究在同一个普通教育课堂接受教育的4名普通小学生和4名有轻度和严重残疾的学生之间的关系。研究结果发现他们的友谊满足了一些普通学生的个体需求,如自身得到重视、意识到自身的力量、有同伴的陪伴、安全感和舒适感以及与家庭的价值观一致等。但是,尽管这4对友谊都是在非指导性活动中发起的,这种友谊关系使3名普通学生主动承担起了护理残疾学生的工作,得到教师和助教的鼓励。

卡珀和皮克特(Capper & Pickett,1994)对46名就读于传统学校的学生和46名就读融合学校的学生进行了集体访谈,比较传统学校和融合学校对中学生有关多元和融合观点的影响。他们报告说融合学校对个体差异表现出更多的接纳、理解和宽容。相反,就读于非融合学校的学生对多元化和残疾学生的看法更保守和负面。

约克等(York,et al.,1992)对181名普通中学生进行调查,研究他们与重度残疾学生一道在融合课堂学习的反应。研究结果表明这些学生:(1)绝大多数人认为融合教育不错;(2)相信残疾学生在融合课堂学习可以取得良好的效果,特别是他们的社交和互动能力;(3)形成有关残疾同学的更现实、更正面的看法。

亨德里克森等(Hendrickson,et al.,1996)对1137名初中和高中普通学生进行调查,研究他们与同龄重度残疾学生的友谊。结果显示普通学生愿意与他们的同龄残疾学生做朋友,相信融合环境有利于他们友谊的发展。他们同时建议了一些如何促进友谊发展的策略,如安排合作团体、与残疾学生信息共享和开展互动的社交活动等。

默里-西格特(Murray-Seegert,1989)使用人种志研究方法分析高中普通学生与他们同龄的残疾学生的社会关系,该研究持续了一年。普通学生表示在融合环境下的经历对他们很有帮助,如他们向残疾同学学习,通过帮助他人体会到积极的感受,能够更好地对待他们身边的残疾人士。

赫尔姆斯泰特、佩克和吉格瑞科（Helmstetter，Peck & Giangreco，1994）对166名高中普通学生进行调查，深入研究他们对与中度和重度残疾学生之间关系的看法。结果显示，他们认为与残疾学生的友谊对他们有帮助，如促进了个人的成长、接纳他人以及了解人类多样性。一些普通学生还认为中度和重度同龄残疾学生存在沟通困难，这是阻碍他们之间友谊的障碍。

佩克、唐纳森和普佐利（Peck，Donaldson & Pezzoli，1990）对21名高中普通学生开展了半结构化访谈，关注他们与同班中度和重度残疾学生的社交关系，结果显示，虽然普通学生感觉他们在自我概念、社会认知、接纳他人、个人信念的进步以及对人类多样性的容忍等方面都有所改善，但同时中度和重度残疾学生所表现出的社交技能的缺乏使他们感到不舒服。一些学生还认为他们最初的对残疾学生的身体外貌和举止特征（如咳嗽和流涎）的不舒服感觉随着年级的增长而减少。

（三）小结

以上各研究揭示了融合课堂的安置方式没有对普通学生的学习表现造成干扰，体现在以下几个方面：分配的教学时间的数量，计划活动的被干扰程度，学生的成就测试分数，以及报告卡得分。研究结果还指出，普通学生对融合教育有着正面看法，相信融合教育对他们有帮助，如对个体差异更加接纳、理解和宽容，更好地意识和感知他人的需求，更多与残疾学生做朋友，更好地与他们身边的残疾人士相处。他们对融合教育的担忧体现在一些残疾学生的沟通困难以及他们的身体和举止特征。

三、对教师的影响

（一）对融合教育的态度

由于教师的合作是成功实施融合教育的关键，一些研究对普通教师和特殊教师对融合教育的态度进行了深入分析。斯克鲁格斯和马斯特皮瑞（Scruggs & Mastropieri，1996）使用研究分析程序总结了28份对普通教师关于融合的看法的调查结果。研究发现虽然2/3的普通教师支持在普通课堂安置残疾学生，但只有1/3或更少的教师报告说他们有时间、专业知识、训练或者资源以便有效地实施融合教育。

一些研究通过调查教师对关于以融合为基本准则的文件的同意程度，以分析教师对在普通教育环境教育残疾学生的态度。科茨（Coates，1989）调查了88名从幼儿园到12年级的普通教育教师，了解他们对"正常化教育发起"活动（Regular Education Initiative）以及使用抽出的项目为残疾学生服务的看法。结果表明，普通教师不仅相信资源教室的有效性，同时也支持资源教室扩展功能为那些没有确定需要接受特殊教育的学生服务。这些教师同时对即使在辅助教师的训练和帮助下（如课程顾问、特殊教育顾问）轻度残疾学生是否可以在普通教室接受教育表示怀疑。在一个相关的研究中,塞梅尔、阿伯内西、布特拉和尼萨(Semmel, Abernathy, Butera & Lesar, 1991)调查了 311 名普通教师和 70 名特殊教师,研究他们对正常化教育发起活动的观点和看法。结果显示大部分受访教师对特殊教育服务的灵活系统表示满意,他们相信轻度残疾学生的全日制融合教育安置方式对他们并没有社交方面或学习方面的利益。虽然大部分教师感觉到将特殊教育资源分配到普通教室可以减轻他们的指导负担,从而让所有的学生受益,但他们对这些资源持保留心态。

斯达克、波德尔和莱曼(Soodak, Podell & Lehman, 1998)调查了 134 名(71.3%)小学普通教师、34 名(18.1%)初中普通教师及 20 名(10.6%)高中普通教师,了解他们对融合教育的情感反应以及有关因素。其中 67 名(35.6%)受访教师在融合课堂工作。研究结果表明教师对融合的反应是复杂的,受诸多因素影响。研究者区分了两种情感反应:热情接纳和忧虑平静。此外,研究发现这两种反应都与教师的性格、学生残疾类型和学校条件有关。研究发现持低教学效能感的教师(如教师对于他们教学效果的信念),缺乏教学经验的教师,或者很少使用差异教学实践和合作教学的教师,对融合教育的接纳程度更低。相反有些教师报告说他们对有认知障碍的学生(如智力落后)的融合教育感到压力,对学习障碍或行为障碍学生的融合教育不抱希望,他们更愿意接纳肢体障碍或听力损失的学生。有经验的教师对学习障碍学生的接纳度更低。但是,在忧虑平静的这一维度上,与其他残疾类型相比,教师对学习困难或行为困难学生的融合教育的担忧少些。教师个人效能感(如教师对自身效能的信念)与对融合的担忧相关,教师之间的合作可以减轻他们的担忧。此外,班级规模越大,教师对融合的担忧越高。

(二) 对实施的关注

除了研究教师对融合教育的不同原则所持的态度外,研究者同样调查了工作在融合环境下的教师的经历和看法。詹格雷科、丹尼斯、克洛宁格、埃德尔曼和斯伽特曼(Giangreco, Dennis, Cloninger, Edelman & Schattman, 1993)采取半结构化访谈的方法调查了 19 名从幼儿园到 9 年级的普通教师的经历,他们分别都有一个重度残疾学生。访谈结束后有一份调查问卷,要求教师评价自己对融合教育态度的改变程度,此外还要求他们评定自己将来教授重度残疾学生的意愿程度。虽然有 2 名教师最初对融合的负面看法没有改变,大部分教师(17/19)由于他们班级上的残疾学生导致态度有了积极的转变。访谈结果表明教师态度的转变,是由于他们对残疾学生的教学方式的改进,并使全班学生都受益。改变还包括更愿意和残疾学生接触,增进了教授残疾学生的专业知识,以及态度的转变。他们还指出融合教育给他们个人另外的好处,如更强地意识到教师作为学生楷模的效果,对自身教学能力的自信感和自豪感,乐于改变,更愿意改进教学技术以促进全体学生的学习。

唐宁、艾兴格和威廉斯（Downing,Eichinger & Williams,1997）对 9 名普通教师、9 名特殊教师和 9 名校长进行结构化访谈,关注对重度残疾小学生融合教育项目的经历和观点。受访者在 3 种不同类型教育项目中工作：全部融合、部分融合和没有对重度残疾小学生进行融合教育的经历。虽然 3 组都对融合教育持积极态度,认为融合教育很好地使用地区资源,但是他们认为普通教师、特殊教师及家长的负面态度以及有限的资金来源阻碍了融合教育的实施。普通教师认为为了满足残疾学生的需求,需要教师额外的时间和精力,从而使得他们对普通学生的注意受到限制。特殊教师的担忧体现在他们意识到他们失去了课堂的管理权,他们的工作失去作用。

维拉、萨斯特、迈尔斯和内文（Villa,Thousand,Myers & Nevin,1996）对 578 名普通教师、102 名在融合教育项目中工作的特殊教师及管理者进行调查,研究他们对所有学生,特别是中度和重度残疾学生融合教育的看法。结果显示,与抽出的项目相比,受访者更喜欢合作教学的融合项目。他们认为以下变量是有效检测教师关于融合教育的积极态度的晴雨表：合作研讨,合作教育,对教育结果的共同责任,服务前和服务中的训练水平以及行政支持。

约克等（1992）对工作在融合中学环境下的 11 名普通教师和 7 名特殊教师进行调查,关注在融合教室对重度残疾学生进行教育的许多方面。2 组受访者都指出融合产生了积极的效果。对普通教师而言,他们认识了新同事,更接纳和更有能力对待班上的残疾学生,更好地满足学校处境不利的普通学生的需求。对特殊教师而言,他们有了更强的归属感,对普通教育体系有了进一步了解,在融合课堂教授普通学生以及观察到重度残疾学生的进步使他们更享受工作。他们都认为教师间高水平的沟通是融合教育实施成功的重要因素。

约克和特迪德（Tundidor,1995）对 191 名在中西部城市社区的小学和中学工作的普通教师、特殊教师、管理者和支持教员进行群体访谈,研究融合教育实施的有关事项和障碍。参与者指出的事项和障碍包括普通教职员工和普通学生持有的负面态度,对普通学生的教育可能会受到影响的担忧,普通教师难以满足残疾学生严重的健康和医疗需求,难以应对他们的举止表现的挑战。此外还认为缺乏支持个性化和指导性需求的资金、普通课程提出的刻板要求以及教师间有限的合作沟通时间等都是融合的障碍。

沃茨、沃瑞、斯奈德、考德威尔和索尔兹伯里（Werts,Wolery,Snyder,Caldwell & Salisbury,1996）开展的一项调查研究 1430 名小学教师对融合学校的资源和支持的需求和可用性的意见。受访者被分为三组：没有教授残疾学生的教师、教授轻度残疾学生的教师和教授更严重残疾学生的教师,所有的受访者都表示他们有相同水平的资源和支持可供使用。教授残疾学生的两组教师受访者指出他们现有的资源不能满足需求,更多教授重度残疾学生的教师认为他们对资源和支持的需求比教授轻度残疾学生的教师高。

(三)合作教学

研究还对在融合项目中作为合作教学团队的普通教师和特殊教师进行调查,分析他们的经历。明克、贝尔、迪默和格里芬(Minke,Bear,Deemer & Griffin,1996)对318名教授轻度障碍学生的教师(包括185名在传统课堂的普通教师,64名融合课堂的特殊教师,69名融合课堂的普通教师)进行了调查。他们发现与传统课堂的普通教师相比,在融合环境合作教学的普通教师和特殊教师有更高水平的个人效能感和更高的对自身能力的评价以及对残疾学生的教学满足感。

菲利普斯、萨波纳和卢比克(Phillips,Sapona & Lubic,1995)对6名普通教师和4名特殊教师进行访谈,了解他们作为合作团队在普通小学教授轻度残疾和重度残疾学生的经历。教师指出,虽然他们最初感到忧虑,但后来许多合作团队逐渐形成这样一种集体:他们参与制订计划以及课程设计、互相学习、相互信任、共同解决问题。但有两组合作团队没能成功,原因在于相互之间缺乏沟通,不能很好解决教学风格差异问题,不能让特殊教师融入普通教室。受访者还指出融合对于他们合作教学的影响。好处是有教授不同程度学习障碍学生的机会,孤独感会更少,观察到普通学生和残疾学生的积极变化。特殊教师担忧他们在普通教室处于从属地位,担心融合教育会导致对特殊需要学生提供的特别化服务和指导的减少。

沃尔特-托马斯(Walther-Thomas,1997)使用班级观察、半结构化访谈、学校相关文件解读和正式接触的方法研究18个小学和7个中学合作教学团体。由于该项研究持续了3年时间而有人事变动,25组团队由119名教师和24名管理者组成,他们在融合课堂为轻度和重度残疾学生提供服务。访谈者报告说他们的普通学生和残疾学生在社交和学习方面都获益,但是参与者同时指出合作教学团队对教师的利与弊。有利之处在于更高的职业满足感,与他人分享知识的机会,发掘和发展他们的职业能力,从他人那里接受个体的和职业的支持,进行地区范围的合作。遇到的问题有教师的日程计划安排、学生与教师的日程协作、获得行政支持和员工自身发展。

萨南德(Salend,1997)等对一个合作教学团队(1名普通教师和1名特殊教师)进行调查,通过分析他们每月的工作记录来研究他们的观点和经历。他们的记录表明两位成员最初的担忧在于教学空间、角色描述、教学风格和教育哲学上的差异。但是随后的工作记录表明合作教学使教学任务变得更享受和更有趣,鼓励教师尝试新的教学方法,避免了教师单独工作所带来的孤立感。

(四) 小结

总的来说,研究揭示了教师对融合教育有不同的态度和混杂的反应。教师对融合教育的反应被许多因素所影响,并且随着时间而改变。教师对融合的观念看起来与融合教育的实施、学生的特征、资金来源的可用性、指导性和辅助性的支持服务、训练、行政支持、合作时间以及交流沟通有关。

研究指出了融合教育对教师而言产生的积极的和负面的后果。对普通教师来说积极效果是能够更好地满足所有学生的需求,更强地意识到教师作为学生楷模的效果,对自身教学能力的自信感,乐于改变。普通教师的担忧体现在他人的负面态度,担心不能照顾到普通学生,普通教职员工不能解决残疾学生的严重健康和医疗需求以及行为问题,缺乏支持个性化和指导性需求的资金,普通课程提出的苛刻要求,教师间有限的合作沟通时间以及有限的可利用资金来源。

对特殊教师来说,好处是他们有了更强的归属感,对普通教育体系有了进一步了解,在融合课堂教授普通学生以及观察重度残疾学生的进步使他们更享受工作。他们的担忧体现在他们意识到失去课堂管理权、在普通教室的从属地位以及他们担心融合教育会减少为残疾学生提供的特别化服务。

参与合作教学安排的普通教师和特殊教师指出他们的参与丰富了他们的职业生涯和个人生活。虽然合作教学团队在开始阶段经历了一些担忧,但他们认为这些指导性的安排使教学变得更享受和更有趣,鼓励教师尝试新的教学方法,避免了教师单独工作所带来的孤立感。合作教学团队面对的困难有相互之间缺乏沟通、不能很好地解决教学风格差异问题、协调教师之间的共同责任、教师的日程计划安排、学生与教师的日程协作、获得行政支持和员工自身发展。

四、讨论

在这篇综述中引用的研究指出了融合教育项目对残疾学生的学习和社交表现的影响是不一样的。尽管一些研究表明融合教育对残疾学生更多的是积极的效果,但其他研究表明一些残疾学生在传统特殊教育服务模式下取得了学习的进步。虽然这些争议的结果可能与诸多因素有关,重要的因素是融合项目的质量以及普通教育在多大程度上满足了融合项目中的残疾学生的学习和社交需求(Waldron & McLeskey,1998)。例如,富克斯和伊塞尔代克(Fox & Ysseldyke,1997)对一项没能成功实施的融合教育项目进行研究,发现原因在于不充分的训练和缺乏行政领导。普通教师没有改进他们的教学策略以满足残疾学生的需求。同样,萨南德和布鲁克斯(1987)对负责协调学区回归主流运动的教师进行了调查,发现很少有学区能运用系统的、切实可行的方法来实施融合项目。

研究指出普通学生在融合教育项目中受益。主要的好处在于更好的接纳、理解和容忍个体差异,与同班残疾学生发展有意义的友谊。但是,麦克米伦、格雷沙姆和福尼斯(MacMillan,Gresham & Forness,1996)表示与残疾学生接触本身不能导致支持的态度和增强对个体差异的接纳。他们认为是互动的本质和质量影响对残疾学生的态度。此外,他们认为当残疾学生在与普通学生接触时做出不好的举动,会导致对残疾个体不好的态度。因此,为了实施产生积极效果的融合项目,教师需要辅助残疾学生发展合适的社交和表现技能,以便使他们融入班级组织的学习和生活中(Salend,1998)。教师同样可以使用许多策略使学生了解个体差异,发展他们之间的友谊,使他们的活动变得完整(Salisbury,Gallucci,Palombaro & Peck,1995)以及指导普通学生和残疾学生怎么样与同龄人发起、接受和保持积极平等的社交互动(Elksnin & Elksnin,1995;Hunt,et al.,1996)。

普通教师和特殊教师似乎对融合教育有着混杂的反应。他们不同的反应似乎与他们实施融合教育的有效性有关,此外还有行政支持、资源和训练等。因此,教育官员可以通过参与活动显示他们对融合教育的支持。学区可以通过在所有学校和社区团体中达成共识以促进融合项目的成功实施,该共识表达了学区的展望,包括在普通教室教育残疾学生和提供指导性和实质的资源的计划、合作与沟通的时间、训练以及完成任务的支持等(Idol,1997;Janney,Snell,Beers & Raynes,1995)。例如,行政官员可以设立弹性的日程安排、为教师提供足够的合作时间、协调为学生提供的服务(Idol,1997;Walther-Thomas,1997)。行政官员联合更高级别的教育机构,同样可以提供持续的个性化训练以此为教师提供在融合环境下教育学生和在合作教学团队中工作的技能(Downing,et al.,1997;Scruggs & Mastropieri,1996)。

由于回顾的文献有限,因此对本文得出的结论的解读应当怀有谨慎的心态。首先,尽管一些研究采用的是小样本的量化研究设计,大部分研究采用的是质性研究范式,主要关注的是融合环境下的学习障碍及中度和重度残疾学生。这些局限使得难以对大部分残疾学生,尤其是残疾的中学生的融合教育情况进行总结。第二,由于研究调查中存在的相关问题,如鉴定和描述控制组与实验组的实验条件,确保学生和教师在资源上的匹配,定义融合教育的组成因素等,使得对于融合的研究受到局限。第三,受访者可能会受到自身意愿的影响而表现出被社会接纳的反应,这也许不能真实地反映出他们对于融合的态度和经历。

需要开展后续的研究、开展融合以解决上述问题。考虑到情绪障碍学生、肢体障碍和感觉障碍学生的独特需求,需要进一步研究和探讨融合对于这些学生的影响。同样,由于中学阶段的融合教育的实施也可能与学前和小学阶段的融合教育的实施不同(Thousand,Rosenberg,Bishop & Villa,1997;美国教育部,1996),有必要深入研究中学阶段的融合实践。后续的研究同样应该采用合理的质性和量性研究方法以便真实地检查融合项目的效果,还应该包含多样的措施和策略以评价融合项目中的教师和学生的一系列教学和社交成果。

融合运动对普通学生、残疾学生和他们的教师有潜在的、积极的影响。但是,对于一些在融合环境下的学生来说,这些积极的成果还没有实现,这也许会导致他们的教师对融合教育产生相应的负面反应。研究者和学区需要共同合作,制定并传播关于有效的融合实践的信息、政策和项目以解决教师和学生的需求。

(卢 茜 译)

融合教育：理想与现实之间

南希·马姆林

作者简介

南希·马姆林(Nancy Mamlin)是美国北卡罗来纳中央大学教育学院特殊教育系副教授及学习障碍项目主任。马姆林博士早年于印第安纳大学获得智力落后及情绪行为失调领域的教师资格证，并在中小学从事特殊教育教学多年；1995 年在马里兰大学获得博士学位。目前主要集中于特殊教育及融合教育教师培养与专业素养提升方面的研究。主要代表作有：《特殊教育教师培养》(*Preparing Effective Special Education Teachers*,2012)等。

选文简介、点评

融合教育一直是普通教育和特殊教育的工作者争论不休的一个话题。该研究集中在一个叫"沃特金斯"的学校之中进行。这项计划是由美国教育部为大学提供资金来完成的融合教育改革项目。该研究的目的在于阐述什么是融合教育以及融合教育在实施的过程中取得的成果和存在的问题。文章从融合教育的含义、促进融合教育的有利因素、研究方法、安置模式、研究者的角色以及数据的处理等方面来综合分析了融合教育的各种问题，尤其是对融合教育无法实现的原因进行了剖析。

研究中，作者采用了质的研究方法。作者在具体选定的环境中给融合教育做一个大致的定义和说明。然后，应用这个定义描述他们收集到的数据并进行比较，再对这个定义进行修改，作为进一步研究的基础。

作者在学校中的角色就是一名参与式观察者，主要在特殊教育教师的课堂以及学校、地区和大学举行的一些会议中进行观察。通过这种参与式观察者的视角，作者对整个以融合教育为目标的学校改革计划进行全面的描述，包括以下几个方面：改革计划的背景；沃特金斯小学的情况；改革计划在学校中提供的帮助与指导；沃特金斯小学的改革计划；特殊教育实践情况；研究成员之间的讨论核对。在进行完全面的描述之后，作者重点对沃特金斯小学的融合情况以

---

① Nancy Mamlin. Despite Best Intentions：When Inclusion Fails[J]. The Journal of Special Education, 1999, 33 (1)：36-49.

融合对学校人员的意义进行了质性的描述。最后,作者讨论了沃特金斯小学的特殊教育实践给我们的启示,认为学校隔离的文化和校长的领导能力是影响沃特金斯小学融合教育的重要因素。

选文向我们展示了融合教育实践在学校中刚开始推行时的真实图景。融合教育在理念上是道德高尚和美妙无比的,但在实际的操作过程中会受到很多因素的制约。所以我们在理解融合教育的时候,不能仅仅局限于教育领域,将其视为简单的教育概念,而应该更多地从特定的社会文化、政治经济背景来理解、分析它。融合教育不是要将某些被歧视的人群或个体吸收到现有的社会经济生活联系与框架中来,不是要使某些人尽量变得"正常",也不仅仅是要改变某些被排斥、被边缘化的人群的福利状态,融合教育远远超出残疾的范围。它本身并不是目的,它是达到目的的手段,即通过融合教育建构一个融合的社会。融合教育因此不是某个人的事情,而是与社会上所有的公民相关的事情。融合教育需要全社会以及社会中各种机构与体制进行相应的调整,包括教育机构与体制;社会中现存的与隔绝、歧视相关的价值观、政策等都需要进行相应的变革,进而创造平等与接纳的文化氛围;教育者的协作、管理者的意识与方法的改变以及专业人士的支持是融合教育成功不可缺少的要素。

从方法上看,该研究是一个单一个案的质性研究,就其本身而言,给我们提供了在特定的背景之下对特殊教育重建的丰富的、根据充分的描述。对特殊教育研究者而言启示最大的就是文章中对研究方法的详细阐述,对我们的研究工作有很大的借鉴意义。通过质性方法能够让读到此研究报告的人比较直观具体地了解到现实的情况。作者采用了多种质性研究的方法进行研究与相互印证,这就避免了单一方法所可能导致偏见的局限性。在研究中多种方法的交叉运用与结论的相互印证使得此研究比较有可信度。

然而,该研究的结果可能没有普适性,但是这样的一个个案研究的结果可以与其他情境中的研究发现相对照,通过这样的方式能够加深我们对融合教育改革中存在问题的理解。在进行融合教育的过程中,要着重对学校的文化进行重建并要转变领导者的领导方式。融合教育政策的目标与内容需要在课堂的实际教学活动中得以实现,其管理与支持则需要通过地方教育管理机构来实施。学校的实际工作者,如校长、教师、学生是融合教育项目的最基本的设计者与实施者。融合教育政策的执行应该遵循一个从下而上的渐进模式,通过学校自身小步子的进步与变化,直接向特殊儿童及其家庭服务,将宏观的教育政策转化为现实。基层的管理人员与教育工作者而非上层人员处于政策执行的中心。

选文正文

一、前言

本研究的目的就是要了解什么是融合教育,并且了解对参与学区与大学研究机构融合教育计划的人来说,融合意味着什么。我们在学校、学区和大学中使用了参与式观察和调查法。研究的结果并没有显示出特殊教育向普通教育的融合。不过,在学校中接受调查的对象仍然称他们的努力和行为是在实行"融合教育"。显然,之所以发生这种情况,是因为由于对融合教育内涵的理解和实施方面出现了偏差。从两个方面可以解释为何出现这种偏差:一是文化的隔离;二是领导的能力。

融合教育一直是普通教育和特殊教育的研究者和实践者争论不休的一个话题。目前,许多学校和学区正在推行多样化的融合教育模式(Roger,1993)。在一些情况下,学生是靠单一的行政命令从隔离进入到普通教育环境当中的;在另一些情况下,学生是循序渐进地进入普通教育环境的,这或者由教师来进行安置的移动,或者依照年级水平来进行移动。许多研究团体和专业组织大力地支持融合教育,他们提倡学生应及时而彻底地从特殊教育转移到普通教育环境中。然而,也有人主张应该予以仔细的分析后再进行选择,这些人提出融合教育安置模式只是众多安置模式中的一种。

那些热心于学校重组与改革的人主要讨论的问题是,如何为有特殊教育需要的孩子提供满意的服务。融合教育背后的一些观点看起来是非常符合学校改革的某些理念的,例如分班教学、社区学校、多元文化教育、一体化课程。然而,许多学校在努力进行改革的过程中并没有将特殊教育的问题考虑在内。由于强调要提高所有学生学习成绩,学校努力提高总体的成就水平,因而承受了更多的压力。对学生学习成绩的重视以及对高层次思维技巧的强调,这些对残疾学生而言都构成了潜在的问题(Braaten,Kauffman,Polsgrove & Nelson,1988)。总的来说,目前的改革运动的目标应该更高、更具弹性。以学习障碍为例,仅仅从学习成绩中并不能很好地预示出学生是轻度还是中度障碍。

二、融合教育成功的因素

实施一项学校改革(比如融合教育改革)也许会发生在某学校、某地区或国家的层面,也可能在所有的这些层面中同时进行。然而,这些变化中最有影响力的其实是发生在班级的层面。韦尔奇(Welch,1989)指出,我们必须将注意力放在改变教师的教学方法上面。在一项教师对普通教育改革(REI)的态度和信念的研究中,科茨、塞梅尔、阿伯内西、布特拉和莱萨(Coates,1989;Semmel,Abernathy,Butera & Lesar,1991)发现普通教育的教师似乎还没有做好融合教育的准备。在斯克鲁格斯和玛斯土匹瑞(Scruggs & Mastropieri,1996)的一个述评中也证实了这个观点。在总结之前研究的基础上,他们认为教师们是真心地赞成融合教育,但是他们觉得缺少必要的时间、技能、培训和资源去实施融合教育。

从文化内涵上看,改革难以推进的原因可以理解为学校和教师们不愿改变。萨瑞森(Sarason,1995)认为,改革的首要目标就是改变教育者的态度。韦尔奇(Welch,1989)指出了几个影响接受变化能力的相关变量,其中包括对教育的基本态度,对变革所产生的恐惧和焦虑的解决,改革的实用性,可以感知到的学校所给予的支持以及个人的付出。这些变量中没有一个是直接与学生的成长相关的,而是更多地与教师个人付出或工资有关。因此,在改革中必须重视教师的需求。福兰和迈尔斯(Fullan & Miles,1992)指出要想改革获得成功必须着眼于深层的制度文化。就像韦尔奇(Welch,1989)所指出的,为了使变革的有效性得到提高,不仅仅需要协作规划、共同决策和持续的技术帮助和支持,还需要福兰和迈尔斯所提出的对于变革更深层次的认识。我们必须认识到,变革是一个学习的过程,在这个过程中会遇到不同的问题,变革中额外的资源将是必要的,管理变革的权利必须到位,改变是系统性的并在局部贯彻实施。

相关的文献述评指出,要使融合教育成功的机会最大化必须具备很多因素。我们将在这篇文献中列出其中的三个因素:管理人员的准备、教育工作者之间的合作以及专业意见。

在融合教育系统中,校长所需要做的准备既是重要的又是艰巨的。在学校里校长肩负很多责任(Servatius, et al., 1992)。在融合学校工作的职前和在职校长需要重新确立学校管理纪律的观念,从机械式管理到艺术性管理。在这样的学校里,校长的个人观念非常重要,校长的观念决定了学校工作的方向。校长要将终身教育的理念落到实处。此外,校长还应通过构建合作的工作氛围来帮助教职员工解决工作中遇到的新事物与情况(Fullan, 1996;Servatius, et al., 1992)。因此,校长和其他行政人员是学校进行变革的关键。

融合学校能够获得成功的另一个重要因素是教师之间的合作。詹金斯和皮尔斯(Jenkins & Pious,1991)指出在一个成功的融合教育环境里,特殊教育和普通教育教员的区别会消失,而且教师对所有学生都有责任的认识也会提升。同样的观点在马姆林和哈里斯(Mamlin & Harris)发表的文章中被证实,他们的研究发现在融合教育环境中,教师们共同承担着教育所有学生的责任。安尼、斯内尔、比尔斯和雷恩斯(Anney, Snell, Beers & Raynes,1995)也指出每个人都做好准备和规划会提高融合教育成功的几率。在一个成功的融合教育环境共同工作的教师更倾向于面向学校所有的学生,而不是只面向根据特殊教育或普通教育所划分的领域的学生。

另一个促进融合教育成功的因素是所有相关人员的投入。尽管在学校中一个融合教育的环境正在形成,但更重要的是,所有教员都应该参与、有决定的权利以及在学校和学区范围内拥有强有力的行政支持。缺乏相应的支持,教育者良好的教育理念有可能会受到阻扰。因此,校长如何管理学校以及教师的付出和意愿都是融合教育在一个学校成功的关键。

在这项研究中,我调查了融合教育的实施对学校和一些班级的影响。我试着去描述校园文化以及教师对融合教育的态度。信念和态度将为成功实施融合教育发挥重要作用。我很慎重地关注了文献中提到的问题和教师对学校中发生的改变所表示出来的担忧。本人也对个人在学校角色的变化以及这些变化是如何产生的感兴趣。我觉得与融合教育有关的任何班级层面的变化都需要重点考虑。我也探寻了那些被认为可以引导我们通向成功的融合教育之路的因素是否存在。

学校、学区和大学通过运用观察法和调查法这样的质性研究方法,阐明了在这所学校里实行融合教育模式的复杂性。虽然已经有很多关于融合教育对学校和班级影响的研究,但很少有研究去调查一个刚刚开始进行融合教育的环境里的因素。这项研究提供了一些新的认识包括教师和校长面对变革应如何准备,如何开发团队之间的合作(在这个团队中存在着可以选择的安置方案),怎样从整个学校的工作人员那里寻求帮助。此外,这项研究记载了其他有助于或者阻碍融合教育计划发展的因素。

三、方法

在这个研究中我们使用了一种改进了的分析归纳法。在这种方法中,特定的目标决定了研究重点的不同。在这个案例中,我们需要知道在一个学校中刚开始实施融合教育的时候他们所理解的融合教育是什么以及在那样的环境中融合教育对参与者意味着什么。虽然质的研究是一个循环往复的过程(Miles & Huberman, 1984),但是我们还是要在具体选定的环境中给融合教育做一个大致的定义和说明。然后,应用这个定义描述他们收集到的数据并进行比较,再对这个定义进行修改,作为进一步研究的基础。个案研究中的详细描述是至关重要的,在这种类型的研究中需要有目的的取样。本研究遵循1992年波格丹和比克伦(Bogdan & Biklen)所提出的场所准入、相互作用和伦理观念的指导方针。

1985年林肯和古贝(Lincoln & Guba)指出对一个人与研究相关的偏见与价值观念进行探讨是至关重要的。尽管在做研究时很重要的一点是,应该保持价值中立,但是了解这些价值观并加以考虑也是非常有必要的。在这种情况下,根据我以往在一所学校成功的实施融合教育实践研究的经验,我认为把大多数学生集中在普通的课堂里,提供适当的支持是非常重要的。但是,我发现我以前研究的那个学校人员配置的情况是独特的,那就是在那所学校里普通教育的教师和特殊教育的教师的数量相当。因此,我认为在一个一般的学校里,他们的人员配置并没有那么特殊,这样一来融合教育可能就更为困难。然而,假如这所学校有来自大学、学区和国家教育部门的支持,我仍然认为可以作出改变以让更多的学生融入普通教育教室。至少,我认为所有的学生都接受普通教育课程并被安置在普通教室中是非常重要的。然而,我也意识到是有些学生仍然需要在普通教育课堂之外待上一天或者半天的时间。

(一)地点和参与者的选择

我们选择了一个刚刚开始发展融合教育计划的学校,因为我们希望可以捕捉到融合教育开始时的变化。沃特金斯小学属于美国濒大西洋中部的城市学校教育系统。沃特金斯小学这次参与的改革计划是由一所大学的研究者们所领导的,并与国家教育部门和地方学区合作。这一改革计划的主要目的是把特殊教育列入学校的改革进程之中,这个计划包括参与国家规定的评估和制定与国家标准接轨的课程框架。第二个目的是要使特殊教育成为整个学校文化的一部分以及解决学区特殊教育实践中长期存在的某些问题,这些问题包括高同一化、教室的隔离以及对轻度和中度障碍学生的刻板教育。正如这个项目的负责人在一个会议上强调的那样,这个提议并不是解决融合教育的具体模式,而是为了将特殊教育成为整个学校的一部分所搭建的桥梁。

沃特金斯小学的员工参与了这项研究,其中包括特殊教师、管理人员和学校的其他员工。他们是这所学校除了学生以外与这项改革计划相关的人员。参与者有沃特金斯学校的校长格雷丝·马修斯(Grace Matthews)、学校改革推进负责人丽塔·加勒特(Rita Garrett)、心理咨询师玛丽·鲍威尔(Mary Powell)和三个主动参与该项目的特殊教育教师。这三位教师分别是苏珊·史密丝(Susan Smith)、克拉拉·迈尔斯(Clara Miles)和露丝·约翰逊(Ruth Johnson)。由于普通教师对轻度至中度障碍孩子的教育了解较少,所以这项研究没有普通教育的教师参加。尽管我们希望在快速过去的一年中普通教师应会对有障碍的孩子有更多了解,但是由于学校缺乏这方面的努力,改变并没有发生。两个班级中有严重障碍的学生(智力落后和自闭症)不是这次改革计划的一部分,因此他们也不会是此研究的一部分。

心理咨询师玛丽·鲍威尔在教室内外直接与教师合作,共同解决问题。她是今年新来的教师,曾在一所大学接受培训从而成为一名心理咨询师(Rosenfield, 1992)。这项计划的负责人对改革的努力方向进行调节并充当起联络大学研究人员、学区与其他专业发展计划的角色。人员与改组工作是协调一致的。同时,此项研究加强了与大学相关人员、学区以及其他专业的发展成果的联系。以前的咨询师,由于经费削减而失去原来的工作,现在聘用他们为教育改革的促进人员。我们提供给每个校长一个精明强干的候选人名单。然而,沃特金斯小学的校长并没有从我们提供的名单中进行选择,而是从先前的教师顾问中进行选择。

(二) 研究者的角色

我在学校中的角色就是一名参与式观察者,主要在特殊教育教师的课堂以及学校、学区和大学举行的一些会议中进行观察。学校里的教师都知道我是一名大学工作人员,也是改革计划的一部分。我在学校的目的是记录学校所发生的事情和加强大学研究者和学校教职人员之间的联系。学校的校长和全体教员都知道我搜集的信息既是属于学校研究的一部分,同时也是属于学区研究的一部分。

在教室里,我主要扮演教学助手的角色,我帮助个别学生完成他们的学校作业。这样我不仅能与教师建立联系,我还可以通过非正式的接触获得大量的信息。通过在课堂中帮助这些学生,我能够了解这些教师所教班级的学生的类型以及教师对他们的期望。在学校的会议上我主要是一个观察者,很少参与其中。有时我也会被提问,我可以回答,在适当的时候我也可以提供个人意见。但是,在这些会议上,我主要的工作还是做记录,这些记录会成为研究数据的一部分。

在大学里,我们参与改革计划的四个人定期举行会议。在区一级的层面上也有定期会议,所有的参与改革的学校、学区助理监督、教育局管理人员和大学工作人员都会参加。在这些会议上,我积极地参与小组讨论,特别是当他们讨论的问题涉及沃特金斯小学时,我就更加积极踊跃。此外,在大学的会议上,我和该项目的主任进行了详细的讨论,内容主要是我对沃特金斯学校所发生的事情和正在发生的事情的新看法。我同时也与大学的一名研究助理进行探讨,这个助理也是花了大量的时间研究沃特金斯学校。数据主要来自于我对在学校访问期间参与的各种会议记录的笔记以及访谈文本。我与其他的大学研究人员举行了非公开会议,在会上我分享了研究的发现、解释以及与其他研究人员的数据的关系。

(三) 数据处理

虽然数据的收集、整理和分析构成了一个循环的过程(Miles & Huberman,1984b),但还是可以分为几个阶段。我们逐字转录了采访录音。通过阅读这些转录内容以及回顾田野记录使我们有了初步的认识,将这些认识写入备忘录以便今后制成汇总的观察记录表。这些记录表能够指导我们下一次的观察访问并能作为数据分析的基础(Miles & Huberman,1984b)。在第二次对转录的内容进行阅读的过程中,我们会形成初步的编码。通过随后的阅读和数据分析,我们对这些编码进行不断地增加、删除或者完善。当分析的数据与研究目的和出现的主题相关联时,我开始对编码进行分类(Bogdan & Biklen,1992)。基于研究目的,我逐渐提炼出五种类别,分别代表了出现的五个主题。本文中我主要选择这些主题中的两个,那就是隔离的文化和领导能力。由数据产生的其他主题会随着事件的发生、沟通的程度和特殊教育的实践而有所改变。

四、沃特金斯学校的改变之路

(一)背景:对改革计划的说明

这项研究集中在一个学校之中进行,是学区改革计划的一部分。这项计划是由美国教育部为大学提供资金来完成的。国家特殊教育主任和学区的学监给予此研究大力支持。国家特殊教育主任和负责这个项目的大学负责人是学区监督管理支持团队的成员。这个团队建议地区行政启动他们的法庭程序计划以处理连续不断的特殊教育诉讼。这个诉讼案件是改革计划如何选择学校的一个关键依据(Mclaughlin,Schofield & Warren,1995)。这个学区提供的是隔离式特殊教育服务。例如,1993年,在这个学区接受特殊教育服务的学生中有62%的学生是在特殊班级或是在更严格限制环境中接受特殊教育服务(McLaughlin,et al.,1995)。与此相比,当时全国范围内的数据是30%(National Center for Educational Statistics,1991—1992)。

学区的一个助理学监提名沃特金斯小学参与这项改革计划。学区官员和项目负责人与校长一起讨论了学校改革计划。校长对于学校需要研究特殊教育方案给予了极大的热情,并指出她们的学校发展计划中有相关的组织结构调整的目标。于是沃特金斯小学成为这项改革计划的第一所学校。最后,另外两所学校在学年开始前加入这项计划,在学年结束时又有三所学校相继加入这项计划。

(二)情境:沃特金斯小学

沃特金斯小学包含从幼儿园到五年级的大约500名学生。学校靠近低收入的家庭居住区,其中包括一些联邦住房项目,大部分学生来自这些住房项目的家庭。这所学校的所有学生都是非裔美国人,大多数学生都有免费膳食或减少膳食费用的资格。有16%的学生在学校里接受特殊教育服务。

沃特金斯小学过去的发展并不是很顺利,但自从1992年现任校长的到来之后,学校营造出了一种有序的环境(McLaughlin,et al.,1995)。校园里很干净,学校的气氛很愉快,校长做了很多事情去改善教师的工作环境和学生的学习环境。学校报告一致显示,有超过90%的出勤率,并在此研究之前的一年,学生在地区和全州范围的评估分数上的学习成绩都有提高(与去年相比)。同时,校长还说他们学校转入接受特殊教育服务的学生数量有所下降。

学校是按照年级来分班的。每个年级都有三个普通教师,其中每个年级都有一个这样的班,安置那些还没有足够的能力升入该年级的学生。这种班级的设置有助于节约学校的资源,减少该校学生转向特殊教育的数量以及给那些学生更多的个别关注。同时,这些班级通过对这些低成就的学生增加单独的辅导,帮助他们提高学业,为进入普通班级做准备。

除了普通教师外,还有三个特殊教师在独立班级教育那些轻度和中度障碍的学生。这三名教师是学校布局调整工作的重点。他们共同教育的学生被称作"个别化教育计划学生"。这些特殊教育班虽然功能特殊,但是他们仍然被划分到学校四年级之列。

这所学校有很多的方案和计划。学校手册列出了27项独立的项目和方案,其中许多项目都招募了额外的员工。有一些方案是引人注目的,包括私人托儿所、希尔瓦学习实验室和心理咨询辅导。

学区认为沃特金斯小学是一所正在变迁的学校,校长为提高学校质量做了很多努力。她被认为是个"负责"的校长,学校许多积极的变化都是她的功劳。有许多外部的机构又都想帮助学校扭转境况,而且学校在许多方面的进步也是有目共睹的。

（三）来自改革计划的帮助与指导

在计划开始前的那个夏天里,参与计划的学校和这项计划的其他利益相关者举行了一次会议。这次会议的目的是对特殊教育实践进行反思和为特殊教育结构重组制订一个初步的方案。作为三个主要利益相关者,大学、州教育部门和学区阐明了他们将发挥的作用和将对每个学校提供的支持服务。项目主任还提到了在特殊教育领域的全国性的课题,并为每个学校的校长提供了关于融合教育的许多参考资料。

学区、大学和州教育各自提供不同类型的服务。学区提供的初始的支持包括为学校聘用新的员工,比如心理咨询师和改革促进负责人。大学提供专业人员的专业知识和资料。此外,大学安排一个人定期走访每一所学校,与各所学校保持密切的联系,从而了解学校在做什么,这也是改革计划的一部分。

当学校进行实践改革遇到阻碍时,州教育部门可以帮助解决这些问题。州特殊教育主任提醒学校如果有助于改革的进行,可以放弃一些州政府的规定。州特殊教育主任参加了结构布局调整会议并在会议中发挥了积极的作用。

第一次会议的总体思想是:州教育部门、学区和大学希望这些学校能为其他学校起示范作用。我们承认特殊教育在这一学区是存在着一些问题,但是我们也认为改革是可能的、可取的也是必要的。会议中我们对于特殊教育与普通教育的融合问题做了详细的说明。制定了与普通教师和普校的学生合作的目标和策略。同时也确定了一些策略来保证参与这项改革计划的三所学校间的交流、沟通与支持。

（四）沃特金斯小学的改革计划

那次会议后的第二天,每个学校都在制订学校的秋季计划。前几天会议上已确定的共同目标指导了这次秋季计划的制订。这些共同的目标最后转化为学校的目标和效益指标,这些为我对沃特金斯小学特殊教育结构重组的研究提供了依据。

在简要地讨论了这些共同的目标后,个别学校举行会议讨论了如何实施这些目标以及制定他们学校自己的目标和时间表。沃特金斯小学的会议是由校长主持的。会议一开始,她强调我们应该从不同的角度来看事情,接着她认为苏珊·史密斯、克拉拉·迈尔斯和露丝·约翰逊(这些特殊教育教师)是主要的参与者。她提醒教职员工不要说"这件事过去是怎么完成的",这句话明显表明需要这些教师有大的改变。显然校长有意愿领导着她的员工为实现融合教育而努力。

对可能会有哪些改变进行了初步的讨论之后,校长向我们说明了沃特金斯学校将会主要变革哪些方面。参与这项计划的教师和学校的其他员工都称这项计划为"融合计划"。这项计划虽然在刚开始的时候发生了一点小的改变——增加了一名叫苏珊·史密斯的特殊教育教师,但是这项计划在整个学年里基本上没有变化。在会议上,校长没有通过和大家讨论就把该计划呈现给大家。大学、学区以及州教育部门工作人员都不知道这项计划从何而来。

该计划涉及在设备健全的班级中为每个学生制订个别化教育计划。那些已经在希尔瓦学习实验室接受过数学和阅读辅导的学生,可以继续接受辅导。校长要求根据特殊学生的"特长"把他们安排在普通教育环境中,而且可以整合到普通教育的计算机班中。尽管是基于学生的个人需要制定了这项决策,其中包括至少一个班有普通教育(例如计算机班),但是在真正的实践中并没有实施。只有两名特殊教育的学生进入普通班,而且那些计算机班并不对所有的人而仅为特殊教育的学生提供帮助。

计划的另一部分是目前在特殊教育班跟读的学生可能会被分配到由特殊教育教师带领的一些组。教师一天可能会有五个按照能力不同而分的组,每个组的时间是一个小时。迈尔斯先生和约翰逊女士会在每天开始和结束的时候把所有的组集中。

关于沃特金斯小学该如何继续重组和改革,不同的意见开始出现。尽管学区督导提出了不同的意见,但是校长坚持继续实施自己的计划。她没有按照夏天会议时制定的共同目标来制订她在沃特金斯学校的计划。用这样的方式实施这项计划,除了少数的案例体现了回归主流,并没有对学生进行更融合的安置。这项计划是想让普通教师更多地融入,可结果是普通教师和特殊教师被隔离出来,特殊教师也未必期望与普通教师进行互动。

尽管这项计划并没有符合改革计划制定的目标,但是这项计划实现了校长制定的一些具体的目标。她对大学教职员谈到她的特殊教育师资队伍很薄弱。在考虑给残疾学生制订个别化教育计划时,她总是给比较优秀的特殊教育教师更多的学生。然而,她并没有安排这些学生给比较优秀的普通教师。

在这点上,我们仍然不是很清楚融合或者融合运动是否会发生在沃特金斯小学。我担心许多人会不明白创设更具融合性学校的意义。但是我希望学校会在秋季开始的下一学年中做出更多的调整。

(五)正在进行的特殊教育实践

在下一学年的秋季,我每周花至少一天的时间待在沃特金斯小学。校长要求改革负责人弄清楚我到底在教室里做些什么,我和改革负责人为了讨论这个问题还见过几次面。教师想帮助他们班上的特殊学生,而且教师非常愿意我在班上辅导那些学生功课。校长只关心我在苏珊·史密斯和克拉拉·迈尔斯老师班上的工作情况。每当我问起改革计划中第三位名为露丝·约翰逊的特殊教师时,校长会对我说那位教师不需要任何帮助。在日常工作中,我观察教师的每个教室,并且经常和教室里的所有人一起下课。刚开始,我会担心教室里我的存在会让露丝·约翰逊老师不自在,但是每次我进入教室时她都很高兴的欢迎我。当我在教室中时,教师会根据她们的教学内容对我提出不同的要求。我经常主动去帮助那些特别的学生,同时学生也会主动寻求我的帮助。

在教室里花的时间多了以后,我慢慢地了解了那些制订了个别化教育计划的学生的情况。通常情况下,教师对这些学生的期望值很低。尽管每个班级的课程都让人印象深刻,但是总体的教学水平比较低,而且与国家课程是脱节的。在评估时,许多教师不是很了解适合她们学生的长期目标,也不知道该怎么使用评估去帮助学生达到这些目标。

一天,我拜访了克拉拉·迈尔斯老师的教室,并在笔记上记录下了这个教学案例:

我刚刚在迈尔斯老师的班上看到了一节非常令人失望的课。学生们都很迷惑……老师缺乏必要的表达技能。她让学生一直读字词条,但是学生已经读的很好了。她本可以去辅导和鼓励那些比较薄弱的学生,但是她没有。并不是所有的学生都在听讲,所以当她叫一名学生回答问题时,学生并不知道老师进行到哪里了,这并不奇怪,因为学生没有在听讲。她讲完一个句子后,她问"现在告诉我们结果是什么?"学生必须知道的那些单词是他们已经学过的,然后他们把这些意思说出来。真的很混乱。我和学生都不知道她在问什么。

同样的教学方式,我们接着学习了护林消防熊的短篇故事以及做了很多的选择题……我不明白什么时候她叫学生写,什么时候她叫学生读,等等。"写答案。不,你现在还不能写。"课堂很混乱。我认为这是普通教育的一堂非常失败的课。

因此,这项研究进行的时候,他们的特殊教育实践的现状看起来不怎么令人满意。普通学校特别是特殊教育教师,她们七月份必须明确目标和制定指标。因此,大学、学区和州教育部门开始担心要明显地转变沃特金斯特殊教育实践和增加改革计划成功的可能性是非常困难的。

另一件明显的事情是,改革负责人在几个方面都被利用了。就像我一样,她仅仅被看做是额外的帮手。虽然她确实对个别化教育计划的实施方面进行了监督,她也和心理咨询师共同主持了一些工作,但是她大量的时间都花在做一些文书工作,她还负责统计特殊学生午餐的人数。同时,当一个特殊教师请假时，改革负责人就成了代课教师，尽管这并非她的工作职责。至少有两次把她解放了出来，我替她上课，这样她就可以去做当天她已经计划好的事情。

一方面，改革负责人这样工作是可以理解的。因为沃特金斯小学的特殊教育实践没有真正发生变化，所以没有什么可供她监督的。然而，角色的重要性或者这些角色对沃特金斯小学的贡献，她是一个实例。学校发生的另外一件事具有这些实践特征。

十月中旬，项目负责人在沃特金斯小学安排了一次有关课程本位评估的职业培训。初始想法是告诉教师课程本位评估的一些基本概念，如课程抽样、保存数据以及根据这些数据制订教学计划。会议开始前，项目负责人和每个特殊教育教师见面，目的是想知道教师们对这个主题的了解程度，结果发现每位教师都采用了不同的方法。基于这些讨论，她重新调整她的谈话，目的在于提供更多的关于评估的信息。事实上，这些教师对于教什么不太确定，对于教学与评估是否需要彼此一致，以及是否需要与普通班的课程目标相一致，这些她们都缺乏认识。

我们利用正式员工培训的时间进行了这次在职培训评估。项目负责人本打算对所有的员工进行辅导，可是他发现特殊教育的员工并没有参与其中。参与的教师不知道她们为什么会在那儿也不知道这次培训的主题是什么。

这次培训持续了两个小时，教师也给予了积极的反应。她们希望每周都能从项目负责人那儿获得有益的指教。但是，关于教师将要做什么，我们没有长期的计划、目标或者方向。会议的一个积极的结果就是教师认识到班级间、教师间要彼此协同合作教学，这样各种教学理念会更加牢固。两周后，项目负责人给校长发了一份备忘录，向校长询问了特殊教育人员接下来的计划。项目负责人告诉校长培训结束时，教师们对课程本位评估表现出了浓厚的兴趣，她对如何进行也提出了很多建议。她把如何做的步骤介绍得具体详细，包括如何从大学中获得帮助。

学校没有对这份备忘录作出回应，教师们也没有调整她们的课程。我在想这可能与校长对改革的看法有关。当校长了解到学习课程本位评估不仅仅需要单方面的服务，也需要对教师做更多的工作和付出努力的时候，她对这种想法明显失去了兴趣。或许大学的服务促使学校说他们已经"完成评估"。工作存在着彼此脱节的现象。我们在学校所作的其他努力，或者我们为了学校整合做的任何努力，都是同样脱节的结果。很明显，这些努力的协调和配合是校领导的责任，但是她们对这些事情并不是很感兴趣。

我还是访问学校，在教室里和学生一起上课，与教师交谈，同时也参加学校发展小组的会议。特殊教育计划在整个秋天和冬天只有极少的变化。特殊教育和普通教育还是脱节的。教师继续在缺乏清晰的课程观的状况下教学。我认为即使我继续花时间在这所学校我也不会发现任何新的东西。到了12月份,另外一名大学的人员在没有看到沃特金斯小学任何的进步之后,减少了他的访问的时间。因此,寒假前我离开了那所学校。我通过参加与计划有关的会继续与学校联系,了解学校发生的事情。我与沃特金斯小学的员工的最后一次接触是在五月底,那时我完成了成员之间对数据的核对。

五、融合教育在沃特金斯

沃特金斯小学为残疾学生提供的服务和环境大致上仍然是隔离的(特别是那些在特殊班接受教育的学生,他们是这项改革计划的核心)。原先在资源教室的学生现在都在跟读班,他们有自己的个别化教育计划目标,希尔瓦实验室为他们提供服务来达成这些目标。那些有学习困难学生的独立班和许多先前资源教室的学生都遵循各自的个别化教育计划。严重的智力落后和自闭症的学生没有任何的改变。更具包容性的做法让这些特殊班的学生取得了一点进步,但是特殊教育实践没有什么大的变化。达到我所阐述的研究目标仍旧是可能的,只要我们弄清楚参与者对融合教育的看法以及融合教育如何实施,但是这些在沃特金斯小学都是不受重视的。虽然,在沃特金斯小学发生的变化看起来是很表面的变化,对参与者来说都是有意义的。

对一小部分学生来说,特殊学生和普通学生的融合正在发生。校长和学校的其他人给我们举了一个例子:我们认为去年在苏珊·史密斯老师跟读班的一些学生,虽然他们有个别化教育计划,但是他们不需要特殊教育。因此,这些学生虽然有个别化教育计划表明他们在资源教室学习的需要,但在实际中他们并没有被当做特殊教育的对象,他们不是特殊教育的学生也没有接受特殊教育教师的直接服务。有个别化教育计划的特殊教育需要的学生,在希尔瓦实验室学习的学生和回归主流的案例,这些都成为学校融合教育实践的例子。然而,在我们找到的所有关于融合教育概念的文献中(Fuchs & Fuchs, 1994; Gartner & Lipsky,1989; Stainback & Stainback 1984,1987),没有提到融合教育能够完全不需要特殊教育的支持,而且还明确指出需要特殊教育的支持。

从沃特金斯小学教职员工那儿得知,他们认为学生是改革计划的一部分,他们把去年那些特殊班的学生看做是"融合学生"。因此,整个研究我都把精力投入到这些学生和他们的教师身上,我试图去发现沃特金斯小学的融合教育到底是什么样。发现的一致答案主要是"个别化教育计划"。例如,在秋天的一个会议上,改革负责人报告了改革计划的进展,标题为"改革计划的新进展"。她向我们列出了参与改革计划的学生,总共有32名学生,而且这些学生都有个别化教育计划。报告的后半部分告诉我们多少学生在希尔瓦实验室,多少学生在特殊班等。在参与改革计划的学校的区会议上,沃特金斯小学的代表(不是校长也不是改革负责人)所做的报告和回答的任何问题,总是与该校的个别化教育计划以及他们是如何工作的有关。

个别化教育计划是沃特金斯小学改革计划的核心，校长指出个别化教育计划反映了学生的个人需要。然而，个别化教育计划并不清楚明了。首先，如果一个学生在特殊班上了一学年，那么她或他就自动会有一份个别化教育计划。个别化教育计划是学校提供的，学生没有权利选择和改变。当学生没有很好地履行个别化教育计划或者家长反对个别化教育计划时，学校会让这名学生去另外的学校。尽管这种事情不是经常发生，但是例子也不止一个，因为心理咨询师、改革推进负责人以及校长在不同的场合都和我提起过这类事件。

有人觉得个别化教育计划并不能代表融合。在参与改革计划的学校的区会议上，一位校长说："我们所做的工作既不是融合也不是排斥。"但在学校里，个别化教育计划一致被认为是"融合项目"以及特殊教育实践中一个主要的变化。然而，一旦该计划开始执行，就没有了后续的检查与调整，相反，它成为普通教师对付那些有困难学生的万灵药。普通教师会把这些头疼的学生委托给转介小组，让他们提供针对性的解决方案并给学生制订个别化教育计划。接下来，我将呈现关于第二个研究目的的发现，那就是探讨融合对项目参与者的意义。

六、融合的意义

不管在沃特金斯小学是否出现了真正的融合，融合的概念对于参与项目的学校人员来说仍然是有意义的。校长和改革负责人在夏天的会议上对融合进行了讨论，因此他们都知道改革计划强调融合实践。校长一再表示"她们做的还不够融合"，虽然会上她首先接受了融合，但是她也表达了她希望"在不打扰其他教师的情况下帮助这些学习慢的学生（原文如此）"。在三所参与改革计划的学校的会议上，州教育部门、学区、大学和学校校长一致把沃特金斯小学的个别化教育计划作为例子来说明他们的融合实践。沃特金斯小学的员工举了一个更具体的例子来说明他们的实践，那就是他们曾经把跟读班的学生转入了特殊班。但是，进入这些班的学生以前都是资源教室的学生，他们也有个别化教育计划。

改革负责人表达了他对融合的一个更理想的想法。在一次采访中，她表达了她的想法：

在我看来，或者我希望看到的是，当我去任何人的班级时……我将无法知道哪个孩子是谁……我无法挑出那些有特殊需要的孩子。他们都在一起工作，他们是一个团队。

虽然改革负责人极少有机会实现这些理想，但是她对融合的理解与融合的倡导者的想法是相似的，那就是有特殊需要的学生要融入普通教育，并成为普通教育课堂的一部分。

改革负责人提到的特殊教育和普通教育的学生在一起接受教育的例子被称作"完全融合"。她告诉我有两名特殊学生和一年级的普通学生一起学数学，但是剩下的时间就履行个别化教育计划，在特殊班接受其他的教学。这两名学

生仅仅在普通班学习数学就被认为是完全融合,这让我很意外,于是我叫她向我解释一下:

是的,他们是完全融合,因为特殊班其他的学生根本不可能出来。好吧,即使其他的学生出来,但是他们两名学生是出来接受核心科目的学生,而其他学生都是去学习电脑或者去实验室。

因为特殊班的其他学生完全没有参加普通班的课程,所以她会认为那两名学生是完全融合。这或者可以理解为其他学生确实没有和普通班的学生一起接受教育或者没有普通课程。所以,这两名学生每天被完全融合大约一小时。另外一个解释是这可以说明沃特金斯小学许多参与者看待融合的方式。如果融合导致的改变被看做是一暂时性事件,一旦这件事过去了,变化就结束了。把特殊班的两名学生移到普通班上数学课就认为足以是融合——以及称作"完全"融合是不够的。学校的工作人员把这些看成是融合改革计划的一个重要的成果,而没有把这当成仅仅是迈出了改革计划的第一步。

七、沃特金斯小学给我们的启示

(一)隔离的文化

按照学生的能力和行政安排分班这种现象在沃特金斯小学是很普遍的。有个别化教育计划的学生与其他的学生有着本质的区别。校长和学校其他的管理者指出有特殊教育需要儿童的家长希望把他们的孩子安排在独立班的环境中。这种结果与科恩(Cohen,1990)和塞梅尔(1991)的报告是相似的。有很多的例子可以说明在沃特金斯小学这种根深蒂固的隔离文化。这种隔离文化的倾向在学区文化中也很盛行。

隔离最明显的一个例子就是给学生的个别化教育计划。我们可以这样说,虽然学生脱离了特殊班而制订了个别化教育计划,但学生比之前更加隔离。学生整天和其他一到四个的学生在校园里游窜,他们没有属于他们的教室和教师。另外一个说明学校隔离文化的例子就是学校的教职人员。以评估服务为例,评估服务只有特殊教育教师参加。在有特殊教师和普通教师的会议上,经常忽略特殊教师的决定,或者在会议的最后加上作为补充。通常,特殊教师坐在教室的最后一排做她们自己的文书工作。

在沃特金斯小学,特殊教育被看做是个独立的体系,与普通教育进行合作的理念对于学校教职员工仍然是很陌生的。整个学区隔离文化和把学生分类的倾向是根深蒂固的。在学区接受特殊教育服务的学生中,61.8%的学生都是隔离教学。从由大学为改革计划准备的连续建议来看,缺乏特殊教育的课程是学区长期存在的一个问题。许多年前,学区特殊教育的前任主管曾制定 EMR (Educable Mentally Retarded,可教育的智力落后课程)。在1992年,为残疾学生制定的新课程颁布了,这个课程特别对残疾学生的住宿设施进行了补充说明。但是,参与计划的三所学校都不知道有这个课程指南,而且也不知道存在补充内容(McLaughlin,et al.,1995)。虽然希望特殊教育教师可以使用学区课程和修改完善课程,但是这些教师很少有机会能用到这些课程而且在使用课程时缺乏指导。特殊班的学生被看做是与普通班的学生有本质的区别——融合教育的倡导者试图修正这种观点(Stainback & Stainback,1984,1987;Thousand & Villa,1991;Wang,Reynolds & Walberg,1988)。为了学校的融合实践,学校需要把学校的员工看做是个整体,所有的教师对所有的学生都有责任。把学校看做一个学习者的社区将会更有利于融合实践,而不是把学生进行分类(Servatius,et al.,1992)。

因为特殊教育需要的学生不参加区和州教育的评估,所有知道这些学生进步的唯一指标就是每年对个别化教育计划的审查(McLaughlin,et al.,1995)。另一个问题是特殊教师很难用到学区的课程和得到特殊教育的设施。鉴于区一级水平的隔离学生这些制度化的程序,那么对于沃特金斯小学的教师隔离学生的做法我们一点也不奇怪,即使脱节可能代表了学校想满足学区的期望。但是他们继续隔离学生而且指出隔离是与改革计划的精神相一致的,这点让我们很惊讶,隔离在学区和沃特金斯小学是如此重要的传统,以至于参与者很难去实施另外一种操作方式。因为这个是全区的问题,所以单靠一个学校就可以改变这种观点的可能性不大。

因此,学区和学校的隔离文化,使得在沃特金斯小学不可能实现为融合所作的调整计划。因为融合教育的成功实施,我们需要评估学校教职人员对普通教育和特殊教育的看法。让全体员工参与决策过程会提高隔离文化被修正的可能性,那样学校员工会认为特殊教育是可行的,从而愿意考查特殊教育实践。

(二) 领导能力

这项研究中重点讨论的一个主题就是领导力。通常认为,有效地领导对于一个组织的改变能力是非常重要的(Janney,et al.,1995;Villa,et al.,1992)。同样的,在沃特金斯小学,特殊教育学生融合的失败,领导影响很大。这并不是说在沃特金斯小学缺乏领导,而是说现任的领导并不允许融合教育出现。校长的领导以及她对改革负责人角色的影响是这个主题数据的主要来源。

在沃特金斯小学,校长控制着学校的事务。她提出对一个问题的解决方法,然后继续下一个。她告诉学校员工,作为一个校长她能"解决问题",一旦她知道问题解决了,她愿意离开。这种领导方式并没有给她的员工自主的空间。校长运用一些手段控制她的员工使得他们对她和彼此都不信任,也使得员工们很难自己做决定。根据心理咨询师的说法,校长不管是在公众场合还是在私人场合都对员工缺乏尊重。

校长一贯严格控制的一个严重后果是,改革负责人在工作中不能自主。在改革负责人进行领导之前,校长已经规定好了每个人的角色,以及分配好改革负责人的任务,这些任务完全与改革负责人的工作无关。这使得改革负责人对沃特金斯小学在结构调整方面没有任何实质的影响。

鉴于校长是许多其他领域的强有力的领导者,有必要询问校长为什么在融合教育的调整上就失效了。一个解释就是控制的问题。她做了包含细小事情的所有决定,也被认为是一个"管事佬"。还有可供选择的解释就是她缺乏特殊教育实践的知识,也不情愿或不能通过学习获得这些知识然后用于指导工作;其二就是她感觉有必要在学区工作人员面前"看起来很好"。然而,真正需要做的事是要让理解渐渐地发生转变,而不是不断地累加项目计划。再者,责任下放给其他职员并不是她的领导风格的一部分。虽然她的领导让她在其他领域取得了很大的进步,但这与应该有助于融合的领导风格形成鲜明的对比(Servatius, et al., 1992)。在决策的过程中不和所有的员工一起商量而仅通过告知变化,这种过程也使得员工不会投入到做有实质性改变的过程中(Janney, et al., 1995)。沃特金斯小学的改革计划如果想要成功,校长有必要审视她的领导风格,和员工们一起做决定,权力下放以及鼓励合作(Fritz & Miller, 1995)。

因此,沃特金斯小学校长的领导风格阻碍了融合的成功。此外,改革负责人、心理咨询师和特殊教师的领导和指导的能力没有得到充分的发展以促成改革的实现。要想让沃特金斯小学能够实现这项改革计划,校长应该做出表率,努力引导她的员工进行必要的改变。在沃特金斯小学,领导的能力很强但是过于集中,教师应该被授予更多的权力。

八、结论与推论

在我们对结论和推论进行讨论之前,读者需要对本研究的一些局限性有所注意。这是一个单一个案的质性研究,就其本身而言,给我们提供了在特定的背景之下对特殊教育改革丰富的、根据充分的描述。此研究有助于我们认识学校改革的复杂本质,并阐明了许多议题与变量。但是,我们可以明显地看到,研究的结果不能推广到其他的学校和其他的情况中。这是否算是一个局限性,取决于读者自身的认识。然而,此研究的发现能够与其他情境中的发现相比较,并通过这样的方式促进我们对问题的理解。

本研究之所以对改革早期的成就做了调查研究,目的是为了支持在小学中进行更多的融合实践。这些成就主要集中在那些之前被诊断为轻度和中度障碍的学生那里,他们曾被安置在隔离的环境中。这些学生和他们的教师是这项研究的焦点。尽管参与研究的学校人员认为他们正在走向融合,但不幸的是,在普通学校中的特殊教师和特殊学生还是与他们的同事和同辈隔离开来。这个在沃特金斯学校的个案研究,对其他学校的融合教育尝试是有启示的。

校长在学校中的重要作用不可忽视,一个强有力的领导者能够促进学校的员工团结一致。但是,领导者的强悍并不是确保成功的唯一要素,特定的领导风格也同样重要。领导者需要保持信息的灵通,了解目标的变化及目标实施情况。一个领导者要能够引导他的员工转变观念,也要能够让他的员工有尝试新事物的愿望。领导者不应该只是把变革的责任推到员工的身上,不能寄希望于教职员工们不需要进一步的指导就自动地执行这些变革。沃特金斯学校领导的风格可能在处理其他事务上是得心应手的,但是对于实现融合的变革是没有好处的。

从总体情况来看,不是所有的学校都下定决心进行融合改革。我们需要检视学校是否为融合做好了准备。我们要观察学校的文化以及员工是如何理解融合改革的。也许有人会争辩说沃特金斯学校进行融合是被迫的,学校的领导并不理解改革需要些什么并且错误地认为改革能够帮助学校提升他们特殊教育员工的能力。外部的压力对适当的改革是没有好处的(McLeskey & Pugach,1995)。当改革没有成功,学校的校长和参与改革的人员意识到他们之间目标的不一致,进而拒绝进一步的改变。参与的人员在学年的中途重新评估了他们参与的本质,停止了对学校常规的访问,因为显然学校中深刻的改变并没有发生。由于缺乏足够的沟通,外来的研究者不能够仅仅期待为学校提供相应的知识而让学校自行实施(Pogrow,1996)。尽管可以提供一些指导,但这是远远不够的。但我们还是要注意到,虽然是通过间接的方式,通过校长、改革负责人和心理咨询者开区域行政会议的方式,沃特金斯的改革还是在那一年继续推进了。此外,当学校的员工意识到他们的残疾学生需要接受普通教育课程的时候,他们终于提出要求来自大学的帮助。

综上所述,虽然这个融合的改革并没有按照预先的设想进行,但是这些常识还是有启发性的。在这个学校,隔离的文化和领导能力是关键的影响因素。为了增加学校的融合教育实践,这个改革计划是被特别设计的,但是,此研究的发现可能也适用于其他学校进行改革的尝试。如果学校员工的能力和理解与改革计划的要求并不能很好地达成一致,那么我们应该注重改变学校员工的理解使目标达成一致。这就要求所有的当事人进行完全的沟通。此外,要对与改革相关的学校文化进行调查研究。在这个案例中,由于我们要增进融合,学校主流的隔离文化就显得至关重要。最后,要使任何改革的努力获得成功,有导向性的领导能力就应被考虑在内。特定的领导风格能够增加改革成功的几率,在员工开始进行改革尝试的时候,领导应该先决定和发展自己的风格。尽管在沃特金斯学校发现的这些影响融合改组实施的因素并不是唯一重要的因素,但它们确实可以适用于融合教育与其他学校重组改革。

(徐超莉 译)

有效教学法与融合教育的挑战

朱莉·艾伦

作者简介

朱莉·艾伦(Julie Allan),英国苏格兰斯特林大学教育学院教育学教授、院长,主要负责研究生指导与教师教育培养项目。她的研究领域有融合教育、残疾人研究以及儿童权利。长期以来她一直担任苏格兰议会委员会顾问,调查特殊教育需要发展情况。目前她还致力于儿童行为与医学之间关系的研究。主要代表作有:《社会资本、专业化与多元》(*Social Capital, Professionalism and Diversity*,2009)、《融合教育的反思:差异性的哲学实践》(*Rethinking Inclusion: The Philosophers of Difference in Practice*,2008)等。

选文简介、点评

随着融合教育理念的深入人心,各个国家都在积极地进行教育体制的改革,使其能够消除隔离,更加适合所有儿童接受教育。在融合的教学情境下,为所有学生提供有意义、高质量的教学是融合教育的重中之重,残疾学生在普通教室能否成功很大程度上取决于课程与教学的质量。普通学校要实现融合教育倡导的让所有儿童都在普通教室里接受高质量的、适合他们独特的学习需要的教育,就必须重视调整普通教室里课程与教学的形式、内容与实施策略,以使有特殊教育需要的学生能够和他们的同伴一起充分、平等地参与学校课程活动。寻求融合教育有效的实践方式就成为各国推动融合教育进程的主要任务。融合学校教师应该不断地对课程与教学进行调整,在学生的学习需要与自己的教学风格、方式之间找到一个切合点。选文就是从对澳大利亚昆士兰与苏格兰政府所做的两个对融合教育的调查研究出发,着重回答了两个问题:是什么阻碍了融合教育实践?将采取何种措施实现融合教育?

在回答这两个问题之前,文章首先简述了在昆士兰和苏格兰的研究。在昆士兰的研究者发现:由于学校领导者受到压力而更多地关注管理而不是教学法,他们的领导能力和职业发展都受到限制。他们还发现评价的体系存在着缺陷,政策

---

① Julie Allan. Productive Pedagogies and the Challenge of Inclusion[J]. British Journal of Special Education,2003,30(4):175-180.

和实践存在着不一致的地方。最后这个调查报告给出了建议：在社会公平、公正以及融合教育领域，有效的教学法都显得尤其重要。融合教育需要有效教学法、有效的评价体系、教师的职业发展、有效的领导力、相互的合作与支持等。苏格兰议会通过调查和讨论确立了融合教育的重要性，并对成功的融合教育实践提出了建议：要重视特殊儿童的家长的观念；要以儿童为中心和实用主义的范式来满足特殊教育需要；要解决政策上的冲突对融合的阻碍；要向教师提供专业的支持；取消针对特殊需要儿童无效的、不平等的评价与记录体制。然后，作者开始回答选文要解决的核心问题。作者认为阻碍融合教育发展的原因有三个方面：第一，一种死板的特殊教育范式正在主导人们对融合教育的认识和实践。第二，新进教师的专业技能以及他们的融合教育观念阻碍着融合教育实践。第三，在一个低效率、没有效果的和不公正的责任体制下运作的教育政策阻碍着融合教育实践。接下来，作者进一步讨论了如何才能实现融合。他认为：首先，我们的教育改革要以社会公平、公正和融合为价值导向。其次，将政治学引入到对教育政策的辩论中。第三，要听取儿童和家长的意见。第四，帮助教师认清他们对社会公正、公平和融合所承担的责任。最后，作者重申了融合教育面临的挑战，介绍了近来一些有益的改革实践，并呼吁更多的人对这个问题进行深入的讨论。

　　这篇文章从两篇独立的研究出发——一个是澳大利亚昆士兰的政府纵向改革研究（QSRLS），另一个是苏格兰议会对特殊教育需要的调查——这两项政府的研究都试图完善融合教育的政策与实践。文章是以两个国家或地方的政府调查研究报告为基础的，可以说研究的范围较广，有很强的实践色彩。作者所持的价值立场是坚定的，从文中可以看出作者对融合教育是持肯定与支持的态度，一直在强调社会公平这一基本的价值观。作者认为，我们对"特殊教育"的思考范式、教师培训和职业发展以及教育政策与实践等经常阻碍了融合教育的实践。她提出了"双边责任"理论，对儿童与家长、政策制定者以及教育者两方面都提出挑战，要求他们重新审视和重构特殊教育需要以及融合教育，真正地通过平等合作的方式承担起责任来。对读者而言，阅读此文章还是有遗憾之处的，因为选文直接将两个研究报告的结论展示给大家，而没有对这些结论给出充足的证据与资料说明，使得我们对作者进一步的演绎推理心存疑虑。而且，作者声称两个研究的结论有相似之处，但从文字上来看，两个研究的结论相互印证的地方几乎没有，而作者只是将两个研究的建议进行了简单的叠加，而缺乏真正意义上的综合归纳。尽管如此，该文对我国随班就读实践有着重要借鉴意义。我国特殊教育已经发展到由追求数量向质量转化的时期，在随班就读今后的发展中，我们不仅应该努力将那些还没有进入学校的特殊儿童招收进来，而且要更加注意通过课程与教学方法的改革提高教育质量。同时，正如这篇文章所强调的，融合教育课堂与教学的改革不仅仅涉及特殊教育领域，它与整个国家的教育体制与政策改革紧紧相关，也与文化传统的变迁、社会大众教育观念的改造有着密切的联系。

选文正文

一、前言

发展融合教育是世界各国面临的主要挑战。澳大利亚昆士兰以及苏格兰政府近期调查了当前的融合教育实践，并宣称在迈向融合教育的道路上发生了可观的改进。昆士兰政府纵向改革研究（QSRLS；Luke, Ladwig, Lingard, Hayes & Mills, 1999）表明：在社会公平、公正以及融合教育领域，有效的教学法都显得尤其重要。我在苏格兰议会中担任负责调查特殊教育需要的顾问。为了给所有学生建立一个融合教育体系，苏格兰议会公布了一系列相关的数据。这两项研究都提出了两个主要的问题：是什么阻碍了融合教育实践？将采取何种措施实现融合教育？本文旨在探讨并解决这两个问题。

二、昆士兰研究

那些对昆士兰教育体系中存在的问题进行调查的研究者们同时还承担着QSRLS项目。他们研究发现，学校领导者受到压力而更多地关注管理而不是教学法，由于这个原因，他们的领导能力和职业发展都受到限制。对课程、教学和评价的定位的缺陷，使得政策与实践出现不一致的情况。教学大纲要求进行很多的课程和评价的程序，这些都对教师、学校领导者以及行政官员造成了困扰，因为这些程序不能对教师的教学实践进行有效评价。而研究者们发现：有效教学法是分析教师教学实践的可靠理论，可以鉴定出那些既有效率又能够顾及公正、融合的教师。在这套鉴定体系中，教师的有效教学分为高、中和低三个层级，我们将那些得分高的教师挑选出来。有效教学法的本质是社会公平、公正以及融合，这些是好的教学实践的核心。

研究者们认为我们需要：

● 有效教学法。这其中包括促进学生智力的发展，让学生参与校外生活，构建支持性的课堂环境以及尊重学生差异性等。

● 有效评价。这就要求教师结合教学和评价实践，在他们的教学实践中运用评价，要求教师要有"评价能力"，部门间要适度参与并进行反思性对话。

● 职业发展。这就要确保教师对所有学生的学习以及教师自身的学习负责，要使教师参与学校的职业社团活动。

● 有效的领导力。学校的有效领导力对教育事件的关注，在学校运作过程中权力要分散，也就是说所有员工都要对学生的学习负责。领导者还要鼓励不同组织元素的增效作用。

● 合作与支持。平等的政策、课程、评价以及实践之间更好的一致性，以上这些元素都要以公正为核心。

QSRLS 所提出的这些建议与苏格兰议会对特殊需要的调查有许多相似之处。下面来看看苏格兰议会的调查情况。

三、苏格兰议会"特殊需要"调查

苏格兰议会成立于 1999 年 7 月,它最开始进行的一项调查就是针对特殊教育需要的。具体来说,苏格兰议会下设教育、文化与运动委员会。其对特殊教育的调查包括:
- 审视苏格兰对多样化的特殊教育需求的服务情况;
- 调查目前各层次学前及学校教育的融合策略的有效性;
- 调查在各阶段学校教育体系中有特殊需要的学生的转衔安排的有效性;
- 研究教育服务在多大程度上理解和满足了特殊需要家庭。

这里使用了术语,如"融合"和"特殊需要家庭"。作为顾问,我认为需要鼓励苏格兰议会成员放弃他们"仁慈的人道主义"(Tomlinson,1982),需要理解融合的含义。此次调查始于 2000 年 5 月,并于 2001 年 2 月发布调查报告。它要求提供书面证据,结果收到来自地方教育当局、专业协会、志愿组织以及残疾儿童和家长的 150 份报告。基于这些报告,挑选了一些个人和团体,邀请他们向委员会提供口头证据,议会负责对一些机构进行调查。

由于苏格兰议会的提议以及随后在议会上的延伸辩论,使得融合教育实践的未来渐渐明朗起来,融合教育的重要性在此得到了确定:
- 家长与孩子的观念指导实践:不是这位或那位专家的既定兴趣,也不是此政治党派或彼政治党派的兴趣,只有家长和孩子的特殊教育需要才是解决问题的关键。
- 满足特殊需要的范式是实用主义和儿童中心论的:我们并不需要家长参与一种哲学层面的或者高水平的讨论,我们需要的是对血、汗和泪的反应。因为有太多的家长正在为呼吁建立这样一种教育而奔波着。
- 由于政策冲突造成的不平等都得到解决:为了满足教育实践中的特殊教育需要,教育审查的工作框架被重新修正以适应差异。目标需要根据学校的人数来制定,而不应成为融合实践发展的阻碍。
- 需要专业的支持:应该确保教师能够实施教学——教师需要时间分享、准备、上网和交换信息,开发适合的方法和教学资料。

苏格兰议会的成员们还认为,评价与记录特殊需要儿童的体系需要被检讨甚或是停止使用,因为这一体系不能够满足儿童和家长的需要,它是不公正、无效和失败的。

通过对以上两项研究所提的建议进行比较分析,使我们产生了一个问题:是什么阻碍了融合教育实践?在回答这个问题的基础上,我们进而可以回答下一个问题：将采取何种措施实现融合教育？下面将对这些问题的答案进行解答。

四、融合实践：是什么在阻碍它？

苏格兰议会的建议与 QSRLS 研究的建议存在一个惊人的相似之处，它们都强调解决体系内存在的那些违反对社会公平、公正和融合的问题。二者都描述了如何提高教育质量，同时在政策和实践中应该以社会公平、公正和融合为核心。为了能够达到这个目的，教师和行政官员所构想的具体方式之一就是有效教学法。但是，在实践中，许多学校都做得不好，没取得什么效果。所以，如果要使融合教育实践变得卓有成效，就需要查明我们在认识和实践层面上有哪些要素可能导致了对融合的破坏。

第一个破坏性的要素就是：一种死板的特殊教育范式主导认识和实践。一些有关残疾人的书籍（例如 Barnes,1996;Oliver,1996）提出一种逃离"特殊需要"知识的路径，即关注焦点从个体缺陷转换到关注机构和社会中存在的环境的、结构的和态度所产生的障碍。令人沮丧的是，这种残疾的社会模式对融合教育议程、教学和研究都没有产生深刻的影响（Oliver,1999）。

第二个障碍与专业化程度以及新进教师对融合的观念有关。斯克蒂克（Skrtic,1995）指出，专业化过程会塑造出这样的个体：他们基于他们认为客观的知识，相信他们是在为客户的利益最大化以及他们特定的病理表现服务。现在大多数教师培训项目都包括融合教育课程来取代满足"特殊需要"的课程，或者两者艰难并存。斯利（Slee,2001）认为，特殊教师热切地采取融合教育措施，是因为这有利于他们以公众能接受的低标准来开展教学。在教师教育中，特殊需要与性别、种族、少数族群和社会地位一样，都应是培训的重要主题。在一个并不区分各个族群的机构里面（Almeida Diniz & Uamani,2001），那些不能处理多方面压力并缺乏技能的新进教师都忽略了这些因素。新进教师被要求熟记主导性的和严格的（Smyth & Hattam）"办公室经文"，强调纪律和对儿童的控制。

包括融合政策在内的教育政策，在一个低效率、没有效果和不公正的责任体制下运作（Vidovitch & Slee,2001）。已经有人发出了这样的警告，如果我们不认真地看待责任体制的问题，那么教育政策也许会变为全球一体化思想的帮凶，这种思想让我们在全世界范围内都毫无批判地接受市场化观点的意识形态，然而这些似乎并没有引起重视。鲍尔（Ball,2000）说，许多问题都强调支持而非如何改善，这就有必要让那些参与调查的人进入到编制的过程中。来自行政指令的对教育的高质量的要求也影响到了融合教育。然而，有特殊需要的学生及家长关于什么是令人满意的融合教育的观点却被忽视了。学校需要公布主流学校现有学生人数的增长情况，或者公布有特殊需要学生人数的减少情况（苏格兰主管部门,1999）。这些应该可以算作是融合教育的证据，但是也可能只是对地方教育当局的政策反映。

五、采取何种措施实现融合？

QSRLS 和苏格兰议会的建议都一致表明要建立以社会公平、公正和融合为核心的教育需要什么改变。显然，要短时间内解决教育体系的问题是有困难的，但重要的是我们需要考虑基本的问题："建立公正的课堂意味着什么？"(Edgoose,2001)

格维尔茨(Gewirtz,2000)指出，需要将政治学引入到对教育政策的辩论中。学校可以被看成是"控制与被控的对抗平台"(Bordieu,1991)，而我们需要消除这个体系中存在的不平衡。在教育体系中，我们曾经付出巨大的努力却导致了社会不公与等级的扩张。吉尔伯恩和约德(Gillborn & Youdell,2000)认为，"现在到了重新关注实现社会公正这方面问题的时候了"。重构关键的政策可以帮助我们打破政策制定者的专断，就是这些政策制定者允许隔离局面继续存在(Slee & Allan,2001)。

两项报告都强调听取儿童和家长意见的重要性，我们可以看出做到这一点对实现融合是至关重要的。但真正的危险在于我们容易屈从于话语崇拜，我们仅仅把关注的焦点放在了是否进行了听取建议的过程，而没有仔细倾听儿童或家长说话的内容。儿童对他们如何成功地参与和学习有许多很好的观点，但他们无法参与学校决策。家长最了解他们孩子的需要，对成功实现融合也有独到的观点，但他们的观点被忽略了，他们经常屈服于那些自以为是的教育专家们。儿童和家长显然是非常有价值的资源，不应该被这样白白的浪费。

斯利(Slee,2001)提醒我们，融合是从我们开始的。我们每个人都与融合息息相关，因此我们都需要考虑我们的行为在多大程度上对融合造成了阻碍。这也要求我们仔细观察融合的进展，并质问我们自己："我们真的能说事情变得越来越好么？"(Farrell,2001)此外，我们要认清我们对社会公正、公平和融合所承担的责任。不要试图通过提出一系列单一的建议去减少各方的责任，更负责的做法是要确认这些义务的不同的本质。我们要提出如下问题：

(1) 如何才能帮助教师们获得并展示他们作为教师必备的能力？如何让教师们懂得他们是处在一个不断了解自己与他人的过程之中？

(2) 教师如何才能成长为自主的专业人员？他们如何学会依靠他人的支持与合作？

(3) 如何对教师们提供支持，使得他们能够让学生的成绩达到最佳并能够确保包容性？

(4) 如何帮助教师理解特定障碍的本质，又避免用这种知识伤害参与融合的学生？

(5) 如何帮助教师应对来自排他性的压力，让他们避免产生怨气，并帮助教师在未来尽快实现融合？

这些双边责任的问题或迷阵(Derrida,1992)提供了这样一个框架:认真对待这种进退两难的僵局,就能够为教育者更好地理解这种困境提供帮助(Edgoose,2001)。

六、融合教育的挑战

文章开头提出了两套激进的建议,提出了通过体系上的变革来实现融合教育。这些建议代表了思维范式上的重要转换:从只关注特定儿童个体或族群转换到创建适合所有儿童的融合环境。我在这里已经讨论了超越学校体系之外的关于融合的障碍,包括对特殊教育的认识、教师学习的方式和教师在一个责任体制下工作的方式。这些都是很难应对的障碍,即使不能完全消除,至少了解它们的破坏性是有帮助的。要想实现融合,我的建议是:要有与融合相适应的政策;要听取儿童和家长的意愿,了解融合对于他们的意义;要知道我们有哪些做法产生了隔离。我们在融合上所承担的责任和义务可能是相互矛盾的,会将我们引向不同的方向。我在这里论证了我们需要找到克服这些责任之间矛盾的方法,而不是为了减少它们的矛盾得出单一的解决方案或者妥协让步。

这是不可能完成的挑战吗?昆士兰和苏格兰的经验至少表明,为了实现一个更加融合的教育体系,我们有强烈的意愿做出必要的改变。罗杰·斯利(Roger Slee)是融合教育的拥护者和领导者之一,也是昆士兰政府的副总理。他已经能够将 QRLS 的调查结果作为教师发展的平台,并与一个内容更加充实的教学和课程改革相联系(Slee,2003)。他将政治上的认可引入到辩论之中,他主张"对昆士兰残疾儿童、家庭以及倡议者来说,这是新的处理方式的开始"。

在苏格兰,同样有证据显示对融合的挑战采取了积极应对的方式。调查报告建议,之前用于对有特殊教育需要的儿童进行评价和记录的规范化管理系统——也就是沃诺克(Warnock,1997)提出的她的一个重大错误——应当被抛弃。随后,立法机构提出了一项新的评价体系,并上交苏格兰议会。在调查的过程中,政治家们表现出对融合这个概念越来越复杂的理解。苏格兰议会成员也似乎明白他们所面临的一些问题的复杂本质,并且他们不愿意对这些复杂的问题做单一的处理。在报告发布之后,苏格兰议会随后进行了讨论。在讨论中,大家对报告提出的建议非常满意,并且非常清楚地将价值观念的问题放在了融合教育改革实践的中心地位。

"这次讨论……不是关于数据、政治或者……教条;而是关于信任、信念、关心和建立社区……是关于人权和人类的。"

对于是什么阻碍了融合教育实践以及怎么做才能实现融合,我的解读也许是正确的。尽管如此,我并不打算让解读和建议成为教育改革的模板,这些解读仅仅是作为进一步讨论的基础,起到抛砖引玉的作用。这些讨论不可能成为应对融合教育挑战的最终良方,但它是一个好的开端。

(卢 茜 译)

另一种视角：
融合教育主义有可能实现吗？[①]

科林·劳

作者简介

科林·劳(Colin Low,1942—)，国际视力残疾人士教育国际委员会主席，兼任英国皇家盲人协会(Royal National Institute for the Blind,简称RNIB)主席，2003—2011年任欧洲盲人联盟(European Blind Union)的主席，他出生于1942年，自三岁起，就失明了。他曾就读于伍斯特(Worcester)盲人学院、牛津大学以及剑桥大学。

从1968年到1984年，他在利兹(Leeds)大学讲授了16年的法律与犯罪学。在移居伦敦之前，他担任残疾资源小组(the Disability Resource Team)的领导，该组织专门为残疾人提供一些建议和服务。之后，他在城市大学(City University)成为资深研究员，主要研究残疾理论，在2000年退休。他长期为争取残疾人的权利而奔走，因此，他被提名为七名无党籍终身贵族新成员之一。

选文简介、点评

选文分析了融合教育的含义，并在此基础上提出了融合教育主义的概念。作者认为，社会对残疾人的融合，不是要残疾人去适合社会，而是社会应该通过自下而上的改革来适合残疾人的需要；不仅仅只表现于对残疾人提供个别的、特殊的服务，更应该建立一个完整的支持系统。在对残疾人提供服务的同时，也要满足社会的每一个人的需要，即，融合教育主义不是只针对残疾人，而是针对社会所有人。作者认为，每个人在其一生中，都有出现残疾的可能。社会中每一个人都可能因为疾病、意外、老化而残疾；残疾不再是少数人的问题，身心残疾成为所有人的生命经历之一。残疾是人类社会文明发展必然要付出的代价，它和健全共生存在。因此，作者将残疾的含义进行了泛化，残疾不仅仅代表个体机能上的不足，更意味着个体的功能性特征的缺乏，即因为残疾而不能正常地参与社会生活、工作和学习；强调社会为残疾而设的多种障碍而非残疾本

[①] Colin Low. Point of View: Is Inclusivisim Possible? [J]. European Journal of Special Needs Education, 1997, 12(1): 71-79.

身是导致残疾人社会适应困难的主要原因。作者转变了过去从生物学视角看待残疾，开始从社会学的视角考虑残疾，认为：不应该将残疾看做是一个特殊的事物，而应该看做是人所具有诸多特征中的某一个特征；残疾是一个很普通和平常的事物，大家都不用觉得大惊小怪，更不用把残疾人当做异类来看待；残疾人同其他社会成员一样，是人类的组成部分，是人的存在的多样性和差异性的一种表现，是人类多元化的特征。这些思想，对于残疾人回归主流有很大的意义。

在阐述融合教育主义时，作者主要是从宏观的角度来探讨融合教育的意义，并用盲人的例子作为支撑，来探讨融合教育的边界问题。作者认为，融合教育是有边界的，至少在理论上是有边界的。他认为，应该回归到身处其中的每个人的视角和经验中寻找边界。在融合教育主义的实现途经中，他提出了三种形式，即激进型、温和型和保守型。作者对于是通过回归主流的方式还是提供隔离的特殊教育服务的方式提出了自己的见解，认为哪种方式更具有实用性不能只停留在理论层面的探讨，其最终的测试必须通过实践证明其有效性。

我们看到，作者并不局限于对融合教育的"融合"含义的解释，而是强调建立一个让残疾人能够真正融入社会支持系统，也不局限于探讨融合教育有无"乌托邦"之嫌的问题。作者认为，虽然完全融合确有诸多弊端，但是这些并不重要，重要的是要有融合教育的理念，并要有为之生生不息奋斗的精神。

在文章中，作者标新立异，提出了很多新概念，比如融合教育主义、无区别主义、后文字社会等。选文涉猎广泛，文中涉及诸多交叉学科，比如有特殊教育学的，有社会学的，有法学的，甚至还有伦理学的。该文写作手法既正统又不时有机敏的讽刺，例如通过对某残疾人的权利诉求的案例，来引发对统计资料数据不实的嘲讽，是为了重点阐述后文所提出的，社会对残疾人的漠不关心的事实，即官方统计的残疾人数字与实际数字的巨大差距等。我们可以看出，作者对残疾人事业的关注，不是纯粹的理论探讨，也不是纯粹的报告类文章，他在长期担任社会职务的过程中，积累了大量的实践性经验，并且在大学长期的教学和科研中，积累了丰富的理论内涵。这些经验都体现在该文中从理论到具体案例再回归理论的探讨过程中。

该文有助于我们从我国特定的历史、文化与教育背景出发，比较中国与西方特殊教育发展的特点与规律，探索我国特殊教育应该遵循的发展模式及其内在要素之间的联系；有助于我们进一步分析融合教育与我国特殊教育模式的关系，探索我国本土的融合教育模式；有助于就我国随班就读的发展应如何结合中国特定的文化与教育实际以及我国特殊教育模式应如何体现融合教育的精神进行思考。

选文正文

首先,让我们先来理清一些概念性问题。也许本文的标题应该是"融合教育有可能实现吗?"而我采用了"融合教育主义"的概念,更多的是关注该思想中的"融合"与"融入"的含义。每个人都可能会支持某种思想,然而,却没有几个人能为之伸张或辩护。另外,融合教育主义思想是在"一个适合全民的社会"的背景下产生的,而这种思想,又能得到社会普遍的认同,因此,我认为,用"融合教育主义"的概念作为标题更能表达文章主旨。

也许,文章的标题应该用"融合教育主义的道路究竟还有多远?"或者是,"融合教育主义有局限性吗?"这些问题可能会更加具有探讨的价值性,但我主要想探讨的是"融合",或最起码"融合"的途径有无实现的可能性的问题。因此,用"融合教育主义有可能实现吗?"作为标题,似乎更加贴切。当然,融合教育主义是值得探讨的问题,但我更想知道这种探讨究竟有多大的价值性和必要性,以及对此概念的本身应该有一些清晰的界定。鉴于此,我们首先需要讨论的是,"什么是'融合教育'和'融合教育主义'"以及"什么样的社会才是一个包容所有人的社会、超越正常化状态的社会"等问题。

无论是"融合"还是"全部容纳",都不是简单地把残疾人回归主流。作为一种风靡全球的思潮,"融合教育主义"意味着我们不应该只为残疾人提供特殊需要服务,而是应该把他们看做一体化社会中的一个组成部分。我们可以通过加强社会环境的建设、社会资源的整合以及社会服务的支持等方式,来满足所有人的特殊需要。在那些一直反对我们实施一体化和普通教育改革的人的眼里,迄今为止,所谓的融合教育实施的途径太过于单一,只是数量上有所增加,而无方法上的创新。这方面主要表现为,我们为残疾人提供的融合教育只是一些形式上的融合,一些特殊教育机构在普通教育改革中并没有作出实质性的改变。融合教育主义是一个具有整体性和系统化的理念。这一理念认为:社会性机构应该从人的最根本的生存需要出发来提供一系列的服务。有一次,我听到一位特殊教育社会学家的观点,虽然非常犀利,但我很是认同。他认为:一体化的进程,并不是让有特殊需要的儿童改变自我去适应学校和社会,而是学校和教育系统应该重新构建,主动为特殊儿童提供特殊需要服务。例如,有一位叫弗格森(Ferguson,1996)的学者,他研究如何将正常化和一体化的教育推进到融合教育之中。他一再强调,学校应该自下而上进行改革,尽可能地支持各种残疾类型的儿童,而不仅仅只是提供与需要相当的服务来弥补缺陷。想要理解该批评的意思,我们就必须先理解该批评产生的背景和来源。

在历史上,残疾人的一生大多充满着太多的不幸和苦难。由于残疾,他们遭受着社会的压迫,为了仅有的一点物资资料,只有不停地抗争;残疾带给他们更多的是贫穷、失业和被隔离。不仅如此,他们成为这个极其落后、封闭的旧体制的牺牲品。而这些都是因为他们身上的残疾。他们的个性和人格被逐渐地消磨，从而被认为是无助的、无能的和不独立的群体。总而言之，他们是一个特殊的群体，与常人有着根本性的区别，并不断受到社会的歧视。

近来，越来越多的残疾人认为，他们自己与常人无异，我把这种观念称之为"无区别主义"（the doctrine of indistinguishability）。这种观点认为残疾本身并无特殊之处，它仅仅只是人所具有的无数身份特征中的某一个特征而已。因此，绝不能把"残疾"作为排斥残疾人的一个正当理由。他们顶多看起来只是有点"令人不顺眼"罢了。如果他们处于不利地位和受限制状态，他们可能期望得到某些其他方面的补偿。

正如肯尼思·杰尼根（Kenneth Jernigan，美国盲人协会主席）认为：

如果失明是一种缺陷（或限制）的话（并且确实是），则它也应该同人所具有的很多其他特征一样，被认可和接受。我相信，失明只是像人所具有的其他上百种特征一样，每个盲人基本上都可以完成职业范围内的相应的工作，也会获得（当然，是附有条件的）很多的职业培训和发展机会。

对此，更深层的意思是，残疾与不利地位之间并无本质的联系，即残疾不一定形成障碍，障碍也不一定形成弱势地位。倘若一个残疾人处于不利地位，这与他们本身的个性特征（即残疾）是没有联系的，而是由于社会组织和群体对残疾人的教育安置采取了区别对待的态度，残疾人的特殊需要也没有得到充分地满足，从而导致了残疾人处于不利地位。这就是残疾的"社会模式"，与所谓的"医学模式"相区别，它把残疾当做个人诸多特征中的某一个特征和功能。

对于该思想，主要有两层含义。第一，实用主义的视角。对于当前的隔离化的教育安置模式提出了质疑与批评，认为该安置模式可能会导致更多的残疾人。第二，更关注人的个性与价值。要抛弃"我们能为残疾人做什么"的传统思想，而应该关注残疾人的人格和尊严，让他们获得"人之所以为人"的价值感。我更倾向于走实用主义路线，但有时，残疾人的医疗化服务的突然中止，有可能致使残疾人进入一个不独立的、弱势群体的角色之中。例如，最近，我在火车站寻求得到帮助的时候，却被告知，那里只有护工人员可以帮助我，在这样的情形下，不能避免的是，有一种想寻找自我价值认同感的想法在脑海里一闪而过。

融合教育主义反映出"无区别主义"的遍地盛行，它反对区别性的隔离对待，强调应该实现残疾人一体化教育模式。如果你真心想为残疾人事业做点什么的话，不在于你为残疾人提供了什么服务，更重要的是观念的改变，即改变传统意义上对"残疾"的认识，并自下而上、重建社会制度。也许，只有这样才更有意义。我们每个人在自己的一生中，总有一段时间处于残疾人的角色中，因此，残疾人的特殊需要教育安置环境不仅仅只适合于残疾人，也应该适合于所有人。我们现在的社区仅仅为处于不利地位人群提供服务，而并没有照顾到社区的所有成员的需要。因此，"融合"意味着，社区应该满足回归主流的所有人员的需要，而不是按照传统的残疾人概念，把社区的人群进行特殊分类，或只为残疾人提供特殊需要服务。

英国盲和低视力协会的师生们(1992)提出了一些建议,主要是针对在学校中,如何更好地服务于视觉障碍儿童:

盲和低视力儿童应该拥有与其他儿童相同的所有课程的学习资料,通过一些诸如盲文读物、录音带、大字板等支持服务来实现。

盲和低视力儿童应该拥有更好的学习条件,为他们提供最有利于学习的辅助设备(例如:盲文记录器、录音带、语音设备、盲文或大字体电脑、电视等)。

在教与学的过程中,学习材料和结构内容应该符合视觉障碍儿童的知识水平,并能与班级中的其他学生和教师形成良好的互动关系。

教与学的结构安排,应该与学习材料和基本理论联系起来,要注重所有儿童(包括盲童和低视力儿童)的认知发展水平、价值观、生活形态、经验、想法、文化以及理解世界的方式。

所有的活动,无论是学术活动,还是非学术活动,都应该向盲和低视力儿童敞开。

孩子们的进步和发展应该给予适当的测试和评估,这能从中发现视觉障碍儿童在不同类型工作中的价值,以及在不同方法取得成绩的过程中,他们可能拥有或发展的知识和能力。

学校的布置应该充分考虑到视觉障碍儿童的特殊性,提供各种便利条件,使得他们与无视觉障碍的儿童一样能够获得各种资源。因此,凡是无视觉障碍的儿童能够进行的活动,也同样适合于有视觉障碍的儿童。同理,所有的儿童也都应该具有相同的活动环境,例如该活动是富有刺激性的,或者是需要格外小心谨慎,还有可能是只适合学业发展的,等等,倘若它能适合无视觉障碍的儿童,它就应该能适合有视觉障碍的儿童。

它需要更多人的支持和鼓励,使得人们相信,视觉障碍儿童能够从一个具有良好氛围和友好环境的学校中获得更多的收益和发展。

学校所有的信息,包括报告、指南、告示、音乐等,都应该有其正确的格式,符合所有人的需要。

当学校招收新的学生和聘请新的教师时,学校应该强调盲和低视力学生在学校的积极表现和价值,使得他们能更好地接纳盲和低视力学生。

对于这么多的要求,我们实施起来难免会有一些困难。多年以来,残疾人组织对不同教育需要的人提供不同环境的教育安置服务。但是在近几年,至少在英国,更偏向于用"间接"的方式满足人的需要,而非传统的"直接"的服务方式。这些变化说明了这样一个事实,虽然普通学校有夸大满足特殊学生所有需要的迹象,但是最终会实现这样的景象:普通学校所提供的服务能够契合所有人的需要,而不是通过专门机构去提供有限的资源去直接满足残疾学生的所有需要。

当我写这篇文章的时候,所有的案例都表明,我们正期待着拥有回归主流的环境,能把视觉障碍的儿童同普通儿童安置在一起。例如,设置有提示音的交通信号灯,十字路口的盲道,有触点的电梯按键或者有提示音的电梯和不同尺寸的纸币等。

又要举一个关于盲人的例子了。相比其他障碍来说,盲人的问题总是很容易地显现出来。而且,随着时间的发展,人们对待这些问题的看法也在发生着变化。在20世纪20年代,有位法官,驳回了一个盲人要求损害赔偿的诉讼请求,在该诉讼请求中,由于公路上有一个洞没有加以防护,而给该盲人造成了损害,他请求该洞的责任人给予赔偿。该请求的核心是,被诉人具有疏忽过失而应承担法律责任。然而在当时,法官并不认为该责任人负有责任,他认为要求社会去适应残疾人的需要简直是不可能的事情。这就如同残疾人撞到灯柱上索要赔偿一样的不合理,因此驳回了该盲人的诉讼请求。直到四十年后,人们的观念开始发生变化,具有里程碑意义的判决出现了,在1965年,哈里诉伦敦供电局案[①],在该案中,认为承包方在这样的情况下应负法律责任。又过了近三十年,我们于1991年颁布了《新建道路与街道工作法案》(the New Roads and Street Works Act),对在交通要道上可能出现的各种情况做了清晰的法律责任的界定。

顺便说一句,哈里案也为我们提供了一点有趣的题外话。当我们在使用统计资料的时候,要忍受一点其中的数据不实的事实。在上述的这个案件中,法官之所以做出这样的判决,那是因为法官参照了盲人数量的统计数据。当时的统计数据显示,盲人占总人口比例的1/500,而事实上,根据最近的英国皇家盲人协会(RNIB)的调查研究显示,英国的盲和低视力成人的数量是上述数字的三倍以上(HMSO,1991)。然而,只有不到一半的盲人能够独自出门,因此这个判决的意义显然十分重大。

回到正题上来,现在越来越多的残疾人可以参与到主流的社会生活中。聋人可以使用电子交流设备进行对话,可以观看有手语翻译的录像、游戏和电视节目。但是,不要把这看做是对他们提供的特殊服务,其实这本身就是融合的一个过程。我们不难想象,在后文字社会中(post-literate society)[②],人们更愿意在剧院里带着耳机听谈话节目,人们逐渐开始接受为多样化的顾客提供的商业企划案。同时,有些人最近认为在购物中越来越能体现融合的意蕴了:"购物

---

① Haley v. The London Electricity Board. 在该案中,对于一般的道路施工作业,施工方都应有一定的预见能力和责任,即在施工过程中不对第三人造成损害,例如在施工区域设置障碍物,防止行人受到损害。但是对于盲人哈里,他一个人独自出门,虽然有盲杖,但是仍然无法像其他人一样可以轻易地避免道路施工作业对他造成损害的可能性。虽然有障碍物标志,但这并不足以表明施工方尽到了合理的注意义务,并且,哈里在此遭到了损害的事实。因此,在该案中,责任人即施工方有疏忽大意的过失侵权责任。
资料来源:伦敦电力局网站,http://www.tortlawcases.com/tag/london-electricity-board/.

② 后文字社会,它认为社会是由多种媒介来实现人的读写、认知和交往,文字已经不能作为唯一的媒介方式。例如可以通过CD、电视、录音、图片等来代替文字的功能。最早提出的是1962年的马歇尔·麦克卢汉(Marshall Mclunan)的《杰出的古腾堡》(古腾堡是德国活字印刷的发明人)。——译者注

不仅仅只是拥有一个方便的装置去阅读食物标签,而是指清晰的标签指示、商店标识、明亮的灯光以及零售商为盲和低视力购物者所提供服务的意愿。"

我们看到,所有的这些努力都是具有建设性意义的,融合教育主义当然全力支持,但是,这里就没有值得质疑的地方吗?引用英美盲人领导曾经说过的话:也许,未来的环境可能更加的人性化——其程度远远多于现在的建设——但是,它并不可能完全地重构(即重构环境,也应该考虑到残疾人的特殊需要)。对视障人士来说,签名怎么办?盲文提示,除了一些特定的或者非常简单的符号(比如房间号码)以外,一直被我视作一个摆设而已。只有一小部分人能够阅读盲文,另外你还必须知道去哪里读,同样,听力辅助也是如此。对我而言,就好像站在一个很复杂的机场里,在那里,除了寻找机场工作人员的帮助之外没有任何选择的余地,要想完全依靠自己来办理各种事务,那只是一种幻想。事实上,在英国,我们刚刚获得了一份新的社会保障福利,旨在确保盲人的出行需要,它是基于盲人在不熟悉的环境中、大多数都需要他人帮助这样一个想法上的考虑。倘若我们置残疾人的利益于不顾,而只去追求环境的变化的话,我们还有必要倡导完全融合之路吗?

坚持完全融合之路可能会有更多可怕的结论。我曾经听到一位美国盲人协会的代表坚决拒绝以回归无障碍环境的理由而申请使用特殊工具,尤其是,当特殊措施一眼看过去就带有明显的特殊服务的味道,就会让人难以接受,例如沿着铁路的边上,画上白色的警戒线,就显得格外显眼等。强调完全融合,尤其是在教育领域,产生了巨大的反响。特别是在美国,从教授到倡导盲人的特殊需要应该予以满足的团体组织——在盲文教学、定向行走训练、技术知识的培训以及更广范围的教育安置等——在完全融合之路上还有太多的不足。

在这样的情况下,常有很多不同的争论。毋庸置疑,在融合教育的倡导者们看来,融合即包容一切,尽可能地为盲人提供病历、盲文说明书、大字板或录音带等。也许,任何东西都可以用于实现融合,但这些都是真正有用的东西么?大多数的它们,也仅仅只是昙花一现,短暂的、偶然的以及没有满足其需求本质的。当然,融合教育的倡导者们,也许认为融合是人理应追求的一种权利,但是,它适用于所有的地方么?在这里,我认为,融合应该有其边界,至少在理论上是如此。它不可能让所有的事物都提前为之做好准备,但可以通过不断努力、完善细节、提高技术,融合之路就可能不会太遥远。大家请注意,我说的是"可能",而不是"容易"。对于听觉障碍者而言,我希望为每一位成员都能提供文本阅读器。当我们透过宽带电话线以最适合我们的方式——印刷体、盲文或语音去获取越来越多的信息的时候,这就让我们越来越有信心去憧憬一个融合的社会了。当然,要使得它具有实现的高效性,我们从一开始就应该制订完善的计划。

我大胆认为,完全融合的追求,更多的是一种热忱,它忽略了很多残疾的现实,并掉进了陷阱和错觉之中,即与现实相脱离,并难以实现。这主要有两个方面的原因。

第一,虽然融合有着看似很有用的指导原则,但却走向了极端,成为一种不现实的幻想。虽然可以想象所有的环境改造都可以按照残疾人的意愿来做,大量的工作和高昂的经费可能都能承受,但是我们能期待社会为所有的残疾人按照其特殊需要来进行所有的教育安置改造么?建立一个满足所有人的特殊需要的和谐社会,究竟还有多远?这是一个可以实现的理想么?"特殊需要"在这里还有没有存在的意义?我将简短地回应一下这个问题。目前,请允许我说,确实有一条融合之路,总是在追求融合实现的过程,而不是期待最后实现的结果。在这里,也许唯一的不同是:这一条融合之路更多地去鼓励勇于尝试、不断进步,而不要去在意结果失败的可能性。

另外,我不能容忍的是,在推行融合教育过程中,社会性组织的建构是否应只考虑所有人的共同需要而忽略残疾人的特殊需要。并且,残疾人在涉及残疾性的问题时是否应具有主要发言权等,这些问题在理解上还有很大的分歧。在一个大家都接受的融合社会中,我们应该期待的是,残疾性的问题以及残疾人的特殊需要与社会相融合的过程,不应该只由特殊教育专家来解决,而应该由融合教育的倡导者以坚定的融合态度对待一体化过程中所有人的需要。

也许有必要说明的是,在融合之路中,没有太多必要性来探讨它的乌托邦色彩。很难去期待非专业人士能够在满足所有人的特殊需要时还能兼顾去满足某个人的特殊需要。英国的盲人有太多痛苦的经历,他们的特殊需要,例如搬迁、交往、日常生活和其他方面,与其他残疾人一样,没有得到应有的社会服务,更不用说儿童、失业者、低保户、流浪者、移民和其他弱势群体。

第二,认为完全融合之路是陷阱和谬论在于它是精英主义的(即只考虑到强者的利益,而忽视弱者的利益)。很多残疾人,虽然他们本身确有残疾,但很显然有相当高的独立生活能力(即能够适应完全融合的环境)。而有些残疾人,如果没有适当的帮助和康复训练,显然不能完全或马上独立生活(即不能适应完全融合的环境)。如果对后者不提供帮助使其独立生活,对他们而言则是不公平的。

要让残疾人提高对事物的理解能力并致力于为社会作出有价值的贡献,以发展残疾人的选择认知能力和与世界互动的能力。我记得有一位来自牛津大学的优秀的盲人法律教师,带着一种满足感告诉我,与视力良好的同仁们相比,他在去伦敦的途中能够思考更多的问题,因为他不会受到来自火车窗外景色的种种干扰。如果这是事实的话,这就是我常常提起的一种缺陷补偿。但在有些情况下,说他们是缺陷补偿难道不是一种对残疾人的固有的偏见吗?要知道,我们强烈反对以任何形式来表明他们是无用的或不独立的。当然,事实表明,残疾人与普通人一样,每个人都有独特的才华和能力,还有些人能为社会作出更多的有价值的贡献。当然,还有一部分残疾人没有这些能力,也无法为社会作出贡献。我们清晰地看到,在道德价值感方面,每个人都是平等的,不会因为本身的残疾获得额外的好处。

在这一点上,会有很多人反对,认为融合教育者们并没有彻底地反对特殊服务,而只是反对隔离性质的特殊服务而已。这就回到了我在前面提出的问题:倘若离开了融合教育主义的土壤,特殊需要还有什么意义呢?在这里,必须区分三种类型的融合教育主义,即激进型、温和型和保守型。

激进型的融合教育者认为,所有的需要都应该予以满足,并作为社会普通安置的一部分。该路径我已经充分地思考过了。可以肯定地说,我的观点是人们——当然是残疾人——确实有某些需要我们可以认为是特殊的。事实上不这么认为的话,就是错误的和不实际的。这就使得激进型融合社会模式无论在实践上还是在理论上都不成立。一个企图满足所有人需要的社会系统实际上是无法满足任何人的需要。特殊需要的观点和提供完全融合教育本身就是一对矛盾的概念。因此,激进型融合教育主义就需要一个同样激进的答案。

温和型融合教育者认为,残疾人要实现最大限度的独立性,只能在特殊工具的帮助、提供和支持下才能实现,而这些必须是作为回归主流安置的一部分而存在。接下来,我将论述这一点。保守型融合教育者认为,有必要对残疾人提供特殊需要的支持与服务。只是,他们不喜欢这样称呼而已。尤其是,他们反对使用"特殊"这个字眼。它从表达上的厌恶,发展到标签化、区别化和只重形式不重实质的时下所流行的术语化。在这样的情况下,拒绝把铲子称作铲子,就没有任何意义了,尤其是在你认为需要一把铲子的时候。

最后,我们来探讨一下温和型融合教育者的立场。很多人表示认同此观点,但同时,它可能会产生很多的弊端。由于全球经济衰退,回归主流的社会服务范围呈缩减而不是扩大的趋势,融合社会所提供的特殊服务,甚至是回归主流之外所提供的特殊服务(例如特殊机构等),都将承担起维护残疾人利益的责任,因此,当有人倡导对残疾人分开提供服务的时候,我们应该慎之又慎。有时候,分开提供特殊服务很可能带来不良后果(例如在教育中,容易把特殊儿童从主流环境中隔离开来)。残疾人有权利得到最大可能性的一体化服务。但在其他的情况下,如何实现人们的利益最大化,是通过回归主流的方式还是分开提供服务的方式等,还有很多疑问。

就比如说盲人图书馆吧,目前,在英国有很多关于它的讨论。有些人强烈要求通过回归主流的公共图书馆来为盲人提供服务,一些公共图书馆似乎对这种想法也深表赞同。盲人是否应该作为一个特殊的群体来对待,或者,普通公共图书馆比特殊盲文和点字的图书馆所提供的服务是否更好?如果是后者,我认为目前还没有得到完全的验证,在具体实施之前,还需要作出一定的试验。

虽然回归主流的公共图书馆系统可能更有效地为盲人提供特殊需要服务,但还是应该首先对当地的公共图书馆进行改造,增加专业性的书籍和专门化的服务,才能适用于盲人,而非直接地、不加任何改造地使用公共图书馆。这也并不是说当地图书馆应该有很多的盲文和点字图书。如此一来,是不是感觉真正地为盲人的社会融合做了一点实事,而不只是增加了一级政府行政机构?不要在意回归主流是否有用或有效,重要的是,它的出发点是不是为了实现一体化和融合教育?盲人通过当地图书馆而不是邮局,就能实现需求,这样的话,是不是就真的感受到了一体化?或许感受到了吧。这需要通过验证才能知道。也许,我们发现,有些人感受到了,有些人仍然没有感受到。同样,有些人觉得提供了很多方便,还有些人觉得没有提供什么方便。

我的结论还是刚才的问题,即对残疾人提供服务,是通过回归主流的方式还是分开提供特殊服务的方式,哪种方式更具有实用性而不仅仅只是理论上的探讨?我更加倾向于回归主流的方式,但是最终的测试必须证明其具有有效性:倘若只关心少部分人的需要,专业性的技能和资源还有必要在回归主流中运用和发展吗?回归主流和分开提供服务的边界随着时间的推移将会不断地改变,这应该根据技术发展水平、现有的资源以及公众对回归主流服务的态度对之做出定期评估来决定。

通过以上的总结,我们回到了这篇文章的主题。我认为,我们需要建立一个支持系统,让社会和普通人群能够意识到残疾人应该得到最基本的尊重。因为,基本的尊重意味着他们与普通人并无差异,他们的生活也应该与社会的其他群体融合在一起。这对于为残疾人提供何种类型的教育系统、就业机会、娱乐设施等都有很重要的意义。残疾人所需要的尊重与普通人不同,他们更需要与众不同的特殊需要,社会也应该给予他们更多的关注。因此,社会组织就应该提供必要的特殊服务去满足他们的需要,尽可能地让这些都成为回归主流服务中的一部分。但是,有时也会出现这样的情况:通过分开的服务系统,对残疾人提供特殊需要服务,有时候反而是最有效果的。

这是一个需要根据具体情况来确定其价值的实践性问题。但它不应遵循分开服务系统的模式,因为它会削弱融合教育——在此模式中处于核心地位的概念——的原则。这种模式是否会出现,取决于分开的系统是否为个人提供了社区主流服务之外的特殊服务。这种隔离的教育系统的模式有可能出现于特殊学校、残疾人的工作安置——他们的家庭安置、健康和福利、休闲和娱乐活动等的安置之中。但是,这都不是提供特殊服务的理由,大多数人的目的是在回归主流的环境中对个人生活有所支持,如果这些可以由特殊机构来实现的话,其实也没有关系。

(彭兴蓬　孙玉梅　译)

理解与发展学校融合教育实践：
协同行动研究网络[①]

梅尔·艾因斯科　托尼·布思　艾伦·戴森

作者简介

　　梅尔·艾因斯科(Mel Ainscow)是曼彻斯特大学教育学教授兼"教育公平研究中心"主任,澳大利亚昆士兰理工大学客座教授。他也是"大曼彻斯特挑战计划"(the Greater Manchester Challenge)的政府首席顾问,这个计划投入了5000万英镑以促进当地教育的发展。他是联合国教科文组织融合教育教师教育项目主任,参与了八十多个国家的相关研究和教育发展项目。他还是联合国儿童基金会和救助儿童基金会的顾问。2013年被任命为英国议院教育委员会咨询专家。他试图探索融合教育、教育发展和学校改进之间的关联,研究特点是运用参与式的研究方法来影响教育系统、学校和课堂教学的思想与实践。主要著作有:《发展公平的教育体系》(*Developing Equitable Education Systems*,2011)、《回应学校的多样性》(*Responding to Diversity in Schools*,2011)、《学校提升、促进融合》(*Improving Schools, Developing Inclusion*,2006)等。

　　托尼·布思(Tony Booth)是坎特伯雷基督教会大学融合与国际教育研究所的教授。他多年来专攻融合教育与教育中的排斥现象的研究,在推动融合教育理论与实践方面作出了卓越的贡献。布什教授参与过英国、挪威、印度和巴西的教育研究,对这四国的"融合指标"进行过调查研究。他试图在国内的融合教育与全民教育理念之间建立联系。他认为应该用比较教育学的方法来进行所有的教育研究。他的著作有:《融合教育指标》(*Index for Inclusive Education*,2011)、《发展融合师范教育》(*Developing Inclusive Teacher Education*,2003)、《从他们到我们：融合教育国际研究》(*From Them to Us: An International Study of Inclusion in Education*,1998)等。

　　艾伦·戴森(Alan Dyson)是曼彻斯特大学的教育学教授。从2003年开始,他与梅尔·爱因斯科一起在"教育公平研究中心"工作,主要研究城市环境

[①] Mel Ainscow, Tony Booth, Alan Dyson. Understanding and Developing Inclusive Practices in Schools: A Collaborative Action Research Network[J]. International Journal of Inclusive Education, 2004,8(2): 125-139.

下的学校。在此之前的 1995 年到 2003 年间,戴森曾是纽卡斯尔大学"特殊需要研究中心"(the Special Needs Research Centre)的主任。教授是一位高水准的、国际知名的学者。他在解决教育公平和社会排斥问题上作出了有价值的贡献。他曾主持过多个英国政府资助的科研课题,还参与过欧盟和联合国教科文组织的研究项目。他的著作有:《发达国家的教育和贫困》(*Education and Poverty in Affluent Countries*,2010)、《学校和区域重建》(*Schools and Area Regeneration*,2003)等。

选文简介、点评

融合教育自 20 世纪 70 年代以来逐渐成为全球特殊教育领域讨论最热烈的议题,并对世界各国特殊教育政策与实践产生重要影响。虽然,对融合教育的挑战与怀疑从未停止过,但融合教育理念已经成功地导致了对传统的隔离式特殊教育体系的完全否定,融合教育已经逐步成为各国特殊教育的主要发展模式。选文就是基于英国本土的实践,来探讨实现学校中的融合教育的途径。文章来源于英国经济与社会研究理事会主持的"教学研究计划"。这个计划是英国有史以来最大的教育研究项目。该计划的第一个阶段建立了四个国家级的研究网络,选文就是其中的一个关于融合教育的研究网络的工作成果。

选文首先分析英国政府教育改革的议事日程中所重视的两个方面——即"提高质量"与"加强社会融合",我们发现这两个理念在具体的实施过程中是互相矛盾的,一些提高教育质量的政策正在阻碍融合的发展,而促进融合的措施却阻碍了教育质量的提高。文章的研究问题之一就是对教育政策中的矛盾进行研究,并希望能够形成理论上的理解。虽然,文章通篇都在阐释了"提高质量"与"加强融合"这两个国家政策之间的矛盾的本质,但这似乎并不是作者所要表达的重点。我们要特别注意的是,选文并不是对"协同行动研究网络"关于融合教育实践研究成果的总结,而是把重点放在了描述这个"网络"的工作是如何进行的以及其对各方面产生的影响。作者所要表达的关键,一是实践者与研究者如何"协同"进行研究,二是这种"协同"研究带来的好处。在对整个"网络"的工作进行描述的背后,暗含着作者的方法论倾向:他将整个研究的过程本身看成是连接理论与实践的桥梁。这就意味着作者并不单单希望从研究中得出理论上的认识,而是要通过调动更多的人参与研究从而对融合教育实践产生直接的影响。当然,作者也注意到了广泛参与的危险性,也就是它可能导致对现有观念与实践方式的妥协,而非彻底的改革。所以,作者一直将融合教育的理念作为根本性指导原则以指导整个研究。作者认为,这样的研究对各方面都产生了影响:学校教师的研究能力大大加强,专业研究者对学校的实际情况更加了解,对政府人员来说,既了解了学校的情况又更新了理念。

选文阐述了英国一个协同行动研究网络在研究方法上的经验以及一些新

的发现。这个研究网络由来自三个大学的研究者和来自地方教育局的实践者组成,他们都在探索新的融合方法。通过对行动研究网络经验进行分析,选文阐明了提高教育质量的国家政策(表现在测验与考试的分数上)与减少英国教育服务中排斥、边缘化的国家政策在本质上的矛盾冲突。这篇文章也揭示了实践工作者与专业研究者的合作的潜力。除此之外,作者也通过行动研究的范式体现了"参与"与"合作"是融合教育最基本的原则与实践方式,也是社会融合与公正目标实现的重要指标。融合教育就是要打破教育中存在的等级,希望改革技术官僚性质的、从上而下的学校管理体制,并让那些以前受到忽视的群体发出声音;少数族裔、草根阶层、残疾人士应该有权利平等参与主流学校与社会生活,发出自己的声音,实现自下而上的教育变革。

该文最主要的启示是为我们提供了一个研究融合教育等问题的行动研究方法的范例。显然,特殊教育研究应加强行动研究的运用,建立起研究参与者之间平等合作的关系。行动研究扎根于特殊人群的日常生活、教育和工作中,通过行动研究改善研究参与者的生存状态;解决现实问题,并在行动中反思与探索特殊教育的规律,寻求蕴涵于特定场景的意义,有助于建构具有本土化特色的理论。

选文正文

"提高质量"与"社会融合"这两个短语充斥在许多英国政府教育改革的议事日程中。然而,在这个领域中的许多人认为这两个观念现在已经被证实在实际运作中是相互对立的。甚至,同时近期的研究表明英国有相当多的专业人员、家长和学生都支持一个更加融合的教育体制,并且许多人感到近期的一些政策阻碍着融合教育的发展(Ainscow, et al., 1998)。有人提出,特别是一些提高教育质量的政策(比如对竞争和筛选的强调、公示考试结果)阻碍了适应学生差异的教学方法的使用。另一方面,人们认为促进弱势群体的教育融合的策略也能够改善全体学生的学习效果(例如,Skrtic,1991)。

经济与社会研究理事会(Economic and Social Research Council)主持的"教学研究计划"(Teaching and Learning Research Programme)是英国有史以来最大的教育研究项目。这个计划的第一个阶段建立了四个国家级的研究网络,这篇论文就来源于其中的一个研究网络的工作成果。此研究网络进行的研究项目集中在融合教育的实践上。本文阐释了这个研究网络在研究方法上的经验以及一些新的发现。更具体地说,本文阐释了实践工作者与专业研究者结成伙伴关系潜在的好处以及如何运用这种伙伴关系来定义和评价那些可以帮助被排斥的学习者提高成绩的融合教育实践。运用这种方法,研究网络的成员们对教育政策中的矛盾进行了研究,希望能够形成理论上的理解。这种理解对广大的研究者和实践者都意义重大,因为这与他们的融合教育观念息息相关。

在这方面,英国的历史背景特别值得关注。自从1988年以来,各届政府为了使教育得到改善采取了一系列的新政策。政客们对如何"提高教育质量"抱有很大的热情,这些新政策已经被提到了议事日程之上。由于大量的改革计划的出现,研究者们把英国描绘成一个"市场机制的效果更清晰可见的实验室"(Finkelstein & Grubb,2000)。

一、"合作行动研究网络"简介

此研究网络的参与人员有来自三个高等教育机构(曼彻斯特大学、纽卡斯尔大学和坎特伯雷基督教会大学学院)的研究人员,还有来自二十五所学校和三个地方教育当局的人员。他们的工作旨在解决以下几个问题:

- 是什么阻碍了学生的参与和学习?
- 什么样的做法能克服这些阻碍?
- 这些做法达到什么程度能促进学习成绩的提高?
- 在地方教育当局和学校中,这些做法如何能够得到鼓励并持续下去?

我们必须看到,这些问题的提出与英国教育系统内部的特殊境况息息相关。最近的研究显示了英国学校的师生当前遭遇的一些困难。这些困难包括:如何在国家促进读写能力与算术能力的策略中适应双语学习者的需要;如何提高男生的学习成绩,特别是某些少数民族男生的成绩;如何将残疾学生融入主流教室的活动之中;对有情绪和行为障碍的学生如何进行分类(Ainscow,1999;Dyson,et al.,1999)。这些困难凑在一起所显示出来的趋势是令人担忧的。政策的变化导致了这些困境,从而加剧了教育的不平等。这些困境也反映在被学校拒绝的儿童的比例在不断地增加,或者说有越来越多的儿童被认为需要接受特殊教育。考虑到这些困境,我们研究的问题可以具体地表述为:运用融合教育理念作为学校总体的发展战略以解决多样性的问题并寻找在学校中某些学生被排斥的原因。

这个研究网络的整体策略包含由实践者和研究者合作完成的两个相互关联的行动研究周期。第一个研究周期依据参与研究网的地方教育局和学校的工作日程来进行。这一周期的研究试图利用地方教育当局和学校已有的认识再加上更深层次的研究证据,通过这样的方法来促进这一领域的发展。第二个研究周期试图运用已有的理论、以前的研究成果和我们自己的研究(比如:Booth,1995;Ainscow,1999;Dyson & Millward,2001)对这些发展进行仔细的检查,以便处理研究网络的总体上的议程,并为追求更深层次的理解打下基础。然而,就像我们将要讨论的那样,我们越来越清醒地意识到这两个研究周期之间复杂的联系,它们都非常重要并且很有可能取得巨大的成果。

在2000年的夏季,也就是在这个项目启动之初,我们为每一个参与学校的教师召开了研讨会。会上重点讨论了学校焦点领域问题选择以及运用研究理念处理问题的议题。每个学校都将参加这个研究网络作为它们自身发展计划的一部分,并确立了一个核心小组参加定期的本地区会议和跨三个学区的临时会议。这些会议就是一个个里程碑,它们为我们提供了分享进步的喜悦的机会,也是当我们面对更多的任务与挑战时激励我们保有持续热情的手段。这些会议同样成为协调参与学校计划的地方教育局和大学研究人员工作的中心。

我们也努力地去培养在研究网络中的各学术研究团队间的合作关系。由十个研究人员组成的研究小组会定期召开会议,会议偶尔会在住宅中进行。研究人员还频繁地交换谈论文件和有关新出现问题的备忘录。另外参与研究的三个助理研究员还建立了牢固的局部网络,他们会见面并且定期地通过电话和电子邮件保持联系。所有的大学研究团队的人员都可以进入一个内部网络,这个网络里有与他们合作的地方教育当局和学校最新进展的数据。另外,我们也开启了一个外部公开的网络,是为了鼓励更多的人参与到研究网络之中。

二、研究方法

一个重要的挑战是要开发一种有效的解决研究网络工作日程的方法,这个方法也是贯穿整个研究计划的线索。我们要探寻既能够促进政策的改革又能够在特定的情境中改良教育实践的方法。与此同时,这种方法还要能对这些实践进行理论上的解读,广大的实践者和研究团体都对此感兴趣。我们早期的研究坚持运用协同的形式来进行研究,强调了将实践者的研究作为理解与发展融合教育实践的方法。特别要提出的是,协同的研究方法使得我们相信,像我们研究者这样的"局外人",配合教师、学生、家长和地方政府人员的研究如何能够对教育环境有更深的理解,从而促进所有学生的学习。当我们尝试着去探索克服学生参与学校生活与学习障碍的方法时,我们就能促进孩子的进步。

我们之所以要坚持合作研究的做法是为了克服以往传统的研究与实践之间的鸿沟。一般都认为,这种鸿沟是由于对理论的传播不够造成的。这种看法的言外之意就是,教育研究是能够说明教育实践的问题的,但必须说给正确的人听(Robinson,1998)。但是对此也有另外的解释,有人认为如果研究者绕开了实践者在工作中的限制条件和所面对的问题,那么无论研究者和实践者沟通有多么顺畅,研究的发现还是很可能会被继续忽视(Poplin & Weeres,1992)。诚然,参与性的研究是十分困难的,尤其是当我们试图去按照那种能够获得更有普遍意义的发现的方法进行研究时,困难就更大了。还存在"错误的意识"的问题,也就是实践者对问题的构想可能会拘泥于他们的专业知识,也有可能会与学生的利益背道而驰。合作研究的潜在好处是巨大的,通过这一过程可以展升开放的对话。我们在这里期待的是,通过批判性的评价能够产生一个对融合教育领域的思想与实践的发展有直接影响的认识。

我们已经建议学校可以用一系列的"指示"来引导他们的行动研究。这些指示提供了操作性的描述，告诉我们在发展融合教育实践的学校里面可以发现些什么。这些指示是"融合教育指标"的一部分，它是由我们团队的一个成员设计和评估的检测与开发的工具（Booth & Ainscow，2000）。此指标集中关注的是学校生活的三个维度：实践、政策与文化。我们发现这是一个指导学校收集与分析学校过程与结果的数据行之有效的手段，除此之外也使得那些开拓性工作得以优先的进行，而且还建立了学校社区广泛支持的改进策略。在建立该指标的过程中汲取了两种认识的核心部分作为证据：一种认识是目前已知的策略研究的证据促进了那些以前被隔离与边缘化的学生的参与（比如：Ainscow，1996；Booth & Ainscow，1998；Clark, et al.，1997）；另一种认识是关于学校改进的有效途径的近期证据（比如：Hopkins, et al.，1994；Elmore, et al.，1996；Southworth & Conner，1999）。因此，该指标提供了一个基于研究的日程表，这个日程表可以被用来计划、指导、监控在学校与教室进行的行动研究。

为了让实践的各方面得以发展，行动研究网络中的实践者与研究者一起合作收集与分析证据。比如，研究者帮助学校分析测试与考试的成绩、考勤的模式、永久性的排斥和长期固定排斥的天数，这些数据为衡量整体的进步提供了基准。实践者和研究者的合作也体现在通过各种技术收集更多的定性资料，比如共同的观察和对课程录像进行群组分析。我们还要收集的资料是学校里学生的观念。学校通过这些学生的观念来检视我们的干预对学生的参与和学业成就所发挥的作用。由于战略上的考虑，我们运用这些方法的目的是为了提高教师们分析数据的能力。

我们总体的方法是将英国主要的监督政策作为定位问题并确定努力方向的一种手段（Ball，1994）。合作小组与三个地方教育局的统计人员一起为每个学校和教育当局建立了基本统计框架，其中的内容包括测试的成绩、出勤的记录以及像工作人员数量等相关的环境因素的细节。同时，统计资料显示有些儿童和青年人群体在学校处在被边缘化的危险之中，通过特别收集有关他们的更多证据，我们建立起一个内容更丰富的框架。这样的框架使我们能把注意力放在融合教育的理念上，确保特殊群体的棘手问题不被全体学生的问题所掩盖。在这里要说的是，此研究网络的策略是建立在这样的信念上：确保政策与实践的发展能对处于最边缘和危险的学生的学习产生积极的影响，是达成我们提高所有学生学习成就目标的基础。尽管我们有这样的信念，一些学校还是面临着"提高质量"和"融合教育"两个政策之间的矛盾。我们也在注视着这种矛盾如何随着时间而结束。

分析框架的使用将贯穿整个研究网络项目的始末。另外，这些定量的总结都是每个合作伙伴学校和地方教育局在具体情境中得出的。这些总结用标准的格式书写，并体现不同情境与制度的特色。在这些总结中还特别陈述了学校开始进行行动研究之初的情况。

方法的补充部分是关于如何来"提高学习成绩"。这个部分是要帮助学校详细地学习何种努力(依据政策和实践)对解决那些已认定的学生成绩问题可以发挥作用。作为协同行动研究过程的一部分,我们要帮助学校根据学习成绩修改"成功的标准",然后帮助学校向着这个标准前进并对所取得成果进行分析。

三、专业学者的角色

让大学工作人员参与到中小学校的行动研究中,这样做是为了通过对教师们提供研究培训与支持,促使在这些学校中的研究活动水平得以提高。同时,大学人员的参与还有助于克服一些行动研究的局限性。比如,对研究过程中产生的新见解不能提供充分的解释说明(Adelman,1989),还有关于研究发现的普适性的问题(Hammersley,1992)。在这方面,一个核心的策略是运用"群体解释过程"作为分析和解释证据的手段。通过批判性反思、共同学习和相互批评的方式,将来自实践者、学生和学生的不同观点衔接在一起(Wasser & Bresler,1996)。在这种情况下,有关学生参与和学习成绩的统计证据的运用和学生对现行实践的反馈的运用,是挑战实践者现有方法的基本要素(Ainscow,et al.,1999)。研究小组成员多种多样的理论观点为质疑那些被接受了的假设提供了有价值的手段,并且帮助教师们重新认识到那些被忽视的改进教育实践的可能性。

随着我们取得了以上这些进展,研究小组开始从工作人员和学生那里收集额外的数据,以便描绘一个"学校改变过程图"(Ainscow,et al.,1995)。同时,随着他们尝试发展更多的融合教育实践,研究者还分析了学校中的学生的参与情况与学业成绩发生了哪些改变。通过这些研究为实践者提供了深刻的理论见解,使实践者的研究成为促进学生的参与和提高学业成绩的手段。

在研究网络启动的第一年,大学研究小组致力于促进合作伙伴学校的参与的积极性,帮助学校工作人员理解这个研究蕴涵的力量和意义,引导他们进行相关的研究活动。换句话说,研究小组的工作重点在于:首先帮助学校的教师认识到他们在实践和工作经验上已经拥有了丰富的知识;随后的挑战在于找到有效可行的策略帮助教师质疑和描述这些实践经验。我们特别要努力帮助教师一起来观察与聆听学生的见解并且学会反思学校统计数据的潜在含义。在这些过程中,我们工作的核心是要让"内部人"与"外部人"以对话的方式在学校里建立恰当的工作伙伴关系,促进批判的反思与行动,带来改进与提高。然后,当这些活动开展得比较成熟的时候,研究小组就可以帮助学校参与并理解其他形式的研究。这些研究是与学校不断推进的议程相关的,学校将学会利用各种机构提供的资料,其中还包括研究的文献。

为了适应每个地方教育局和学校特有的环境,我们这个策略还能够调整研究团队在每个地方教育局和学校中的位置。这是因为研究团队是从他们对关键问题的理解开始研究的,而这些机构中的人员有他们自己的看法,除了校长,广大教职员工也在思索他们自身的教育实践。通过我们协同研究的过程,研究团队对这些机构能有更深的了解,这样他们就能够获得广泛的信息以便对教师们的实践提出批评。

目前,为了能够更好地深入情境之中,这些研究小组正在寻找新的策略。新的策略包括运用三个交叉重叠的途径促进实践者和研究者的合作。每一个途径都强调一种不同的设定工作日程的方式和建立不同的实践者与研究者的关系(Wagner,1997)。为了使参与研究网络的人员能够对如何创新融合教育实践发展出更深入和更丰富的理解,这三种途径应该一起运用。

这三种途径如下所示:
- 探究与实践者的工作相关的学校实践。这种途径涉及收集学校发展证据的过程。这个过程与学校以前用以总结与发展的流程相分离,并作为对学校以前做法的补充。具体过程是,由大学的研究人员收集关于学校发展的证据,并将这些证据反馈给实践者以培养和加强他们的参与。
- 探究与实践者和研究者工作相关的学校和研究者的实践。这一过程要求"内部人"和"外部人"要有不间断的相互的对话,通过互访的方式收集和讨论证据,或者是通过电子邮件和电话的方式讨论工作的进展和优先考虑事项。此过程还要求研究者和实践者在思想和行动的领域广泛的接触。
- 探究与研究者工作相关的学校实践。为了分析学校实践中与大的政策和理论背景相关的部分,研究小组同样发现有时候采取一些独立的观点是必要的。

这一过程涉及面较复杂,我们早期的工作运用了一系列的"可能的解释"对其进行详细的解读(Clark,et al.,1999)。这些可能的解释包括:依据变化的观点来解释,学校被看成一个正在经受一个尚未完成的变化发展的过程的社会集合体;从解决组织性问题的观点来解释,学校虽然正在形成促使员工合作解决多样性问题的制度与文化,但是尚未完成;从矛盾冲突的观点来解释,学校被看成各种利益角斗的场所;以两难的观点来解释,学校正在寻求解决教育水土不服困境的方法。对于鲍尔(Ball,1987)的这些解释,我们要说的是这些解释并不是相互替代的,而应该被看做是相互补充的。这些解释为我们理解学校的方方面面提供了多角度的聚焦。

四、从差异中学习

总的来说,我们正在探索的方法的特征在本质上可以被看成是学会如何从差异中学习的社会过程。这就要求一群在特定环境中的利益相关者参与到对共同的工作时间表的探索中,这样的探索能引导他们提出问题,同时,也促使他们不断的努力建构一种能够让他们收集资料并且发现不同种类信息中的意义的工作方式。为了能够得出结论,他们还必须找到把他们的不同理解综合到一起的方法。要想做到这些就必须考虑各种具体情境下人们的直接利益。这就意味着,小组的成员会接触到彼此的看法与设想。最好的情况是,这些做法将有很大机会发展出新的理解。然而,只有当潜在的社会、文化、语言和微观政治层面的障碍被清除,这一切才有可能。

基于以上的想法,我们非常关注能够促进以群体的方式分享证据的社会过程的发展。通过这种方式,我们感到我们正在对什么是"研究网络"形成更深刻的理解。比如,在来自所有学校的合作小组开会期间,我们试着提高他们之间合作的技巧,当他们回各自学校之后也可以运用这些技巧。他们会得到关于如何在学校的行动研究计划中成为相互批判的伙伴的详细指示。指示的内容是:小组中的每个成员都有一定的时间把他们的想法大声说出来。与此同时,要求小组中的其他两个人不能妨碍陈述人的叙述,除非他们对陈述不清楚的地方有疑问。通过这种方式,我们支持每个小组成员对现存的计划进行更清晰的思考。这在某种程度上对他们来说也是种挑战。在会议即将结束的时候,我们的同事们加入到了学校的小组中,这样是为了能够对教师的各种经验进行比较并且必要时重新对学校的战略进行系统的论述与提炼。一些学校的教师说,他们从一种鼓励分担困难的氛围中学到了很多东西,而不是每个人卖弄自己的技能。

同样,在学校的工作过程中,我们已经意识到与我们所说的相比,我们所做的同样重要。学校的教师正在关注着我们的工作作风。换句话说,信息就是媒介。我们发现当我们参加学校的员工会议或者是专业发展日的时候这一点变得尤为重要。比如,有一天我们两个人与两个学校老师在一起共同计划和指挥全体人员一天的工作,其中也包括非教职人员的工作。在这一天的工作中,我们运用了一个学校一直在探索的合适的教学技术,这种教学技术能够促进课程中更广泛的参与。此教学技术提出了一个概念叫"圆圈教学",这是一个促进课堂讨论参与度的教学策略。这一天的工作是成功的,我们帮助教师在团队中分享他们的观点,并且为他们的行动研究开发了一个更专注的行动计划,同时,老师们亲身体验了小组"圆圈教学"的优点与缺陷。

根据我们对各种方法所做的追踪探讨,我们认识到这些方法能够在某种程度上促进参与人员的合作,并使我们忽视了不受欢迎的想法和证据。因此,作为我们工作的一部分,我们一直在寻找能引入对行动研究的整个过程有更多批判的方法。我们一直在考虑能用什么样的"手段"鼓励学校的老师们质疑他们的实践,甚至让他们能够质疑这些实践背后的假设。迄今为止,以下一些方法被证明是有前途的。

- 共同对课堂实践进行观察,然后对所发生的情况进行讨论。
- 对某位同事的教学录像进行小组讨论。
- 对测试结果、出席登记和排斥记录的相关统计数据进行讨论。
- 收集学生访谈资料。
- 进行基于个案研究材料和访谈资料的员工发展训练。
- 在课程中寻求改变。
- 学校间进行合作,包括互相的参观访问以帮助搜集证据。

我们力图通过这些方法鼓励学校内部的讨论,这种讨论对学校来说既是有帮助的,同时又是一种挑战。尤为重要的是,我们试图"让熟悉的事变得陌生",这样做是为了达到刺激自我反思、创造力和行动的目的。

所以,举例来说,我们在一些学校里的讨论质疑了关于学生学习困难本质目前的假设。我们一直在质疑这样一种假设:一些学生是特别的,所以我们要给他们提供不同于大多数学生的教学的方式。就是这种假设导致我们把精力放在去寻找所谓"正确"的应对方法,也就是为那些不能适应现在教学安排的学生提供不同的教学方法和教学材料。这样的做法暗含了一种视角:学校是把机会确定在适当范围的合理的机构;那些处于困难的学生之所以会这样,是因为他们本身的局限性和缺点;因此,他们需要特殊形式的干预(Skrtic,1991)。我们所关心的是,在这样的假设之下,会导致我们去寻找教育那些被看做"与众不同"的学生的方法,这样就忽视了发展融合教育实践的广阔机会。

通过对行动研究的过程进行批判,我们发现学校与其他的社会机构一样受到社会经济地位、种族、语言、性别观念的影响。在这种情况下,我们感到非常有必要探究一下这些观念是怎么影响教室内的交流互动的。这样,我们就着手去揭露和质疑那些认为差异就是缺陷的根深蒂固的观点。这种观点认为某类学生"缺失了什么东西"(Trent,et al.,1998)。我们相信有必要对缺陷的观点是如何影响某些学生的观念进行细致的检视。

根据巴特拉姆(Bartolome,1994)的解释,教学方法不能再真空中设计与应用,对特定教学方法的设计选择与应用来源于对学习与学习者的认知。在这方面,甚至是最先进的教学方法在那些对某些学生带有隐含的或者是明显的偏见的人手中也是无效的。这些人最多也就是把某些学生看成是需要改造的弱势群体,更坏的时候他们会把学生看成是有缺陷的,甚至连改造的必要都没有了。

五、加强合作

随着研究网络的工作取得进展,参与其中的人员正在探索一起工作的更好的方式,并通过这样的方式质疑已有的对教育的理解。我们发现随着这一过程的深入,在研究网络中出现了不同层面上的合作。行动研究网络内部在实践中正形成许多互不相同的、相互联系的、相互重叠的学习网络。这些学习网络包括：每所学校内的学习网络；学校与地方教育局实践者之间形成的学习网络；在三个研究小组之间形成的学习网络；当然，还有研究者和实践者之间形成的学习网络。所有这些都表明，如果引导行动和学习的创造性合作能够形成，那么这种合作的潜力是巨大的。

然而，我们也清楚，在目前英国的教育背景下实行这种合作研究是相当困难的。政府的改革日程对地方教育局和学校的员工有时间上的要求，这样一些学校就有可能在许多相互矛盾的需要优先考虑的事项当中丧失我们的初衷。并且，一些特别重大的事情，如应付上面的检查，理所当然会分散学校和地方教育局的精力。但在另一方面，在三个地方教育局看来，毫无疑问的是，自从此协同行动研究网络着手处理"提高质量"和"加强融合"之间矛盾带来的困境以来，我们取得了重大的进展。

我们还需要注意的是，由于研究网络运行的环境不同，我们需要以恰当可行的方式建立一种安排工作量的"弹性方法"。在这个意义上，共同的计划、良好的沟通和严格的时间表都是很必要的。我们也发现共同的理论框架也是很重要的。这不仅是因为长时间进行复杂的个案研究充满了不确定性和挑战，而且只有通过共同框架，证据才能够呈现出现并加以分析。

为了描述和分析三个地方教育局和二十五所学校的发展，研究小组开发出越来越多的详细记录表。这些记录表是专门为了处理协议框架里的所有研究问题做准备的。这些研究问题包括：在课堂实践层面上的问题；学校和地方层面上的政策、实践和文化的问题；国家政策层面上的问题。我们还把注意力放到了分析与比较三所大学的研究小组不同的理论方向。为了鼓励批判性反思、合作学习和相互批判，我们要让实践者和研究者的不同看法得到交流。然而，根据我们目前的经验，促进互相的交流必须进行耗费时间与脑力的实践。

值得注意的是，研究网络的工作在目前教育发展的中心地位是越来越清楚了。例如，最近有一份来自政府的检查机构的文件，文件指导检查员要监督学校里参与的情况和所有学生群体的学习情况，并有标明注释"实行融合教育的学校才是有效能的学校"。这反映了我们尝试着将融合的思想付诸于学校与地方教育局实践的做法，对发展国家政策是会有很重要的贡献的。

六、识别并解决参与和学习的障碍

本质上，研究网络正在寻求的是能够识别和克服在英国学校中学生的参与和学习障碍的方法，并用这样的方法来分析学校中发生的那些与所有学生相关的事情。我们发现，在设定好标准与目标的情况下，许多学校将"融合"解释为让那些成绩差的学生能达到国家教育关键的指标。在这种意义上，这种依据目标安排工作的做法已经渗透了自由、理性的"融合"概念之中。一些参与其中的人刚刚开始理解这种优先性,并对这些做法是如何强有力的塑造学校的政策拭目以待。

反思这样的过程能帮助我们理解协同行动研究是如何促进教育体制的持续发展的。我们发现我们学习到更多关于如何利用不同观点来刺激批判性反思和创造性。换句话说,我们能够更好地理解到底什么是"协同行动研究"。例如,我们注意到学校在立即行动和深刻的批判性反思之间难以抉择。同样地,一些学校采取的是相当小规模的、分散的行动方案;另一些学校则对实践进行更根本的反省。当然,中小学校长在决定项目进行的范围上是有很大支配权的,并且有迹象表明,来自外部的批判伙伴正在用一些证据质疑校长的支配权。在那些对他们的教育实践进行根本性反省的学校里,学生的学习到底发生了多少实质性的变化还尚未分晓。

随着我们熟悉如何进行协同行动研究,我们注意到它所包含的内容是很复杂的。这使我们想起了富尔彻(Fulcher,1989)的工作,他阐释了通过在教育系统内一系列的相互关联的层面上的努力,教育政策是如何产生的。例如,当我们与教师一起解决他们在教室里遇到的困境时,我们意识到学校、学区与国家政策的矛盾冲突的影响。在学校中的亲身体验的确帮助我们对这些政策上的矛盾有了更深入的理解并了解到这些矛盾是如何反应在课堂里的。当然,这些复杂过程产生的障碍对一些学生在学校中的参与和学习造成更多的困难。

在这一点上,地方教育局是传递政府政策的重要媒介。虽然地方教育局(以及同等的机构)对已测定的学生成绩的影响可能很小,但是他们创造出一种地方性的修辞习惯、一套预期和操作风格,这些似乎影响了学校对他们工作的理解。考虑到英国地方教育局不确定的未来,我们要更深入地研究地方教育局在地方发挥的作用,还要逐渐地把它纳入我们的调查之中(Ainscow & Howes, 2001;Ainscow & Tweddle,2001)。

例如,在一个地方教育局所管辖的范围内,有数量惊人的学校报告认为收纳学生数量的变化存在破坏性的影响。虽然普遍认为,20世纪80年代更为开放的入学政策产生了"胜利者"和"失败者",但是以上的证据说明现在几乎没有"胜利者"。即使是最成功的学校也吸引来自不太富裕家庭的学生,有人认为学校把他们看成有更多问题的学生。在这种情况下,"融合"的概念就变为找到让这些学生参与到学校生活的途径。这就需要对一些学校的现行做法进行重新定位。因为新的定位与以往文献中传统的"课程适应与支持"的融合模式不同,它是以参与为目的的。地方教育局通过这样的过程在对学校的期望值进行管理上扮演重要的角色。

有证据表明,通过参与协同研究的过程,学校教师甚至是学校的其他工作人员,在研究能力上都有所提高。例如,通过亲自与学生交谈或者是观察学生在操场上的行为获得资料,他们认识到了数据资料的价值。迄今为止,研究网络在这方面取得的成功主要集中在合作学校和地方教育局他们自己身上。每个地方教育局的例会被证明是发展参与共同语言的有效的场所,比如说一种研究的语言。除了这些,研究小组的成员们紧密地参与到学校活动中,他们与实践者共同研究并与他人分享新的发现。这些学校中的讨论正在把注意力放在此研究网络关注的特定领域。

该研究网络的工作也证明了学术合作的潜在力量,为了对这种潜力的利用不被低估,学习是必要的。目前的经验表明,研究网络的工作是个复杂的社会过程。研究网络中有不同经验、信仰、方法论假设的同事们要学习如何在差异中生存,甚至还要学会如何从差异中学习。这就是为什么我们要清楚地知道,研究网络学术小组既是我们研究、收集和汇报来自地方教育局和学校发展证据的手段,而当研究小组检视自身的想法和做法时,它又是研究的焦点。这样,因为研究者大量的占有关于来自不同情境下实践工作的数据资料,他们不断地挑战创新他们自己的实践工作。

七、结论

我们相信,这个研究的优势在于它深思熟虑的研究方法。为了进行调查,为了对实践中的发现进行批判并让实践者和专业学者形成理解,此研究将许多各种各样的经验和观点汇集到一起。同时,此研究阐明了国家的两种政策——提高标准和减少英国教育服务中的排斥和边缘化——之间的矛盾的本质。更特别的是,此研究还试图做到:

- 支持减少排斥、增加融合的教育实践的发展并改善参与学校学生的学习成绩。
- 发展实践者完成研究的能力,这样他们可以直接报告实践中的进展。
- 探索研究人员在与实践者合作中的新角色。
- 对怎样的实践能够克服对学生的参与、学习和所有学生成绩提高的阻碍,形成更好的理论解读。

随着这项工作的不断进行,我们都渴望与世界其他地方那些正在处理与我们的研究相关的议题或使用相似方法的研究小组取得联系。在我们看来,学术网络的发展是前途无量的。

(景　时　译)

"最少受限制环境"原则的批判性分析[①]

史蒂文·J.泰勒

作者简介

史蒂文·J.泰勒(Steven J. Taylor),锡拉丘兹大学(Syracuse University)教育学院的教授,人力资源与残疾政策研究中心主任。泰勒教授擅长质化研究、残疾社会学、残疾政策等方面的研究。主要著作有:《智力落后儿童的家长:过去、现在与将来》(*Parents with Intellectual Disabilities: Past, Present and Futures*, 2010)、《质性研究方法概论》(*Introduction to Qualitative Research Methods*, 1998)等。泰勒教授任《智力与发展型残疾》期刊(*Intellectual and Developmental Disabilities*)的主编,还发表了多篇学术论文,在全球特殊教育界产生了重要的影响。

选文简介、点评

"最少受限制环境"(Least Restrictive Environment,简称 LRE)原则是美国对残疾人进行安置所遵循的基本原则,这一术语被写入了联邦法律之中。选文对"最少受限制环境"原则进行了系统的回顾与深刻的批判性分析。作者分析了 LRE 的起源,探讨了 LRE 在学生住宿、教育和就业服务等方面实施的情况,并提出了一个"新"的以社区为基础的连续安置体系,强调"融合"的重要性。在文章结尾,作者提出了几点需要解决的融合的现实性问题,藉此让残疾学生从学校融合走入社区融合,最终实现社会融合的目标。

LRE 作为特殊教育服务体系中的一个概念出现于 20 世纪 60 年代。在 20 世纪 60 年代后期和 70 年代早期,由于联邦法院开始关注残疾人接受特殊教育服务的权利,LRE 的原则被纳入到法庭与残疾相关的裁决中来。在 20 世纪 70 年代中期,美国国会在 EHA 法中确立了"最少受限制环境"原则,其核心是将限制残疾儿童接触健全学生与社会生活的环境因素减少到最低程度。

LRE 的原则通过不同的教育安置环境来实现,根据学生的不同残疾与教育需要,提供从最少限制的环境(即普通班)到最多限制的环境(即不具备教育性的医

[①] Steven J. Taylor. Caught in the Continuum: A Critical Analysis of the Principle of the Least Restrictive Environment[J]. Research & Practice for Persons with Severe Disabilities, 2004, 29(4): 218-230.

院或其他养护性机构)的七个层次,整个结构形同瀑布,上下贯通,被称为"瀑布式特殊教育服务体系",也被称为"特殊教育连续安置体系"。最少受限制环境的原则体现了回归主流的哲学思想,认为存在着普通教育与特殊教育两种不同的、平行的教育体系,应尽可能地使有特殊教育需要的儿童从塔底端向顶端移动,即从隔离的环境向主流环境过渡,以实现教育平等、社会公正的理想;特殊儿童通过一系列安置环境的变换,走向主流环境,从而使特殊教育与普通教育实现融合。

选文在回顾历史的基础上,介绍了从早期的 LRE 原则逐渐地发展为具有实践性的安置形式。文章对传统的居住连续安置体系、特殊教育连续安置体系、日间或职业服务连续安置体系做了详尽的介绍。接着,作者对已经被普遍介绍的 LRE 原则进行了概念上的分析,认为 LRE 存在着七个明显的缺陷。虽然作者对 LRE 原则进行了严厉的批判,但是并无意推翻这一被普遍接受的原则,而只是希望对连续安置体系进行反思与重构。作者在前人研究的基础上,提出了以社区为基础的新的连续安置体系。他认为,这一新的安置体系能够促进融合,消除社会、文化、经济和行政壁垒从而使残疾人融入社区中,让他们与非残障人士建立起更多的联系。文章的最后他提出了几个 LRE 需要整合的焦点问题,并在结尾提出了文章所依据的方法论初衷,即应该将概念原则放在当时的历史中来看。

选文是一篇非常精彩的文章,有很多方面值得我们学习。首先,文章的整个框架逻辑安排非常紧密,从回顾历史到描述现状,从批判分析到构建新体系,环环相扣,没有拖沓与脱节,语言流畅,层次结构清晰。其次,文章在文献的运用上也非常准确,体现了作者良好的文献操作能力。最为引人注目的是选文所采用的批判性视角。因为 LRE 是一个法定的、被普遍接受的观点,很少有人对这一原则进行质疑。而作者对这一原则的质疑并不是将其与其他的原则相对立,而是从这一原则概念本身演绎出来的"后果"进行批判。这种做法一方面避免了对这一原则的直接否定,另一方面使得批判对实践更有指导意义。

选文最后所提出的新的安置体系对今后 LRE 原则的具体应用可能会产生深远影响,这种影响有两个方面:一方面是由下而上的,也就是可能会导致一些地方与社区实行小规模的改革;另一方面是自上而下的,也就是当实践积累到一定程度,可能会引发联邦法律的修改。最后,从这篇文章中产生了一些新的论题,比如:如何给残疾人士提供更多的参与社会生活的机会?如何将残疾人士变成社区中的一员并让他们有归属感?这些都是值得进一步深思与研究的。

选文正文

一、"最少受限制环境"原则的起源

"最少受限制环境"原则,即 LRE 原则,源于专业性的著作和法律条文中

(Biklen,1982)。尽管普遍的观点认为 LRE 原则是一个法律术语(参见 Turnbull,1981),但是它与专业的原则性定义的演变具有密切关系。专业组织、管理机构以及法院都根据专业文献和证据来定义 LRE。法律制定者将之纳入法律法规的条文中,法院也将之作为残疾人的特殊教育和其他服务的依据。

LRE 作为特殊教育服务体系中的一个概念出现于 20 世纪 60 年代。这个时期正是特殊教育领域的领军人物致力于为残疾学生提供更多的特殊教育安置服务的年代。雷诺兹(Reynolds,1962)提出了"连续性的层级"教育安置体系(continuum),把残疾儿童根据障碍程度安置到从"最少受限制的环境"到"最多受限制的环境"体系中。之后,德诺(Deno,1970)在此基础上进行复杂化的演变后,提出"瀑布式"教育安置体系。

在 20 世纪 60 年代后期和 70 年代早期,联邦法院开始对残疾儿童和残疾成人在学校和机构接受特殊教育服务的权利有所关注,LRE 的原则便被纳入到判决的裁决中来。正如比克伦(Biklen,1982)和特恩布尔(Turnbull,1981)指出,LRE 的法律渊源可以追溯到宪法的基本原则中,例如正当程序、平等保护和自由权利原则。比克伦认为,从某种意义上来说,LRE 原则过于简单化了,政府需要建立一个可以保护个人权利不受侵害的体制。特恩布尔(1981)对 LRE 是这样描述的:它是一个限制政府权力侵入人们的个人生活和私有权利之中的理论,即使是那些应该对政府行为完全敞开的地方,倘若政府对之作出行政行为,也应该予以限制。

早期有一些关于教育权利案例,其中包括米尔斯诉教育委员会案[Mills v. Board of Education(1982)]、宾夕法尼亚智力落后儿童协会诉宾夕法尼亚州案[Pennsylvania Association for Retarded Children(PARC)v. Commonwealth of Pennsylvania(1971,1972)]。在这些判决当中,联邦法院认为残疾儿童有权利被安置在最少受限制环境中。在 PARC 案中,法院判决是这样说的:将特殊儿童安置到普通学校(班)要好于安置到特殊学校(班),而安置到特殊学校(班)又要好于安置到其他任何形式的特殊教育机构(Wein-traub, Abeson, Ballard & LaVor, 1976)。与之相似的是,联邦法院在早期治疗案件的判决中也规定了:人们有权利在最少受限制环境中接受治疗或康复服务。在具有里程碑意义的怀亚特诉斯蒂克尼案(Wyatt v. Stickney,1972)的案例中,弗兰克·约翰逊(Frank Johnson)法官认为,阿拉巴马州的帕特洛(Alabamas Partlow)机构的居民拥有宪法赋予的权利,即在"最少受限制环境中实现康复的目的"的权利。

在法院裁决的早期特殊教育案例的基础上,美国国会在 EHA 中确立了"最少受限制环境"原则,认为残疾儿童应在普通教育环境中接受教育。

EHA 的实施为 LRE 原则提供了明确的参考,强调优先支持残疾儿童进入普通学校。根据本赫斯州立学校和医院诉霍尔德曼案例(Pennhusrst State School & Hospital v. Halderman,1981),联邦最高法院确立了"发展性障碍援助"法案,传达了国家政策的精神,把发展性障碍的儿童安置在最少受限制环境中是个人的自由权利。

因为有了议会、联邦法院和联邦政府的支持,LRE 原则在 20 世纪 70 年代一经出现便很快被纳入到残疾人士的教育和服务体系中(Blatt, Bogdan, Biklen & Taylor, 1977)。一些学校的校长和专业人员,也对 LRE 原则深表赞同。1976 年,参议院认为 LRE 原则也同样适用于超常儿童,也应该为这类儿童提供服务以满足其需要(Bruininks & Lakin, 1985)。美国心理协会也提出了一些涉及 LRE 原则方面的法律法规问题,并且为这个原则的推进制定了一个项目。1981 年,这个项目在该领域发表了大众都认可的 LRE 原则的定义(Turnbull, 1981)。"重度残障协会"(TASH)的很多决议都支持 LRE 原则,最近,"重新定义连续性服务的决议"(Resolution on the Redefinition of the Continuum of Services)已在 1986 年被 TASH 的董事会所采用。

当 LRE 原则在特殊教育领域得到广泛支持的同时,它所蕴涵的意义也更精确,通常都是与融合、正常化相联系的。例如,布鲁因科斯和莱金(Bruininks & Lakin,1985)所说:

该政策直接来源于残疾人"正常化"这个原则,它不仅仅包括住宿的安置,还包括了教育、康复、工作和支持项目等。这个概念通常被认为是与在"最少受限制环境"中的安置问题有很大关系。由于与"正常化"的潜在联系,所以,这个原则有时也被理解为"最大限度融合"原则。

二、连续性的层级教育安置体系(下文简称连续安置体系)

从早期的 LRE 原则形成其定义以来,逐渐地发展出了具有实践性的定义。安置结果大多是由受限制的程度所决定的。雷诺兹在 1962 年发表的文章中设想了一个连续的、从最多受限制到最少受限制的环境的安置体系。特恩布尔(1981)认为,LRA(选择性的最少受限制环境)是要提供分层级的选择:政府、家庭或个人,以及专业人员都普遍认同对安置、治疗和干预应根据实际情况来选择不同的层级。

LRE 原则连续性的一个普遍的表达方法是用一个直线表示,该直线的一头是最多受限制环境,另一头是最少受限制环境,中间分出了不同的层级可供选择(参见 Hitzing, 1980; Reynolds, 1962; Schalock, 1983)。最多受限制环境同时也是最多隔离的、提供最多的特殊服务的环境;最少受限制环境,则是更加一体化、独立的以及提供最少的特殊服务的环境。假设有一个发展性障碍的儿童,他要选择什么样的环境完全取决于他个人的需要。如果个体的能力获得了发展时,他可以"上升"到比过去相对少的受限制环境当中(Hitzing, 1987)。图 1 提供传统的居住、教育、日间看护和职业服务的连续性层级教育安置体系。

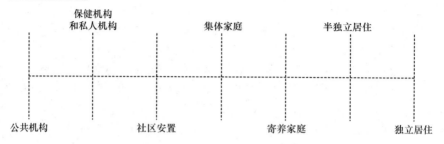

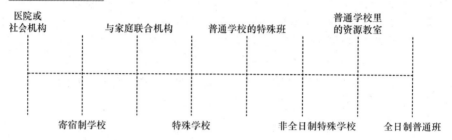

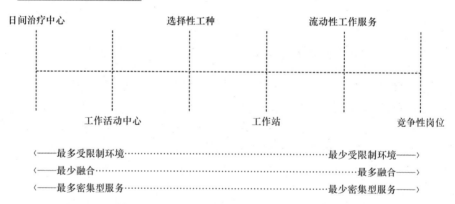

图 1　传统 LRE 原则模式

（一）居住连续安置体系

居住连续安置体系包括从环境限制最多的公共机构到限制最少的独立居住。在这二者之间还有为智力落后者提供疗养院、私人机构、社区保健机构、社区家庭、组合家庭、半独立居住、过渡性的独立居住环境等不同的选择。在纽约，有一种名为"十二张床"的组合家庭正在建设当中。根据纽约智力落后和发展性障碍办公室的观点来看，这些"小型居住单位"代表了新型社区的出现。

1972 年，在怀亚特诉斯蒂克尼案中，约翰逊法官将 LRE 原则解释为：提供

一个连续性的环境,从最多受限到最少受限,从较多约束到较少约束,从隔离到融合,从依赖到独立的生活模式:

居民有权利根据自己康复的需要而选择最少受限制环境。为此,机构应尽最大努力让其居民:从约束多的环境向约束少的环境移动;从大机构向小机构移动;从大团体向小团体移动;从群体到个人居住环境移动;从隔离社区向融合社区移动;从非独立生活到独立生活移动。

最近,很多州在设计智力落后或发展性障碍服务体系的时候,是以包括各种机构和居住的生活社区所组成的连续安置体系为依据的(Schalock,1983)。纽约智力落后和发展性障碍办公室(1987)最近提出了一个名为"加强连续安置体系的构建,1987—1990"(Strengthening the Continuum,1987—1990)的计划。

居住连续安置体系假设了有发展性障碍的人们将居住到越来越少的受限制环境中,并能实现独立的生活。第一个国家级的以社区为基础的服务体系,"内布拉斯加东部社区智力落后办公室"(the Eastern Nebraska Community Office of Retardation,即ENCOR),设计了一个"为智力落后的人们提供完全的连续安置体系服务"的框架体系使得人们尽可能地实现从机构性的安置体系到半独立性质的居住环境再到完全独立的居住环境("一个完全的连续安置体系")。有份关于ENCOR的报告是这样描述这种设计的:

爬梯子——ENCOR项目中的智力落后者的发展模式……伴随着他们自身能力的发展和在组合家庭中独立生活的强烈愿望。最终的目标是:融合到社区中来(1973)。

普遍观点认为,机构为那些有发展性障碍——尤其是有严重残疾的人——在最少受限制环境中的生活做好了准备(Crissey & Rosen,1986)。在最近出版的一篇名为"在社区服务连续安置体系中的小型机构角色"的文章中,沃尔什和麦卡利恩(Walsh & McCallion,1987)写道:

构建小型机构需要进行一个重要的职能转变,从对残疾人冷漠的监护转变到逐渐地建立计划。对残疾人积极的康复训练必须逐渐地向最少受限制环境中移动,从获得最基本的技能到完全获得某项技能,并实现连续的社区安置。

(二)特殊教育连续安置体系

特殊教育连续安置体系为发展性障碍者接受教育提供了一个连续的安置体系服务范围,从最多受限制环境的在家接受教育和寄宿制学校到最少受限制环境的随班就读安置模式(Zettel & Ballard,1982)。阿贝森、博利克和哈斯(Abeson,Bolick & Haas,1976)写道:"瀑布式"或"连续安置体系"的教育安置模式假定了教育安置的范围是从随班就读到寄宿制机构,起码有八种以上的选择范围。雷诺兹(1962)的原始方案是,列举了十个层级的连续安置体系来对应有严重障碍的残疾儿童的安置:医院和治疗中心、医院学校、寄宿学校、特殊全日制学校、全日制特殊班、部分时间特殊班、普通班加上资源教室服务、提供充足的教育和治疗服务的普通班、提供咨询服务的普通班、可以解决大量问题的普通班。

连续安置体系已被写入联邦法规,并被归入 LRE 原则。EHA 规定如下:

每一个公共机构应当确保选择性的连续安置服务体系要尽可能地满足障碍儿童的特殊需要。在特殊教育和相关服务方面……该连续安置体系……必须包括……普通班的教学、特殊班、特殊学校、家中的教学,以及在医院和机构的教学(Federal Register, 1977)。

(三) 日间或职业服务连续安置体系

在日间或职业的连续安置体系中,隔离式的日间训练或日间治疗项目是处于最多受限制环境中的,而具备竞争力的职业则是尽可能地处于最少受限制环境中(Schalock, 1983)。佩恩和巴顿(Payne & Patton, 1981)描述了日间或职业性的连续安置体系的四个层级:活动中心、庇护性的工作间、半庇护性的工作和完全竞争的行业。"职业康复计划可能要自然而然的转变,强调对残疾人的训练,并使之最终安置于更独立的职位上,或者为不能工作的人提供长期的职位服务。"杜兰德和纽费尔特(Durand & Neufeldt, 1980)提出了五个层级的连续安置体系,是关于在正常化原则的基础上的职业机会的:庇护就业、庇护工厂、半庇护就业、支持性的竞争力工作、个人竞争上岗和自我雇佣。

尽管 LRE 原则被普遍的接受,我们却不断地发现许多残疾人,尤其是重度残疾的人,在居住、教育、职业方面等处于最多受限制的处境中。例如,直到 1986 年,政府机构为大约 100421 个智力落后者提供了住所,每年至少要花费 46.4 亿美元(Braddock, Hemp & Fujiura, 1986)。1979 年,估计有 105500 个智力落后和发展性障碍者参与到日间活动计划中(Bellamy, Rhodes, Bourbeau & Mank, 1986)。

三、LRE 原则的陷阱

除了讨论 LRE 合法性的特点之外(Burgdorf, 1980; Turnbull, 1981; Turnbull & Turnbull, 1978),它作为一项具体的政策,在发展性障碍领域较少受到批评和抨击,可见该原则已经普遍地被人们所接受。尽管书刊、文章和政策都曾提及到最少受限制环境原则,提供服务的基础性原则的含义还没有经过严格意义上的批判和探讨。鉴于此,LRE 原则忽略了那些残疾人对治疗的需要,也许他们更加需要的是机构化带给他们的帮助(Bachrach, 1985)。

我们很难去给 LRE 原则下一个准确的定义,因为这个术语已经被多样化地运用了。然而,我们可以给出一个基本定义,即:为那些有发展性障碍的人提供服务,他们可以根据自己的实际需要(包括受限制程度、正常化水平、独立能力和融合程度)来选择所要接受的服务。这个定义足够宽泛,可以包括各种情况。

作为残疾儿童的服务指导方针，LRE 原则还是有很多不足。特别是对于那些重度残疾的人，LRE 的缺陷尤为明显。尽管 LRE 作为一个指导性原则在这个领域中被广泛接受(Castellani,1987)。从 20 世纪 70 年代末期到 80 年代初期，很多人开始质疑传统的连续安置体系服务模式，认为它有概念上的缺陷(Bron & Bronston,1980；Galloway,1980；Haring & Hansen,1981)。他们认为：连续安置体系概念拒绝满足人们的正常居住要求，并没有对之提供相应的特殊服务和支持。布朗斯顿(Bronston,1980)对"居住的连续安置体系"和"计划连续安置体系"进行了区分。对于选择任何一种连续安置体系时，希茨因(Hitzing)指出，对发展性障碍者的安置应根据他们的特殊需要提供一系列的服务，使之处于"自然的安置"状态。贝拉米等(Bellamy,et al.,1984)曾批评传统的职业培训计划是个"设好的陷阱"(参见 Wilcox,1987)。

因为 LRE 原则和连续安置体系的概念是如此紧密相连，本文建立在对传统的连续安置体系批判的基础上。与过去的批判相反，我们在此分析关于最少受限制环境原则的七个严重的概念和哲学上的缺点，并且讨论对不加批判就接受 LRE 原则可能会创立一个新的服务连续安置体系。

（一）LRE 原则使受限制环境合法化

该原则有一个假设：为了迎合最少受限制环境所做出的暗示，让我们觉得似乎受限制环境才是恰当合适的。换句话说，为了使服务具有连续性，在受限环境方面就使更多的限制性安置合法化。只要服务是以这种形式合法化的，那么就会有一些人就会在这种限制性环境中找不到出路。大多数情况下，这些都是那些重度残疾的人(参见 Payne & Patton,1981)。

LRE 原则特异性的缺乏无疑也是其魅力所在。人们可以对 LRE 原则做出不同的解释。在这个领域中的越来越多的人都是从连续性服务为基础和非隔离环境安置这两个方面来给出定义的(Brown,et al.,1983)。例如，吉尔霍和斯图特曼(Gilhool & Stutman,1978)认为在普通学校里的特殊班就是最少限制的教育环境。对于另外一些人来说，最少受限制环境可以包括隔离安置。泽特尔和巴拉德(Zettel & Ballard,1982)写道：这个概念是在法律允许范围内通过立法和法院判决把残疾儿童的需要考虑进来，规定最少受限制环境是广义上的教育安置方法为中心，从最少受限制环境(含有正常学生的普通班)到最多受限制环境(特殊班或机构)。美国智力残疾联合会(AAMD)编写的一本关于有选择性的最少受限制环境的文章中对这个原则非常狭窄的定义提出质疑：一些 LRE 原则的支持者主张对这个原则加以详尽和严格的规定，他们坚持认为有选择性的最少受限制环境应该包括方方面面。在我们看来，这种泛化的定义并不受欢迎(Turnbull,1981)。

在 EHA 和其他的法律章程中"从普通的教育环境中去除残疾儿童"的这样一个隔离式的教育安置设想需要做出一点调整。正如萨拉森和多丽丝

(Sarason & Doris,1979)就很有见地地指出：EHA 和 1954 年的布朗案形成了鲜明的对比,最高法院裁定：种族隔离是违反宪法的(法律应试图减少被隔离者的数量)。EHA 试图用一个不确切的数量改变来使不合法的隔离受到约束。LRE 原则作为一项官方政策已被纳入国家的宪法体系中。纽约州立智力落后儿童协会接手了一个布鲁克案例,州政府认为该儿童从布鲁克到布朗克斯发展中心的迁移代表了从最多受限制的环境向最少受限制环境的转换,在诉讼中应当与 LRE 原则相一致。

只要涉及最少受限制环境方面的政策导向问题,就会有一些人去支持机构和其他安置方式,只有对于特定的某些人最少受限制环境原则才适用。关于这个原则的争论在哲学意义层面是达成共识的,但在实际操作中就有了分歧,双方都会拿出有利的证据来支持自己的观点。

(二) LRE 原则一方面使隔离和融合不明确,另一方面与提供服务的多寡相混淆

为了表现其连续性,LRE 原则认为,隔离意味着提供更多的特殊服务,融合意味着提供最少的特殊服务。该原则假设了最少受限制,更加融合的安置模式能够为残疾程度很严重的人根据需要提供相应的服务。因此,在怀亚特诉斯蒂克尼案中,约翰逊对 LRE 原则作出了解释,认为它就是"根据必要的情况提供需要的服务来实现康复的目的"。一本特殊教育教材中建议提供相关的服务和结构性支持,例如提供言语和语言治疗、物理治疗、职业培训、音乐治疗和适应性教育等服务,也应该被纳入到"有选择性教学的限制环境中来"(Meyen,1982)。

当从这个角度出发,具有严重残疾的儿童将要求安置到最多受限制和隔离的环境中。然而,隔离和融合是与服务的多寡是要区分开来的。布朗等(1983)写道："对发展有意义的技能、态度或是经验,不仅可以在隔离学校中学到,也可以在依年龄严格分界的普通学校中学到。"实际上,在一些隔离安置环境中所能提供的有效服务是很有限的。

(三) LRE 原则基于"准备模式",其暗含的一个假设是有发展性残疾的人必须能够争取到最少受限制环境中去的权利

换句话说,残疾人必须在一些过渡性质的居住环境或职业项目里"做好准备"或"被准备好",才能到一体化的环境中生活、工作和学习。正如希茨因(1980)所批评的：最少受限制环境的原则就是首先把残疾人安置在养护组织或更大的集体收容组织中,当他们被塑造好了或者达到"毕业"资格的时候,就被安置在一个较小的集体组织中。如果他们学到了一定的技能,才会被准许安置到更加独立的机构或环境中。

杜兰德和纽费尔特(Durand & Neufeldt,1980)把这个称为"标准化的职业连续安置体系"。这个连续安置体系为残疾人提供机会将他们隔离的环境逐渐

过渡到更加一体化的环境,从一个被控制的或受保护的环境逐步走向保护性较少的而竞争更加激烈的环境,从依赖的状态逐渐发展为独立的个体。具有讽刺意味的是,最多受限制环境的安置并没有为人们过渡到最少受限制环境做任何准备(Brown,et al.,1983;Wilcox,1987)。机构并没有为人们的社区生活做任何准备,每一天的训练项目也没有为将来竞争性的工作做任何准备,隔离式的学校也没有为人们将来融入普通学校做准备。正如贝拉米、罗兹、博尔等人(1986)描述的,从避难所到融合性的安置,通过职业技能连续性的教育,进步速度还是相当慢的;对于那些有智力缺陷的人们来说,白天的活动和工作活动项目,使他们不可能有能力去应付将来极富挑战性的工作(Bellamy,Rhodes & Albin,1986)。

(四) LRE 原则过于支持专业的抉择

正如比克伦在一篇题为《临床诊断的神话》的文章中所阐述的,融合最终是一个道德和哲学的问题而不是专业方面的问题。LRE 原则总是在从专业判断角度来审视关于人们的"个人需求"问题。"最少受限制环境"这样一个术语总是用"适当的""必要的""灵活的"和"可能的"(从来不用"期望的""想要的")。留给专业人员的就是要去决定对任何一个特殊个体什么是适当的、必要的、灵活的和可能的。根据 AAMD 的文章:"专业人士的任务是繁重的,因为他们必须去面对两个相反的领域——LRE 的理念和服务对象的需求"(Turnbull,1981)。

近几年来,法院对给予发展性障碍人士的服务问题作出的裁决给予了极大的宽容。在怀亚特诉爱尔兰案(Wyatt v. Ireland,1979),约翰逊法官赞成他在1972 年所做的判决,判断是否有智力缺陷的权利应该从专业人员转移到社区。当个人的康复要求需要社区配合时才需要社区提供帮助,对这一事实,只有很少的机构进行辩护,他们不希望把专业的评判的合理性从社区康复中移除。调查表明对于专业性的评判是否对严重智障人士的社区康复有利,仍存在着争论。法院在这场争论中并不会去表明自己的立场。

(五) LRE 原则容忍了侵犯人权的行为

LRE 原则是个具有诱惑力的概念,政府应该对其人民赋予最少限制的权利。当 LRE 原则直接应用于有发展障碍人士身上时,反而会侵犯他们的自由和社区参与等基本权利。这个问题暗示了 LRE 原则使得所有人都要受到限制,包括有发展性障碍的和没有发展性障碍的人,只不过是程度上有差别罢了(Turnbull,1981)。

对于刑事案件的审判,最少受限制环境也许是在某种程度上体现了公平,但实际上暗含了限制(Turnbull,1981;Turnbull & Turnbull,1978)。联系到针对有发展性障碍的人士所提供的服务规定,这个原则就成为一个打着保护权利的幌子而实际上却让不必要的隔离合法化的一个工具。提供服务有别于社会控制,有发展性障碍的人士应该有机会在"无限制环境"中去居住、工作和学习。这也就是说，我们应该遵循的原则是"融合的安置"，而不是"最少受限"（Taylor, Racino, Knoll & Lutfiyya, 1987）。

作为一个合法的理论，LRE 原则可能是让有发展性障碍人士融入社会的最有力的支持，并且作为向发展性障碍人士提供服务的指导性原则。然而，LRE 原则模糊了融合和社区参与这样一个基本问题。尽管"重度残疾者联合会"（TASH）已经认可 LRE 原则是为重度残疾者提供居住、就业和教育服务的，但是，联合会提出的"介入式的解决方法"其背后的逻辑与"最少受限制环境的可选择性"是背道而驰的（重度残疾者联合会，1981）。根据 TASH 的政策的观点：令人反感的治疗永远不可能是合理的。

（六）LRE 原则暗示人们必须随着自身的发展和变化而变换环境

LRE 希望越来越多的发展性障碍人士向较少受限制环境转移。夏洛克（1983）写道：社区服务的功能系统的存在，将提供从生活到训练的一连串的服务，也使有需要的人得到系统的帮助和支持。

尽管人们在慢慢地进入了服务连续安置体系，但是他们的生活仍旧是一系列的安置点。有发展性障碍的人们有时会向"最少受限制环境"转变仅仅是因为那些新的计划和安置空间需要被安置一些重度残疾者，这样一来就损害了所有对家庭的感觉和破坏了同家庭成员、邻居和朋友的关系。

（七）LRE 原则主要是针对物理环境上的安置而不是为人们在社区中的融合提供支持和服务

冈纳·戴沃德（Gunnar Dybwad）在他的书《个人沟通》（*Personal Communication*, 1985）中指出：在这个领域里我们每次去确认一种"需要"，都要建造一座房屋。按照这个观点来说，最少受限制环境原则强调为那些发展性障碍的人提供专门的设备和环境。希茨因（1980）和布朗斯顿（1980）对传统的连续模式提出了批评，他们认为：对于发展性障碍我们的任务就是创造"设备"（以前是大一点的，现在是小一点的）和"程序"，而不是在与正常人所共有的环境中提供支持和帮助。在这个领域中，还有几个主要的争论（Landesman-Dwyer, 1981），例如，专业设备和程序这个当务之急需要思考的问题（参见 Rothman, 1984，"如何确定最佳设施的大小的讨论"）。

四、以社区为基础的新连续安置体系

由于最少受限制环境原则存在以上这些问题，这将会导致出现新的"以社区为基础的"连续安置体系。传统的评论会理直气壮地拒绝最多受限制环境、隔离环境，并假设隔离的设置有助于人们进入到融合的环境中去，但这些批评并不是直接针对 LRE 这个原则本身，而是对连续安置体系提出一些质疑。

以社区为依托的连续安置体系是为有发展障碍的儿童和其家庭设计服务项目的指导性原则。新的连续安置体系与传统的连续安置体系一样都最为关注限制的程度、一体化和正常化这三方面。通常我们假定重度残疾儿童应安置在最多受限制和融合程度高的环境中。与之相对应,传统的连续安置体系消除了在最多受限制环境中的完全隔离。可接受的范围是局限于"在社区"范围内提供与非残疾人士的最低程度的互动。从概念上来讲,以社区为依托的模式是有缺陷的。

在这里回应一下上述的质疑,争论的焦点,可能更多地是如今该领域中的领导没有建立一个新的连续安置服务体系,而只是提出了一系列提纲的"选项",有些选项的提纲实施起来可能会产生更加受限制的环境。当 LRE 连续安置体系的概念似乎暗含在该领域的很多领导的著作中时,该质疑就不再是信仰的问题了。问题不在于人们可能说些什么,而在于人们如何去说,尤其是针对政府机构有责任提供拨款和管理服务的时候。很多重要的文件和文章能使新的连续安置服务体系合法化。

图 2 描述了新的以社区为依托的连续安置体系包括居住、就业、教育的服务。自从这些连续安置体系在本领域的文章中频频出现,他们意在描述而不是要设计出具体的服务方案。

(一) 住宅连续安置体系

以社区为依托的住宅连续安置体系,从最多限制环境的群体居住到最少限制环境的独立居住。具体的社区安置计划包括五部分:小社区为媒介的针对智力落后人士的保健设施、社区居住和集体收容所、三到四人的小型收容所、集体公寓、监护公寓和半独立式居住环境(Halpern, Close & Nelson, 1986)。如果传统的社区假定有重度残疾者,那么则应该在最多受限制环境中得到安置(尽管制度标准很少)。那些轻度残疾者则应该被安置在最少受限制环境和小公寓里。

以社区为依托的住宅连续安置体系在很多州都作为给发展性障碍人士提供服务的计划设定参考标准。正如同夏洛克等人描述的那样,在社区居住——训练的选择性环境中,这个连续安置体系通常涵盖的范围从高度结构化、保护严密的限制性环境到相对自由和独立的非结构环境。莱金等人(1986)写道:以社区为依托的连续安置体系对发展性障碍者的看护是基于对以下方面的认识:(1)每个残障个体都有其独特性,以至于为在社区中的个体提供全面的选择范围(完全照管到独立居住)来满足他们的需求。(2)每一个残疾个体都有发展潜能,所以这些机制和训练方法的确立使得残障者向最少受限制和更加独立的环境安置保证其有发展的成效。(3)残障者同样有尊严,他们生活在与其他社区成员相似的环境中(在他们的伤残程度允许的情况下)。

甚至那些明确拒绝连续安置体系模式的人也会接受居住服务从最多受限到最少受限这样的维度。希茨因(1980,1987)曾经很深入地对连续安置体系做出了批评,认为对选择性的最少受限制环境的定义无疑是制造了发展性障碍残

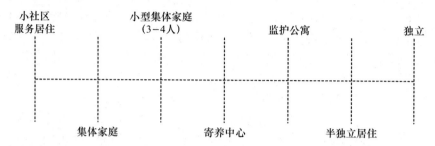

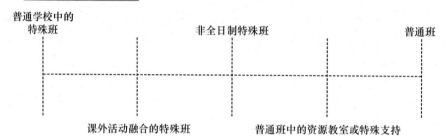

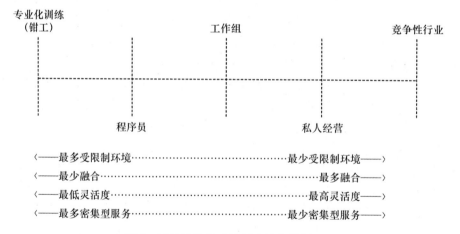

〈——最多受限制环境·················最少受限制环境——〉
〈——最少融合·······························最多融合——〉
〈——最低灵活度·····························最高灵活度——〉
〈——最多密集型服务·················最少密集型服务——〉

图 2　以社区为基础的新连续安置体系

疾者不能融入正常社会的机会。

(二) 新特殊教育连续安置体系

新的"在社区中"的特殊教育连续安置体系,将会让残障儿童进入到按年龄分级的作为最多受限制环境的普通学校中。在对 LRE 原则的许多讨论中普通学校的教育安置体系多次被提及(Brown, et al., 1979; Brown, et al., 1983; Gilhool, 1978; Gilhool & Stutman, 1978; Peck & Semmel, 1982; Taylor,

1982；Wehman & Hill，1982)。根据这些分析，LRE原则要求提供在正常公立学校与非残疾儿童交流的机会。布朗(1983)表明：如果一个重度残障儿童被安置在以年龄为分班基础的普通学校中的特殊教育班，则会让孩子们更适应家庭生活，也会更加认识到在与非残障儿童可以互动的环境中的益处，这在隔离环境中是不会得到的。同样地，韦曼和希尔(1982)写道：对于最少受限制教育、社区环境和一体化进程的结构化准备必须是计划性和系统性的(即残障特殊班战略贯穿于整个学校)。

吉尔霍(1978)建议：应该消除那些安置轻度障碍儿童的"可教育的智力障碍"(educable mentally retarded，即EMR)特殊班，并且我们应该可以去设想在普通学校的特殊班也可以为重度障碍儿童服务。

(三)新职业连续安置体系

以社区为基础的职业连续安置体系包括一系列的就业选择，包括从最多受限制环境的小作坊到最少受限制环境的竞争性的企业。描述各种各样的有竞争力和支持的工作模式上有不同程度的一体化、限制性、正常化和服务强度。

在最近的文献中，最常见的职业模式有：钳工、程序员、工作组、私营业者和竞争性工作。韦曼、科瑞吉尔、巴克斯和夏洛克(Wehman，Kregel，Barcus & Schalock，1986)，表明了对"可发展性连续安置体系"这个概念的反对，为不同的人描述了四种就业模式：竞争性就业(轻度残疾个体)、支持性的竞争职业(轻、中、重度残疾)、工业程序员(更严重残疾个人)和专业化训练(严重智障个体)。另外，韦曼和科瑞吉尔(1985)写道：培养更多的工作人员，建立社区庇护所和室内训练计划，将会扩大当地社区职业选择的范围并促进残障人士进入非附属行业。曼科等人(Mank，et al.，1986)描述了四种支持工作模式。在对这些模式比较的过程中，作者关注的是不同程度的融合(支持性工作代表高水平、日常的和连续性的融合，程序员代表高水平、日常的和接近连续性融合，非固定船员表示各项水平都居中的融合，而钳工则是低水平的融合)和对于重度残障者服务的最大成功(对支持性工作、程序员、非固定船员提供中等程度支持，对钳工提供高程度支持)(Mank，et al.，1986)。根据罗兹和瓦伦特(Rhodes & Valenta，1985)的观点，钳工这样一个工种专门为重度残疾者设计：对于个人工作模式的运用，少量的支持是恰当的。这些工作模式给人们提供了安置并且支持人们在没有特殊监管下融合，特别是当个人要求得到少量支持时，这一点就更为重要了。

奥布莱恩(1985)指出，我们认为设立钳工是为重度残疾者提供一个固定的而非有时间限制的训练，那么企业运用这个模式时一定要保证这个环境是对个人最少限制的。

对于居住、职业和教育的服务，在以不同程度的限制环境的基础上，近些年来许多家庭做了很多的努力。索尔兹伯里和格里格斯(Salisbury & Griggs，

1983)列出了六项一系列的良好的保健服务,范围从最少到最多受限制环境、从家庭服务到社区服务。

五、讨论

最少受限制环境原则是非常具有前瞻性的,它出现在有发展性障碍人士与其家庭处于被隔离的时代之中。LRE 作为一个合法的概念和政策导向,这一原则为有发展障碍的人士创造了很多可以选择的机会。

现在需要去找寻新的想法、概念和原则去指引我们。LRE 原则对最多受限制环境、最少受限制环境、融合环境和程序等这些很有挑战性的概念作了诠释。而需要我们去做的是为有发展性障碍者的完全融合下定义。作为指引性目标,融合意味着消除社会、文化、经济和行政壁垒从而融入社区中,给予他们更多的服务,是鼓励而不是去打击他们去参加社区生活,是培养而不是阻挡他们去发展与残障或非残障人士的联系。

融合意味着:

(1) 从设施和程序的发展来看,人们必须适应为残障人士提供的服务和支持,并努力使他们全面地融入社区生活中。

(2) 要从街坊邻里走向家庭,从普通学校走向普通班,从职业模式走向具体的工作和活动。

(3) 以职业抉择作为个人是否融入社区的决定性基础。

(4) 从支持融合的理论假设到走向一体化提供各种机会的具体实施政策。

(5) 从有条件的(一定程度上的、适当的、可行的)的一体化走向无条件的支持一体化。

(6) 从要求个体去改变来适应社区环境走向要求改变服务体系来满足个人的需要。

(7) 从能得到专业服务作为条件走向接受普通非残障人士的帮助。

(8) 从以残疾标签来作为决定能否进行社区参与走向关注社区所有人的需要。

(9) 从独立的个体走向社区归属感。

(10) 从为他们进行社区安置走向把他们变成社区的一员。

概念和原则可以帮助我们逐渐接近人类所秉承的观念,例如自由、平等、尊严和自立。然而,我们还是要把它放在当时的历史背景中来看。一个现在流行的概念在不久之后也许就不再使用了。事实上,融合的概念只有在隔离的社会背景中才有意义(Bogdan & Taylor, 1987)。要那些残障人士放弃隔离选择融合这本身就使他们不同于常人。如果真正达到了融合的目标,那么又会有新的问题摆在我们面前了。

(常 卓 译)

融合、学校重构和美国社会的重组[1]

D. K. 利普斯基 艾伦·加特纳

作者简介

D. K. 利普斯基(Dorothy Kerzner Lipsky)是美国融合教育的倡议者、教育研究者、学校管理者以及重度残疾儿童的家长。她在纽约城市大学创立了"美国教育改革与融合教育中心"(National Center on Educational Restructuring and Inclusion)。她与艾伦·加特纳教授合作,于1987年在《哈佛教育评论》发表了著名的"超越特殊教育:建立适合所有学生的高质量教育体系"论文,是最早探讨融合教育的学术成果。她与艾伦·加特纳教授长期合作,出版了大量学术论文与著作,共同推动融合教育的发展。

艾伦·加特纳(Alan Gartner)教授是"美国教育改革与融合教育中心"的发起者之一,与 D. K. 利普斯基一起,推动了美国融合教育的发展。他还是纽约市市长办公室主要负责人,特殊教育办公室的主任,承担了大量的美国政府支持的科研项目,包括学校改革、残疾学生家庭支持与转衔服务、特殊教育国际交流等。他还是很多关于教育、社会政策、种族、残疾人和自我帮助和互助方面书籍的作者或者合作作者。

D. K. 利普斯基和艾伦·加特纳合作的主要代表作有:《融合:不是地点而是服务》(Inclusion: A Service Not a Place, 2012)、《融合和学校改革:改变美国的课堂》(Inclusion and School Reform: Transforming America's Classrooms, 1997)、《残疾儿童家庭支持:国际的视角》(Supporting Families With a Child With a Disability: An International Outlook, 1990)等。

选文简介、点评

选文首先对教育中的公平与权利进行了讨论,认为我们过去缺乏对残疾学生权利的关注,对残疾人的看法是以"医学模式"为基础的——它假定个体问题乃生理、心理缺陷所致,残疾人本身而非学校或社会成为问题的根源,因此与残疾相关的诊断与鉴定必须是客观、有效的;对于残疾学生的安置应遵循以最少

---

[1] Dorothy Kerzner Lipsky, Alan Gartner. Inclusion, School Restructuring, and the Remaking of American Society[J]. Harvard Educational Review, 1966, 66(4): 762-796.

受限制环境原则为基础的"瀑布式特殊教育服务体系"来进行。这种态度和隔离的安置模式给残疾人打上了无能的标签,对残疾人和普通人都造成了不利的影响。作者接下来对普通的教育系统做了描述,认为自从 EHA 颁布以来,特殊教育取得了很大的进步。这个法案及其后继的 IDEA 都确认了所有适龄残疾学生都应进入公共教育体系。但是,法律所规定的"最少受限制环境"原则有着天生的缺陷。

作者提出,在法律实施中,要确保"适当的教育"在落实过程中没有让学生被隔离,同时学生不需要"争取"和同伴一样的受教育权利。然后,作者从四个因素分析了特殊教育改革的动因是什么。作者认为,目前的特殊教育体系并没有让特殊学生产生令人满意的学习效果;目前的特殊教育体系花费了大量的资金;目前的特殊教育体系没有考虑家长的意愿,需要家长致力于维护残疾儿童权利并不断提出各种诉讼;残疾人权利运动的蓬勃发展推动了特殊教育改革。在这些讨论的基础上,作者探讨了公立学校体系的改革与重构以及融合教育的改革,包括全国的整体工程和地方的具体行动等不同的措施与努力。作者还对融合教育改革的效果进行评价,认为研究和数据显示融合教育明显提高了所有学生——无论是残疾学生还是普通学生——的学习成效。作者将融合教育放到整个美国社会的背景中予以讨论。作者认为,融合与社会的本质息息相关,在美国历史中,政策的制定与实施受到种种社会限制,这些限制也不可避免地渗入到学校教育体制之中。最后,作者得出结论:要让学校服务所有学生,为所有学生提供高质量的、公平的教育。这并不意味着将现有特殊教育进行"修补"即可,也不意味着不断增加"回归主流"的学生数量,或者是在隔离的特殊教育计划中为学生提供部分融合的机会,而是要对现有特殊教育与普通教育相互隔离的双重教育系统提出挑战。以融合为导向对整个学校教育体制进行重组与改革,这既给所有学生带来好处,又为一个既多样又民主的融合社会提供了典范。

这篇文章篇幅很长,对特殊教育在美国十几年间的发展做了详细的回顾。选文采用纵向研究的方法,通过文献的检索,勾勒出美国推进融合教育而进行学校重组的全貌。文章将大量的文献和数据通过作者强有力的逻辑组织到了一起,用大量的引证来证明一个新的观点,有理有据,让读者心悦诚服。从选文中,我们可以获得一些方法论上的启示。作者没有在行文的过程中对材料做过多的评价与讨论,而是通过对材料的筛选、组织来体现作者的价值倾向和基本观点,可以说作者的观点就是文章的整个逻辑框架。选文对学校教育的重组提出了更高的要求,并期望学校的融合重组可以带动整个社会的融合,这是值得深思的。所以我们在理解融合教育的时候,不能仅仅局限于教育领域,将其视为简单的教育概念,而应该更多地从特定的社会文化、政治经济背景来理解、分析它。它需要全社会以及社会中各种机构与体制进行相应的调整,包括教育机构与体制,社会中现存的与隔绝、歧视相关的价值观、政策等都需要进行相应的变革。

选文正文

十几年前,我们在这个刊物中发表文章回顾了残疾学生教育,得出了以下结论:

随着对残疾和残疾人的态度的改变,我们的信念正在发生变化,普通和特殊教育实践中也需要改变。为所有学生提供灵活的、多样的、个别化的教育模式应以融合的形式出现(Gartner & Lipsky,1987)。

在本文中,我们回顾了特殊教育在过去十年中的发展。我们采用了纵向研究方法,通过检索文献来回顾一系列法庭中的决议。这些决议对目前的特殊教育组织提出了挑战,体现了特殊教育事件中正在不断涌现的残疾人权利运动。我们还讨论了残疾儿童父母和他们的组织,并且审视了融合教育中一些有争议的细节。我们会从以下四个方面的内容解释这些发展:(1) 公平和权利;(2) 现有的特殊教育系统;(3) 学校的重构和融合教育;(4) 美国社会的重组。

融合教育这个词并没有出现在联邦和州的立法中。在讨论的基础上我们得出,"国家教育重构和融合中心"对融合的定义如下:

融合是对残疾学生的服务。所谓残疾学生包括:那些重度残障的学生,被边缘化的学生,在适龄基础教育课堂中需要支持性服务和补充帮助才能在各方面(学业上、行为上和社交上)获得成功的残疾学生。融合教育就是要帮助残疾学生完全地参与社会并能对社会有所贡献(National Study,1995)。

残疾学生教育的历史与美国社会其他边缘族群的发展是同步的。这些族群包括女性、有色人种学生、少数民族等等。历史分以下阶段不断发展:(1) 以法律和规范的形式将这些族群排除在外;(2) 要求正式融合、公平,或在立法上规定;(3) 通过不断对融合进行定义而取得一些进步。在最后的这个阶段,法律上的规定、人们的态度和教育研究是交织在一起的。在审视残疾学生教育的时候,我们阐述了对残疾人的社会态度、学校教育的目的、社会的本质。我们提出了这样的问题:谁被纳入到了学校之中?谁被纳入到了社会之中?谁又不属于这些地方?我们重视什么,我们重视谁?我们是什么样的人?美国教育系统是如何体现政策思想的?

一、公平和权利

"教育公平"一词经常出现在对少数民族、妇女和穷人的教育之中。一般说来,我们过去并不讨论残疾学生的教育,部分的原因是因为我们以往对残疾人士的态度。主流的社会观点是对残疾的"医学模式"的反映。这种观点要求对残疾学生特殊对待,包括特殊的和隔离的教育系统。罗伯特·芬克(Robert Funk,1987)这位残疾人权利、教育和抗争基金的创立者列出了以下的一些因素:

组织严密的社会中的决策者和政策执行者们并不理解融合和平等机会的概念,因为这一概念关系到残疾成人和儿童在主流的社会、政治和经济生活中的融合和参与。当我们要将融合和平等的概念应用于残疾人身上的时候,人们却缺乏意愿或者能力来理解、应用这些概念。这是由于我们对残疾人存在着根深蒂固的刻板印象,认为他们是不正常、不完整、不健康、令人害怕的人,他们永远与其他人的幸福无缘。

忽视残疾人的政策及其实施,对残疾人进行隔离,使他们不能进入社会组织之中,不能体会到融合的、平等的教育,使他们不能获得有意义的工作,不能参与社会进行互动。这些都导致了残疾人政治上的无力,残疾人无法联合其他弱势群体去参与投票并引起关注,这个阶层被视为瑕疵的二等公民并被不公正地评价为社会的次等品(Funk,1987)。

讨论融合教育涉及很多因素,如芬克和其他残疾权利提倡者所宣称的:一个严肃的问题是融合教育是否是一种公民权利。美国教师联盟(AFT)的主席艾伯特·尚克(Albert Shank)认为:"我并没有看出融合教育作为公民权利的基本特征。年轻黑人渴望学习,这不同于一个年轻人大喊大叫不停。"("教师联盟主席",1994)"隔离教育的核心不是儿童的肤色,"尚克说,"肤色完全与他们的教育无关,这两个动机非常非常不同。"

弗兰克·拉斯基(Frank Laski)作为一个特殊教育的律师界领军人物,对夏克的观点提出了挑战。他写道,残疾人与非裔美国人以及其他受压迫的少数民族处在同样的境地。他还引用约翰·戴维斯(John Davis)的论点回复瑟古德·马歇尔(Thurgood Mashall):

我想如果马歇尔第十四个修改案能够得以推广,我认为它毋庸置疑会征服印第安人,就像征服黑人一样。如果它流行,我不能眼看着一个州竟然有权力在理念上将学生隔离。(Laski,1994)

拉斯基继续引用马歇尔(Marshall)的观点。马歇尔在对大量的残疾个体被排斥的案例进行研究后,得出了结论:州政府授权的对残疾人隔离的政策表现出"既恶毒又偏执,超过对黑人最坏的对待。"(Laski,1994)

种族、语言和性别偏见影响着特殊教育,例如全国范围内特殊教育实施计划中,黑人几乎是白人的两倍。美国新闻报道分析教育部的数据得出(Separate & Unequal,1993),"39个州中,占全体学生人数百分比来看,黑人学生在代表了特殊教育实施计划中占有了过多的比例"。类似的差异出现于国家残疾目录中:

智力发育迟缓:黑人26%,白人11%,西班牙裔18%;
学习障碍:黑人43%,白人51%,西班牙裔55%;
情绪情感障碍:黑人8%,白人8%,西班牙裔4%;
言语语言障碍:黑人23%,白人30%,西班牙裔23%。

总体上说,超过 1/3 的黑人学生(相比较于少于 1/5 的白人学生)在特殊教育中被更多地贴上智力发育迟缓和情绪障碍的标签。相反的,4/5 的白人学生(相比于 2/3 的黑人学生)在特殊教育中被认为是学习障碍和语言问题。

全国数据中的差异反映在地域上。以纽约城市公立学校为例,隔离特殊教育教室中,84% 的学生是黑人和西班牙人,占黑人和西班牙学生人数的 73%。另一方面,白人学生占学校学生人数的 20%,37% 的特殊需要学生在普通教育环境中接受支持性服务(Richardson,1994)。

帕特里夏·柯克帕特里克(Patricia Kirkpatrick,1994)指出贫困的环境可以导致智力落后;然而,"特殊教育中黑人儿童占大部分的现象不能仅仅解释为社会经济原因"。学校对非裔美国人,尤其是非裔美国男性的教育不成功,是特殊教育的一个重要特征。詹姆斯·伊塞尔代克(James Ysseldyke)说,越来越多的心理学家和教育家相信测试的文化偏见是导致不公正的特殊教育安置的一个因素。测试不只是简单在功能上导致了恶性的后果,它的假设就是种族的歧视。测验在根本上有一种错误的理解——认为智力是固定的和遗传的,可以被清楚测量的,并且可以预测学习和生活的成功。

在罗伯特·斯滕伯格(Robert Sternberg)"正态分布"(Herrnstein & Murray,1994)的观点中,他联系了早期种族持续特征的实践。斯滕伯格 1904 年指出,艾尔弗雷德·比内(Alfred Binet)发展出一个测试,可以区分出智力迟缓和仅仅是行为问题的儿童。同年,查尔斯·斯皮尔曼(Charles Spearman,1994)发表了他第一篇讨论基本能力重要性的文章。斯滕伯格指出当斯皮尔曼这个相信种族间智力有差异的人,会为亨瑞斯坦(Herrnstein)和默里(Murray)的书鼓掌叫好,而比内肯定是不会。从斯滕伯格的描述看,比内认为,如果一个老师发现学生难以管理,他就会让这个学生降级,这样就可以不去管这个学生了。

在罗德·爱德蒙评论(Rod Edmond,1979)中,他发现老师们存在着希望"摆脱"某些学生的想法。他致力于学校有效性的研究,这些研究成为现在改革的起源。他说某些学生教育之所以失败,部分原因是因为他们家庭的贫困,是非裔美国人,表现出不是教育的不公平,而是缺乏对学校教育失败的关注。这些学生的失败,表面上是考试不及格,但是更确切地说,是学校对他们服务的失败。

很大程度上,性别问题也未在特殊教育的转介和安置中阐明。然而一些数据暗示了对男性的过度转介和证明,尤其是非裔美国人。同时,国家特殊教育学生纵向研究(NLTS)的报告结果显示,当女性不能被转介出来,这些证明的合理性就值得怀疑:

高中特殊教育中女生代表了一种不同于男生的能力和缺陷的结合。在一个团体中,女生受到的伤害更严重,甚至在同一个残疾种类中,女性受到比男性更深的功能性伤害(Wagner,1992)。

特殊教育为身处其中的特殊学生和在普通教育中的学生起到一个分类作用。它既限制特殊性的期望,又对"正常"的态度产生负面影响。学习障碍儿童的父母持有这两种观点:

特殊教育的学生是小期望群体的学生,很少被期望,很少被需要。逐渐的,这些学生,无论智力水平高低,都学会在"特殊"的分类中寻找保护,他们学着更特殊(Granger & Granger,1986)。

每一次儿童被称为智力发育迟缓,被送往特殊教育对一些细小的毛病进行教育,留在普通教室的儿童接受到的信息是:每个人都受到怀疑,每个人都被监视着,不遵守规则是危险的(Granger & Granger,1986)。

普通儿童幼儿园的一位母亲提供了另一种视角。在和老师的面谈中,一位母亲得知两个肢体残疾的学生会到她儿子的班级。她注意到老师"连忙解释会有一个全职的特殊教师,所以两个特殊需要的孩子不会抢走其他孩子的时间。老师这样解释的意图是很好的,她这样是替我的儿子着想"。

当这位母亲第一天接儿子的时候,儿子指着一成年人说,"这位女士是给坐轮椅的人提供帮助的。"对于儿子的体验,这位母亲的反应是:

"查理将会学到哪些关于肢体残疾以及其他残疾的知识?"他会认为肢体残疾的人是能力低下的,他们需要其他人的帮助,他们不能自主交流,他们在大群体中形成亚文化,他们往往是被照顾、被帮助的人……

物理空间上的接近开始了有价值的、积极的学习和对差异的悦纳。残疾儿童不会从其他儿童那里抢走什么,相反,这些"轮椅上的小孩"的存在对其他孩子的学习与成长是有潜在益处的。但是只有周围的环境与人们好好地利用这个接触残疾人的机会,这种好处才能实现。

因此,特殊教育系统和人们对残疾人的态度,对那些被打上"无能"标签的残疾人和我们普通人都造成很大的影响。这些被打上"标签"的人,他们的能力被否认,接受被限制。那些未"标签"的人被鼓励相信残疾人是受限制的。他们被鼓励着同情残疾人,而不是接纳他们。没有什么观点会对社会的融合和平等提供一个基础。

二、现有的特殊教育系统

近几十年来,年轻的残疾人走出校园后没有取得显著的成绩。不论是过去还是现在的数据都显示,这样一些人继续以30%—80%的概率辍学,从事着低水平的工作(Kohler,1993)。

在很多方面,EHA都取得了显著成功。这个法案及其后续法案 IDEA 已经确认,残疾学生都应进入公共教育。特殊教育计划现在服务着五百多万学生,花费联邦、州和地方基金两百多亿美元。1975年通过EHA后,特殊教育有两个主要的发展。

第一个发展是增加了服务的学生人数——近一百二十多万残疾学生。这在特殊教育入学方面来说,是个非凡的成就。以下两表(表1和表2)呈现了这些数据:首先是服务人数不同年份人数的增加,其次是现在的安置模式。

第二个发展是除人数的可观的增加外,被打上学习障碍"标签"的学生数量有了很大的增长。从残疾人教育法实施以来,安置类型很少变动,几乎保持统一。大概三分之一的学生安置于普通教室,三分之一在资源教室,另外三分之一在特殊教室和其他更严格的设施中。

将近95%的特殊学生包含在以下四个类别之中:学习障碍,51.1%;言语语言障碍,22.1%;智力落后,11.6%;情绪情感障碍,8.7%;其他类别,2.2%。

表1　B部分第一章中服务的青少年儿童

(百分比变化和数字,1976—1977到1993—1994)

学年	变化量占上年总数百分比	服务总数
1976—1977	—	3,708,601
1977—1978	1.8	3,777,286
1978—1979	3.8	3,919,073
1979—1980	3.0	4,036,219
1980—1981	3.5	4,177,689
1981—1982	1.3	4,233,282
1982—1983	1.5	4,289,327
1983—1984	1.0	4,341,399
1984—1985	0.5	4,363,031
1985—1986	0.2	4,370,244
1986—1987	1.2	4,421,601
1987—1988	1.4	4,485,702
1988—1989	1.8	4,568,063
1989—1990	2.4	4,675,619
1990—1991	2.8	4,807,441
1991—1992	3.7	4,986,043
1992—1993	3.4	5,155,950
1993—1994	4.2	5,373,077

来源:"美国教育部提交国会的十七周年报告",1995,表1.3。

表 2 6—21 岁依据残疾程度,在不同的受教育环境中学习的学生百分比

(1992—1993 学年)

残疾类型		普通课堂	资源教室	隔离教室	特殊学校
当地机构	非寄宿医院				
特定学习障碍	34.8	43.9	20.1	0.8	0.2	0.2
言语语言障碍	81.8	10.7	6.0	1.4	0.1	0.1
智力落后	7.1	26.8	56.8	7.9	0.9	0.5
情绪情感障碍	19.6	26.7	35.2	13.7	3.5	1.3
多重残疾	7.6	19.1	44.6	23.6	3.4	1.8
听力障碍	29.5	19.7	28.1	8.3	14.0	0.4
需整形的损伤	35.1	20.0	34.1	6.7	0.6	3.5
其他健康损伤	40.0	27.4	20.0	2.5	0.5	9.1
视力障碍	45.5	21.1	18.0	5.6	9.4	0.5
自闭症	9.0	9.6	50.0	27.6	3.2	0.6
聋哑	12.3	9.7	31.4	21.2	24.6	1.0
脑外伤	16.4	19.8	28.4	28.4	4.4	2.6
所有残疾	39.8	31.7	23.5	3.7	0.8	0.5

来源:"美国教育部提交国会的十七周年报告",1995,表 1.7。

不同州之间安置不同残疾人的方式有着很大区别。例如,有学习障碍学生安置在普通教室的比例,在爱达荷州有 0.3%,在佛蒙特州有 93.3%。智力落后学生安置在普通教室的比例,新泽西是 0.28%,佛蒙特是 74.7%。尽管同一个联邦法律定义了所有残疾类型,并且强迫所有州以最少受限制环境安置学生,但是这些差异还是存在着的。

尽管 EHA 意义重大,且代表着特殊教育的进步,但是最少受限制环境有着天生的缺陷,如史蒂夫·泰勒(Steve Taylor,1988)指出的,最少受限制环境原则:

——合情合理合法的限制环境。当最少受限制环境对一些学生有帮助的同时,也至少为部分学生提供了更严格和隔离的环境。

——混淆隔离和融合。学生需要更多的服务就必须在很严格的环境中接受服务。就像布朗等(1983)指出,十多年前,"任何发展的、有意义的 技巧、态度或者经验,在隔离布朗学校中可以得到并且发展,在适龄的普通学校中也可以。"

——建立在"准备"的模式上。这意味着学生必须证明他们准备好了进入更为融合的环境,而不是为他们创设一个环境。这不仅仅在道德上让人无法接受,而且严格的环境不会帮助将为进入宽松的环境做好准备。

——关注安置的物理环境,而不关注服务和支持人员应融入社区。

我们声称,EHA 保证所有合格的学生免费得到合适的公立教育,这是一条为所有学生通过教育获得进步的途径。关键是"合适的教育"是没有学生被隔离,没有学生需要"争取"和同伴一样的受教育权利。"合适的教育"应该保证所有的学生得到他们需要的帮助来达到成功,用 IDEA 里的话来说就是补充的帮助和支持性服务。

我们相信目前的许多因素为改革提供了依据。这些因素包括:

——特殊需要学生有限的成果;

——特殊教育的费用;

——家长的辩护和诉讼;

——主张残疾人权利的视角。

下面我们来分析各项因素。

三、有限的成果

残疾学生并没有像他们非残疾的同伴那样在各行各业取得成功。全国范围内,1991—1992 年,在校残疾学生 22.4% 辍学。我们相信占显著份额 18.3% 的所谓"情况不明"的学生也辍学了。

教育系统中少于一半的残疾学生(1991—1992,43.9%)取得常规学位,另外 13.5% 的学生取得肄业证明、参与学习的证明、提高的证明或者完成个别教育计划的证明。在所有类型的残疾学生中,只有 14.6% 学习过大学课程(Kohler,1994);这其中只有不到一半的学生进入到了 2 年或者 4 年的大学。相比之下,1988 年超过 50% 的非残疾青年进入高中后的继续学习(Wagner,1989)。

残疾人的未就业率是隐性群体中最高的。2/3 的残疾人没有工作,1/5 的残疾人有全职工作,1/10 多一点的残疾人有兼职工作,4/5 的没有工作的残疾人说他们想要工作。这个比例在 1986 年是 2/3。1/4 这些没工作的人说他们的工作中不需要任何特殊设备和技术。

年轻残疾人在学习、辍学率、毕业率、培训和教育以及就业这些方面没有普通的学生做得好。此外,就这些指标来看,女性和少数民族残疾学生处境更糟(Marder & D'Amico,1992;"过渡时期的经验",1993;Wagner,1992)。这些失败不仅仅是在学校系统之中。例如 EHA 要求各州发展需要"最佳"实践(Gilhool,1989)的个人准备项目。然而"最好的实践"的理解和实施间存在着显著的差异(Williams,Fox,Thousand & Fox,1990)。尽管特殊教育在设计和实施上都取得了很大的进展,现在的教育系统中仍然存在着潜在的不足,使得学生无法获得成功。教育实践中最重要的不足反映在特殊教育者的准备上。他们是以残疾和缺陷为基础的,对学校的常规课程关注很少。另外,小班结构提供给残疾学生参与大场地活动的机会很少。结果,就大大限制了对残疾学生一般学业缺乏的关注。

四、特殊教育的费用

很难说清楚特殊教育的实施需要花费多少。尽管如此,有一点是很清楚,按照现在的组织与管理的方式,特殊教育的花费是巨大的。

特殊教育由联邦政府、州和地方资金出资。现在看来是联邦法律IDEA驱动着特殊教育,而联邦投入仅仅占特殊教育开销的一小部分。当重新修订时,EHA逐渐提升了联邦的投入。从1978年人均支出的5%(APPE),提升到1982年及以后的40%。实际上联邦支持从未超过10%(Verstegen,1994)。

1993年联邦政府通过IDEA的B部分,为各州提供了总计20亿美元用于特殊教育事业。平均下来,IDEA服务下的学生每人获得411美元('十六周年报告',1994,表1.1)。联邦资金也包括第一章州政府按份额1992年应付的12.6亿美元,每个合格的学生分得432美元(表1.2)。特殊教育主要的资金来源,2000亿美元中90%来自于州和地方资金。

有两个财政问题是很重要的:资金分配的基础以及钱的用处。一些报告的提出改变了IDEA下联邦资金的份额,从以身份证明为基础的系统到对特殊需要学生的身份更中立的系统。这个改变使得联邦资金返回到1975年前的份额。既然90%多的特殊教育资金来源于联邦政府以外,财政改革的关键就是州政府的资金投入。由州立教育委员会国家联合会(NASBE)召集的一个研究小组,对融合教育起支持作用的资金结构的特征进行了描述:资金不可以根据学生的标签而定;资金水平不可以取决于学生安置水平或谁提供项目;资金应该以学生获得成效为导向;特殊教育资金应与普通教育的资金相链接,尽量减少金钱上的竞争;资金应集中在当地学校学区;所有特殊教育资金应该在地区中流动(Winners All,1992)。

由美国教育部建立的特殊教育财政中心(CSEF),颁布文件说现行的特殊教育财政的设计阻碍融合安置学生(Parrish,1994)。在对议会就IDEA实行方面的十七周年报告(1995)中,CSEF为有意愿的州提供了一系列指导,试图修正特殊教育资金分配来取消严格安置的体系:

——首先,有助于严格和隔离的安置方式的财政投入应该被消除。

——其次,州必须决定他们鼓励私立特殊教育安置的发展的程度。

——第三,当学生进入更少限制安置环境时,资金系统也应该随之发展。

——第四,州应该加强对地区培训的财政支持。

——第五,州应该建立基金鼓励对所有学生进行适当干预。

我们有一系列的财政问题,既关于资金来源的基础,又关于资金使用和分配方法。这个不言自明的前提是资金该由计划的目标来决定。但现在,决定如何对资金进行分配的基础却鼓励过度的身份识别以及把残疾人从普通教育中隔离出来,资金分配规则支持的是更严格的安置方式。与此同时,一些促进所有学生的融合教育的政策和实践正在建立,正如 CSEF 中提到的,现在有一些政策和实践是很重要的,它们是朝向融合教育迈进的必要步骤。

五、家长的辩护和诉讼

残疾孩子的家长坚持把他们的孩子安置在普通教育课堂中,并必须配有辅助和支持服务。这个议题来源于聆听残疾人的全国咨询会,一个校董指定的提供建议的组织("家长,辩护",1994)。幼龄孩子的家庭尤其积极,他们从 IDEA 学前教育计划的融合安置中获益。这些家长坚持他们的孩子在小学基础教育中也要得到同样的融合教育的机会。此外,家长组织和召集的团体积极踊跃地支持融合,对家长进行维权培训。其中"学校为每个人(SAFE)"这个章节广为流传。PEAK 家长中心这个由特殊教育项目办公室(OSEP)和美国教育部注资的一个机构,已被指定为支持家长参加融合教育的一个全国性资源中心。

家长的主张是通过家长发起的诉讼案例来表达的。在过去的几年中,四个联邦巡回审判做出相似的支持融合教育的判定。这四个上诉法庭决定记录了 IDEA 关于"最少受限制环境"原则的意义。它们强调:(1)学区必须为所有的残疾学生考虑普通课堂的安置方式,不管他们的残疾有多么严重;(2)这样的考虑不应该是浮夸的,实践中还必须做到最好;(3)"融合"不是抛弃,而是把学生安置在普通课堂,并且给予个别化的支持和帮助;(4)对于班级其他学生产生的结果,教师实施融合教育所需要的时间以及学校这样做的花费,都事关对这个项目的考虑,取消一个残疾学生获得这样的受教育机会的标准应该相当高。

1989 年在丹尼尔(Daniel)对州教育委员会的案例中,第五巡回法庭制定出一个标准,来决定在基础教育课堂中进行全日制安置,并配备供给和服务的适当时机以及什么时候转移到特殊教育课堂是教育上行得通的。法庭认为首先是"检查这个州(也就是当地学区)是否采取措施让残疾孩子适应到普通教育中",也就是去确定学区是否提供了帮助和服务并且调整了教育项目以满足普通课堂中残疾学生的需要。如果学区没有做到,就是不执行法律。学校为学区设定了两项限制:(1)普通教师不需要把所有的或者大部分时间给残疾学生;(2)普通教育项目不需要调整到超出认可。被检查的包括学业成就,但不仅仅如此。法庭说:"把残疾孩子融合到非残疾的环境对他人和其自身都是有好处的。"

1991 年在格里尔(Greer)对罗马城市学校的案例中,第十一巡回法庭考虑也许普通课堂中的教育可以借助供给辅助和帮助性服务得到满足。法庭的决定是:"学区也许会决定残疾孩子应该在普通教室外接受教育,在做出这个结论之前,他们应该考虑补充帮助和服务是否可以在普通课堂达到教育目的。"学区也许会考虑服务的花费;然而,仅仅因为增加开销不能作为拒绝残疾孩子在普通课堂受教育的理由。只有当这样的花费"将明显影响学区中其他孩子的教育"才可以拒绝残疾孩子。

1993年在奥伯提(Oberti)对克莱明顿自治区学区教育委员会的案例中,第三巡回法庭强调维护服从法律的责任对每个学区都是公平的,法院着重强调补充帮助和支持性服务作为帮助残疾孩子适应的作用。法庭非常强调补充帮助和支持性服务的作用。法庭认为这些服务的作用是缓解IDEA对普通安置的假设和为特殊需要孩子提供妥帖的个别化项目之间的紧张关系。法庭强调许多在隔离课堂中使用的特殊技术可以成功融合到普通教师,普通教师可以接受相关培训。它还指出"课堂中非残疾孩子从融合中获得的益处"。考虑到课堂中潜在的混乱,法庭认为只要学区提供了合适的服务,没有理由想象任何行为问题在普通课堂中得不到解决。证明这个决定,上诉法庭说:"融合是一项权利,不是少数人的优势。"上诉法庭继续陈述:

我们认为IDEA的回归主流理念,禁止学校在可以通过在普通课堂提供补充帮助和支持性服务教育残疾学生的情况下,把残疾学生挡在普通课堂之外。

在1994年萨克拉曼多城市统一学区对雷切尔·霍兰(Rachel Holland)的案例中,第九巡回法庭发现雷切尔的个别化教育计划可以通过课程调整以及补充帮助和服务在普通课堂达到。它还发现雷切尔在普通课堂安置中得到显著的非学业上的进步。第九巡回法庭相信学区没有承担起责任,在取得学业进步方面,特殊教育课堂并没有显示出相当于或者优于普通课堂。

美国高级法院拒绝对霍兰德案的判决重审,表示他们赞同巡回法庭的判决,这个决定如同法律一样成立。然而一些随后的学区法庭决议重申了每一个案例都会基于当时的情形做判决。

在更多案例中,法庭证明了以上四个决定,并且要求学区尊重家长的要求带有必须课堂支持的融合安置。但在其他案例中,学区法庭判决却有例外。例如普通课堂课程的改变太过分以至于超过他们保证的范围,他们尝试过支持性的融合安置,但是没有成功,并且残疾学生的需要超过学区可以提供的范围。这样的一些案例牵涉大一点的孩子,而上诉案例都是关于基础水平学生的。

法庭是保证残疾个体权利的主力,但是法庭在管理实施相关措施时就不那么成功了(Macchiarola, Lipsky & Gartner, 1996)。

尽管有人争论说特殊教育立法不是一般的公民权利,但是《美国残疾人法》(ADA)却毫无疑问是一部公民权利法。在1994年彼得森(Peterson)对哈斯丁斯公立学校的案例中,联邦行政区法庭接受了质疑,并在ADA中补充了IDEA("彼得森规则",1994)。既然ADA的要求在某些领域超过了IDEA,关于融合的公民权利观点就获得了更多的推动力。此外,ADA法律中,私立学校也包括在内。

IDEA为加入的州提供特殊教育资金。所有的州都选择加入;结果权利扩展到孩子和他们的家庭。另一方面,ADA 是一项公民权利法律,提供类似于对非裔美国人和女性的保护。

六、残疾人权利运动

哈伦·哈恩(Harlan Hahn,1994)是一个残疾人权利运动的理论家,他争辩说:"要改变教育环境而不是不断寻求改变残疾学生功能特性。"他继续主张道:"既然隔离会给年轻残疾人留下持久的烙印,那么消除隔离、促进融合就是这一改变进程的基础。"

解释融合教育的实施,残疾人权利呼吁者詹姆斯·莫里斯(James Morris)和哈伦·哈恩界定了学校正面临的挑战:

人们对我们的期望是在以前残疾人的经验上建立起来的。如果残疾人被隔离,被看成异类,被看成功能不全的人,那么他们永远不会作为完整的社会成员被接受。这是对特殊学校、对隔离的规定最严厉的声讨(Morris,1990)。

大多数教育理论很少关心残疾人。这样的结果就使得每天在教室里老师和残疾学生站在不同的理解方式和生活方式的两端遥遥相望(Hahn,1994)。

目前有两个计划探讨了残疾孩子和非残疾孩子之间的差距。一个是盲人计划国家联盟,这里成年盲人和盲童的家长及老师一起工作。另一个是"透过眼镜",一个加利福尼亚州的项目,召集残疾成年人当残疾孩子及其家长的咨询师和老师。两个项目都把残疾成人当做对残疾孩子发展有专业价值的人。

这样的计划在教室中产生了积极的效果,用哈恩(1994)的话来说就是:

可能是不断增加的对残疾人优点的赞赏改善了教师的态度,这种态度取代了以往他们对残疾人的看法,认为他们会被过度地施予关注和帮助。

社会对残疾人的目光短浅反映在《在钟表的目光下》的作者克里斯托弗·诺兰(Christopher Nolan)对一个记者提问的回答上。诺兰因为出生时严重脑瘫痪而失去行动能力。当他被记者问:"当你可以离开轮椅的时候,你想做的第一件事是什么?"诺兰回答道:"坐回去。"(Minow,1990)玛莎·米诺认为诺兰的回答"使人们窥见了这个年轻人截然不同于常人的生活经历以及他的看法,他认为离开轮椅后他仍然是原来那个自己,这挑战了人们的假想。"米诺继续指出诺兰的回答拒绝了残疾人缺乏某些正常人拥有的东西的观点。

七、学校重构与融合教育

托马斯·斯科特(Thomas Skrtic)对现在特殊教育的设计和概念提出了一个广泛而深刻的批评(1991)。他说:"他们的评论停滞在特殊教育实践的水平……而没有质疑实践的根基。"他归纳的假设如下:

——学生的残疾是病理学原因造成的;

——不同的诊断是客观且有用的;

——特殊教育是理想构建的和协调的服务系统,适应于诊断后的学生;
——进步是诊断的理性技术提高和教学实践的结果。

现在的特殊教育隔离于主流教育,有时平行,偶尔相交。EHA是用来修正早期排斥政策的。同时这项法律试图为不断增加的庭审提供统一的回应,表明排斥残疾学生是违反法律的,保证了残疾儿童家长的权利进程。

在很大程度上,国家教育改革忽视了残疾学生。在给总统和国会的1993年报告上,国家残疾基金委员会在回顾1990—1992年关于学龄少年儿童8项首要任务时,6项没有设计残疾学生。对卡尔·D. 珀金斯(Carl D. Perkins)为职业做准备的特殊教育资源使用和实用技术教育法律的讨论,理清了一直以来融合的纷乱。五个城市公立学校的选择研究发现残疾学生被排斥在外("限制的项目",1995)。尽管由IDEA授权,要求学区迈出"合理的步伐"来容纳残疾的学生,1973康复法的第504条款允许残疾人"有意义的参与"任何接受联邦资助的项目,但是很多学校的改革中仍然存在对残疾学生的排斥。

《2000年目标:教育美国》(PL 103—227)标志着对残疾学生的关注取得了显著的突破。在异常儿童协会(CEC)的周年会议上,一个美国教育部门官员发言:"2000年目标说'所有'学生就意味着所有。"(Sklaroff,1994)关键是残疾学生国家标准提议的申请。估计现在教育改进的国家评估(NAEP)测试已经拒绝了全国一半的残疾学生,而且大多数美国教育部项目也没有包含残疾学生,新的法律将实现戏剧性的改变。在CEC的周年会议上,一项国家教育部资助的教育成果中心研究表明大多数关于标准的项目将"不得不回归和证明他们的标准如何包含残疾学生"。在这些评估中,排斥残疾学生包含着两个不好的信息:首先,他们的教育不关心学生;其次,更基本的,他们根本不能达到目标。相反地,将这些残疾学生纳入教育系统之中,确保了对这些学生的教育负责,那些领导将对残疾学生的教育负责任。

为达到2000年的目标,这对没有包含残疾学生的新测试项目是一个挑战。这远远不是一个虚设的问题,因为事实上就6个州没有将残疾学生包含在他们的评估范围之内。在剩下的44个州里,10个不能定义参加测试的残疾学生的特征。参加州的成就测试残疾学生的百分比(在34个州中),从科罗拉多和佐治亚的10%到肯塔基和马里兰的超过90%("州特殊教育成就",1994)。容纳残疾学生与国家标准设置活动中以话题形式反应在十六周年报告的整个章节中。

肯塔基的州教育改革关注了教育系统的整体,并在堪萨斯努力构建合作的"支持性教育"(Skrtic & Sailor,1993)。在堪萨斯,三个不同的改革被统整到了一个单一的模式之中。这些计划包括:(1)"融合教育",一个特殊教育改革的新方案;(2)"质量认证",一个普通教育学校重组的新方案;(3)校际间合作的融合服务,结合社会、健康、教育服务改革计划表("十六周年报告",1994)。

八、融合工程：全国性回顾

国家教育重组和融合中心最近完成了它的国家融合教育计划周年研究。融合教育计划已经从 1994 年的 47 个州 267 个地区成长到 1995 年的几乎所有 50 个州 891 个地区("国家研究",1995)。

在 1995 年研究的数据中,其他的重要发现有：

——融合项目中学生的成果,不管是普通的还是特殊的教育,都是基本上积极的。

——参与融合项目的教师报告了自己的积极的专业成果。

——学校重建的成果对融合教育计划有着显著的影响,反之亦然。对很多学区来说,融合教育的发展已经成为基本教育重组不可或缺的部分了。另外,它也是这些重组的结果。并且在一些地区,融合教育发展引导了更广泛的重组。

——更大范围的残疾学生被普通教育计划纳入。

学区数据("国家研究",1994,1995)表示增长并不仅仅是实施融合教育项目的学区数量,也是普通课堂中特殊教育学生数量的增长。这些学生的残疾范围和层次都更广。全国范围内,IDEA 包括的各种类型、各种程度和各种水平的学生都被重组到普通课堂。

在融合教育项目发展的同时,普通和特殊教育学生的成果也被更多关注。大致上,1994—1995 年研究,报告了残疾学生积极的学业、行为和社交成果,学业上没有消极结果的报告("国家研究",1994,1995)。

并不是所有关于融合教育的报告都是积极的(其他见 Fuchs & Fuchs,1994,1995;Laufman,1993,1994;O'Neil,1994—1995;Shanker,1994)。回顾这些证据并且对比下述的国家研究中数百个学区的其他研究和报告(1994,1995),只要适当实施,融合教育对各种残疾学生以及他们的非残疾同伴都是行得通的。"适当实施",融合的意思与"抛弃"完全相反。不同于"一个尺寸合适所有人"的研究,融合教育项目表明了每个儿童的需要。不同于仅仅关注安置方式,呼吁融合取得了 IDEA 的支持,IDEA 要求学生应该得到"适合"他们需要的教育。用 IDEA 的话来说,"补充帮助和支持性服务"是用来满足学生需要和支持他们所有人的。隔离的特殊教育项目不会——也不能——提供法律要求的"合适的"教育。

对很多学区来说,特殊教育项目的发展已经成为更广泛的教育重组的一部分。此外,它也是这样的重组的一个结果。并且,在一些学区中,融合教育的发展已经引领了更广泛的重组。

融合教育的成功需要以下一些要素。

(1)有远见的领导：基于一项对 32 个学校(安大略湖、伊利诺伊、亚利桑那、纽约、密歇根和佛蒙特)的为学生提供融合教育机会研究,理查德·维拉等人的(1993)报告对普通和特殊教育者,行政支持的力度都是最有力的融合教育积极态度的预报器。行政领导包括：(1)构建一个融合学校系统,关心、富有责任、对所有学生的学习都负有责任;(2)为了支持和提高融合教育而组织学校;(3)为融合课堂给予财政支持。

(2)合作：从学区的报告中可以得知,为达成融合教育目的,不是某一个教师可以——或者应该——拥有所有的专业知识,来满足课堂中所以学生的需要。每一个教师都应该是支持系统中的一分子,提供合作辅助,提高合作解决问题的能力。建立策划团队,为教师安排一起工作的时间计划,把教师定位为问题解决者,把教师概念化为前线的研究者("创造学校",1994;"国家研究",1994,1995;Roach,1995)。

(3)对评估的重新关注：曾有无数研究调查特殊教育的不足,从它的评估、方法和教学等方面(Ysseldyke,1987),这些结果在心理测量学和教育学方面都是没用的。学区在改革普通教育和特殊教育方面报告了更"可信的评估"设计,包括执行的作用、文件以及允许学生表达他们学习的可供选择的方式(Roach,1995)。

(4)对工作人员和学生的支持：成功实现融合教育需要教师、支持者和其他学校员工做好合作的准备,这样才能保证所有学生的成果。支持学校员工,必须有综合的和系统的职员发展和合作所需要的时间。学区和教师报告有效的员工发展机会不是"突然一下"。他们提供重要导向和正在发展的技术辅助;重视学校员工的知识,并且把教师当成有经验的顾问和专业发展的带头人;并且提供支持或者"材料"给教师用以学习新技术,这些当技能得到发展和信心得到增长的时候可以渐渐撤销(Roach,1995)。

(5)资金：现在的特殊教育资金往往对隔离的安置有帮助。改变资金方式,让资金跟随学生是成功实现教育重组和融合所必需的。大体上说,融合教育不会比隔离教育需要更多花费("融合教育花费更多吗?",1994;McLaughlin & Warren,1994)。

(6)有效的家长参与：融合学校鼓励家长通过家庭支持服务来参与融合教育,此外也通过发展家长和孩子共同学习的教育计划来参与。给学生带来一系列学校服务的项目报告了至少两个好处——对学生的直接好处和给家庭成员参与学校活动的机会("创造学校",1994;"国家研究",1994,1995)。更直接的是,父母对孩子来说是专家——他们了解孩子的行为、学习和生活。父母可以给学校员工提供重要的信息并且支持学校项目。个别化教育计划的进程就要改变了。

(7)课程调整和有效教育实践的采用：课堂实践已经被视为支持融合教育的教育,包括合作学习、活动学习、熟练学习、使用教学技术、多层次教学和同伴支持及辅导计划。

九、各州的行动

美国各州已经调整政策,或多或少都提升了融合教育。联邦法律为残疾学生搭建服务框架,各州应该落实这些服务。有的州通过了新的法律;有的州更新政策描述和教育指导达到融合教育水平;有的项目计划紧随其后。

在选择教育和公民权利小组委员会之前的证据中,教育委员会发表了一份关于加州、肯塔基、纽约和佛蒙特地区的融合情况的报告(Morra,1994):

家长、员工和州官员认为融合教育的成功取决于是否对创造和维护几个关键条件给予足够的注意:(1)合作学习的环境;(2)残疾学生在当地教育环境中的自然均衡;(3)课堂教师充分的支持——包括大量的帮助和训练;(4)哲学的再定位——定义特殊教育为一种服务,而不是安置。

基础统计办公室的报告还说:

对残疾学生来说,好的同伴角色模型并且接触广泛的课程,可以导向社交、语言、行为和自我尊重的发展。学习进步也被提到。对非残疾学生来说,家长和老师希望他们更有同情心、更有用,并且对残疾学生更友好。

最宽泛的州立法是佛蒙特1990年通过的230法。这项法的目标是增加学校的容量,满足所有学生的需要。它试图通过员工发展,改变特殊教育资金系统,增加灵活性且取消定义学生是否为合格的接受特殊教育的学生,鼓励学校发展更综合的教育服务系统。完成目标的关键在于教学支持系统的发展,来确保对有风险学生的早定义,满足他们需要的能力和建立教学支持团队辅助教师合作解决问题。一项对该法前三年的报告发现:

——接受特殊教育的学生数量减少17%;

——每一所学校都有教学支持团队;

——许多学校都已经重组了他们的特殊服务并且把他们融合到普通课堂中。

……

在密歇根,州教育委员会已经采纳了融合教育的地位陈述(1992),把融合教育定义为:

为残疾学生提供的教育服务,在有非残疾同伴的学校,在适龄的普通教育课堂,在普通教师的监督下,被个别教育委员会认定为合适享受特殊教育支持和帮助的。

印第安纳的最少受限制环境州工作团队界定了现在特殊教育项目中以下问题:过度推荐,侮辱和孤立特殊教育中的学生,分离模式的分裂和学生家庭社区的紊乱。在实行新计划的过程中,工作团队特别提出四项隐藏的假设:

(1)所有学生学校学习的目标——包括残疾学生——包括了学业成就以外的东西;

（2）优秀的学校和有效教学的特征是贯穿"普通"和"特殊"的一致性；

（3）残疾学生更像典型的同伴，而不是那么特殊，并且特殊教育的传递必须反应相似之处；

（4）最少受限制环境的实施需要系统的改变。（"指导"，1994）

1991年，新墨西哥教育部门出台了融合教育的行政政策（"行政政策"，1991）。政策表示：

新墨西哥州教育部门相信所有学生必须在包容他们而不是排斥他们的学校环境中受教育。学校环境包括所有课程的、非课程的以及课程以外的项目和活动。

融合意味着所有儿童必须在支持的、多样的、适龄的、自然的、儿童中心的课堂、学校和社区环境中受教育，实现为他们全面参与多元且融合的社会做准备的目的。

现在的布局是基于"典型—非典型范式"的，政策说这样会造成：

教师和学校的中心责任……寻找功能失调的学生和安排其他的人去教育他们。孩子不能衡量什么是典型的这个主观霸道的观点，于是这个孩子和其他孩子得到的信息就是这个孩子是无能的，别人对这个孩子的期望很小。

政策继续阐述，一个有融合教育观点的教师会对所有的学生有高期望，这个教师也会了解到每一个人都是在合作中学习的，学校既是学习的地方，又是社交场所。

在一份为伊利诺伊发展性残疾计划委员会准备的报告中，迈克尔·科恩(1994)检查了两个州展现的材料，科罗拉多和佛蒙特——两个州都有广泛实施的融合教育——而这些伊利诺伊没有。他定义了两个关键的区别：

首先，因为关系到残疾学生的教育，每一个州都有一个中立的资金分配公式。这意味着学区不接受任何财务酬劳，或者鼓励把学生安置在严格环境中。其次，实施融合教育计划的关键是要强调教职员工的培训。

对比伊利诺伊的融合地区和非融合地区，科恩(1994)发现前者：(1) 行政人员强有力地保障了融合；(2) 普通教育环境中教师和残疾学生得到支持；(3) 普通和特殊教师得到了培训，引领着普通教育者和特殊教育者之间的高水平团队教学。他写道："作为以上多样性的自然产物，这些学校制造了更高水平的员工和社区来支持融合。"相比之下，在这些"非融合"学区中，行政人员明确地拒绝把融合教育作为对残疾学生的教育模式，这些观点也从学校人员身上反映出来。

十、对融合教育计划的评价

当前研究提供了研究数据：

——三项关于残疾学生教育最有效环境的元分析的发现表明"融合教育对

残疾学生的学业和社交上有小到中等的良好效果……这意味着在普通教室受教育的特殊学生比在非融合环境中的残疾学生在学业和社交上做得更好"。(Baker,Wang & Walberg,1994)

——对比融合的学生和资源教室项目的学生,可以测量出非常细微的差异。然而融合模式结果更受欢迎也更划算(Affleck,Madge,Adams & Lowenbraun,1988)。

——尽管中等残疾的学生融入全日制普通课堂的进程比他们的同伴慢,但是他们之间的差异没有隔离环境中残疾学生和他们的同伴增强得那么快(Deno,Murayama,Espin & Cohen,1990)。

——残疾学生和非残疾学生一样乐于参与积极的社交(Ray,1985)。

——学习障碍学生在标准测试和报告卡片中取得学业进步(Chase & Pope,1993)。

——用中心城市成就测试对比两个人数相当的学校,詹金斯等人(Jenkins,et al.,1994)发现把学生安置在普通课堂的学校学生比隔离安置学校的学生普遍取得明显更高的成就。

——对比传统项目中的学生,明显残疾的学生在个别教育计划中取得更大的成功(Ferguson,1992)。

——进步出现在学生自我认可(Burello & Wright,1993)、同伴接纳(Christmas,1992;Marwell,1990)和社交技巧方面(McDonnell,Hardman & McCone,1991)。

——融合项目提供积极体验且改善孩子的态度。(Giangreco,Edelman,Clonier & Dennis,1992;Stainback & Stainback,1992;York,Vandercook,MacDonald,Heise-Neff & Caughney,1992)

——在报告了他们对普通教室安置的看法后,非残疾孩子的家长确认了更好的结果(Giangreco,et al.,1992)。

最近有关学前融合的广泛研究中,詹·尼斯贝特(Jan Nisbet,1994)得出结论认为:融合在学前残疾学生与同伴的交往和社会技能方面有积极效果——与同伴玩耍的时间越多,与同伴的交往越积极,对同伴描述也就越多。在其他行为方面积极的效果也显现出来,如更熟练地玩玩具。看起来某些方面如同标准化测试取得进步一样,证伪了关于隔离环境也许能提供更特别、更有效干预的言论,并且对正常发展的儿童没有消极影响。

黛比·斯托布和查尔斯·佩克(Debbie Staub & Charles Peck,1994)考量融合班级中非残疾学生的成果,提出下列三个问题:

(1)融合教育会降低非残疾学生的学业水平吗?
(2)非残疾学生会失去老师的时间和注意吗?
(3)非残疾学生会从残疾学生那里学到不好的行为吗?

他们发现"没有融合课堂中非残疾学生学业水平的退步"。他们还注意到教师给予非残疾学生的时间和注意没有被残疾学生的出现影响,非残疾学生也没有从他们的残疾同伴身上习得不好的行为。

另外斯布和派克(1994)指出对非残疾学生的五点好处:(1)减少对人类差异的恐惧;(2)社会认知的增长;(3)自我概念的进步;(4)自我原则的发展;(5)温暖的和关怀的友谊。

总的来说,融合的研究和评估数据显示出明显的促进学生发展的趋势,不管是特殊学生还是普通学生。

十一、美国社会的重组

融合的问题探讨了社会的本质——谁将被融合而谁不被融合。在美国历史中,政策的参与受到种种限制,如种族、性别、宗教、等级、智慧和力量。这些限制也不可避免地渗透到公立学校。

普通和特殊教育领域,为关于谁应该被教育和怎样被教育,提供了一个检验这些社会关系的机会。对残疾学生来说,他们面临的挑战将是人们怎样看待和对待差异——视为不正常还是人类情形中的一种。

针对政策制定者、法院和行政人员面临的矛盾,米诺(1990)指出"不平等的问题可以恶化为对少数团体的成员和大众既平等对待,又不一样的对待"。在残疾的语境中,可以解释这种紧张矛盾,芬克(1987)写道:

平等机会的概念和融合必须建立在意识到不同需要和残疾人潜力的基础上。然而平等机会必须被定义为,为个体提供可以达到目的的机会,发展他们的能力和最大限度达到潜能。

残疾权利理论家挑战残疾的传统范式,拒绝个体残疾模式;他们为社会政治的定义而争论。哈恩(1994)指出,像其他弱势群体一样,残疾人正大力扭转之前被贬值的个体特征为积极的自我界定意识。他写道:"残疾简单的意味着其他人类差异,而不是功能性约束,这个觉醒可能形成基础……来提升逐渐增长的对日常生活多样性和复杂性的欣赏。"

米诺(1990)建议一项"社会关系研究"作为提供对传统合法对待差异的选择。这项研究把焦点从个人转移到差异的社会构造。

这个转移可以在对艾米·罗利这个聋生的教学选择的回顾中(Rowley 对教育委员会)看到。学校系统"假设"是艾米的问题:因为她与其他学生不同,解决方法就必须聚焦在她身上(Minow,1990)。不言自明,学区的情形是教与学模式化为师生一对一的教学方式。米诺说,其实你可以把教室概念化为学习的社区,艾米是班级同学的合作伙伴。这样的转变把焦点从艾米和制造问题上转移,涉及所有学生。

对差异的消极概念化,在学生被"证明为残疾",需要特殊教育的过程中非常明显(Minow,1990)。

"学校如何看待融合是非常批判性的：融合被理解为外来物吗，还是创造学校文化接受所有的来者？"(Biklen,1992,记载于 Slee,1993)。"融合"这个词，包含着种族关系，在这里是非常重要的。它提醒我们融合不是"允许"有色人种进入白人社会，而是把社会转化为认同多样性，社会标准不是由一个单一的团体指定的情形。

米诺的构想把讨论从一种认识论转移到权利的分配。"离开困境的方法是重建形式，这样他们就不会构建一个标准来承担不同的彼此分离的负担。"(Minow,1990)融合教育项目超越了"回归主流"，所以容纳普通和特殊学生的融合教室也超越了"准备就绪"的模式，即并不需要残疾学生"证明"他们准备好了进入融合环境中。

十二、结论

教育改革在未来依然会有大量的工作需要去做。教育重组，即学校服务所有学生，并不意味着将特殊教育好好的"修补"，也不意味着不断增加"回归主流"，或者是在独立的特殊教育计划中为学生提供部分融合的机会。恰恰相反，我们正是要对这种双重的教育系统提出挑战。为了让所有学生都能获得成功，教育必须要：

能够容纳所有学生的需要、兴趣和经验，只要这是他们应该获得的服务。这样的融合教育，应该是更丰富、更多样和更能刺激学生的教育。这样的教育应该是一个更有益于学生离校后在平等的社区中生活，而且这不仅仅是针对在现在的安排中处于劣势的学生，而是针对所有学生而言(Ramsay,1993)。

这样的问题不仅仅是美国面临的问题。《萨拉曼卡宣言》(1994)，这个被92个政府和25个国际组织采纳的文件，探讨了为所有儿童的广泛的社会目标：

以融合为导向的普通学校是与歧视作斗争最有效的方式，这种方式能够达到教育所有学生的目标；此外他们提供了一个对广大孩子有效的教育，并且提高了教育的效率，最终实现了整个教育系统的资金使用的效率。

《萨拉曼卡宣言》继续把这个政策放入到了更广泛的社会政策框架之中：

融合和参与对于人的基本尊严以及享有和实践人权是至关重要的。在教育领域中，它反映在教育发展的策略上试图实现真诚的机会平等。许多国家的经验说明残疾青少年儿童的融合在融合学校中可以做到最好。在这样的环境中，有特殊教育需要的人们可以充分取得教育上的进步，达到社会融合。

关于学校实践的特殊性，《宣言》声明：

在融合学校中，为了确保有特殊教育需要的学生获得有效的教育，他们应该获得他们可以要求的一切额外的支持。融合的学校教育是团结残疾孩子和他们同伴的最有效的方式。

在政治上，在美国历史上持续存在的问题是寻求多元化与统一的平衡。正如马丁·路德·金1967年在艾伯尼兹洗礼教堂所说的：我们每个人都是"紧密相连的网络"中的一分子，我们被一件"命运的衣服"编织在了一起（载于《乌云》，1995）。小亨利·路易斯·盖茨（1994）在描述他所说"不朽的人性"时说："当我们问我们与其他人有什么相同之处的同时，我们还要认识到我们之间的不同。"

我们对融合教育的争论既是"关于差异的两难困境"的争斗，又同时是对这种困境的反思。学校重组过程中的融合教育，既给所有学生带来好处，又为一个既多样又民主的融合社会提供了典范。

（陈　曦　译）

历史、口号与现实：
对融合教育之争的分析[1]

肯尼思·A.柯菲尔　史蒂文·R.福尼斯

作者简介

肯尼思·A.柯菲尔(Kenneth A. Kavale,1946—2008),美国弗吉尼亚州瑞金大学(Regent University)教授,主要研究学习障碍、情绪与行为紊乱、智力障碍和特殊教育政策。先后任教于佐治亚大学、科罗拉多大学、加州大学河滨分校以及爱荷华大学。他在特殊教育政策和研究实践方面颇有成就。他首次将元分析方法应用于教育中。2008年柯菲尔当选异常儿童学习障碍委员会主席以及全美学习障碍协会执行委员会主席。

史蒂文·R.福尼斯(Steven R. Forness),美国洛杉矶加利福尼亚大学脑神经医院主任,教育心理专家门诊主任,精神病学和生物行为科学教授,发展性残疾多学科训练项目主管。主要研究学习和行为失调并发症。

两位学者经常合作,合著的主要代表作有:《学习障碍学册》(*Handbook of Learning Disabilities*,1987)、《学习障碍的本质》(*The Nature of Learning Disabilities*,1995)。

选文简介、点评

在特殊教育领域,融合这个概念一直处于争论的焦点。在选文中,作者全面地分析了有关融合教育的争论。在特殊教育的思想中对于如何进行融合产生了分歧。作者从索厄尔(Sowell)对这种分歧的分类出发,梳理了融合教育在思想上的冲突。索厄尔将分歧分成两类:"圣人的观念"和"俗人的观念"。作者重点分析了"圣人的观念",认为这种观念代表精英的知识分子阶层的观点、信念和推断;在道德上很崇高的激进观点,不需要明确的定义、逻辑论证或者经验的验证;圣人们认为特殊教育存在问题,不仅是因为知识或资源有限的结果,还因为其余的人缺乏智慧和美德。接着作者对回归主流运动、普通教育改革、融合教育运动等进行了回溯,从历史上对特殊教育的发展进行了纵向的回顾。然

---

[1] Kenneth A. Kavale, Steven R. Forness. History, Rhetoric, and Reality: Analysis of the Inclusion Debate[J]. Remedial and Special Education,2000,21(5):279-296.

后，作者对特殊教育实践进行了分析，认为特殊教育不能作为分离的体系在普通教育中独立运行，而必须对普通教育的态度、信念和行为进行规范。作者还分析了普通教育的一般情况、社交环境、教师的技能和能力，认为普通教室的现实环境也可能对融合教育的成功或失败有所影响。接下来，作者从后现代主义、意识形态、相关政策和信念等方面，对融合教育进行了讨论，最后得出了结论：虽然在过去的25年里，一直在稳定地推进残疾学生更大的融合，但是当我们将法律要求的最少受限制环境（LRE）理解为只能全部地安置于普通教室中时，我们就会误入歧途。虽然在意识形态和政策上都支持融合教育，但并没有实验证据证明融合教育是好的、有效的。一般而言，多数的研究者与实践者都倾向于认为完全融合的观点过于极端、理想化，大多支持让特殊儿童在普通教室接受教学与服务，不能满足需要时离开普通教室一段时间接受抽出的教育与服务。更多的情况则是观念上、原则上支持完全融合教育的理想，但在实际的教学实践中却采取部分融合的原则与做法。在普通教师的现实中，缺乏必要的态度、设施以及适应性的教学。我们需要运用理性的解决办法，追求特殊教育的真正目标：为所有特殊学生提供尽可能好的教育。

我们从字里行间看到了作者的实用主义的态度，也许暗含着这样的观点：如果融合是无效的，那么这种形式就不应该在道德上高高在上。实际上，该文核心的观点是：由于忽略了研究证据，对融合教育的争辩上升到思辨的水平，但是思想的冲突是不容易解决的。这就对我们做研究有了一个很大的启示：我们的研究是不是也因为缺乏调查研究的经验证据而沦为了一种概念上的想象和道德情绪的宣泄？该文得出的实用主义的观点，可能会扑灭融合教育价值观上的无谓争论之火，而转向更理智现实的研究与探索。

选文正文

在特殊教育领域，融合这个词可以引起激烈的争辩。融合是一项旨在重建学校的运动，通过为残疾学生和普通学生建立学习社区以满足所有学生的需求，在社区学校的普通教室教育所有年龄适当的学生（Ferguson,1996）。虽然为残疾学生提供融合教育已经不是有争议的话题，但对于融合的激烈争论还在持续，原因在于争论的焦点不仅关注任何类型或水平的残疾学生，也寻求针对所有学生的教育变革。根据美国教育部（1997）的报告，在一体化教育的准则下，25年来大约95%的残疾学生被安置在普通教育环境中。规模更大的一体化进程引起了特殊教育结构的巨大变化，但是特殊教育事业的成功与否还存在疑问。特殊教育有效性的经验证据还不充分，出于政治和思想上的担忧加剧了争论的产生。这些问题导致了许多持续的讨论，例如如何实践残疾学生的融合教育以及融合教育到底是为了谁（参阅O'Neil,1994—1995）。

一、思想的冲突

融合教育似乎在特殊教育中产生了思想的分歧。在分析社会政策时,索厄尔(Sowell,1995)认为这种分歧如同"圣人"与"俗人"的观念之间的冲突。"圣人的观念"是指代表精英的知识分子阶层的观点、信念和推断,他们在政策决定上比其他人有优先权。另一方是"俗人的观念",他们的观点、信念和推断被描述成充其量是"观念",更多的时候只是"陈词滥调"和"错误的意识"。在特殊教育领域,那些最激烈地提倡融合教育的人似乎持有的是圣人的观念。但是这种观念存在着根本的问题:"既没有事先获得经验证据,也没有在政策制定后用经验证据验证,许多问题在本质上被当做思想冲突来解决。"因此"圣人的观念"不需要明确的定义、逻辑论证或者经验的验证,因为他们的思想可以涵盖一切。因此呼吁进行更多研究以解决基本问题的观念仅体现在部分俗人的思想中。在圣人的思想里,研究证据似乎不是主要因素。

在圣人思想中的主要因素似乎是对情感与关爱的假设。虽然这些因素看起来只属于圣人的观念,但实际上这些因素也存在于俗人的观念。圣人观念强调情感和关爱的原因是基于他们的观念中所包含的推断:

对于那些相信这种观念的人,这里是他们的圣地。那些接受这种观念的人不仅注定是完全正确的,而且在道德上是高尚的。相反,那些不相信这种广为接受的观念的人,被认为不仅是错误的,而且是有罪的。对于有这种观念的世人来说,圣人的和俗人的观念不是在一个道德层面上的争论。俗人们将会觉醒,他们的觉悟将会提高,我们深切地期望他们能够成长起来。尽管俗人们的观念是顽固的,我们也必须与他们错误的观念作斗争,揭露他们争论与行动背后的真实原因(索厄尔,1995)。

对于那些圣人来说,一种更高的道德水平和显著的自我意识,使得他们的观念得以维持并孤立了起来。正如索厄尔所说:

尽管哈姆雷特提醒人们不要自吹自擂,但圣人的观念不仅是简单的世界观和因果关系,还与他们自己的观念以及与他们在世界中的道德角色相关。这是一种差异的公正观,而不是有关人类状况的悲观观点,即认为问题的存在是由于其他人没有那些圣人聪明或有道德。

当谈到融合教育时,圣人们认为特殊教育存在问题,不仅是因为知识或资源有限的结果,还因为其余的人缺乏智慧和美德。此外,圣人们认为特殊教育主要是社会建构,而不是对潜藏现实的反映。因此,只要应用圣人们提出的思想就能解决问题。任何反对他们思想的都被归因为是缺乏智商或道德的结果,而不是对复杂和非决定性的实验证据的不同解读。因为圣人的观念是不依赖经验证据的,索厄尔说:

这是它很危险的原因,不仅因为一系列的政策有缺陷或者没有作用,还因为脱离证据实际上助长了脱离实际的政策和实践的无休止出台。这种自我满足和自我证明的观念成了一种荣誉的象征和身份的声明：如果确认这种观念，就是我们的一员；如果反对这种观念，就是属于他们的群体。

特殊教育似乎就融合教育问题在"我们"和"他们"之间划分了一条界线。正如申科(Shanker,1994)指出，一些支持融合的学者谈到他们就如同置身于一场道德与非道德的斗争中。索厄尔(1999)认为需要真正抓住基本思想和概念。在分析了正义的问题后，索厄尔主张回到起点以解开围绕诸多问题的疑问。这篇文章的目的就在于回到原点，通过分析融合教育的方方面面来证明：真相其实很简单，不必为回避事实进行煞费苦心的努力。

二、特殊教育：历史的观点

（一）回归主流运动

从历史的角度看，在公共教育系统中的特殊教育，作为一种特定的项目，是脱离普通教育而发展的，具体表现为隔离的"特殊班级"(MacMillan & Hendrick,1993;Safford & Safford,1998)。特殊班级被认为是避免冲突而提供普遍教育的最好方式。特殊班级被认为拥有以下优势：较低的教师/学生比率、特别培训的教师、在同一个教室进行的更加个性化的指导、重视课程的社交目标和职业目标(Johnson,1962)。虽然一些关于可选择的安置的争论在20世纪60年代之前便有人提出(Shattuck,1946)，但直到邓恩(Dunn,1968)发表一篇著名的关于对隔离的特殊班级是否合理的质疑这篇文章之后，才将特殊班级安置方式是否合法推向了风口浪尖。

在分析邓恩的那篇文章时，麦克米伦(MacMillan,1971)认为它缺乏严谨的学术性。邓恩支持一种安置的观点(如最少受限制环境)，这种安置缺乏对比的环境(如分离的特殊班级)的有效性支持。不过邓恩的文章促使更多文章的发表，要求取消特殊班级(Christopolos & Renz,1969;Lilly,1970)，即便有学者总结经验证据认为两者有效性相等(Goldstein,1967;Guskin & Spicker,1968;Kirk,1964)。

在当时的社会背景下，邓恩的文章引发了对特殊教育的这样一种态度：人们回避经验证据而是支持以思辨的方式促进改革(MacMillan,Semmel & Gerber,1994)。在强调特殊教育学生进入普通教育体系时，这种态度便显现出来。因此人们的关注点从孩子转移到了计划。但是，依然有人追问为任何环境下的残疾学生提供的最理想服务中是什么起作用的问题(MacMillan & Semmel,1977)。邓恩(Dunn)的文章应该被置于20世纪60年代那些强烈的反隔离观点的背景下。特殊教育本身的隔离(如分离)本质成为改革的目标，而不是改革以往的残疾人教育实践。

有关一体化的争论以全体残障儿童教育法案(1975,现在是残疾个体教育法案)的通过而告终，该法案保证残疾学生在最少受限制环境下享受满足他们独特需求的适当教育（LRE；K. Heller，Holtzman & Messick，1982；Weintraub，Abeson，Ballard & LaVor，1976）。该法案同样要求残疾学生同普通学生一样享受到最合适的教育（如回归主流）。但是很难对回归主流运动进行操作性定义（Kaufman，Agard & Semmel，1986），法律的定义更多关注理论，而不是主张只有当必要时，即残疾学生残疾的性质或程度使得他们在提供额外辅助服务的普通教室中仍不能接受到合适教育时，他们才应该被转移安置到特殊教室或学校（Bateman & Chard，1995；Osborne & DiMattia，1994）。为保证与法案要求一致，国家要求学区提供一套完整的、持续的、可用的安置选择，即雷诺兹（1962）描述以及德诺（Deno，1970）形容的"瀑布模式"。这种持续意味着最少受限制环境不是一种特定的场景（如普通教室）。进一步说，虽然对于有些残疾学生来说，最少受限制环境可能是普通教室，但这不需要也没必要应用于所有案例（Abeson，Burgdorf，Casey，Kunz & McNeil，1975）。这种结论已经被许多案例所证明，在这些案例中进行实践性测试，来决定适合残疾学生的安置程度，以此来澄清最少受限制环境的定义。没有一个测试证明普通教室优于最少受限制环境框架下的其他安置方式。

（二）普通教育改革

最少受限制条款使得资源教室模式成为主要的安置方式，这为特殊教育带来结构上的变化。这种安置方式是由资源教室教师和特殊教育教师规定的，他们在特定的时间段为那些主要安置在普通教室的特殊学生提供学业指导（Hammill & Wiederholt，1972）。每天至少在普通教室环境呆半天，他们就被认定是回归主流。不过，关于这种安置方式的效果这个问题的答案仍然是不明确的（Madden & Slavin，1983；Wang & Baker，1985—1986；Wiederholt & Chamberlain，1989）。

回归主流关注残疾学生对教育环境的准入，但是如何有效教育学生的问题仍然未能解答（Gottlibe，1981；Kauffman，1995）。虽然20世纪80年代要求学校改革的呼声日益高涨，但对特殊教育的需求——尤其是如何呼吁更高标准和提高认知的做法，也许会影响高发生率的轻度残疾学生，他们没有得到许多人的关注（Pugach & Sapon-Shevin，1987；Shepard，1987；Yell，1992）。在有利于学校改革的举措中，特殊教育尝试引进更有效果的指导方法论和专业实践（Biklen，1985；Lipsky & Gartner，1989；Wang，Reynolds & Walberg，1986）。这些举措和持续的对更融合环境的要求，被认为是普通教育改革（REI；Reynolds，Wang & Walberg，1987）。实质上，该运动的目标是将普通教育和特殊教育融合，建立一个更统一的教育体系（Gartner & Lipsky，1987；Will，1986）。普通教育改革是基于以下的推断：学生具有更多的相似而不是差异，因此不需要真正的"特殊"指导；好的教师能够教所有学生；所有学生可以得到高品质的教育，而不是依据传统的特殊教育类型；普通教室可以无隔离地容纳所有学生；在物理空间上的分离在教育本质上是歧视的、不平等的。

普通教育改革计划并没有得到一致的积极的回应(W. H. Heller & Schilit, 1987;Lieberman,1985)。例如考夫曼、格伯和塞梅尔(1988)反对普通教育改革,他们指出:无法鉴定出学生是否需要特殊教育;学生的失败不能仅仅归咎于我们所意识到的教师的缺点;更有能力的教师并不是必须要拥有对残疾学生的更积极态度;当为所有学生提供有效的指导时,学生表现的变化将会增加而不是减少;教师将面临两难处境——或者增大平均表现,或者减少群体差异。雷诺兹(1988)反对认为问题主要是由传统特殊教育引起的这样一种说法:"现有实践使得他们自身出现问题——引发学校操作层面的脱节、僵化的程序以及无效率。"争论在继续,并在詹金斯、帕尔斯和朱厄尔(Jenkins, Pious & Jewell, 1990)提出的问题中得到总结归纳:"作为国家教育体系的普通教育改革准备得怎么样了?"

(三)研究证据与普通教育改革

在总结普通教育改革的经验证据时,那些赞同这一改革的人使用早期的"有效性研究"。研究的主要部分是比较特殊班级的残疾学生与普通教育环境下的残疾学生。邓恩使用了同样的研究证据,但是这些发现的有效性出现许多严重问题。例如,大多数有效性研究没有使用学生的随机抽样和分配,因此不能满足真实验设计的一致标准。事实上,少数使用随机方法的实验提供了支持特殊班级有效性的证据(Goldstein, Moss & Jordan, 1965)。因此,引用有效性实验作为提供特殊班级无效果的证据是草率的(参见 Gartner & Lipsky, 1989; Lilly, 1988; Wang & Walberg, 1988)。

卡尔伯格和柯菲尔(1980)开展元分析,从50个最好的有效性研究中综合分析了这些发现。平均有效尺度是-0.12,表明在特殊班级平均待上两年后,特殊班级学生的平均相对等级下降5个百分点。因此特殊班级安置有轻微负面效应。但是,在学生分类方面显示大一些的效应尺度。对于轻度智力迟缓的学生(MMR),发现其平均效应尺度为-0.14,而学习障碍学生或情绪和行为障碍学生的效应尺度为+0.29。因此特殊教育安置被认为对低于平均IQ的学生来说是不利的,相反,对于学习障碍学生或情绪和行为障碍学生来说是有利的,平均提升了11个百分点,比61%的安置在普通教室的学生情况要好些。这些研究发现引发的问题包括是否所有残疾学生都能从融合教育中受益。考虑到相关效应作用很大,很明显看出,安置环境对结果影响不大。残疾学生的居住环境不是关键因素,而是需要检查这些安置环境中的结构和社交的运行过程(Leinhardt & Pallay,1982)。

对在普通教育环境下教育残疾学生的模式进行经验评价同样可以用来支持普通教育改革。一个最好的例子是可变动的学习环境模式(ALEM),该模式用来为残疾学生提供有效指导,而不用使他们离开普通教室(Wang & Gennari &

Waxman,1985)。对 ALEM 的评价(Wang,Brich,1984a,1984b;Wang,Peverly & Randolph,1984)也要批判性地分析,ALEM 有缺陷,体现在设计、分析和解读上不一致,表明 ALEM 不能作为融合性的普通教育和特殊教育原型(Bryan & Bryan,1988;D. Fuchs & L. S. Fuchs,1988; Hallahan, Keller, McKinney,Lloyd & Bryan,1988)。

考虑到经验支持的有限性,普通教育发起主要由一些意识形态的争论所支持。这些争论认为 REI 的反对者是隔离主义者(Wang & Walberg,1988),认为特殊教育的现有体系是奴隶制(S. Stainback & W. Stainback,1987)和冷漠的(Lipsky & Gartner,1987)。相反,支持 REI 的人被认为是天真的革命者(Kauffman,1989)。争论的关键话题是特殊教育的未来是"废除还是保存"(D. Fuchs & L. S. Fuchs,1991)。但是在谁应当被融合的问题上,REI 的支持者分为两大阵营。一方面,一些支持者认为 REI 主要目的在于高发生率的轻度残疾学生,如轻度智力迟缓、学习障碍以及情绪和行为障碍。可选择的隔离环境适合于重度和多重残疾学生(Pugach & Lilly,1984;Reynolds & Wang,1983),还有一种可能性是一种更渐进的融合,"被描述为逐步转换,瀑布模式,由远及近的行政安排和从分离到融合的安置"(Reynolds,1991)。另一方面,有些人建议所有残疾学生都应该融合,无论他们的残疾类型和水平如何(Gartner & Lipsky,1987;S. Stainback & W. Stainback,1984b)。如果不是所有学生被融合,那么就会存在两种分离的教育系统,代表的仅仅是"混杂的空白"(Gartner & Lipsky,1989),而且"不能满足那些被贴上重度和多重残疾标签的学生的需求,使他们进入普通教室,接受普通教育"(S. Stainback & W. Stainback,1989)。

(四)融合教育:从部分时间到全部时间

现在特殊教育正在经历巨大的紧张冲突(Meredith & Underwood,1995)。一些学者呼吁那些可以改变特殊教育基础本质的激进变革,另外一些人要求基于经验分析和历史角度的考虑而采取更谨慎的变革方式(Dorn,Fuchs & Fuchs,1996)。考夫曼(1993)认为特殊教育的变革应当通过以下三个推断进行预测。

(1)恰当的安置方式是否必要,因为安置本身对残疾学生的表现影响有限。

(2)选择思想而不是想象,例如,将特殊教育等同于隔离和冷漠,是使讨论变得扭曲的拙劣的简单化处理,这样可能使想象成为衡量真理的尺度。

(3)应该避免幻想,因为这是一种极其危险的热情,它可能会导致用预定答案进行道德确认。

最后,考夫曼呼吁通过对新计划、策略和政策的实验巩固特殊教育的经验基础。

富克斯等(D. Fuchs & L. S. Fuchs,1994)回溯了融合学校运动的开端,比较了融合学校运动与普通教育改革运动的起源。两种运动的最大不同在于如何对待高发生率和低发生率的特殊教育群体。许多站在低发生率群体(例如,那些有严重智力残疾的学生)一边的人一直认为,REI 政策主要针对高发生率残疾的学生(如 MMR,LD,EBD),尽管如此还是保留了促进所有学生回归主流的目标。结果,这些分歧导致特殊教育不能成功地使普通教育信服 REI 的效果(Pugach & Sapon Shevin,1987)。事实上,REI 主要是为高发生率残疾学生进行的特殊教育而发起的,在改变特殊教育方面取得了一些成功,但在普通教育方面却没有。

然而,融合学校运动却醉心于削弱特殊教育这个更大的目标,这一点从连续的安置方式的改变中可以看出来(Gartner & Lipsky,1989)。此后,利普斯基和加特纳认为,最少受限制环境的概念——一套连续的安置方式和瀑布式服务体系——在发展过程中是渐进的,但是在今天并不能推动残疾人在社会生活所有方面的融合。因此融合学校被认为在实质上缺乏特殊教育的环境:"没有学生,包括残疾学生,通过隔离的方式或特殊班级等安置形式被排斥到学校的边缘(S. Stainback & W. Stainback,1992)。"融合教育的所有方式都旨在提供特殊和普通教育的重构的统一的体系(Skrtic,1991)。在提倡融合教育的过程中,许多支持 REI 的人不再报以幻想,因为 REI 对普通教育的影响有限。但是一个叫做重度残障人士协会(TASH)的团体很快"取代了他们的位置,他们占据了由于他人不行动而产生的真空,那些不同意他们的激进观点的人对他们的活力感到危机"(D. Fuchs & L. S. Fuchs,1994)。TASH 对政策制定有显著影响,原因在于其要求在持续的安置方式框架下消除特殊教育(W. Stainback & S. Stainback,1991)和重视社会化的课程以利于社交能力而不是学术成就的培养(Snell,1991)。

融合教育的支持者依照以下假设来确立自身的立场:他们认为特殊教育是导致普通教育存在许多问题的基本原因(Skritc, Sailor & Gee,1996)。不需要采取持续的安置方式,因为事实上 LRE 就是普通教室(Lipsky & Gartner,1997;S. Taylor,1988)。这种认为 LRE 是单一环境的观点忽略了学生需求与指导过程之间的重要互动(Korinek, McLaughlin & Walther Thomas,1995;Morsink & Lenk,1992)。TASH 希望通过让所有学生在同样的教室(没有特殊教育)的方式,普通教育可以被迫接受先前被拒绝的学生,由此将普通教育转化为一个更有责任的、足智多谋的系统。TASH 传达的信息的本质与其他特殊教育专家或支持者群体的观念有显著不同(参见 Kauffman & Hallahan,1995)。例如,对学业成绩的重视代表了对几乎所有高发生率的轻度残疾学生的主要教育关注,那么 TASH 怎样通过消除这种重视来为所有学生代言?通过拒绝其他可选择的观念,TASH 的融合方式真正影响的是排斥的观念,而不是融合的观念。"因为融合主义者的浪漫情怀、狭窄心胸和为所有人代言的意愿明显不同于 REI 支持者的实用主义、隔离的哲学以及不愿意为所有学生代言"(D. Fuchs & L. S. Fuchs,1994),这使得特殊教育的改革激进化。融合支持者的激进提议被 REI 支持者质疑,他们把精力集中在修复学生之间的隔离和完善"学校边缘"的"第二个体系"的改革计划(Reynolds,1989,1992;Wang,Reynolds & Walberg,1988)。此外,特殊教育重拾了他们的信心,证明他们是有价值的(D. Fuchs & L. S. Fuchs,1995a,1995b;Kavale & Forness,1999)。然而,特殊教育似乎达到了某种状态,在融合的诸多方式的优点上达成有限的共识(Putnam,Spiegel & Bruininks,1995)。马丁(Martin,1995)指出,"作为一种公共政策,联邦或州政府,甚至当地教育系统,如果没有提出融合教育的计划,就不能负责任地实施'融合教育'"。

三、特殊教育的实践与证据

强调特殊教育作为一种安置方式(如残疾学生接受教育的环境)使得人们的注意力偏离了这样一个事实:特殊教育是一个更复杂的综合过程,其内在真实动力决定成功或失败(Kavale & Glass,1984)。特殊教育过程的一个重要部分在普通教育的信念和行为中重新体现了出来。在一个综合的系统中,特殊教育不能作为分离的体系独立运行,但必须对普通教育的态度、信念和行为进行规范(Gallagher,1994)。

(一)态度和信念

很久以来人们认为(Sarason,1982)导致一项政策(例如回归主流运动)成功或失败的主要原因在于普通教师的态度(Hannah & Pliner,1983;Horne,1985)。在早期,虽然普通教师对融合的概念普遍一直是积极接受,但他们还是表达了一些消极态度,尤其是当他们教育残疾学生感到力不从心时(Ringlaben & Price,1981;Stephens & Braun,1980)。但还是可以发现一些教师对残疾学生抱有积极态度(Alexander & Strain,1978;Yuker,1988),但这些积极态度通常伴随着对重度残疾学生融合教育的担忧,特别是那些有显著智力缺陷的学生(Hirshoren & Burton,1979;Shotel,Iano & McGettigan,1972)。同时发现教师更愿意融合那些不需要对他们进行额外辅导的残疾学生(Margolis & McGettigan,1988)。虽然已经采取了培养对融合教育更积极态度的尝试(Naor & Milgram,1980),但任何积极态度改变的成效都是短暂的(Donaldson,1980;S. Stainback,W. Stainback,Strathe & Dedrick,1983)。

有研究调查分析了同龄学生对残疾学生的态度。虽然不是所有人的态度都很积极,但研究普遍揭示了一种趋于更加容忍和增加互动的趋势(Esposito & Reed,1986;Towfighy-Hooshyar & Zingle,1984;Voeltz,1980)。但是总的来说,普通教育中的同龄学生对残疾学生没有特别的注意(Lxvitt,Plavins & Cushing,1999)。在普通学生中对融合的积极反应同样倾向于伴随不舒服的感觉,特别是对那些中度和重度残疾学生而言。这些学生可能有明显的交流问题,经常缺乏积极的社交技能(Helmstetter,Peck & Giangreco,1994; Hendreckson, Shokoohi-Yekta, Hamre-Nietupski & Gable, 1996)。虽然一些发现表明普通同龄学生能够接受重度残疾学生(Evans,Salisbury,Palombaro, Berryman & Hollowood, 1992; Hall, 1994; Janney, Snell, Beers & Raynes, 1995),但库克和塞梅尔(Cook & Semmel,1999)认为这些证据不足以令人信服,尤其是当不合规范的行为发生的时候。库克和塞梅尔还发现轻度残疾学生似乎不会特别的激发同龄人接纳。

一般来说,家长似乎对融合教育的态度是积极的,但是也看到他们对现行的实施机制的担忧(Bennett, Deluca & Bruns,1997;Gibb, et al.,1997;Green & Shinn,1994)。在那些支持融合教育但对其有所保留的家长中间,这种担忧最为明显(Lovitt & Cushing,1999)。结果,你可能在家长中间发现各种各样的对融合教育的观点(Borthwich-Duffy, Palmer & Lane, 1996)。例如,卡尔(Carr,1993)认为融合教育缺乏特殊教育服务,质疑其对她患有学习障碍的孩子是否合适。她提出的问题和给出的答案是:"自从我的儿子上小学以来,教育领域做出了哪些改变来确保融合教育可以成功?回答是,很不幸,还没有。"泰勒(1994)不同意这种说法,回应道:"普通教育并不只有责任,还应该是那些学习障碍学生应当受到教育的地方。"布鲁克(1994)在讨论她的特殊需要的儿子时,强调了对改变的需求:"虽然我们取得了一些个人成功,但我们现有的提供教育服务的模式总的来说是不成功的。手术也许成功了,但病人却死去了!融合的时代已经到来!"格鲁夫和费希尔(1999)认为这些反映了教育改革文化(融合教育提供的机会)与校园文化(学校教育的日常需求)之间的紧张关系。社会同样对融合持有积极态度,但是如果我们谈及的那些学生在普通教室遭遇困难时,他们的积极态度就会减少(Berryman,1989;Gottlieb & Corman,1975)。

管理人员,由于他们的领导地位,同样被认为在回归主流运动成败中扮演重要角色(Lazar,Stodden & Sullivan,1976;Payne & Murray,1974)。但是校长显示出缺乏关于残疾学生的知识(Cline,1981),他们同样认为残疾学生在普通教育中取得成功的可能性很少,特别是对于那些被贴上"智力落后"标签的学生(Bain & Dolbel,1991;W. E. Davis,1980)。此外,校长们认为抽离的方式是最有效的安置方式,全日制普通教室的安置提供更多社交而不是学业上的益处,普通教室不大可能提供支持性的教育服务(Barnett & Monde-Amaya, 1998;Center, Ward, Parmenter & Nash,1985)。比较教师和管理人员对回归主流运动的态度时,管理人员持有更积极的态度,他们大多数脱离了教室的现实(J. C. Davis & Maheady,1991;Glicking & Theobald,1975)。格拉瓦-平哈斯和斯克梅尔金(Garva-Pinhas & Schmelkin,1989)认为"校长们的反应表现为更合乎社交的礼仪,而不是基于现实中的真实证据"。同时,库克、塞梅尔和格伯(Cook,Semmel & Gerber,1999)发现校长和教师对融合教育观念的关键区别在于对提供学术成就的可能性,什么最有效果,为融合安置而提供的资源水平等观点的差异。校长们的乐观态度与教师们悲观的态度形成强烈反差,可能的原因是"至少部分地基于融合结果的不利经历或者是认为融合教育不能产生适当的结果"。

(二)对态度和信念的总结

从历史上看,对于融合的态度是多维度的,被许多潜在的因素所反应。拉里维和库克(1979)澄清了这些因素,包括学业上的担忧——融合对一般的学业成绩可能的负面效应;社会情感上的担忧——隔离残疾学生的负面影响;管理上的担忧;教师的担忧——为教育特殊学生所必需的支持、体验和培训的问题。这些担忧是长期存在的,甚至在融合教育实施的 20 年后仍然存在(Cornoldi,Terreni,Scruggs & Mastropieri,1998)。

由于存在广泛的不同观念,对融合态度的研究证据是不确定的。研究表明普通教育教师对融合存在负面的观念(Coates,1989;Gersten,Walker & Darch,1988;Semmel,Abernathy,Butera & Lesar,1991),还有一些研究表明教师们有更加积极的态度(Villa,Thousand,Meyers & Nevin,1996;York,Vandercock,MacDonald,Heise-Nevin & Caughey,1992)。这些观点上的不同也许是因为大家对融合教育抱有积极的态度,从而得到了更多发现(Minke,Bear,Deemer & Griffin,1996)。然而,这些融合教育的经验可能由于样本差异,使得研究发现有以偏概全之嫌。

索达克、波德尔和莱曼(1998)研究了教师对融合教育反应的影响因素。发现有两种反应:一种敌对或接纳的维度反映了教师在他们的班级包容残疾学生的意愿和他们对这种安置的成功期望;一种担忧/平静的维度反应教师真正面对残疾学生并提供服务时的情绪紧张度。研究发现,这两种反应都与教师的个性特征和学校条件相关。拥有低效能感(如对自身教学效果的信念)的教师、教学经验有限的教师或者显示出对不同教学实践的有限使用的教师普遍对融合有更低的接纳。对这两种维度的另一个主要影响在于残疾类型:与对那些单一学习或行为失调的学生相比,教师对那些肢体残疾学生的融合教育持有更加积极的态度(Mandell & Strain,1978)。最大的敌对感和担忧来自于对那些中度智力落后学生以及学习障碍学生,特殊教育教师比普通教师要经历更多的感受(Wilczenski,1993)。

在研究融合态度复杂性的一项举措中,斯克鲁格斯和马斯特罗皮耶里(1996)采取了一项对 28 个调查进行的量化研究分析,研究了近 10000 位普通教师关于包容残疾学生的观念。虽然三分之二的普通教师支持融合的观念,但只有一小部分表示愿意在他们自己班级接受残疾学生。虽然大多数普通教师支持融合的观念,但仍有少于三分之一的普通教师认为普通教室不是残疾学生最好的安置方式,与其他安置方式相比,普通教室并不能对残疾学生有更大的益处。有两种因素可能影响了这些观念：学生残疾能力水平和要求教师额外承担责任的工作量。最终只有四分之一的教师认为他们在课堂上有足够的时间进行融合教育，他们已经准备好了教育残疾学生，并会为实行融合教育接受充分培训。这些发现的解读支持了这种论断：教师是在普通教室的现实背景下来看待残疾学生的，而愿意支持流行的融合教育观念。因此普通教师表现出来的是一种不愿意接受融合教育的态度，如果政策改革想要成功的话，这种态度必须得到改善。

四、普通教育的现实

（一）普通教室发生了什么？

除了对待融合的态度，普通教室的现实环境也可能对融合教育的成功或失败有所影响(Shanker, 1995)。贝克和齐格蒙德(1990)问道，普通教室是否有接纳学习障碍学生的足够资源？他们的分析指出在普通教室中没有对学生的区别对待，采用的是群体指导的方式，教师们更关注遵循常规而不是满足个体差异："教师关注学生，认真对待工作——但他们的思想的形式是一致性的，而不是适应性的。在这些常规课堂中，任何不能适应一致性环境的学生都不可能成功。"

麦金托什等(Mclntosh, et al., 1993)发现一个残疾学生在普通教室的类似的案例。残疾学生虽然与其他学生一样被同等对待，但他们没有得到差异化的指导或适应。即使是很优秀的教师也做出很少的调整，因为他们认为许多调整都是不可行的(Schumm & Vaughn, 1991; Whinnery, Fuchs & Fuchs, 1991; Ysseldyke, Thurlow, Wotruba & Nania, 1990)。也可能是因为学生不喜欢这些调整(Vaughn, Schumm & Kouzekanan, 1993; Vaughn, Schumm, Niharos & Daugherty, 1993)。事实上，许多残疾学生更喜欢隔离的特殊教育方案(如资源教室)，而不是在普通教育环境下排他的教育服务(Guterman, 1995; Jenkins & Heinen, 1989; Klingner, Vaughn, Schumm, Cohen & Forgan, 1998)。即使许多残疾学生在特殊教育环境中经历过愤怒、难堪和沮丧，都认为这种环境是令人不快的(Albinger, 1995; Lovitt, et al., 1999; Reid & Button, 1995)。帕德里阿杜和齐格蒙德(Padeliadu & Zigmond, 1996)发现大多数残疾学生也觉得特殊教育环境是对他们有帮助的和安静的环境，在那里他们可以接受到额外的学业支持。在对8个关于学生对他们教育安置的观念研究的综合分析中，沃恩和克林纳(Vaughn & Klingner, 1998)总结道："不管是小学还是中学，许多学习障碍学生更喜欢在普通教室之外接受部分时间的特别指导。"

此后一项对MELD计划(学习困难学生回归主流运动)的分析中，齐格蒙德和贝克(1994)调查了"普通教室是否可以提供这样一个环境，使得有学习障碍学生有更多学习机会在学习技能方面有更大的教育进步，并避免由于学习成绩不好而被取笑"。通过对结果的检验,他们总结出:特殊教育学生"没有得到特殊教育"。利伯曼(1996)、罗伯茨(Roberts)和马瑟(Mather)(1995)将这种情况归因于对普通教师提出来的越来越多的要求,他们认为"普通教师没有接受提供差异指导性方法或者满足有差异学习者的需求的培训"。事实上,普通教育教师更喜欢使用普遍的、非具体的教学策略,这些策略不可能满足残疾学生的个体需求(Ellet,1993;Johnson & Pugach,1990)。

在一项对融合环境进行的更综合评价中,贝克和齐格蒙德总结道:

我们看见很少有针对学习障碍学生提供的"特别设计指导"。我们几乎没有看见为有明显学习缺陷的、挣扎在学校作业中的学生提供的具体的、指向性的、个体的、集中的诊断性指导。

因此,一个关于特殊教育的基本信条没有实现,那就是——个性化(Deno,Foegen,Robinson & Espin,1996)。在分析个别教育计划时,这一点得到进一步确认。总的来说,这些发现表明环境越少受到限制,个别教育计划就会越缺乏个性化(Espin,Deno & Albayrak-Kaymak,1998;Smith,1990):"特殊教育的特殊,连同它对个体化的重视,看起来在融合环境中减少了。"(Espin,et al.,1998)

在对三个范围广泛的项目——它们被设计用来重构学校,以便能使普通教室更好地适应残疾学生——进行分析后,齐格蒙德等(1995)总结道:"普通教育环境为学习障碍学生提供的学术成就既不可取,也是不可接受的。"在分析了8种不同的在普通教室教育轻度残疾学生的模式,并对它们相关的研究成果进行综合回顾后,曼斯特和塞梅尔(1997)总结道,证据明显表明:目前为止,还没有比传统特殊教育服务模式更好的大规模融合规划模式。虽然对融合教育成果的研究发现混乱不清,但一般来说,这些研究发现都不鼓励对融合教育所需要的资源进行大量的投入(Marston,1996;Waldron & McLeskey,1998)。一项关于重新融入普通教室的残疾学生的学业表现的研究给出了类似的证据(Carlson & Parshall,1996;D. Fuchs,L. S. Fuch & Fernstrom,1993;Shinn,Powell-Smith,Good & Baker,1997)。

(二)普通教育中的社会情境

除了学业成果外,学者还研究了在普通教育环境中的社交成果。有学者发现了一些积极的社交成果,主要表现为非残疾学生的容忍度的增长和社会帮助的增多(Banerji & Dailey,1995;Fryxell & Kennedy,1995)。但也发现持续的负面影响,包括残疾学生的自信心受到限制、自我感觉不良以及缺乏社交技能(Tapasak & Walther-Thomas,1999)。围绕融合环境中教师与学生的互动的主题也有形形色色的发现。虽然一直积极引导残疾学生参与到与教师更多的积极互动中(Evans,et al.,1992;Thompson,Vitale & Jewett,1984),但研究也表明这样的积极互动几乎不存在(Alves & Gottlieb,1986;Richey & McKinney,1978)。一项研究调查了在一个学年的过程中教师与学生在融合课堂里的互动,乔和卡萨洛伊(Chow & Kasari,1999)发现在学年过程中教师与学生互动的次数没有改变。乔丹、林赛和斯坦维奇(Jordan,Lindsay & Stanovich,1997)则发现师生互动在学年的开始要多些。然而,残疾学生也许需要持续的高水平的互动(Wigle & Wilcox,1996),"即便在学年末残疾学生和不利境况下的学生获得了与普通学生一样的互动,他们的需求可能还不能得到充分满足"(Chow & Kasari,1999)。

在一项大范围的调查中,沃恩、埃尔鲍姆和舒姆(Vaughn,Elbaum & Schumm,1996)分析了融合安置模式的社交功能。研究发现,残疾学生被同龄学生接受的程度更低,他们被接受和喜欢的程度随着时间而减少。总之,残疾学生更少地被接受,更多地被排斥(C. Roberts & Zubrick,1992;Sale & Carey,1995)。

在融合环境中的残疾学生的自我认知方面,贝尔、克莱弗和普罗克特(Bear,Clever & Proctor,1991)发现了低水平的整体自我价值感、低下学业表现和不良的举止行为。麦克米伦、格雷沙姆和福尼斯(MacMillan,Gresham & Forness,1996)指出了一个问题:普通学生仅仅与残疾学生进行简单的接触本身并不能让他们改善态度和提高接纳程度,只有互动的性质和质量才是影响态度发展的关键因素。并且残疾学生任何令人厌恶的行为都能快速降低普通学生对他们的接纳程度。此外,如果班级很重视学习成绩,那么由于残疾学生学习跟不上,可能会导致教师容忍度降低和同龄人接纳度的下降(Cook,Gerber & Semmel,1997)。

(三)教师的技能和能力

普通教师在基本能力上还没有为残疾学生的融合教育做好准备(Kearny & Durand,1992;Myles & Simpson,1989;Rojewski & Pollard,1993),所以普通教师们表达了对实施融合教育的许多担忧(Fox & Ysseldyke,1997;Giangreco,Dennis,Cloninger,Edelman & Schattman,1993)。例如唐宁、艾兴格和威廉斯(Downing Eichinger & Williams,1997)尽管发现教师们对待融合教育持有普遍的积极观念,但他们同样发现了教师的担忧:满足残疾学生而要求付出的时间和精力会限制他们为普通学生提供最好教育的能力。特殊教育教师最担忧他们课堂控制的减少,他们的工作职能被修改,他们需要的教育资源和支持可能会超出他们能够可以应用的范围(Werts,Wolery,Snyder,Caldwell & Salisbury,1996)。

由于教师们感觉到阻碍并存在担忧,使得残疾学生的个别化计划在普通教育的环境中无法实施(Schumm & Vaugh,1992;Schumm,Vaughn,Haager,McDowell,Rothlein & Saumell,1995;Vaughn & Schumm,1994)。虽然为残疾学生进行教学上的改变被看做是合情合理的(Bender,Vail & Scott,1995;Blanton,Blanton & Cross,1994;Schumm,Vaughn,Gordon & Rothlein,

1994),但是,除非这些改变实施起来简单,不需要花费很多时间,不需要改变惯例,不需要额外协助,否则它们不会被采用(Bacon & Schulz,1991;L.S.Fuchs,D.Fuchs,Hamlett,Phillips & Karns,1995;Munson,1986—1987)。普通教师和特殊教师在融合环境下的合作有一些成功的经验,但是由于角色认知、教学方式以及哲学取向(Salend,et al.,1997)的不同,同样需要引起关注。沃尔瑟·托马斯(Walther Thomas,1997)指出在合作中的实际问题涉及计划时间安排、教师和学生的日程安排的协调以及行政支持的获取。合作教学小组的失败主要是由于交流不畅,难以解决教学方式的差异以及无法将特殊学生和特殊教师充分地融合到课堂之中(Phillips,Sapona & Lubic,1995)。

舒姆和沃恩(1995)总结了他们对一项长达5年的研究得出的发现,这项研究设计旨在研究普通教育是否为融合教育做好准备,深入分析了高发生率的轻度残疾学生的成功经验。研究发现证实了许多先前的结论,表明普通教师认为他们还没有做好教育残疾学生的充分准备,缺乏与特殊教师合作的机会。即使残疾学生更喜欢进行适应性教学的教师,普通教师还是不能经常和系统地应用适应性教学法。在提及融合的教育舞台是否搭好的问题时,舒姆和沃恩给出了一个普遍否定性的回答。马姆林(Mamlin,1999)对一项失败的融合措施的分析体现了搭好舞台的重要性。学校保持的隔离文化和要求太多控制的领导方式导致了融合的失败。总之,马姆林认为:"并不是所有学校都准备好了进行融合教育的重组。"

五、讨论

特殊教育正处在不稳定的状态之中。融合教育一直是这25年来突出的主题,但是它的最终形式仍然没有明确(Danielson & Bellamy,1989;Katsiyannis,Conderman & Franks,1995)。那些推动融合的组织机构的不同立场证明了这种一致性的缺乏(重度残障人士协会,1992;;主要州立学校委员会,1992;全国教育州董事会,1992),他们倡导融合教育被认为是所有可能选择的安置方式中唯一的一种(异常儿童委员会,1993;学习障碍联合会,1993;全国学习障碍联合委员会,1993)。尽管为更多残疾儿童提供更大规模的融合是发展趋势,但是,这是否意味着所有儿童在任何时候都需要融合,引发了人们激烈的辩论(参见Roberts & Mather,1995;Mclesky & Pugach,1995)。因此,需要一项更谨慎的政策,融合教育并不像看起来那么简单,而是需要深思熟虑和充分准备的事情。关注的重点不能简单集中于普通教育的准入权,而是确保融合教育是适当的,融合教育应该以合适的态度、设施和改变来实施(Deno,1994;King-Sears,1997;Scott,Vitale & Masten,1998)。

调查研究证据清楚地表明,融合教育的实施需要谨慎(MacMillan,et al.,1996;Salend & Gerrick Duhaney,1999)。虽然许多方面还是个未知数,但是我们已知的关于普通教育的信念和运行方法也没有得到一致的支持,我们建议要认真而合理的实施融合教育(Downing, et al., 1997; Idol, 1997)。对证据的分析还表明有关融合的实践效果是各种各样的(Fisher, Schumaker & Deshler, 1995; Hunt & Goetz, 1997)。因此,归纳融合教育的定义仍然是尝试性的,主张融合而不确保有效实施的做法是不明智的。我们花费了太多的时间谈论融合教育,而没有充足的时间对供选择的教育服务安排与实践进行评估(King-Sears & Cummings, 1996)。因此,特殊教育的结果是不可预测的,一项融合政策的任意执行会产生相反的效果,残疾学生可能会因此处在不利的境地之中。

(一) 后现代主义与融合教育

普通教育与特殊教育之间关系的现实表明,普通教育没有准备好也不同意像融合这样的激进政策。但是,特殊教育中的一部分似乎忽略了这样的现实,而后现代思想对这部分的影响是巨大的。后现代主义拒绝了那种通过构建、评估和检验来解决问题的现代主义的科学观(Gross & Levitt, 1994)。后现代模式对现代比前现代优越这一看法提出质疑,后现代模式避开严谨的学术界域,对建立一个总体的无所不包的世界观的可能性提出挑战(Bauman, 1987; Griffin, 1988; Turner, 1990)。

然而,后现代视角受到了挑战(Koertge, 1998; Sokal & Bricmont, 1998)。罗西瑙(Rosenau, 1992)描述了现代和后现代的不同:

这些现代的信仰寻求孤立的元素和特定的关系并形成系统;后现代主义者却相反。后现代主义者提供不确定而非确定,多样而非统一,相异而非综合,复杂而非简单。他们寻求独特而非一般,上下互动关系而非因果关系,不可重复性而非再次发生的习惯性或惯例。伴随着后现代主义的视角,真理让位给了尝试,社会科学便成为一个更客观和谦虚的事业。

后现代主义视角最不可靠的设想就是拒绝所有科学,因为科学被认为是不值得相信。由此,知识的其他形式(如特殊教育),特别是那些基于个体自身经验的知识,是唯一真实可知,每个人的知识是平等的(Danforth, 1997; Sailor & Skrtic, 1996; Skrtic, et al., 1996)。一些特殊教育者选择用后现代理论框架来建构融合理论,而不是在真实世界背景下用经验证据支持来讨论融合的可能性。当认为特殊教育是一个不好的事业时,这种研究方式便变得更加不真实和极端(Danforth & Rhodes, 1997; Lipsky & Gartner, 1996)。例如,布兰特林格(Brantlinger, 1997)认为目前的特殊教育体系对学生有害,因为它被特权的意识所驱动,不可能达到平等。因此,只有将所有学生安置在普通教育环境下才能改善这种状况。事实上,这种后现代的解决问题方式既不实用也不可靠。虽然后现代主义认为激进的改革是唯一的解决方式,但是,积极改变的途径是建立在物质真实世界的经验研究基础上,这样才更有可能提供理性和可信的解决方法(Carnine, 1997; Kauffman, 1993; Zigmond, 1997)。

但是研究的角色和效度,特别是涉及更好的研究方法时,它们便成为争论的事由,在量性—质性研究辩论中体现的很明显(Simpson & Eaves)。在融合教育辩论中反对方试图将他们归入量化或者质化的阵营,因为许多融合的证据都是基于质性研究的发现(Kozlesk & Jackson,1993;Salisbury,Palombaro & Hollowood,1993)。这些发现通常在论文中被提出,仿效有关文学批判或文化研究的风格:"后现代主义文学在表达上更文学性,而现代主义文学旨在风格上的具体、精确、实用和严谨。"(Rosenau,1992)虽然后现代主义者也许喜欢"大胆的挑衅的传递模式",但必须强调的是这些特点不能使人们深入了解提出的论证的价值。康塔斯(Contas,1998)同样质疑后现代传递模式背后的动机:"学科的转换是不是一场争辩策略的部分,被用来表现出博学的形象?"康特斯还认为缺乏定义性的总结,因为"要求思考和理性调查的伪信念掩盖了人类精神,压抑了研究对象的政治权利"。这种结果还体现在"对模棱两可和非决定论的崇拜中"(Eagleton,1996)。

在对著名的最高法院裁决布朗诉教育委员会案(1954)的讨论中,杰勒德(Gerard,1983)争辩说,社会科学叙述基于的是善意言辞,而不是可靠的研究证据:

实际上,文章所写的就是少数族裔孩子由于现在和白人孩子在一个教室,他或她将再也不会沦为流浪儿和贱民。这样的认识会以某种方式也告诉孩子要在学校表现良好,随后进入美国的主流社会。

目前的融合辩论明显与此相似,不过是用残疾学生代替了少数族裔。

(二) 意识形态、政策和信念

强调意识形态而不参考研究证据,以此来制定政策,也许不能达到对真实世界状况的客观阐述(Kauffman,1999)。意识形态以选择性的方式促使对争论的理解(Cohen,1993)。一个很好的例子是:关于智力是先天的还是后天的,是如何受遗传和环境影响的争论。在早期的评论中,帕斯托雷(1949)指出那些支持自然(遗传)的一方趋向于右派的政治立场,而那些支持培育(环境)的一方趋向于左派的政治立场。后来,哈伍德(1976,1977)发现了一个类似的政治二分法存在于支持和反对詹森(1969)提出的立场的人中。(詹森将白人比黑人在智力得分上平均高15分的原因,80%归因于遗传,20%归因于环境。)因此,理论立场可能部分地取决于政治观念。

自然属性—社会属性之争并没有完结,这样的辩论还没有取得实质性进步。主要原因在于还没有新的研究数据能够支撑这个问题(Cartwright & Burtis,1968)。因此,论辩的双方都通过有限的信息得出结论,观点的差异主要体现在意识形态上,而不是科学解读上。由于意识形态差异巨大,争论就变得激烈。自然属性一方被指责为扭曲事实、歪曲真理和逻辑错误(Eysenck,1971;Hernstein,1973;Loehlin,Lindzey & Spuhler,1975)。因此,在选择立场时意识形态是一个重要因素。

但是，意识形态自身并没有促进科学进步。在对库恩(1970)关于范式和科学进展的观点的讨论中，拉卡托斯(1978)强调"研究计划"，并且认为这个"研究计划"或者进步，或者退步。当缺乏有效的实证研究证据时，理论就会进入试错的阶段并必须被修正以适应先前的成就和与早期理论相冲突的异常现象。当顺利完成了这个步骤，这个研究计划就是进步的。如果没有取得进步，那么这个研究计划就是退步的。如果没有取得经验上的成功，对异常现象的临时解释就会变得越来越不恰当，这就需要通过新的研究计划纠正这个临时的解释。先前引用的关于智力是先天还是后天的争论代表了相互矛盾的研究计划的例子：这两个相互竞争的研究计划是在进步还是在退步？应用拉卡托斯(1978)的批评方法论，乌尔拜克(1974a,1974b)推断出遗传（自然）论者的立场更有说服力：

环境主义者用特定的方式修改了他们的理论。这种草率的过程使得他们的研究计划仅仅是一堆不可检验的理论的集合。这些理论提供解释一切事情的万能钥匙，其实它解释不了任何事情(Urbach,1974b)。

乌尔拜克同时指出，这种分析并不意味着培育（环境）的立场就是错误的，"环境主义者研究计划退化的事实不意味着不会在这种立场的核心基础上建立起进步的研究计划"(Urbach,1974b)。

因此，必须要有实验性的证据加强研究计划，以便使它能够进步。特殊教育起初有一个强调特殊班级的研究计划。先前引用的有效性研究产生的异常现象被嵌入瀑布模式的持续安置方式所修正。到1980年特殊教育研究计划在LRE概念中得到体现，但是异常现象依然存在（如特殊教育学生不能取得预期的进步）。致力于解决资源模式、合作模式、适应性教育、同伴指导、个别化教育策略以及教学策略创新的研究都在一个先进的特殊教育研究计划中有所反映。

相比之下，支持融合的人不能提供一个先进的研究计划。事实上，一个提供了哪怕是少许实验性证据的研究计划都很难找到。当遇到了同样的异常现象，融合研究计划简单地通过要求所有的残疾学生的完全融合方式加大了赌注(Biklen,1985;Lipsky & Gartner,1997;S. Stainback, W. Stainback & Forest,1989;Villa,Thousand,Stainback & Stainback,1992)。支持性的论证主要基于意识形态的，个案研究和感言支持了这种意识形态，而没有基于量化的研究证据。因此，没有经验支持的简单的融合解决方案既不符合逻辑又不理性，结果导致研究计划退步并充斥太多临时性的解释。因此，需要更多关于融合的经验证据，正如麦克米伦(1996)建议道："我们需要更多的融合教育研究，而不是更少……简单化将只会误导我们采取未经检验的处理方式，可能导致对儿童的伤害。"

意识形态在讨论试图建立目标时可能会有用，但是实际应用的方法最好来源于科学的调查。特殊教育先前有一个例子，意识形态在政策决定上起了关键作用。这是一个关于去机构化的问题，兰德斯曼和巴特菲尔德(1987)指出："作为目标,正常化和去机构化不是太有争议;作为实现这些目标的手段,许多现行方法是有待商榷的。"他们认为需要更多与智力落后个体的护理和照顾相关的数据。由于缺乏这些信息,评价去机构化政策的成效就没有基础。萨蒂斯(1984)在讨论去机构化政策时指出,存在这样的趋势:认为负面结果(例如:无家可归人的增加)的产生仅仅是不幸的偶然事件而与政策背后的意识形态无关。人们不是使用新的研究证据来指导实践追求积极的效果,而是使用相同的意识形态基础重新塑造更高尚的动机,再次由于相同的实际困难而结束。对融合教育类似争论又一次的明确,我们应该努力避免相似剧本再次上演。

六、结论

残疾学生的融合问题不是一个新问题。在过去的 25 年里,一直在稳定地推进残疾学生更大的融合。法律要求提供最少受限制环境(LRE)下的教育,但是当我们将这一要求理解为只能在实施教育的时候,麻烦就来了。特别是在那些为所有学生——无论何种残疾和何种程度——服务的教室里,麻烦就更大了。虽然在意识形态和政策上都支持融合教育,但在实验性的证据上却是不令人信服的。普通教育的现实情况表明还缺乏必要的态度、设施以及适应性的教学。因此,一项基于研究、评估发现以及意识形态和政治考虑的、更温和的规划和执行政策的方式是必需的。从以前对特殊教育争论焦点的讨论中可以了解到现在的融合教育争论,但学习过去的经验时要小心谨慎。运用理性的解决办法,特殊教育也许可以处在一个更好的位置上去追赶它的真正目标:为所有残疾学生提供尽可能好的教育。

(卢 茜 译)

论融合与残疾人积极的自我认同感的形成[1]

苏珊·斯坦巴克　威廉·斯坦巴克　凯瑟琳·伊斯特　玛拉·赛普谢文

作者简介

斯坦巴克(Stainback)夫妇是美国北爱达荷州大学教育学院资深教授。他们于1984年第一次提出融合教育的概念,对美国乃至于全球特殊教育的发展产生了深远的影响。他们在美国以及不同国家多个大学里担任客座或者讲座教授,主要研究集中于教育公平与融合教育等领域,合作发表了大量的论文与著作。主要代表作有:《融合教育指导手册》(Inclusion: A Guide for Educators, 1996)、《创造力与合作性学习》(Creativity and Collaborative Learning, 1994)、《特殊教育的争论议题:多角度的解读》(Controversial Issues Confronting Special Education: Divergent Perspectives, 1992)等著作。

选文简介、点评

基于平等与社会公正的理想,使残疾人重返主流社会、有尊严地参与社会生活,是残疾人不可剥夺的权利,也是一个社会文明发展程度的标志。融合是指全部接纳,它以所有的特殊儿童都有权与同龄儿童一起在自然的、正常的环境中生活与学习为前提,通过在邻近学校的高质量、年龄适合的普通教室里教育所有儿童来欢迎、承认甚至强调他们的价值,强调给予学生平等参与所有的学校活动的机会。在融合教育运动兴起之时,越来越多的与残疾人相关的人士,包括残疾人自身、他们的父母和教育者都开始支持让残疾儿童在就近的主流学校接受教育。融合教育的发展使越来越多的残疾学生重返普通学校与社区接受相关教育与服务,使残疾儿童有更多的与正常人交往、互动的机会。这种双向的社会交往,对正常儿童与残疾儿童的心理与行为产生巨大的影响。一些残疾权利拥护者却认为,残疾儿童和一般人具有相似的情感,他们也需要在学校里有机会与他们具有相似性格和兴趣的人交流。西方多数研究认为:正常

---

[1] Stainback, S., Stainback, W., East, K. & Sapon-Shevin, M. A Commentary on Inclusion and the Development of a Positive Self-identity by People with Disabilities[J]. Exceptional Children, 1994, 60(6): 486-490.

的学习环境有利于残疾儿童同伴交往与社会技能的发展；残疾学生学业发展与同伴的社会性接纳高度相关，侵略与破坏行为与同伴的社会拒绝高度相关；残疾人与正常人进行交往与互动，有助于残疾人健全心理与行为的发展、形成正确接纳残疾人的社会氛围。

　　社会接纳与人际交往成为融合教育的重要出发点与归宿，吸引了专业人员的研究兴趣。西方目前的研究趋势，则通过对残疾学生与正常学生的交往与合作、同伴辅导、合作学习等领域进行研究来提高残疾儿童的社会接纳与相关技能的发展。融合教育环境下的交往与合作促进残疾学生与正常学生在认知、情感、态度、学业与社会等多方面相互接纳与融合，残疾学生与健全学生通过形成学习小组能够分享学习过程、建立友谊关系、获得成功体验。在融合教育的背景下如何促成残疾学生的自我认同？残疾学生在普通教室中由于他们的共同之处而组成的小团体能否提高他们的自我认同？这样的小团体是否会阻碍他们在普通教室中的融合？这是融合教育环境中面临的新的问题，它与同伴之间的相互认知、接纳程度、交往方式、友谊形成、社会地位变化等方面相互影响、互为因果。在这篇文章中，作者试图回答这些疑问。作者提出，融合教育中那种"无差别"的目标需要被修改。在多元的文化中，不同群体的差异得到承认，并且采取各种策略来支持积极自我认同感的发展。作者认为将学生按能力归类和分组在道德上不符合平等的理念。他认为综合性的教室通常只有很小的几率有某个残疾类型的学生。这样的话，残疾学生就很少有机会能够与其他同类型的学生认识和交流。为了防止这种孤立，我们必须给残疾学生找到与自己类似伙伴的机会。学校或者社区可以有计划地给具有相同特征的学生提供共处的机会。通过这种共处，残疾学生的个性特点可以得到承认，并促使他们更自信地与团体之外的人接触。作者认为，为了获得积极的自我认知，年轻人需要机会以练习怎样获得友谊和组建团体。为了提供这种机会，主流学校和社区需要灵活地采用合适的措施满足所有成员的特殊需求。学校可以作为一个让每一个学生都对他们自身独特特性形成积极认同的地方。毕竟，融合教育不是抹去差别，而是让社区范围内每个人的特性得到认可。因为融合教育者赞成异质平等的后现代观，承认学生的个别差异是普遍存在的，每一个儿童都有独一无二的个人特点、兴趣、能力和学习需要。

　　选文的选题不落俗套，关注了融合教育讨论中经常忽视的一个方面，也就是残疾学生的自我认同的问题。这也许是对这样一种观点的回应：隔离的特殊教育虽然缺乏与主流社会的接触机会，但是其中的学生由于共同的特征和遭遇能够更好地互相促进自我的认同。如果作者的研究可以帮助促成残疾学生在融合教育中自我意识的形成，那么将是对融合教育伦理价值的重大支持。自我认同的形成与张扬正是融合教育所追求的目标，即反对将残疾及其他处于弱势群体的学生边缘化，排斥于主流文化与社会之外是不公正的做法；要让那些以前受到忽视的群体发出声音；少数族裔、草根阶层、残疾人士应该有权利平等参与主流学校与社会生活，发出自己的声音。当然，关于自我认同的研究还是起步阶段，还有很多有待进一步研究的问题，作者自己提出了两个问题：调查学生怎样做才能让他们在学校时的自我认同得到提高；调查那些经常转校的学生，让他们比较各种不同，并分析哪种对他们更有利。

选文正文

一、前言

近年来，很多发表在《特殊儿童》上的文章都在讨论融合教育这一话题。然而，只有少数的研究者关注融入主流对残疾学生的积极自我认同发展的影响。

布兰斯维特(Branthwaite,1985)认为，一个人的自我认同——自信和自我价值感——影响其与环境的交流。格利德曼和罗思(Gliedman & Roth,1980)的研究也为培养残疾人的积极自我认同对残疾人自我接纳的重要性提供了证据。佛格森和阿施(Ferguson & Asch,1989)对这个问题作了如下描述：

残疾人如何看待他们自身的残疾以及残疾带给他们的社会特征？这个问题使教育融合的需求变得更加复杂。根据文献和我们的个人经验，我们都不能否认一个自我认同发展良好的残疾人需要和其他具有相似残疾类型的人交往。

融合教育的目标是创造一个所有孩子都能够一起学习的环境，并且培养互相帮助的同伴关系。然而，这个目标却忽略了儿童的个体差异。在多元文化教育领域，"无视肤色"（无视种族差异）的目标最终被质疑，并且被另外一种模式替换。在这种新模式下，不同群体的差异得到承认，并且采取各种策略来支持积极自我认同感的发展。同样的道理，融合教育的目标是在学校里创造一个所有人相互支持的环境，而一些以融合为名完全同质化的幻想使得这个目标无法实现。

所以，我们必须对那种典型的根据个体差异组织学校教育的方式进行反思并提出改进意见。特殊教育服务的典型模式包括区分个体差异、贴标签、再给具有相似标签的学生提供隔离的教育服务。这种隔离教育方式没有将学生放到一个混杂的环境中而忽视他们的个体差异。很多反对融合教育的人所担心的正是学生的特殊需要在混杂的环境中被忽视了。我们必须找到一些方法来让各个融合学校承认学生的差异，并且满足学生的特殊需要，最后形成一个统一氛围。

由于这个课题的重要性，我们需要深入了解如何才能在融合教育运动中保证残疾儿童的自我认同的发展。此文的目的就在于强调在融合教育运动中残疾儿童自我认同的重要性，并且讨论应该怎样处理这个问题。

二、融合教育运动及其引起的残疾儿童积极自我认同发展的问题

很多教育者认为将学生按共同特征归类和分组在道德上不符合平等的理念。沃伦(Warren)审判长在"布朗诉教育委员会案"中指出,隔离产生不良的后果,"隔离即不平等"。其他教育者也认识到,将同类的学生分组对于残疾学生来说并不是好事,因为他们必须学习在社区中生活和工作。

在另外一方面,综合性的教室通常只有很小的几率有某个残疾类型的学生。这样的话,残疾学生就很少有机会能够与其他同样类型的学生认识和交流。为了防止这种孤立,我们必须给残疾学生找到与自己类似伙伴的机会。学校或者社区可以有计划地给具有相同特征的学生提供共处的机会。

三、通过有目的的接触让个体性格特点得到承认

可以根据特定的话题或者个体的特点组织一些小组,让学生们一起参与某项活动。在这些小组中学生可以分享信息、支持以及改变偏见、歧视和实践的策略。从某种程度上说,女权运动中形成的"意识觉醒"的团体让其中成员感到安全,从而更容易接触更广泛的社会。年轻残疾人也有相似的需求。

这类支持性团体的目的在于为同样特征类型的人走到一起提供机会。这些团体提供自愿选择朋友的机会,同时又作为一个整体参与社区生活。一个名叫阿德里安娜·阿施(Adrienne Asch)的盲人成员指出,尽管进入普通学校学习有益于她的教育和社会性发展,但是与具有同样经验的同龄人交流的机会对于她来说更加有益。她说道:

我们谈论我们的父母、教师和学校的同学,谈论他们怎样对待有视觉障碍的我们。有时候,在有一个人解决了一个问题之后,他就告诉其他人他的发现。有时候,我们也一起抱怨一些我们都没法解决的问题。这样,我们有机会可以交流想法,建立牢固的友谊,这样,我们就不再孤单。

正式和非正式的支持团体和兴趣团体对聋生、受虐待者、宗教团体、轮椅运动员、青少年女孩等学生群体的益处都得到了认可。这些团体通常有几个重要的特征:首先,团体成员的参与是自愿的,同时,这个团体不排斥任何人。团体成员的选择完全是建立在个人自主的需求和兴趣的基础上,而不是建立在成人或者权威人物对其特征进行鉴定的基础上。按照这种办法,年轻人可以真正与自己所选择的朋友建立起友谊。下面发生的一件事可以对这种方式作出说明。在一个工作情境中,一组智力落后者和普通人一起学习工作技能。人们注意到,一个年轻的女性总是倾向于和组内的人员交流。当被问起的时候,这位女性解释说,我内心很正常,但是我似乎无法将我内心的想法表达出来。所有人内心都是正常的,所以必须给予他们正常的、足够的选择天赋、性格、友谊和健康的自我认同的机会。如果人们有共同的特点——比如残疾、黑色的肤色或者

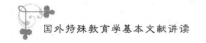

天主教的信仰——就会希望彼此能够走到一起,分享经验。尽管权威人士在这种团体的成立时会提供帮助,强制性的参与却会起到负面的作用,特别是在活动目的是提高团队成员自我认同的时候。

权威人士对哪些人应该组成团体或者应该围绕什么主题和特征来组建团体作出假设是一种危险的做法。也就是说,如果规定所有母语不是英语的双语学生必须形成一个团体,或者是规定所有行动障碍的学生必须走到一起,那么,这个团体的作用就会很有限。因为这个团体的形成不是建立在团体成员的共同愿望与认同上,而是由于团体外部人员的定义。

团体组建时还要注意保障成员的需求、兴趣和基本权利是否得到保护和满足。教育者和父母紧紧盯住学生的一个特点而且按照这个特点安排学生生活是非常有风险的。根据斯特鲁利(Strully)的研究,那些总是鼓励孩子与具有同样残疾的朋友交往的父母或者教育者,很容易造成孩子自发地与普通人隔离,让这些"特殊团体"成为接纳他们的"特殊"的避难所,从而使得他们远离了更加广阔的主流社会。

四、学校工作人员的角色

越来越多来自残疾人的经验证据表明,残疾人对自身特点积极的自我认同与其在学校获得成功和融入社区并不发生冲突(参见 Ferguson & Asch,1989;Hahn,1989;People First,1987)。这些经验告诉我们,在学校或者社区中的融合不需要限制任何人或任何团体成员,可以让他们自由选择自己的朋友,认识自己想认识的人。学校工作人员的任务是,了解学生对具有共同特点朋友的需要。

学校可以为成立这种团体提供一些框架,就像俱乐部、运动俱乐部、摄影俱乐部等其他学生俱乐部一样。例如,一些学校为父母离异的孩子组建了特别的支持小组,帮助他们克服生活中的孤独感和被排斥感。

从学前阶段到高校,各级学校都应该为这种团体的成立提供条件。同时,也应该让成人提供不同程度的支持。学校的任务就是,给学生这样一个选择与自己相似的朋友的机会,而选择的权利,在于学生自己的意愿。

对于团体成员的自我选择重要的一点是,团体是由团员们自行创立的。尽管成人或者权威人士可以根据学生的共同兴趣促成一个团体的创建,而一个让学生可以自主创立团体的机制也是有必要的。例如,如果一个学生决定要和其他与兄长相处有问题的同学,或者同样关注一类体育竞赛的同学到一起,这就是这个被创建的团体的性质。当按照这种方式组建的团体,就不仅限于是以"残疾"这个特点为导向的团体,还可以是按兴趣和特殊领域的团体。如果几个听障儿童准备到一起讨论他们在杰斐逊中学的状况,他们可以在彼此之间寻找有共同兴趣的人组建团体。这种团体还可以包含那些愿意和这些团体成员联合，一起应对共同的压力，或者达成某种共同的目标的人。如果按照这种方式组建团体，那么残疾人团体"再隔离"的负面作用就会被最小化。

学校工作人员也应该促成"自我决定"团体的建立。自我决定团体指的是团体成员们自己决定谁该加入团队，也决定团体关心什么及团队的目标。一个由视觉障碍学生所组成的团体可以决定他们的目的就是互相扶持，在一个有安全感的团体内分享话题。或者，他们可以决定他们的目的就是自我扶持，告诉其他学生或者教师，怎样才能更好地满足他们的需求。

最后，一些有关互助团体的专业文献建议这种团体应该具有一定弹性。弹性团体的成员们在需要时才进入团体。就像刚刚离婚或者寡居的人们需要一个临时性的支持团体，在他们感到自己已经不需要这种支持的时候就可以离开团队。

五、进一步的研究需求

在特殊教育领域中，关于自我认同的发展，目前还鲜有研究。有一项值得尝试的研究是，询问学生怎样做才能让他们在学校时的自我认同得到提高。另外一项是可以调查那些经常转校的学生，让他们比较各种不同，并分析哪种对他们更有利。把这些从学生身上搜集来的数据结合学校和社区团体组织工作的经验，最终总结出一个利于所有年轻人参与的模式。在实施了这样的模式之后，再调查团体成员的同伴、家庭和教师，获取反馈。

六、总结

为了获得积极的自我认知，年轻人需要机会以练习怎样获得友谊和组建团体。为了提供这种机会，主流学校和社区需要灵活地采用合适的措施满足所有成员的特殊需求。学校可以作为一个让每一个学生都对他们自身独特特性形成积极认同的地方。毕竟，融合教育不是抹去差别，而是让社区范围内每个人的特性得到认可。

因为融合教育在目前仍然是一个热议话题，所以学生们更需要发出自己的声音。为了确保这一点，我们需要给他们提供机会，让他们能够走到一起，发展友谊，形成联合的团体，从而能够负责自己的学习和生活。

（蒋邓銎　译）

融合教育:一种批判性的观点

杰夫·林赛

作者简介

杰夫·林赛(Geoff Lindsay),英国华威大学(University of Warwick)教授。1995年到华威教育学院担任特殊教育与教育心理学讲座教授;自1999年以来又担任该大学"教育发展评价与研究中心"(Centre for Educational Development, Appraisal and Research)主任。还曾经担任过英国心理协会主席以及欧洲心理学家联盟委员会召集人。主要研究领域包括:融合教育、言语语言沟通障碍、教育评价和早期筛查;特殊儿童家庭亲子关系;教育者和健康专家的道德观念和实践性等方面。主要代表作有:《欧洲心理学家的伦理》(Ethics for European Psychologists, 2008)、《融合与支持服务:特殊教育的角色变迁》(Integration and the Support Service: Changing Roles in Special Education, 2004)、《特殊教育实践的价值》(Values into Practice in Special Education, 1997)等。

选文简介、点评

融合教育政策在伦理上是以尊重残疾人权利为基础的。融合教育有利于消除障碍,促进公平,消除对残疾人的歧视认识。然而,融合这一概念是复杂而有争议性的,在实践中有很多不同的含义。选文主要是围绕"融合教育"这一话题来展开的,作者试图阐释权利和效率的区别,以重新审视那些关于融合教育的争论并寻找更多支持融合的证据,从伦理的高尚追求与现实教学效率的关注两个关键的视角对融合教育进行批判性的回顾与分析,旨在解释与融合有关的各种矛盾和问题。林赛教授在这份报告中陈述的主要内容如下。

(1)介绍影响融合教育的发展情况以及关于"融合"这个概念的解释和争论;分析联合国颁布的《萨拉曼卡宣言》、英国《沃诺克报告》以及之后相关立法的主要精神与内容。这些融合教育的纲领性文件都对儿童的权利进行了完美的表述,并表达了对融合教育的绝对倡议与支持。

---

① Geoff Lindsay. Inclusive Education: A Critical Perspective[J]. British Journal of Special Education, 2003, 30(1): 3-12.

（2）分析了"社会模式"和"医学模式"的区别，设想儿童在两种不同模式下的安置方式。显然，医学模式关注残疾的病理学根源、行为特点以及矫正补偿的方法，其基本假定是：残疾由个体生理、心理缺陷所致，应对残疾人进行医学的诊断、训练与缺陷补偿，应在隔离性质的特殊教育学校或机构对他们进行教育。社会模式则关注社会不公平现象，从激进的人本主义理念出发，注重宏观社会的变革，希望通过社会政治、经济等的改革减少不公平现象，主张特殊儿童从特殊学校（班）逐渐回归主流学校与社会。社会模式的缺点在于会贬低或忽视儿童内部因素和互动产生的问题。它关注的唯一一个显著性因素就是阻碍个体发展的外部世界。

（3）总结了过去关于融合教育有效性的实验研究，比较了特殊学校、融合学校、普通学校三种教育环境下特殊儿童在认知、语言、记忆等方面的差异，分析了融合教育成功的基本要素，认为融合教育是一种崇高的道德、伦理上的追求，牢牢地垄断了伦理学的制高点，使自己超出实证研究的范畴，成为不可挑战的新的理论权威。这阻碍了对融合教育进行科学、中立的研究。

这篇文章提出很多新的、批判性的观点，冲击着我们已有的认知体系。融合这一概念的出现和运用是特殊教育发展的一大契机，但是关于概念的理解以及儿童在多大程度上享有权利仍存在很大争议。"融合教育对所有儿童都适用"还是"融合教育可能没有任何明显的效果"的争论正在逐步消失，融合教育在特殊教育领域中似乎成功地成为垄断式话语，顺利地成为各国特殊教育政策制定、实施的依据与动力。很多学者通过科学的实验研究来证明融合教育在学业和社会交往方面对特殊儿童的有效性，以此来获得更多的支持。不管面临多大困难，融合教育正在发展并已取得初步的成功，显现出了它的价值。我们既要保障儿童的权利得以实现，也要保证教育的质量和效益。有必要把对投入和环境的关注转到以经验和成果为焦点的因素上，并试图找出因果关系。特殊教育随时都在发生着改变，这种改变不能脱离社会独自运行，我们应该在普通教育的政策框架内协调进行，推动融合教育改革。

融合是一个复杂的、批判性的观点。融合教育的过程存在很多矛盾和困难，但在困难中前进一直都是特殊教育最诱人的精神。融合教育的发展需要获得更多的理论基础和政策支持，融合教育仍然需要广泛的合作和深入的探究。融合教育是在彻底反思与批判传统的隔离式特殊教育模式基础上发展起来的。然而，理想总是与现实存在着距离，社会公正与教育公平的理想也需要脚踏实地的、渐进式的步骤来实现。在融合教育日益垄断特殊教育领域话语权、建立其强大的伦理与政治霸权的背景下，我们更应该以理性的态度反思融合教育理论发展的轨迹及其范式变迁；在方法论领域，我们还需要水平更高、更实质的研究运用准实验研究方法来检查一系列因素的影响力和相互关系，同时对实践过程中的重要参与者进行质的研究。严谨的、深入本质的研究会大大加快儿童争取权利的进程。

融合教育被认为是尊重特殊需要儿童和残疾人的最主要的政策。融合教育有利于消除障碍,促进公平,消除对残疾人的歧视认识。然而,融合这一概念是复杂而有争议性的,在实践中有很多不同的含义。有人认为只有一小部分教育实践是符合"真正"的融合意义的,我们称其为"核心融合",其他人则坚持一个广泛的融合概念。实际上,广泛融合并不是抛弃了融合教育的本质,而是考虑了更多影响融合实施的因素。因此,理解融合,必须考虑到理论和实践中的诸多问题以及每个领域之内和各个领域之间的相互关系。

选文正文

一、关于权利

(一)《萨拉曼卡宣言》

关于融合教育基本权利的论述,我们所熟知的就是《萨拉曼卡宣言》(UNESCO,1994)。92个政府代表和25家国际性组织代表于1994年6月召开的"世界特殊需要教育大会"上制定通过。其中第二章是最核心的理念部分,由五个条款组成。

第一点是对儿童权利的回顾:

● 每一个儿童都有受教育的基本权利,必须给予他实现和保持可接受水平的学习之机会。

第二点是关于儿童的独特性:

● 每个儿童都有独一无二的个人特点、兴趣、能力和学习需要。

第三点主要是说教育系统应如何运行:

● 教育系统的设计和教育方案的实施应充分考虑到这些特点与需要的广泛差异性。

第四点发展了这一方针并提出了相应的要求:

● 有特殊教育需要者必须有机会进入普通学校,这些学校应该将他们吸收在能满足其需要的、以儿童为中心的教育活动中。

最后,将实施融合教育的普通学校合法化、合理化:

● 实施此种融合性方针的普通学校,是反对歧视、创造欢迎残疾人的社区、建立融合性社会和实现人人受教育的最有效的途径;进而言之,他们为绝大多数的儿童提供了一种有效的教育,提高了整个教育体系的效益,并从根本上改善了教育的成本—效益比。

《萨拉曼卡宣言》对儿童的权利进行了很详尽的陈述,除了讨论融合教育的机制外,还涉及学习水平方面。《宣言》中提到的道德要求主要有两个方面:第一,要坚信孩子们的人格特点、兴趣、能力和学习需要是独特的、与众不同的;第二,进入普通学校是依据上面第五条款规定实施的,即:融合教育是最有效的学校管理形式。

每个孩子——即使是同卵双胞胎——都有完全属于自己的独特个性,这种个性化的定位忽略了其他显而易见又突出的因素,因此,很难对《宣言》的第一点(即孩子们的人格特点、兴趣、能力和学习需要是独特的、与众不同的)达成完全共识(参照 Norwich 的例子,1996)。我最关心的还是第二点:进入普通学校。首先"普通"这个词本身就是有争议的,"普通"可能是一个很自由的定义(在这一表述中没有体现)或者以其他系统为参照物来解释的。英国的"普通"学校应该以一种怎样的方式运行呢?有很多因素会影响到这一问题,例如:学校校园面积、服务设施、宗教信仰、儿童游乐设施、成就水平、照料者和排他性。"普通"就意味着"非特殊"吗?如果是这样的话,想想那些与主流学校相对的特殊学校以及那些制定特殊规定的主流学校。其次,这一根据来源于经验事实"普通学校……是最有效的"。如果这一论断是错误的,那么支持"普通"学校的言论就要遭到质疑了。再次,如果普通学校是对大多数的学生最有效,那么对少数人有什么影响呢?

《萨拉曼卡宣言》是在儿童权利观的基础上提出来的,同时还考虑了那些与权利没有直接关系的行为的道德要求和证据的有效性。关于融合教育有两种对立的观点:融合教育对所有儿童都适用——融合教育可能没有明显效果,但这两者的差别也在逐渐缩小,观点趋于统一。

(二) 英国的融合教育

在英国,有关融合教育的政策逐渐完善,但在实践过程中还存在一些遗漏。这一问题存在已久,在过去七十五年这一问题逐渐引起人们的重视。1928 年 Wood 委员会强调普通教育和特殊教育应协作发展,1944 年教育法制定引起了人们对标准化学校和环境的思考和反思。丘特尔·伊德(Chuter Ede),现任国会秘书曾在法案中说:

我不想过多的解释法案中对这一教育模式的规定,把特殊儿童安排到特殊学校,实际上是把儿童隔离开来教学。要是期望特殊学校有足够的保障措施,就必须要有尽可能多的儿童享受主流学校的生活。

1944 年《教育法》和 1945 年《证据法》提到需要接受特殊教育的儿童应该在主流学校中学习。战后关于经济复苏和建筑规模的一些要求也深深地影响了融合实践的进行,例如小学教室以容纳 30 人为标准,初级中学教室以 40 人为标准。这被视为强制性命令来实施,并带动了旧庄园宅邸的买卖,开设了更多的专门的特殊学校。最近,这一趋势发生了转变,只有很少部分学生在特殊学校接受教育,大部分学生开始进入普通学校学习,这得益于沃诺克(Warnock)的报告(教育科学研究院,1978),其中讨论了融合的有关问题。

沃诺克委员会并不是只有有远见的想法,他们经常反思,并寻找支持融合的证据。很多当地的教育机构和学校已经谨慎地实施了沃诺克委员会所提倡的教育模式,20世纪60年代末到70年代初,被很多教育心理学家认为是"激进分子"的行为,就是因为他们试图寻求能改善特殊需要儿童生活、学习状况的方法和途径。"心理学家实践"运动是由那些持激进观点的人组成的松散组织,并不只限于教育心理学家。由大卫·洛士利(David Loxley)领导的谢菲尔德心理服务队对旧的特殊教育的安置方式和同行——教育心理学家的操作水平提出挑战。结果就是,在20世纪70年代早期,谢菲尔德没有一个孩子进入所谓的特殊学校(为教育上的异常者提供的)。这些特殊学校也意识到,如果这种趋势继续的话,他们将失去生源、面临倒闭的危险。还有一些心理学机构采取其他不同的措施支持学生和学校,这些措施作为"重建教育心理学"运动的一部分而得以实施(Loxley,1978;Gillham,1978;Burden,1981)。

这些倡议行动是在这样的推动力量下进行的:特殊需要儿童的权利和教育机会在特殊学校里得到实现还是受到损害呢?有证据激化了这一矛盾:离开特殊学校的儿童并没有获得很好的社会地位,尽管其中有些证据不够系统和科学。例如,1974年,我对LEA的一个特殊学校的流失学生进行评估,发现他们的阅读水平相当于普通学校7—9岁的孩子的水平,同时一些年轻人的记录也明确的显示他们的分数低于他们八九岁刚入学时的阅读水平。同时,沃诺克报告指出,只有22%的特殊教师拥有特殊职业教师从业资格。第三个问题涉及那些来自加勒比海地区却被错误地安置在特殊学校中的儿童(Coard,1971),这一方面也曾在谢菲尔德关于特殊学校的研究中系统的论述过。20世纪七八十年代的这些发现加快了融合的步伐,教育专家和一线工作者的努力不仅加快了融合教育观念的实施,同时也在实践中推动了政策的制定。

1997年,工党政府公布教育发展绿皮书(英国职业教育局,1997),实施特殊教育需要行动计划(英国职业教育局,1998),加快了制定融合政策的过程,重新修订了特殊教育从业法规,制定了融合教育的指导方针(英国教育技能部,2001a,2001b)。指导方针主要是针对那些不被接纳的儿童制定的,或者是说,这类儿童对其他人具有危险性或是占用了教师过多的教学时间。《2001年英国特殊教育需要和残疾法令》的颁布在融合教育发展历程上起到了催化剂的作用,这一立法明确强调了融合的重要性和作用。沃诺克报告中做出的三个说明可以减少为两个。1996年教育法第316条(作为《2001年英国特殊教育需要和残疾法令》的修正文)要求有特殊教育需要的儿童必须在主流学校接受教育,以下两种情况除外:(1)父母期望子女在特殊学校接受教育;(2)与其他儿童接受有效教育相矛盾时。

在这里,我们注意到去掉的那个解释是指对儿童兴趣的保护措施,这已经不是一个问题了。进一步说,有足够的证据表明在任何特殊情况下这一权利都能得到保障。融合实践的推广又向前迈了一步。然而,对这一发展的批判性思考可能会提醒我们有关融合的政策支持方面仍然缺乏系统性和强制力,也需要成立一个完全针对融合教育发展的专业委员会。也就是说,融合教育不仅包括主流学校,也包括本土的特殊学校(Armstrong & Barton,1999)。

(三)特殊教育需要模式和残疾类型

很多人认为融合的社会公平性和权利概念并不是那么清楚的,社会公平不是一个整合的普遍分享的概念(Christenson & Dorn,1998)。进一步说,关于社会公平的不同观点可能引起政策实施过程中的矛盾和不一致。共同的原理会给人们相同的价值观且不会损害残疾人的利益。另一种争论的焦点是坚持非融合理论就是相当于歧视和隔离,这可能会引发激烈的性别主义和种族主义的斗争。这一争论是把促进融合教育的举措等同于反对民族歧视和隔离的政策,认为"社会模式"区别于"医学模式"。社会模式明显地处于优势地位,相比较以前绝对的、决定性的实践状态来说这是必须的发展倾向。这里有必要更严格地来分析清楚各个不同模式(Lindsay,1997)。所谓的医学模式实际上至少有以下两个因素。

一是参与主体是医学专家而不是教育家,在需要的干预和发展上他们是主要的决策者。这些医学工作者因为他们特殊的身份而被冠以"专家"的殊荣,也曾因宣扬特殊儿童的神秘主义色彩而受到批评。19世纪80年代初,家长的权利是很有限的,他们根本不可能挑战专家的观点和决定。需要更详细的个人资料可以查看约翰·霍克里奇(John Kawrkridge,1991)的自传。

二是社会模式是不合逻辑的,没有帮助的。对很多人来说承认孩子们的需要是包括两方面的:他们自身的长处和弱点以及他们面临的环境、家庭、学校、社区的生存状况。杰夫·林赛的一位同事克劳斯·温德尔首先提出了这一疑惑。他提出了补偿性互动的概念,并指出了儿童内部和环境两个方面的主要影响,稍后又辅以第三个维度——时间来补充这一概念(Wedell,1978;Wedell & Lindsay,1980;Lindsay,1995a)。这是一个互动的模式。儿童的作用和需要在他们固有的内在天性与外界环境的互动过程中被概念化。当这一互动模式发生变化的时候就要考虑时间因素了,例如,与不同的教师合作或是遇到突发状况。儿童个体内部因素对特殊儿童的康复是很重要的,在遗传基因对广泛性发展障碍的影响上,儿童内部因素是其中一个重要的研究证据(Plomin & Walker)。

社会模式的缺点在于会贬低或忽视儿童内部因素和互动产生的问题。它关注的唯一一个显著性因素就是阻碍个体发展的外部世界。科林·劳在城市学院的报告中也再一次验证了奥利弗的观点,残疾是完全孤立的社会性问题(科林强调了这一点):

以某种还原论的视角来看,"并非只有个体"被误认为是"只有社会的",以及从"个体不是一切"变成了"社会是一切"。

科林的文章——"残疾人权利到底还有多远"对社会模式来说是一个令人

兴奋的批判性观点,这篇文章全面详细地说明了社会模式在逻辑上和实践上存在的不足,同时也阐明了分辨社会元素重要性的观点。尽管可能还存在一些不足,社会模式对政策的形成和制定,特别是在关于"权利"的立法上产生了很大影响,但我们必须清醒地认识到在实践中还会遇到很多困难。

其他人对权利问题也有一些批判性的观点。通过对这一领域的综合性回顾发现,有些观点认为残疾人权利是与道德、民族、性别相对立的,参照米奥格(Mithaug,1998):

19世纪六七十年代的决策者们所追捧的融合社会是不会实现了,这是很显然的。在过去的一个世纪里,有太多的决策失败和不期望的消极结果发生。

失败的原因在于融合教育只是众多相互对抗的价值观中的一个。米奥格从美国人的角度特别提出了自由和平等的价值观,更进一步说,融合教育需要很多基础要素。以个体的能力和自由受到限制和有权利自我决定这两个方面为例,在第一个例子中,我们可能会认为所有的儿童都具有米奥格所说的"平等的道德能力",融合教育要求个体具有参与社会的机会。然而,如果儿童是处于"不平等的能力",融合教育就要保护弱者,这就是一个福利模式。这两种处置方式和米奥格四细胞矩阵里的另外两个都被认为是不准确、不完全的,任何一种安置方式下对个体的理解也是不准确的。

对残疾、权利和期望行为的不同的理解导致了不同的政策出台,但必须与普通教育的政策相协调。1988年法案强调了自由选择和多样性的权利,这两个方面也是保守党和劳动局在特殊教育需要政策发展的大背景下提出的。从绿皮书(英国教育技能部,1997)和特殊需要行动计划(英国教育技能部,1998)这两个文件里可以清晰的得知,同样值得关注的是政府对特殊教育需要的态度。然而,这些因素与特殊教育发展状况之间的联系还缺乏足够的证据,这也是我在下面将要探讨的问题。

二、研究资料

(一)对融合概念的研究

对融合的研究仍存在很多疑问之处。最主要的困难是融合不是一个简单的、明确的概念,但是把融合看做一个变量来操作确是这一研究过程中必需的一个步骤。在教育研究领域,这是常见的现象,与阅读困难、阅读障碍、自闭症等有关的研究都会涉及这一问题。在没有明确概念的情况下,我们就需要对残疾儿童的类型和需要以及干预的本质进行明确说明。残疾儿童的分类研究历来是有很多疑惑的,儿童的多样性增加,样本内部一致性就值得怀疑。随着复杂程度的增加,对干预的评估也越来越难,例如评估阅读教学计划与具体的提高阅读能力的规则是相矛盾的。即使是假设儿童的多样性可以被适当的说明和表现出来,然而在确切程度上还是存在问题——譬如,这个计划真的会如人们所想的那样来执行和实施吗?

很多研究都对融合教育的评估进行总结和回顾,总体上这些研究都不能说是坚定的支持。这些总结、回顾和元分析没有提供清晰的证据证明融合教育的有益性,斯托布和佩克(Staub & Peck,1994)研究证明在融合教育背景下那些没有特殊教育需要的正常儿童并没有学业下降的趋势,例如,贝克等人1994年的有关元分析的研究发现对学业成就有积极但很微弱的影响,这是三个分析中的一个(表1)。

表1 融合安置方式的影响(Effects of inclusive placements):
三元分析研究(Baker,Wang 和 Walberg,1994)

	卡尔伯和卡维尔	王和贝克	贝克
发表年份	1980	1985	1994
时间跨度	1980年之前	1975—1984	1983—1992
所做研究的数量	50	11	13
对学业成就的影响	0.15	0.44	0.08
对社交技能的影响	0.11	0.11	0.28

有关聋童的学业成就的研究对这一问题提供了更多的证据。鲍尔斯、格雷戈里和肖顿霍夫(Powers,Gregory & Thoutenhoofd)三人于1999年发表一份报告,其中说到有很多研究都证明在主流学校学习的聋童有更好的成绩,这些分析能够为支持融合教育提供证据吗?往最好的方面想,即使能支持,证据也是很弱的,并没有达到《萨拉曼卡宣言》里规定的水平。

纵观过去75年的政策发展历程,融合教育得到了越来越多的支持。我们可能怀疑评价融合教育的方式是否完全恰当的(Lindsay,1989),虽然经验主义的调查是不需要的,但是这一研究问题的有用性却受到了很大的挑战。检验融合教育各个因素的效力似乎是一个更为科学的方法,很多关注于此的研究也提供了有用的信息。

曼斯特和塞梅尔(Manset & Semmel,1997)针对融合教育不同程度的发展水平和产生的影响都有相关的研究,如果把融合看成是完整的一个政策,这些结论是很客观公正的。"相对来讲,融合教育计划对绝大多数的残疾学生没有什么影响作用,尤其是当融合教育消耗的社会资源远远大于普通教育时。"

米尔斯、科尔、詹金斯和戴尔（Mills，Cole，Jenkins & Dale）报告了这三种融合安置模式的不同影响，发现"融合"对测量方法的影响远远大于单纯的特殊学校或主流学校（表2）。马斯顿（Marston，1996）通过对三种模式的比较：融合模式、"隔离"模式和轻度障碍学生的综合服务模式，发现在综合服务模式下阅读成绩显著高于其他两者，这样的研究并不局限于学业成就。沃恩和克林格（Vaughan & Klinger,1998）通过八个试验来调查学生的感知觉能力，结果发现一般来说学生更倾向于在资源教室获得帮助，而不是在普通班级学习。他们称在资源教室更容易集中注意力学习更多东西，当然在低年级学生群体，年龄是影响实践效果的一个因素。另一方面，这一研究强调了普通教育环境下的社会意义。

表2 三种教育安置模式下对个体认知发展的影响

	特殊学校	融合学校	普通学校
麦尔锡			
总体认知水平	0.36	0.40	−0.01
口头语言	−0.01	0.48	0.01
感知觉	0.17	0.25	0.02
记忆	−0.10	0.29	−0.24
PLAI	0.78	0.64	0.60

(from Mills, et al., 1998)

把各个学校作为个案研究的对象来调查是符合传统做法的，并且也获得了大量的资料。赫加蒂、波克林顿和卢卡斯（Hegarty，Pocklington & Lucas）的研究在很多方面取得了里程碑式的进展，随后发表的很多研究更进一步扩大了原有资料的范围。例如，戴森和米尔沃德（Dyson & Millward）领导的六所学校试验对融合教育进行了更深刻的描述和分析，揭示了发展过程的多样性、倾向性和矛盾。但是，却没有获得关于儿童成就结果的任何数据资料。李和汉克库曾斯（Lee & Henkhuzens，1996）报告了一个LEAs的国际性的研究和中等学校的个案研究，但是关于儿童成就的数据很少。

（二）成功因素分析

所有研究提供的证据都是关于融合教育不同元素的，本质上都是有关贯彻落实这一问题的，关注更多的是"怎样（how）"而不是"为什么（why）"。弗雷德里克和克莱因（Frederick & Cline）总结了很多相关研究，期望可以发现与成功的融合实践有关的因素，包括融合实践的操作质量、普通学校能在多大程度上满足残疾青少年的广泛的教育和社会需求。

利普斯基和加德纳（1998）在融合教育的跨国性研究中调查了1000所学校，总结了与融合教育有关的七个基本要素。融合学校工作会议论坛曾对12所融合学校进行调查，这两者获得的关于融合教育的基本要素是完全吻合的：

- 远见卓识的领导力
- 团结合作
- 评价的再聚焦利用
- 同事和学生的支持与合作
- 资金支持
- 有效的家长参与
- 充分利用有效的模式和教室资源

这七条要素也印证了我早期的一些设想,但这些因素需要进一步的解释,例如,在整个政策层面和教师实践层面,合作的水平是有差别的(Law,Lindsay,Peacay,Gascoingne,Soloff,Radford & Band,2000)。在教师协助和非教育性的支持方面,越来越多的资料证明了教师协作的重要性(Farrel,Balshaw & Polat,1999;Riggs & Mueller,2001),非教育性的支持包括言语语言治疗师的支持等。不同专家们的合作方式不尽相同。教育心理学家和特殊教育需要支持教师逐渐发展成为专业的言语语言治疗师,越来越多的治疗师也成为咨询专家的一部分。然而,从实施方面来讲,同样也存在问题(Forbes,2001;Law,Lindsay,Peacey,Gascoigne,Soloff,Radford & Band,2002;Lindsay,et al.,2002)。咨询专家到底需要什么样的技能呢?

在医学领域,咨询专家需要对他们的专业具有广泛的理论知识和实践经验,也就是说他们要不断地亲身实践,用丰富的专业技能提供咨询。那些刚刚接受初步训练或是刚从学校转到支持咨询的人就想发挥"咨询专家"的作用,他们的资历离真正的咨询专家差很远,咨询不只是一种风格或方法,它必须基于丰富的实践经验,高水平的咨询也是存在困难的,教育领域里言语语言治疗师的合作就是个问题,审计署(2002)针对特殊需要教育的法定评估和标准问题的协议材料,不同专家之间合作的困难被看做是一个主要的问题。

(三) 研究价值

加拉格尔(Gallagher,2001)针对融合教育的"中立的"科学趋势做了一番言辞犀利的评论,即:在不能科学地保证其完全有效的情况下,融合教育是不应当实施的;认为很多推动科学发展的人都持科学中立的态度:"为独立存在的现实而建立一个理论基础是可能的,同时关于建立理论基础的方法论也存在一个中立性假设。"

回过头来再关注研究影响的必然性和不变性,同样也关注残疾的个体模式(individual model of disability)。稍后作者介绍了好的针对残疾人的研究应该是什么样的。它不应该受到医学模式方法论的控制和约束,也不应该忽视残疾人受到的不平等待遇和歧视。"医学模式"这一称谓仍存在很多争议。如果这些标准只是简单地关注残疾个体的兴趣和特点,忽视社会因素,那么我完全同意。但是,如果是这样的话,在实践中会出现什么情况呢?会排除那些只针对某一特定残疾类型(例如重度听觉障碍)的实验吗?科林·劳对这一问题发表了自己的看法，就算有重叠和相同的地方，区别仍然是很明显的。视觉障碍儿童使用点字法，听觉障碍儿童接受耳蜗植入手术，这就是两个典型的例子。因此，调查耳蜗植入的作用，在提高学业成绩和社会人际关系上有多大的效果是值得关注的(Bennett & Lynas, 2001)。另一方面，如果耳蜗植入手术对所有中重度听力损失儿童都是成功的、有用的，可能会有效地减少聋人群体的数量。这种发展是有代价的吗？从社会角度来看好像是这样的，那么对个体来说呢？科林·劳用他积极的行动表明社会不应该歧视残疾人群体，肯定了他们作为社会一员该有的价值，应该提供给他们更多的机会。因此社会是研究这一领域的关键，但是代价和消耗却不是唯一的相关因素。

如我所说，广义上的研究是不同的焦点因素和方法的综合，包括家长、教师、儿童、学业成绩测评。质的研究方法可以获得比较深入细致的研究资料(Clough, 1995)。斯基德莫尔对英国中等学校的个案的分析描述了学校内部关于融合教育不同的、相互竞争的言论和观点。基于先前对学校发展和融合教育的研究，教师之间达成共识还存在着很多困难(Skidmore, 1999)。解决这个问题，需要更深入的行动研究和建议。

另一方面，要不断提高研究的有效性和影响力。我个人认为用量的研究方法(像准实验)研究融合教育的试验太少，而不是太多。例如，最近由希尔德、杜克拉尔、杰弗里和塔切梅蒂斯(Shield, Dockrell, Jeffrey & Tatchmatzidis, 2002)四人进行的一项试验，研究教室噪音对学生课堂表现的影响，结果发现，教室噪音对所有学生都产生消极的影响，更重要的是，对被认定为有特殊教育需要的学生的消极影响大很多。安置方式或是干预计划是要求更多的试验或是更具有可操作性的准实验设计，很多研究对此做过谈论，不仅说明了影响，同时也论证了它的重要性(Gersten, Baker & Lloyd, 2000)，例如米尔斯等人(1998)的研究报道了三个发展阶段的融合教育的不同影响。然而高功能的残疾儿童从整合的特殊教育获益较多，相对地，低功能的残疾儿童从特殊教育班级或是主流学校获益较多。因此我们仍需要分辨影响本身的大小，对不同儿童的影响的区别。

三、研究方法

这篇论文关注的两个焦点问题主要就是有特殊教育需要的儿童在接受融合教育的过程中的权利和教育效果。我已经说过每个焦点都是一个复杂有争议性的概念，我们不能顾此失彼。我们要发展，唯一办法就是平等地对待这两个问题。不管是为了社会的发展还是为了残疾人群和困难人群的合理安置，我们还需要进一步努力。我同意科林·劳(2001)的观点：反对只关注权利的做法。并且尽我一生所学坚持着。他像一个独行者坚持着自己的理论，并且声称"如果我不坚持我心，那么将没有人能做这件事"。科林·劳坚持自己的信念，认为"残疾人运动是一项很庞大的事业,普通人也可以参与其中——你必须想清楚与之沟通所要付出的努力和劳动"。

研究要重视儿童个体内部因素或是与融合教育有关的各个方面的资料,其中包括教师教学活动、学校组织管理、LEA 系统和政府政策等,每一个条件都是合理的、必须要关注的。然而,在此我要增加两点说明。

第一,研究在自己对应的范畴内必须是严谨的,对研究者和专家来说,要给参与者和志愿者提供咨询帮助,研究问题的答案要清晰明确,要负责任地解释本实验对其他研究者、实践者、家长和儿童有何影响。只有达到这些要求,才能保证质的研究的精髓。实际上,这些方法被很多学者推崇和支持,包括那些 19 世纪 70 年代为了应对复杂问题而接受训练的教育心理学家们。与托勒(Tooley)、达比(Darby)一样,我认为质的研究和量的研究同样是不易操作的。

在英国做研究有很多限制:缺少经验性的试验,样本容量小,缺乏长期计划,非实验性的研究倾向。教师作为研究者是有很多好处的,但是行动研究(实务工作者研究)在扩充知识方面受到实验标准和实验设计的限制,允许包括教师在内的教育人员来进行这项试验。当然也有例外,教育心理学家的专业训练发展同样也提供重要的结果。这个群体是特别重要的,因为他们在大学本科和硕士阶段有相关的研究经验。他们的角色会促使一个宽松的研究环境,也会促进研究结果的实施和推广。

我们要应对一系列研究困难,需要不同的方法来解决。在许多例子中都提到了"综合方法"的运用。例如,不同干预方式的比较要求至少设计一个准实验(Gersten,et al.,2000),但是学业成绩的测评可能还要通过对学生本人及家长或教师的定性访谈来获得更详细的资料。这样就能获得更多资料,结论就能更好地描述效果和意义。

第二,要关注的是时间和行为。我不同意先收集、征集再做行动的这种观点。实际上也没有这么做,我们生活在一个真实的不断变化的世界里。有特殊需要儿童的教育随时都发生着,必须在普通教育政策的框架下进行。这次政府公开声明的政策就是为了提升和发展一个融合的社会,这个政策关注的是更广泛的社会问题而不是特殊教育需要。如何达成这一目标不是轻而易举的,相互矛盾的价值观之间有很多冲突和压力,建设融合社会没有任何捷径可走。

因此,制定行动的理论依据和支持是很必要的,这项政策必须是政府和教育技术部都认可的。这就需要制定专门的政策,在广泛的政策框架内,以对实施结果的评价为依据,不断促进政策的修改和完善。我们一直在努力着。为了证明这一点,我提供了很多我们自己的研究。我和朱莉·杜克拉尔(Julie Dockrell)的研究主要是关注有语言和言语障碍的学生(specific speech and language difficulties,SSLD),这一研究揭示了这些儿童在融合的过程中一些很重要的问题——我们选取的个案对象都是主流学校的学生。例如,教师报告缺乏知识和技能(Dockrell & Lindsay,2001),这个调查结果也更普遍地反映在对审计署的咨询答复中(Peacey,et al.,2002)。家长也是值得关注的——在融合过程中,家长往往被忽视,从社会角度来看这是正确的,曾在主流学校的发展受到局限的经验受到关注。进一步说,在特殊学校比在普通学校更能发展孩子的自尊体验(Lindsay & Dockrell,2000)。在一个单独的试验中,我们分析了当地教育局、言语语言治疗服务机构和学校在为英格兰和威尔士的 SSLD 儿童提供融合教育时经历的一系列的压力(Lindsay,et al.,2002)。

我的同事尼兰德斯、弗瑞克利、苏邦德和我正在评估国际舞蹈戏剧奖的标准,每年为超过 800 个学生提供奖学金、助学金来学习专业舞蹈、戏剧和舞台管理训练。报告显示获得奖助的学生中自我报告有残疾的学生人数最少。因此,教育技术部和学校已经采取措施支持学校增加设施、进行训练(Neelands,Lindsay,Freakley & Band,2002)。马尔科姆·马奎尔,我和来自三个华威大学研究中心的同事们一起进行一项研究,探讨过去关注的"毕业",最近更多地被关注的"大学入学考(录取入学)",到底有什么意义和暗示。要想在专业学术领域(GCSE)和作为公民要掌握的其他技能方面取得成绩,这是一个基本的权利资格。因此,对有严重缺陷或障碍的年轻人来说还有很大一段距离,他们不仅要获得更多的专业分数,还要证明在其他领域有广泛的才能。进一步说,与那些在重点学校学习的学生相比,他们不大有享受支持服务和使用设施的机会。但是,特殊学校学生例外。因此,加快建设融合社会的政策可能会提供更进一步的证据,证明这些年轻人缺乏成功的经验,可能会降低动机,阻碍融合的因素。

当然也要尊重经济现状,这是最近讨论的文件明确提出的一个信息。很多当地教育局(LEAs)和学校对修改完善基础设施的要求做出了反应。是为"地方"学校儿童提供资源,还是在一所学校提供资源以服务社区,这两者之间有明显的矛盾之处。前者,实践中资源的有限性会导致不同学校学生教育机会的不均等;后者是更划算的,更有效的,但是却限制了有意义的选择。最近的指导强调了增加学校入学率的策略的制定(教育技术部,2002)。

融合是属于政策范畴的,关键是对融合的理解和在实践中的运用实施。我们既要关注儿童的权利得以实现,也要保证教育的质量和效益。有必要把对投入和环境的关注转到以经验和成果为焦点的因素上,并试图找出因果关系。我们需要对融合教育的理论政策和实践进行深入的研究。为了描述"良好做法"的个案情况,我们需要仔细分析检查"良好"的做法是不是一个合适的描述。在方法论领域,我们还需要水平更高、更实质的研究运用准实验研究方法来检查一系列因素的影响力和相互关系,同时对实践过程中的重要参与者进行质的研究。严谨的、本质的研究的有效性增加会大大加快儿童争取权利的进程。

(滕春玉 译)

专题拓展阅读文献

1. Florian, L. Special Education in the Era of Inclusion: The End of Special Education or A New Beginning? [J]. Special Education, 2013, 7(2).
2. Ainscow, M. & César, M. Inclusive Education Ten Years after Salamanca: Setting the Agenda[J]. European Journal of Psychology of Education, 2006, 21(3).
3. Bender, W. N. Differentiating Instruction for Students with Learning Disabilities: New Best Practices for General and Special Educators[M]. Corwin Press, 2012.
4. Forlin, C. & Lian, M. G. J. Reform, Inclusion and Teacher Education: Towards A New Era of Special Education in the Asia-Pacific Region[M]. Abingdon, UK: Routledge, 2008.
5. Crockett, J. B. Special Education's Role in Preparing Responsive Leaders for Inclusive Schools[J]. Remedial and Special Education, 2002, 23(3).
6. Bennett, E., Lynas, W. The Provision of Local Mainstream Education for Pupils Who have Cochlear Implants[J]. Deafness and Education International, 2001, 3(1).
7. Friend, M. Myths and Misunderstandings about Professional Collaboration[J]. Remedial and Special Education, 2000, 21(3).
8. Allan, J. Productive Pedagogies and the Challenge of Inclusion[J]. British Journal of Special Education, 2003, 30(4).
9. Smith, T. E. Teaching Students With Special Needs In Inclusive Settings[M]. Prentice Hall, 2011.
10. Slee, R. The Irregular School: Exclusion, Schooling and Inclusive Education[M]. Taylor & Francis, 2011.
11. Cook, B. G., Swmmel, M. I. Peer Acceptance of Included Students with Disabilities as a Function of Severity of Disability and Classroom Composition[J]. The Journal of Special Education, 1999, 33(1).
12. Cosier, M. E. & Causton-Theoharis, J. Economic and Demographic Predictors of Inclusive Education[J]. Remedial and Special Education, 2011, 32(6).
13. Farrell, P. Special Education in the Last Twenty Years: Have Things Really Got Better? [J]. British Journal of Special Education, 2001, 28(1).
14. Connor D. J., Gabel S. L., Gallagher D. J., Morton M. Disability Studies in Inclusive Education: Implications for Theory, Research, and Practice[J]. International Journal of Inclusive Education, 2008, 12(5).
15. Forlin, C. (Ed.). Teacher Education for Inclusion: Changing Paradigms and Innovative Approaches[M]. Routledge, 2010.
16. Allan, J. The Sociology of Disability and the Struggle for Inclusive Education [J]. British Journal of Sociology of Education, 2010, 31(5).
17. Villa, R. A., Thousand, J. S. Restructuring for caring and effective education: pie-

cing the puzzle together[M]. Baltimore, Md.: Paul H. Brooks, 2000.
18. Gewirtz, S. Bringing the Politics Back in: A Critical Analysis of Quality Discourses in Education[J]. British Journal of Educational Studies, 2000, 48 (4).
19. Lee, R., Allan, J. Excluding the Included: A Reconsideration of Inclusive Education [J]. International Studies in the Sociology of Education, 2001, 11 (2).
20. Salend, S. J. Creating Inclusive Classrooms: Effective and Reflective Practices (7th edition)[M]. New Jersey: Pearson Education Inc., 2011.
21. Miles, S. & Singal, N. The Education for All and Inclusive Education Debate: Conflict, Contradiction or Opportunity? [J]. International Journal of Inclusive Education, 2010, 14(1).
22. Rose, R. Confronting Obstacles of Inclusive Education[M]. Routledge: Tayler & Francis, 2012.
23. Sasso, G. M. The Retreat from Inquiry and Knowledge in Special Education[J]. Journal of Special Education, 2011, 34 (4).
24. Ainscow, M. & Sandill, A. Developing Inclusive Education Systems: The Role of Organisational Cultures and Leadership[J]. International Journal of Inclusive Education, 2010, 14(4).